# 高倉健の背中

## 監督・降旗康男に遺した男の立ち姿

大下英治

祥伝社文庫

# はじめに

　高倉健の七周忌が巡ってきた。

　そうか、高倉が平成二十六年十一月十日に亡くなってから、もう六年が経つのか。

　高倉の最後の映画『あなたへ』の公開が平成二十四年八月二十五日だから、彼がスクリーンから消えて八年にもなる。

　しかし、スター高倉健の存在感は、いっそう強さを増していく。

「高倉健のような大スターは、あれから出てこないなぁ」

　あらためて惜しむ声が湧いてくる。

『冬の華』『駅　ＳＴＡＴＩＯＮ』のシナリオを書いた倉本聰が、高倉健について語った言葉が思い出される。

「失われたものが、理想型みたいにして、現存しちゃったんですよね。ぼくは、あの人こそ、無形文化財だと思う。変な言い方ですけど、日本がどんどん変わっていく中で、変わらないものの象徴みたいだし、絶滅危惧種。特に男っぽさというか、日本の男子でしょうね」

　令和になり、昭和ははるかに遠くなり、平成も去り、さらに日本はどんどん変わりゆく。日本の男子の象徴・高倉健の背中が、いっそう愛おしく感じられる。

『日本俠客伝』『昭和残俠伝』の任俠映画のスターとして輝き続けた高倉が、任俠映画に翳りが見えた時、新境地を拓く意味もあって、日本暴力団史上最も多くの血を流した広島のやくざ抗争を描いた、飯干晃一のドキュメンタリーノベルを原作とした実録やくざ映画『仁義なき戦い』に出演しようかと迷ったことがあった。

最初、高倉に主人公役の話が持って来られたのである。

実は、高倉は、乗り気であった。それまでの任俠映画のパターンの殻を破りたいという役者としての意欲があったのだ。

ところが、プロデューサーの俊藤浩滋が止めた。

「健ちゃん、あないなものに出たらあかんで」

俊藤は、高倉健と仁義あるやくざを描く映画を作り続けてきた。『仁義なき戦い』は、文字どおり、仁義を失った裏切りに裏切りを重ねる下剋上的世界を赤裸々に描いたものであった。俊藤にとって、それまで形造られてきた理不尽なことが許せず、最後には命を懸けて刀を抜くという高倉の姿が壊れてしまうと猛反対したのであった。

結局、俊藤が高倉の出演を断った。代わって菅原文太が主人公の組長を演じ、大ブレークする。それまでの任俠映画の美学を吹っ飛ばし、野獣のような集団バイオレンスやくざ映画のブームを起こしたのである。

はたして、高倉が『仁義なき戦い』の主人公を演じていたら、どういう作品になっていたか。

降旗康男監督は、ひょっとすると、高倉が『仁義なき戦い』に出ていたら、あのような役も演じられる領域の広い俳優になっていたかもしれないという。

が、筆者は、高倉がもし、『仁義なき戦い』に出演していたら、その後の高倉の輝きは失われていたと見ている。

高倉は、東映を去ってから、山田洋次監督の『遙かなる山の呼び声』『幸福の黄色いハンカチ』、それとこの本に収めた『冬の華』『駅 STATION』『居酒屋兆治』『夜叉』『あ・うん』『鉄道員』『ホタル』『あなたへ』のすべての作品で、日本の男子の凛とした姿を貫いている。

もし、『仁義なき戦い』で裏切り者を演じきっていれば、確かに芝居の幅は広がっていたろうが、それまでの筋を貫く俠の姿は崩れていたであろう。いわゆる〝健さんファン〟は去っていたであろう。高倉にとって、その時が、運命の岐路であったろう。

また、東映を去ったことにより、いわゆるパターン化したやくざ映画から新境地を拓くことが出来た。

それも、山田洋次監督をのぞいてすべて、東映時代から組むことのあった降旗康男監督の作品であったことも興味深い。

いまひとつ、高倉が最後まで主役を張り続けたことも、稀有なことである。

高倉は、フランス映画のジャン・ギャバンのファンであった。

高倉は、ジャン・ギャバンを俳優の理想として語っている。

「理想の俳優はジャン・ギャバンだ。決して大仰（おおぎょう）でない抑えた芝居に徹しながら、ジャン・ギャバンが演じている、という存在感がある。それでいながら神父からギャングに至るまで、どんな役柄を演じても似合う。ああいう芝居を目指したい。また、セリフでも動作でもない。ただ黙ってカメラを見つめている表情のなかに、感情の動きが表現されている」

ジャン・ギャバンは、老いてからは、主役を若いアラン・ドロンに任せ、アンリ・ヴェルヌイユ監督の『地下室のメロディー』や、ジョゼ・ジョヴァンニ監督の『暗黒街のふたり』で脇としてコンビを組んでいる。

が、高倉は、生涯ジャン・ギャバンのように若きアラン・ドロン格の俳優に主役を譲（ゆず）ることはなかった。生涯、アラン・ドロンのように主人公役を貫いた。

田中壽一（たなかじゆいち）プロデューサーは、『居酒屋兆治』をやる前に、高倉に一つ提案してみた。

「健さん、ジャン・ギャバン的な映画、やりませんか」

高倉の頭髪がすでに白いことは知っていた。いつもは染めているのだが、そろそろジャン・ギャバンのような話をやってもいいと田中は思っていた。

「いや、自分はまだまだです」

高倉はジャン・ギャバンは特に好きだが、自分が主役を譲ることを断固拒否しただけでなく、老けた役を演じることにも抵抗があった。白髪の高倉健は高倉健ではないのだ。高倉健が老けることなど許されなかった。

最後の作品『あなたへ』でも、八十一歳で演じながら、あくまで老人の姿でなく、永遠の青年を意識して演じている。

この本には、高倉の後半生の映画八本の作品が収められているが、それがすべて降旗監督によるものであったことに、あらためて驚かされる。

高倉は、晩年は自分の気に入らない作品には出演を承諾しなかった。ということは、降旗監督のセンスが高倉にとって実にピタリと合っていたのであろう。

降旗監督は言っている。

「僕にとって、健さんは一番怖い評論家でしたよ。クリティックなことは何も言わない人ですけれど、健さんがどう思っているかな、と常に意識していました」

さらに、降旗作品のほとんどが木村大作（きむらだいさく）キャメラマンとのコンビであったことも、降旗作品に力強いダイナミズムをもたらしたと私は思っている。

筆者としても、この八本の作品の一作一作を、監督、キャメラマン、役者、プロデューサーに取材し、色濃く描けたことに満足している。

この著作が完成して二年数カ月後の令和元年五月二十日に、降旗監督は亡くなった。生前に長期取材が出来た運命にあらためて感謝している。

なお、最後に『鉄道員（ぽっぽや）』に高倉の妻役で出演した大竹しのぶの言葉を、添えておきたい。

「高倉さんも、六十代や七十代のころは、作られた〝健さん像〟に悩んだことがあったかもしれない。ただ、高倉さんは最後まで〝高倉健〟という生き方をみごとに貫き通したといえますね」

# 目次

# 第一章『冬の華』

高倉健主演、降旗康男監督の『冬の華』の脚本を書くことになる倉本聰が、高倉健と初めて会ったのは、港区南青山の喫茶店「ウエスト」であった。倉本のドラマに多く出演していた大原麗子に紹介された。

「会いなさい。健さんも会いたがっているから」

倉本は高倉に会うや言った。

「明日、僕は外国に行くんです」

すると、高倉が、いきなり自分の首に掛けていたペンダントを外し、それを倉本に手渡した。

「これ、掛けて行ってください。差し上げますから」

十八金の鎖と先っぽに純金の人間国宝のような人が彫金したという不動様のペンダントであった。裏に高倉家の家紋が入っていた。

「これ、僕のなんで、裏に家紋が入ってます。倉本さん、家紋はなんですか」

「違い鷹の羽です」

「お帰りになるまでに違い鷹の羽の紋の入ったペンダントを作っておきます。だから、これだけは、ちょっと、僕に返してください」

倉本は驚いた。〈変わってる人だな〉

倉本はいきなり心をグッとつかまれてしまった。

倉本は、そのペンダントをつけた。高倉がつけていたものだから、生温かった。そのペンダントをつけて外国に行った。

外国から帰ると、ちゃんと違い鷹の羽の彫り込まれたペンダントができていてプレゼントされた。

□

北海道の富良野の倉本の家に、高倉から「明日行きまーす」と明るい声で電話があり、遊びにやって来た時だ。

二人は、家の窓辺のソファに座り、高倉と二人でいろんな映画の話をずっとした。

倉本が、高倉に持ちかけた。

「東映のパターンにないやくざものを書きたい」

東映のやくざものでは、高倉演じる主人公がいわゆる「良い親分」のところに一宿一飯で世話になる。敵対する「悪い親分」がいて、そこの若衆頭が主人公に惚れてしまう。やがて「良い親分」が殺される。その後、「悪い親分」に殺されたというのがだんだんわかってくる。

高倉がいざ復讐に向かう時に、高倉を慕っている向こうの若衆頭が裏切って、高倉に一緒にお供して行く。その役がたいてい池部良で、二人相合傘で雪の中を行く。倉本にはそのパターンとか「方程式」を破れないものかという思いがあった。

倉本は、やくざ映画をずっと観てきていた。七〇年安保反対運動の盛り上がる中に全学連の間でやくざ映画がもてはやされていた。深夜、池袋の映画館で、やくざもの五本立てを朝まで上映していた。それこそ昼間ゲバ棒を振り回している連中が、客席を埋めている。

東大生の橋本治が、東大駒場祭のポスターで、高倉を模して描いた「とめてくれるなおっかさん　背中のいちょうが　泣いている　男東大どこへ行く」が有名である。

「主演、高倉健」が画面に現れると、彼らがスクリーンに向かって、ワーッと拍手する。

悪役の定番で小池朝雄らが出てくると、「今週もご苦労さん」と声がかかったりする。

三島由紀夫の激賞した鶴田浩二主演の『総長賭博』の山下耕作監督が字幕に出ると、ワーッとまた盛り上がる。そういう不思議な雰囲気であった。

デモ帰りの学生は客席で半分寝て、またデモに出ていくという暮らしだった。

学生運動が落ち着くと、やくざ映画も任侠(にんきょう)映画もすたれていった。

高倉は、東映を去り、やくざ映画を卒業していたが、倉本は、高倉に言った。

「もう一度、健さんのやくざ映画を観てみたい」

倉本は、温めていたやくざを主人公にした二本の作品を語り、そして三本目を口にした。

「健さん、『あしながおじさん』の話を知っていますか」

高倉はうなずいた。倉本は続けた。

「ああいう話を、やくざをからめてやったらどうですかね。殺したやくざの娘を、名乗らないで、援助し続ける。娘は、『あしながおじさん』役の健さんに手紙を書き続ける。健さんは、その娘にひそかに想いを寄せている……」

高倉は、この話に乗ってきた。

『あしながおじさん』は、アメリカの女性作家ジーン・ウェブスターの児童文学作品である。孤児院で育った少女ジュディが一人の資産家の目にとまる。毎月手紙を書くことを条件に大学進学のための奨学金を受ける物語である。ジュディが援助者を「あしながおじさん」と呼び、日々の生活をつづった手紙自体が本作品の内容となっている。

実は、倉本は、少し高倉のナマナマしさを出したかった。それまでストイックになり過

『冬の華』（昭和53年）降旗康男監督／倉本聰脚本／高倉健・池上季実子／ⓒ東映

ぎて、観客の印象からするとまるでサイボーグ的な印象になっていた。

倉本からすると、普段付き合っている人間健さん、という部分をにじませたかった。これが『冬の華』のスタートであった。

倉本は、人間をドラマで描くために、その役者と可能なかぎり触れ合うことにしている。この人について書くのであれば、他の人には絶対に書けないものを、という意識が強い。

高倉は酒を飲まないため、倉本が高倉と会う時は、いつも喫茶店である。二、三時間話す間に、高倉はコーヒーを四、五杯は飲む。

倉本が高倉にひとつ質問すると、五分でも一〇分でも間があく。倉本は、会話のさなかによく話が途切れると、不安でつい余計なことをしゃべってしまう。

果たして高倉にその長い沈黙の間、インナーボイスがあるのか。あるいは、何も考えていないのか。倉本はよく考えるが、そこがわからない。

かつて三島由紀夫がベテラン俳優の宇野重吉のことを「無口なジャガイモは利口に見える」と表現したことがある。倉本は、高倉の沈黙にそのことをチラと思った。高倉の場合、不思議と雄々しく映る。神秘的にすら思われてくる。

ある日、倉本が喫茶店「ウエスト」から出て、飯倉の事務所に戻る高倉の運転する車の助手席に乗った。

しばらく走った時、倉本は、あまりの沈黙が気づまりになって、つい質問を発した。

「健さん、女に興味はないんですか？」

そのとたん、キュッ！　と急ブレーキをかけられ、つんのめった。高倉は、倉本を見つめると答えた。

「ありますよ」

高倉は、港区赤坂九丁目の旧防衛庁のほうにそのまま車を走らせた。倉本は、旧防衛庁の手前で、慌てて訊いた。

「女性のどういうところがいいんですか」

高倉は、また、黙ってしまった。待つこと一五分、飯倉あたりまで行ってから、高倉はポツリと言った。

「しなやかさ、じゃないですか」

「そうかぁ、しなやかさですか……」

高倉にそれほど徹底的に黙られると、変に倉本のほうが媚びてしまう。倉本は、そういう自分に自己嫌悪すら感じたものである。

高倉は誠実だから、思いを正確に表現する言葉を時間をかけて探しているのだろう。それにしても、格が違っている。向こうのペースにはまってしまう。

高倉は父親に言われたという。「男は、一生に二言か三言しゃべればいい」

倉本は、そのような高倉と接していて、『冬の華』の主人公加納秀次には、徹底してしゃべらせまい、と決めた。

倉本は、『冬の華』が公開される前年の昭和五十二年十月七日から十二月三十日までのTBSの連続テレビドラマ『あにき』で、何代にもわたり続く鳶職「神山組」の頭で主人公の神山栄次を高倉健に演じてもらっていた。

高倉と組んだのは、このドラマが初めてである。

このドラマを通して、高倉という俳優は、セリフでいろいろな感情を表現するタイプではなく、セリフをしゃべらなくてもいろいろなものを表現できる人だということがわかった。倉本には自信が生まれた。

〈この人だったら、徹底的にセリフを少なくしてもドラマが成立するな〉

高倉も、倉本のそのようなセリフの少ない書き方から作者がなにを言わんとしているのか、俳優として理解してくれた。

『冬の華』では、高倉のセリフが少ないぶん、高倉が援助しているヒロインの手紙、主人公の高倉が彼女へ書こうとしている手紙を巧みに利用することにした。倉本は、次の打ち合わせで高倉に言った。

「僕は、『昭和残侠伝』など健さんの一連の任侠シリーズを客席から観ていました。あの花田秀次郎というヒーローがいなくなって、とても淋しいという感じが常にあったんです。だからといってあのキャラクターを再登場させても二番煎じにしかならない。どうやったらいいのかいろいろ考えていたんです。花田秀次郎がいなかった五、六年間というのは、彼が網走刑務所に入っていたんじゃないか。つまり、僕にとって今度の作品の主人公で、花田秀次郎の名に似た加納秀次は還ってきた花田秀次郎という感じにする。もちろん、時代が違うんだから、当然、文体も変えなければいけない」

倉本は、新作を書くのに、フランシス・コッポラ監督、マーロン・ブランド演じるマフィア映画の傑作『ゴッドファーザー』に強い刺激を受けていた。

エイブ・ヴィゴダ演じるサルバトーレは、裏切り者のロバート・デュバル演じるトムに哀願する。

「助けてくれないか」

トムは、取り合おうとはしない。

サルバトーレは、いま一度トムに頼む。

「昔なじみじゃないか……」

トムは、冷ややかに突き放す。

「気の毒だが……」

倉本は、このやり取りから刺激を受け、『冬の華』のファーストシーンと、ラストシーンを膨らませた。

倉本は、ヒロインを温かく見守る「あしながおじさん」的存在の男を軸に据えることと、『ゴッドファーザー』のこのやり取りの、二つの狙いからスタートすることにした。

倉本は、それまでの任俠映画と大きく変化させるために、『ゴッドファーザー』のイメージだけでなく、もうひとつのイメージも高倉に語った。

「ヨーロッパ的というか、フランスのジャン・ギャバンやアラン・ドロンのフレンチ・フィルム・ノワール作品のような雰囲気もにじませましょう」

高倉は、ジャン・ギャバンを俳優としての理想としていた。

「理想の俳優はジャン・ギャバンだ。決して大仰でない抑えた芝居に徹しながら、ジャン・ギャバンが演じている、という存在感がある。それでいながら神父からギャングに至るまで、どんな役柄を演じても似合う。ああいう芝居を目指したい。また、セリフでも動作でもない。ただ黙ってキャメラを見つめている表情のなかに感情の動きが表現されている」

倉本は高倉に言った。

「ヨーロッパ的雰囲気をより醸すためにも、ヒロインと名曲喫茶店をからませる。そこでチャイコフスキーのピアノ・コンチェルトを何度も流させます。シャガールの名画にも重要な役回りを果たさせます」

倉本は、『冬の華』に、高倉への私的ラブレターのつもりで取り掛かった。

□

倉本は日活の専属時代を経て、東映でも仕事をしている。日活のヒーローのあり方と東映のヒーローのあり方の違いはよくわかっている。

日活では、石原裕次郎のようなヒーローは、絶対に死なない。それに絶対に上がいない。

東映はその逆で、必ず上がいる。その人に、黒を白と言われれば、その通りだと決して裏切らない。それが健さんを美しく見せる。自分が尊敬できる人を持っているということで、尊敬される人はそんなに光らないが、健さんは尊敬していることで光る。

倉本は、そのことを大事にしていた。TBSの連続ドラマ『あにき』でも、高倉演じる鳶職の「神山組」の頭、神山栄次も頭の上がらぬ島田正吾演じる「神山組」の長老加東松五郎親分をつけ、さらに佐野周二演じる浜町の頭「神山組」の長老浜田政吉を置いた。健さんが頭の上がらない人を『冬の華』でも置いていった。

□

高倉は、文学について話すことは少ないが、映画の話は大変に好きであった。

倉本が『冬の華』で高倉と組んだ昭和五十三年の暮れ、高倉と会い、話をしていた。

高倉が、倉本に訊いてきた。「『ディア・ハンター』観ましたか」

『ディア・ハンター』は、マイケル・チミノ監督、ロバート・デ・ニーロ主演の作品である。

六〇年代末期におけるベトナム戦争での過酷な体験が原因で心身ともに深く傷を負った若き三人のベトナム帰還兵の生と死、彼らと仲間たちの友情を描いている。

昭和五十三年十二月八日にアメリカで公開されていた。日本で封切られるのは、翌五十四年三月十七日である。

「まだ日本で封切られていないのに、観られるわけないじゃないですか」

「おれ、ニューヨークに行って観てきたんですけど、また観に行きたいので、いっしょに行きませんか」

「いっしょに行くって、何日かかるんですか」

「いえ、日帰りでいいじゃないですか。朝、飛行機で向こうに着くでしょう。ちょっとコーヒー飲んで、映画館に行って観る。ちょっと買い物なんかして、その夜の飛行機で帰ってくればいいでしょう」

高倉は、英語が堪能で、字幕無しで楽しめるのだ。『ディア・ハンター』は特に好きで、日本公開前にニューヨークで三回も観ている。デ・ニーロのことは、特に好きであった。高倉の好きは、尊敬（リスペクト）なのだ。デ・ニーロは、『ゴッドファーザーPARTⅡ』『タクシードライバー』『レイジング・ブル』などに出演し、オスカーを二度も獲得している。

他にヘンリー・フォンダも好きだった。『十二人の怒れる男』『荒野の決闘』『黄昏（たそがれ）』『怒りの葡萄（ぶどう）』などの名作に出演しているベテラン俳優である。高倉は、ヘンリー・フォンダに直接会っているとも言っていた。

女優では、キャンディス・バーゲンが好きであった。『パリのめぐり逢い』『冒険者』『新・おしゃれ泥棒』などに出演している。

監督では、マーティン・スコセッシを尊敬していた。スコセッシは、デ・ニーロが主演した『タクシードライバー』『レイジング・ブル』を監督していた。

倉本は、『冬の華』のシナリオを書く途中に、勝新太郎（かつしんたろう）と京都（きょうと）の祇園（ぎおん）で飲んでいる時、勝に口説かれた。

「倉本ちゃん、菅谷政雄（すがたにまさお）の伝記を書いてくれ」

菅谷政雄は、戦前より神戸三宮（こうべさんのみや）を中心に愚連隊（ぐれんたい）の旗頭として活動していた。戦後になって三宮を中心に「国際ギャング団」として、アジア系外国人の一部や無法者一味と活動をともにするようになった。主に闇市で用心棒を務める一方、闇物資の倉庫管理などをシノギとしていた。物資を強奪して、検挙された際にそのギャング団に一部台湾人が含まれていたことから、新聞紙上で「国際ギャング団」の異名が付けられるようになる。

菅谷組は昭和三十六年から三十九年頃にかけて神戸、大阪、和歌山、福井、石川、福島、愛媛、福岡、熊本に進出。最盛期には構成員一二〇〇人を擁した。昭和三十八年に山口組の集団指導体制が発足すると菅谷は若頭補佐に就任。

その後、菅谷組舎弟の川内組組長・川内弘の本家直参昇格を巡り内部抗争を起こし、昭和五十二年四月十三日、菅谷の命を受けた襲撃部隊が川内を射殺する事件が発生。この事件を重要視した山口組執行部は一同名義で菅谷を絶縁処分とした。が、「ボンノ」と呼ばれた菅谷は、その後もやくざ界のスーパースターであった。菅谷をモデルとした映画も作られ、昭和五十年十月公開の『神戸国際ギャング』には、高倉健が菅谷役で主演している。

倉本は勝に断った。

「やくざと付き合うのは嫌だ」

が、勝は引き下がらない。

「とりあえず会うだけでいいじゃないか」

倉本は、なんと、その場からいきなり酔っ払った勝の運転するコンチネンタルに乗せられた。車をぶっ飛ばし、神戸の三ノ宮の駅前に着いた。すでに駅前には、ずらっと黒ずくめが迎えに来ていた。倉本は、初めてやくざの連中と飲んだ。クラブを四軒もハシゴした。

彼らには普通の人たちと変わらないと感じられるところと、すごく面白く感じたところと両方あった。

クラブは貸し切りではなかった。ヤジを飛ばした他の客がいて、「文句あるんかい！」と一触即発の雰囲気になった。倉本には恐ろしかったが、一方で実に興味深かった。この揉め事も、『冬の華』では、カラオケのマイクの取り合いから殺人にまで発展するシーンに活かされる。

親分衆たちは車の話をする。やくざは、当時、ほとんどアメリカ車に乗っていた。そのせいであろう、欧州の車を批評する。そのシーンも映画に活かされる。

「息子が慶応幼稚舎に受かった」という話が出た。

「それはおめでたいなあ」みんなで盛り上がった。このシーンは、ラストシーンにまでつながって活かされる。

倉本の隣に座っていた幹部は、ウイスキーがなくなりかけていたので、女の子に勧められ、氷と一緒にオロナミンCを入れて割った。倉本がその様子を見たので、その幹部は照れて、打ち明けた。

「ドクターストップかけられてますねん」

そのうちにまるで大学の映研のような雰囲気になった。

「やくざを演じるのに一番うまい俳優は誰か」という役者論になった。『仁義なき戦い』で大ブレークした菅原文太の名がまず出た。

「菅原文太は違うぜ。格好良すぎる」

「小林旭もそうやな。本物のやくざは、あんなに格好良くない」

一人ずつ腐していく。

「おらんなあ」

そして、最後に一人が叫んだ。

「ああ、おったぜ」

「誰だ？」

「松方弘樹だ」

そうすると、みんなが納得した。

「そうや。あれこそやくざやな」

みんなの意見が一致した。

その理由についても語り出した。

「あの間のずれた感じと、センスの悪い洋服の感じが、まさしくやくざなんだ」

倉本は、そういう会話に一晩付き合って、おかしかったという。それらは全部、『冬の華』の脚本のネタに使った。

ただし、その場で高倉の名前だけは出なかった。彼らにとって、高倉は別格で、神聖化すらされていた。なにか、触れるのも恐れ多い、という感じであった。

高倉は、昭和四十八年のお盆映画で、日本やくざ史上最大の組織をつくり上げた山口組三代目の田岡一雄の自伝映画で、田岡役を演じている。

その縁だけでなく、高倉が結婚していたことのある歌手の江利チエミとの関係で、美空ひばりとの縁も深くなってきていた。美空ひばりは山口組の神戸芸能に所属していて、田岡一雄から特別にかわいがられていた。

高倉は、倉本と一緒にいる時も、ずいぶんとやくざに声を掛けられた。いっしょに飲みたい、という雰囲気であった。が、高倉は、ピシッと断り、彼らを避けていた。

なお高倉は、山口組三代目を映画で演じただけでなく、三代目を心から尊敬していた。

□

高倉は、『冬の華』のシナリオを倉本から受け取ると気に入った。そのシナリオを、東映のやくざ映画をほとんどというほどプロデュースしてきた俊藤浩滋プロデューサーに見せた。

俊藤は、一度は自分から去って行った高倉と久しぶりに仕事ができるというので乗った。が、そのシナリオが気に入らなかった。高倉が、倉本に言った。

「ぜひ俊藤さんに会って、口説いてもらえませんか」

倉本は俊藤に会うのは嫌であった。俊藤が、それまで製作しつづけていたやくざの世界に近すぎると思ったのだ。

が、自分のシナリオを通すためだ。俊藤と青山の彼の家で会った。俊藤は、渋い表情で言った。

「『あしながおじさん』のイメージはええが、チャイコフスキーやシャガールが出てくるのはなんや」

俊藤にしてみれば、それまでの『日本俠客伝』や『昭和残俠伝』のイメージからかけ離れすぎていた。軟弱すぎると不満だったのだろう。

「なにより、『冬の華』というタイトルがあかん。『網走番外地』風に、『網走の花嫁』というタイトルにしたらどうや」

倉本は、思わず笑ってしまった。俊藤は、さすがにムッとした。しかし、俊藤はこのシナリオの映画化はあきらめなかった。『総長賭博』の山下耕作監督に頼むことにした。

ところが、山下監督は撮らず、降旗康男監督のところに舞い込んできた。

のちに降旗の耳に入ってきたところによると、倉本が、『冬の華』のタイトルを変えることは断じて許さなかっただけでなく、きっぱりと言ったという。

「ホン（脚本）は、一言一句変えないでください。変えたら、ホンを引き上げます」

「ふざけるな！　そんなホン屋とやっていられるか」

山下監督は怒って『冬の華』を降りてしまったという。

降旗は、TBSテレビで放送されていた山口百恵（やまぐちももえ）と宇津井健（うついけん）との、タイトルが「赤い」ではじまる『赤いシリーズ』を撮っていた。そこに、俊藤プロデューサーから電話がかかってきた。

「ちょっと、読んでもらいたいホンがあるのや」

それで送られてきたのが、倉本の『冬の華』であった。

降旗は、さっそく読んだ。

〈面白い……〉

降旗は、ただちに俊藤に電話を入れた。

俊藤は素早かった。

「今夜、倉本聰さんと打ち合わせをするから来てくれないか」

降旗は、その夜、新宿（しんじゅく）プリンスホテル二十五階のバー『風雅（ふうが）』で俊藤といっしょに倉本に会った。俊藤は、そのバーへ入る前に、降旗に釘を刺した。

「降さん、倉本にホンのことは何も言うなよ。文句を言ったら、ホンを引き上げると言うてる」

降旗は、それまで倉本の脚本では、日本テレビ系列の石原プロモーション製作による渡哲也主演の昭和五十一年の大都会第一作『大都会　闘いの日々』を撮っていた。

降旗は、東大では、倉本の一年先輩で、降旗は仏文科で、倉本が美学科であった。しかし倉本は、演劇に熱中していて、大学にほとんど顔を出さなかった。ふたりは大学時代、ほとんど付き合いはなかった。

が、降旗は、倉本の一年先輩ゆえに遠慮なく物は言えた。

「倉本さぁ、何か文句を言ったら、ホンを引き上げるんだって?」。倉本は、苦笑いした。

「倉本は脚本を一字一句でも変えるとうるさい」というのがテレビ界で伝説になっていた。実は、テレビの場合、若い役者は自分がしゃべりやすいように語尾を変える。

勝手に変えられると、性格が変わってしまう。従って倉本は、「語尾は一字一句変えるな」と厳しく言っていた。その言葉が一人歩きして、「倉本は一字一句でも変えると怒る」と評判が悪くなっていたのにすぎない。

倉本は降旗に言った。

「いや、全部お任せしますから」

俊藤は、そのバーを出て降旗とふたりきりになると、ホッとした表情になった。

「お前、やばかったなぁ。ホンを引き上げると言われたらどうなるかと、ハラハラしとったがな……」

降旗は、打ち合わせの翌朝、さっそく京都撮影所に向かった。撮影所に着いて脚本を開くと、なんと、すでにキャストの名がいっぱい入っているではないか。

「久しぶりに健さんが東映に帰って来るのに、並んでいる名前は昔と変わり映えのしない東映映画じゃないか」

俊藤といっしょにやっていたプロデューサーの橋本慶一が、降旗に賛同してくれた。

「それは、降さんの言う通りだ」

そこで、高倉の弟分にあたる立花道夫役を夏八木勲、山本武彦役を寺田農、ミナケン役を峰岸徹に、と若い俳優たちに切り替えた。新しくキャスティングした若手たちは、運よくスケジュールが空いていた。

当初キャスティングされていた俳優たちは、親分たちの役になってもらった。カタギになり、板前になっていながら、ラストの戦いには高倉と一緒に加わる花井喜一郎役は歌手の北島三郎になっていた。

〈花形のサブちゃんに出てもらうことになると、サブちゃんのために派手なワンシーンを新しく作らなければいけなくなる。そうすると、全体の調子が狂ってしまう。そういうのは、正月のオールスターキャスト映画でやってくれ〉

北島三郎には悪いが、その役は小林稔侍に差し替えた。

問題は、高倉演じる加納秀次が、池部良の演じる古い仲間の松岡幸太郎を刺し殺し、その娘を「あしながおじさん」よろしくめんどうを見るわけだが、そのヒロイン松岡洋子を誰にするかであった。

倉本は、脚本を書く時、いつも俳優を想定して当て書きをしていた。松岡洋子は、山口百恵を想定して書いた。

倉本は、洋子に肉欲的なものでなく、非常にピュアな愛情を求める設定にしていた。それにふさわしいのは山口百恵であった。

降旗も、山口百恵と『赤いシリーズ』で組んでいた。降旗は、山口百恵に『冬の華』について語り、誘った。山口百恵も、乗り気であった。降旗は、山口百恵の所属しているホリプロと話を詰めた。が、最終的にスケジュールが合わなかった。

降旗は、その頃テレビドラマの連続もので人気が上昇していた池上季実子に白羽の矢を立てた。

松岡幸太郎役には、倉本は『昭和残侠伝』の高倉の花田秀次郎役と名コンビを組む風間重吉役の池部良と決めていた。この名コンビであったからこそ、『冬の華』で高倉が池部を刺し殺す意味がある。

実は、池部は降旗とはそれまで何度かコンビを組んでいたが、倉本とも古い付き合いであった。

倉本は池部が松岡幸太郎役に決まって北海道の旭川に来た時、「ちょっと一杯飲もうか」と二人で飲んだ。

倉本は、『冬の華』のファーストシーンで高倉と池部が交わすセリフについて語った。

池部が『昭和残侠伝』での高倉とのコンビについて、興味深いことを打ち明けた。

「健さんの花田秀次郎が斬り込みに行く時、最後に、風間重吉のおれがいつも決まって橋のたもとで待っている。それからならんで斬り込みに歩いて行く。しかし、おれのほうが健さんの華に負けてしまう。おれは、健さんよりずっと先輩なのに、どうやったら勝てるかと考えた。それでね、衣装の着方と帯の締め方をね、ものすごく勉強し、苦労した。いろいろ研究して、着物を女物の着物の幅で作ってもらった。それをピシッと着こなして、下帯を下に締めて、まるでタイトスカートのようにお尻の線をすごく出るようにした。だから、確かに歩いている後ろ姿を見ると、健さんは乱暴に歩くんだけど、おれの尻はキレイなんですよ。そういうところで、対抗した」

降旗は、池部とは深い仲である。東映時代、一時『池部プロ』に出向していたほどである。

降旗は、池部にテレビドラマ『赤いシリーズ』にも出演してもらったが、正直上手い俳優とはいえなかったという。

池部は、宇津井健との共演で検事正の役であった。長いセリフをしゃべるので、池部にしゃべりやすいようにセリフを変えてもいいと言った。

「内容さえ同じなら、『てにをは』は変えてもいいですよ」

リハーサルを一回して、池部に声をかけた。

「さぁ、本番ですよ」

池部がしゃべりはじめたが、降旗は、聞いているうち思った。

〈あれ⁉ ちょっと待てよ〉

「てにをは」を変えて言うのはいいが、反対の意味になっている。池部に何回もやり直してもらったが、何カ所も間違う。降旗も池部に何度もダメ出しを出したが、なかなかうまくいかない。池部はついに怒って帰ってしまった。ところが、池部は、セリフとは関係ないが、でれっとした優男（やさおとこ）だな、と思っている時に、キュッと首筋が真っ直ぐ伸び何秒かの間に一秒、ううんと降旗を唸（うな）らせるほど素敵な表情をする。

降旗は、つい思ってしまう。

〈ああ、ただ美男美女としてセリフを言うのではなく、こういうコツを摑（つか）むとスターになれるんだな〉

降旗は、池部の何回かあるそのような表情のところを多く残して、他は宇津井健のシーンにカットバックして完成した。

降旗は、キャスティングこそ前もって決められていたが、キャメラマンだけはこだわって、会社に頼みこんだ。

「撮影だけは、選ばせてもらいますよ」

降旗は、仲沢半次郎となんとしても組みたかった。仲沢とは、降旗の初監督作品『非行少女ヨーコ』で組んで以来、空白があった。仲沢は病気で三年ほど休んでいた。

それでも仲沢に決まり、いよいよ撮影に入った。仲沢は降旗に訊いてきた。

「降さん、今度は健さんのアップをたくさん撮っていいか？」

「いいですけど、どうしてですか」

「健坊の顔がね、アップに耐えられるようになったんだ」

仲沢の狙いどおり、高倉のアップシーンが多用され、みごとな効果をおさめることになる。

音楽も問題であった。チャイコフスキーの曲やシャガールの絵が登場する雰囲気に相応しい音楽にしなければいけない。降旗は、作曲も演奏もクロード・チアリに頼みたいと初めから思っていた。彼はフランス・ニース出身のタレント、ギタリスト、音楽家である。

しかし、いきなりそのことを打ち出すと、反対する者がかならず出てくる。東京の大泉撮影所にはないが、京都撮影所には予算会議というものがある。

案の定、意見が出された。「いろんな音楽を使ったらどうか」。降旗は、あえて黙ってみんなの意見に耳を傾けた。

しかし、キャスト費がかかってしまい、削れるところを削りに削っても、音楽予算は、残されていない。出席者が、一様に降旗のほうを上目遣いで見ている。

「監督が、決めてくださいよ」

出席者は、眼でそう語っている。降旗が決めざるを得なくなったところで、降旗は出席者に問いかけた。

「じゃあ、費用はいくらまでならいいの」

何百万円しか残っていない、と金額が提示される。

降旗は、そこで初めてクロード・チアリの名を出した。

「そのためには、作曲も演奏もクロード・チアリさんに頼んでみたらどうだろう。安くあがるのでは」

クロード・チアリは、脚本を読み、乗った。クロード・チアリは、熱を入れてやってくれた。彼に作曲してもらった『冬の華』の音楽も演奏してもらうことにした。

降旗とクロード・チアリは、京都撮影所のダビングルームに入った。クロード・チアリはてっきり定時の夕方五時には終わるものと思い込んでいて、夜の七時開始のコンサートを約束していた。ところが、定時の五時には終わらなかった。仕方がない。コンサートが終わったあと、ダビングルームに帰ってきてもらった。ふたたび、ギターで演奏を続けた。

京都撮影所には、ソニー製の録音機が三台ある。音録りは、クロード・チアリひとりでやる。一曲について三回ギターを演奏する。一番目の演奏の音を録って、二台目の演奏を重ねる。それに三台目の演奏を重ねる。そのように三回演奏しないと一曲が完成しない。失敗もある。もとの音は録ってあるからいいものの、何度も繰り返した。降旗がクロード・チアリの腕に触ると、熱を発しているではないか。降旗は驚いて、小道具さんに声をかけた。

「おーい、氷があるだろう」

氷を袋に詰めてもらい、降旗がクロード・チアリの腕に当てて熱を冷まさせた。まるで傷ついたラグビーの選手の手当てをしているようであった。

クロード・チアリは、熱を込めてギターを弾き続け、ついに完成させた。

降旗は、クロード・チアリの哀愁あるギター音楽がなかったら、この映画の狙っていた雰囲気は醸し出されなかったであろうという。この映画の底辺に深く沈んでいる哀感をゆさぶってくれる。

降旗は、ふつうのシーンの曲はそれなりに予測できたが、この映画の事件の場面での不安を掻き立てるギターには痺れた。

『冬の華』は、タイトル通り、冬の短い間のドラマの設定になっている。したがって昭和五十三年三月二十三日にクランクインした。

まず、ファーストシーンの海辺を撮ることにした。まず鳥取砂丘(とっとりさきゅう)を見たが、海からひどく離れすぎていた。そこで、鳥取砂丘のちょっと北の浜で撮ることにした。

その浜辺を一人の少女と大の男がキャッキャッと笑いながら追っかけっこしている。

少女は、三歳の時の松岡洋子。男は田中邦衛(たなかくにえ)演じる加納の舎弟の南幸吉。

南は、少女と遊びつつ、チラと渚のほうを見る。その渚に並んでしゃがんでいる二人の男。池部良演じる松岡幸太郎と、高倉演じる加納秀次。

松岡がポツリと言う

「そうするより他、仕様がねえと思ったンだ」

加納は、手にした砂をこぼしている。

松岡は哀願する。

「何とか見逃してくれないか。え?」

「……」

「お前とは長い付き合いじゃないか」

「……」

松岡がさらに頼む。

「がきがいるンだ。何とかならねえか」

高倉演じる関東の東竜会幹部加納秀次の弟分の松岡は、会長の坂田良吉を裏切り、関西の暴力団関西連合に吸収させようと画策していた。秀次はその松岡を殺そうとしているのだ。

倉本が、『ゴッドファーザー』の裏切り者が助けを乞うシーンから刺激を受けたというシーンである。『冬の華』では、「がきがいるンだ。何とかならねえか」という言葉がつけ加えられ、ドラマに厚みを持たせている。

秀次役の高倉と松岡役の池部良は、『昭和残俠伝』シリーズでは、花田秀次郎と風間重吉役でともに命を捨てに行く深い絆で結ばれている。その二人を見慣れている観客にとっては、池部が、高倉に「お前とは長い付き合いじゃないか」と言う時、二人のそれまでの長い付き合いが納得できる。

高倉は、砂浜の砂を手にし、砂を指の間からこぼしながら池部の助けを求める声を聞いている。指の間から砂がこぼれるさまは、二人のそれまで辿ってきた年月をあらわしているように映る。

ところが、降旗監督によると、より深い意味もあるという。これから相手をドスで刺すのに、手が滑っては、と滑り止めに砂を指につけているというのだ。

風車を持って走る松岡の娘・洋子。追う南。キャッキャと無邪気に笑って走る洋子の姿。南を追いつつ、フッと足を止める。

親のこともわからず風車を持ってキャッキャと笑いながら浜辺を走る少女役は、子役でなく撮影所の小道具さんの娘が演じてくれた。その小道具さんには、姉と妹の二人がいて、二人を海辺に連れて行った。

五つ六つの少女なので、演技中疲れてしまってはどうにもならない。まず、姉に演じてもらい、姉がもし疲れた時は、妹に代わって演じてもらうことにした。

幸い、姉は疲れることなく演じ切った。

「風車を持って走ってください」

姉は無邪気な感じで走ってくれた。

はるかな渚で松岡が歩き出したのを、秀次があとを追い、二人の姿がもつれている。松岡の姿がグラッとよろめき、そのまま砂につんのめる。

秀次、スッと立ち、無表情に町へ歩き出す。

南、あわてて秀次の後を追う。

松岡が秀次に刺し殺されて、海辺に仰向けに横たわっている。

池部は、両脚をそろえて横たわるのでなく、左脚だけを曲げて立てている。別に降旗がそう指示したわけではない。本能的にそのほうが絵になると自然にそういうポーズを取ったという。さすがにスターである。

洋子、動かなくなった父のほうへキャッキャと笑いながら走って行く。

砂浜を離れつつ、振り向く秀次。その目に、刺されて動かなくなっている父親の頬を無邪気につついて笑っている洋子の顔が焼きつく。

場面が変わり、横浜桜木町（よこはまさくらぎちょう）の駅に早朝、ボストンバッグ一つ下げた「人斬り秀」と呼ばれた加納秀次が降り立つ。

加納は、浜辺で松岡を刺し殺し、旭川刑務所に服役した。一五年の刑を終えてシャバに戻ってきたのだ。

加納は、松岡を刺す場面にいた田中邦衛演じる舎弟の南幸吉が用意した横浜本牧（ほんもく）のマンションの五〇二号室に入る。結構広いワンルームの部屋だが、ダイニングキッチンに机と椅子、ベッドがポツンとあるのみ。およそ生活感はない。この沈んだブルーの部屋の印象は、フランスのジャン・ピエール・メルヴィル監督のアラン・ドロンが演じる『サムライ』の殺し屋の孤独な部屋を連想させる。『サムライ』には小鳥が飼われているが、この部屋にはそれすらない。

キャメラマンの仲沢は、高倉の部屋に、レモンを数個置いた。

降旗は、仲沢に言った。

「仲沢さん、ちょっとやりすぎじゃないですか」

仲沢は、自信たっぷりに言った。

「いや、これでいいんだよ」

殺風景な部屋に置かれたレモンが、艶（つや）を与えている。

一五年ものムショ暮らしの秀次が、久しぶりに娑婆（しゃば）でのおいしい食パンのトーストを食べる。

高倉健は、野地秩嘉（のじつねよし）の『高倉健インタヴューズ』で語っている。

「ジャン・ギャバンは食べる芝居もうまい。ワインとチーズのようなシンプルな食べ物を口に運び、自然な感じで食事をしながらも、観客が聞きとりやすいセリフをしゃべる技術を持っている。あの人がものを食べる場面を繰り返し見て勉強したことがありますね。『冬の華』って映画のなかで僕は出所したばかりの男の役をやったんです。アパートのなかでひとりでトーストを焼いて、刑務所のなかでは口にできなかったジャムをふんだんにつけて食べるシーンがあるんだけど、あの芝居にはジャン・ギャバンの影響が出ています」

秀次は、藤田進（ふじたすすむ）演じる東竜会総長坂田良吉に出所の挨拶に行く。

出所祝いに総長の好きなシャガールの絵をもらう。この映画にとって、シャガールの絵がキーになる。

秀次と刺殺した松岡の娘洋子との関わりがあらわになる。秀次は、服役中、ブラジルにいる伯父といつわり、池上季実子演じる洋子と文通を続けていたのだ。

秀次は、翌日、三浦洋一（みうらよういち）演じる竹田乙彦の案内で、松岡洋子を遠目に見に行く。

秀次の記憶が蘇る。浜辺をキャッキャッと走っていた少女。

「あの娘です。今来る一番左の」

聖マリア女学院の下校してくる女学生の中にいる、池上季実子演じる松岡洋子、静かで清純なその美しさ。

竹田の低い声。「紹介しますか」

「いや。いい」

秀次の声かすれて。

洋子、その真横を通過する。

セーラー服に身を包んだ清純な少女、池上季実子を車の中から見る高倉の眼は、あきらかに恋する相手に対するものに見えた。

高倉は、この作品の秀次のあまりにセリフの少ないことを「キネマ旬報」昭和五十三年五月下旬号の今野雄二（こんのゆうじ）のインタビューで、語っている。

「しんどいですね。かえって疲れちゃいますね。僭越（せんえつ）ですが、判（わか）るというか、ほんとうに監督が満足しているかどうかっていうことはいつも気にしてるんですけど、あんまり言わない人ですから、積極的にそこいら辺は、あの、本当に満足しているのかどうか追いつめられながら今回はやってますけど……はい。実際に質問もしますし。普段はそんなこと言ったことないんですけど……」

高倉は、この洋子に対する秀次の想いについて、降旗監督に訊いている。

「ラブですかね」

降旗は答えた。

「ラブなんじゃないですか」

私は、このシーンを見て、当初予定されていたという山口百恵でなくてよかったな、と思った。山口百恵だと、ラブの要素が無くなる。単に秀次が庇護する相手になってしまう。

池上は、私の眼には清純さの内に、恐いほどのエロスを秘めている。それゆえにこそ、秀次と洋子の恋愛映画として成立しているのだ。降旗も池上を撮るにしたがって、池上でよかった、と納得できたという。

いっぽう池上は、この映画に出演した時の高倉についての感想を述べている。

「映画と同じですね。まさしく〝ステキなおじさま〟でした。『冬の華』という映画をやるよと言われて、台本を読んで現場に行ったんですけど、高倉健さんに対するスタッフの対応が全然違うんですね。だから、〝あ、すごい人なんだな〟とわかるみたいな。もうピリピリでしたね。でも怖くてピリピリしているというよりは〝尊敬しているからピリピリしている〟といったような。だから、嫌な緊張感じゃないんですよ。向こうは大人ですし、周りにも人がいっぱいいらっしゃいますし、私は新人女優ですから、端っこに座ってるという感じだったんですよね。そうすると、健さんが〝池上さん、こっち〟って言って、みんなをどかして座らしてくださるんです。それで何を思ったのか〝皆さん、池上さんのことを頼みますよ〟って言ってくださったんです。優しかったですね」

秀次が、いかに松岡洋子に心を寄せているのかうかがえるシーンがある。

秀次が組の幹部たちと話し合っている時、フラッと立ち上がり、峰岸徹演じるミナケンに訊く。

「車あるか」

「どちらに」

「一寸(ちょっと)街廻って様子見てくる」

「お伴します」

「いいよ」

秀次の車のフロントグラスに、横浜の街が平和に過ぎる。

聖マリア女学院の坂で止まる。下校してくる生徒たち。

洋子の手紙を読む声。

「おじさま、ヴァイオリンありがとうございます。昨日南のおじさまに届けていただき、洋子はうれしくて抱いて寝ました。日本は今雨。

遠いブラジルのおじさまの姿を、勝手に頭で想像して、洋子はこの手紙を書いています。たった一人の洋子にとっておじさまの存在がどんなに大きいか、おじさまにはお判りになるでしょうか」

「いつも私に手紙を届けてくれる南モータースの竹田さんが、この前チラと私にいったこと——〝もしかしたら近々おじさまが日本に帰ってくる〟それ本当？」

「もし本当なら私うれしくてねむれない。いつなの⁉　本当に帰ってみえるの⁉」

秀次、刑務所での一シーンを想い出す。

横の囚人がニヤリと小声でささやく。

「お前、ブラジルのおじさんなンだって？　どんな娘だ。エ？　齢ァいくつだ。十五、六になりゃア今はもうイタセルぜ。羨ましいな。もうじきやるのか」

秀次の胸に怒りがつきあげる。突然キリを男の手の甲にぶち通す。

「ギャーッ‼」

洋子の声が流れる。

「洋子は待ってます。おじさまと逢える日を待ってます。本当に心から待ってます。待ってます待ってます待ってます待ってます……」

車の中の秀次。その目に、洋子が坂を下りてくる。

秀次、目を伏せ、煙草を咥える。火をつける。その手がかすかに震えている。

ミナケンが運転するというのを拒んで、あえて自分一人で運転して行くというのは、洋子への想いの強さをあらわしているといえよう。

秀次と洋子のドラマは、進んでいく。

洋子の手紙を読む声。

「お手紙受けとりました。日本に来れなくなったっていうおしらせ。一年位延びるっていうこと。がっかりです」

低く流れているピアノ・コンチェルト。

「今この手紙を書いているのは、馬車道にあるコンチェルトってコーヒー屋さん。いつも木曜はヴァイオリンの稽古の帰り道に、ここへ寄っておじさまへの手紙を書くのです」

秀次は、名曲喫茶コンチェルトで洋子からの古い手紙を読んでいる。洋子の声がつづく。

「ここはクラシックをきかせるお店です。今丁度かかっているのはチャイコフスキーのピアノ・コンチェルト。わたしはこの曲が大好きなンです」

「お気づきですか？　今日のこの手紙。いつもと一寸ちがうでしょう？　自分のことを洋子っていうのを止めたンです。だってもうじき十七歳ですから。私は十七歳。十七になったらやりたいことが山ほどあります。第一に――」

秀次、顔をあげる。目の前に立っている店の女。

秀次、リクエストはできるのかを彼女に訊き、できるとわかると、勇気をふるって頼む。

「チャイコフスキーのピアノ・コンチェルト」

女、ニコッと一方を差してみせ、去る。

そっちを見る秀次。

黒板に書かれた文字。

「チャイコフスキー　ピアノ・コンチェルト」

秀次、子供のように狼狽(ろうばい)し、恥ずかしさに手紙をしまう。

場面は、秀次の部屋に移る。電話を睨(にら)んでためらっている秀次。決意し、ノートを見てダイヤルを廻す。

聖マリア女学院寮の洋子にかける。

洋子、電話の所へ来て受話器をとる。

「もしもし、お待たせいたしました。松岡ですけど」

秀次、答えない。

「もしもし」

秀次、額から汗が吹き出す。秀次かすれ声で。

「もしもし」

「はい……アノ、どちら様……」

洋子、ドキンとする。

「おじさま⁉」

秀次の沈黙は続く。

「おじさまじゃありません？　おじさまでしょう！　日本に帰っていらしたの⁉」

秀次、コトリと受話器を置く。そのままじっと動かない。

秀次、震える手で煙草を口に咥える。


組結成の話も断り、堅気になろうと決心していた秀次は、藤田進演じる坂田良吉会長から、北大路欣也演じる息子の坂田道郎の相談相手になってくれと頼まれる。道郎は自衛隊で剣道を教えている。

藤田進は、当時、六十六歳であったが、全力投球していた。藤田は、黒澤明映画の『姿三四郎』をはじめ、『わが青春に悔なし』『虎の尾を踏む男達』『隠し砦の三悪人』『悪い奴ほどよく眠る』『用心棒』『天国と地獄』などに出演し、黒澤が三船敏郎を主役に据えるまでは、主役を張り続けていた。

降旗によると藤田は存在感をしめしていた。藤田とすれば、高倉に負けてなるものかという意地もあったろうという。

『冬の華』には、東映側から、京都撮影所の若手のスター、北大路欣也か松方弘樹のどちらかを使ってくれ、という話が降旗にあった。降旗は、北大路欣也を、「若」として出演させた。

北大路は、「健さんみたいな形の俳優になっていきたい」と思い、うまくそちらの方向に舵を切れたと思う。

いっぽう松方は、どちらかというと、鶴田浩二の形を目標としていたという。

秀次と若の道郎が再会を喜び合ったのも束の間、坂田会長は関西の暴力団員に殺される。好きなシャガールの掘り出しものがあると誘い出されての殺害であった。

この坂田会長殺害事件を機に、関西連合の岡田眞澄演じる三枝信吉らが横浜に流れて来る。一触即発の雰囲気になる。

秀次は、松岡洋子へのせつない想いのいっぽう、離れてゆくえの知れない妻みずえも気がかりであった。

その手掛かりとなるのが、倍賞美津子演じるコールガールのメリーである。華やかで、あっけらかんとした味わいを出している。

秀次は、横浜の盛り場裏通りで、偶然メリーに会う。

メリー、秀次に訊く。

「お兄さん、加納さんて人？」

「……ああ」

「じゃアみずえさんって、知ってるでしょう！」

「みずえを知ってるのか」

「関西で、同じとこに一寸いたことがあるのよ」

「一緒って、どこで一緒だったンだ」

「トルコよ。みずえねえさんの、私、教え子なの。がんばってたのよ？ ねえさんあっちで。三十三からトルコに入ったから、体がしんどいって時々いってたけど、あの顔とキップだから凄い人気でさ」

実は、偶然にも秀次は竹田が洋子にキスをしている睦まじい姿を茂みの中で見てしまう。

竹田は、秀次の手紙を洋子に届けるうちに恋しはじめたのだ。

秀次が複雑な思いで歩いている時、関西清和会の連中に取り囲まれ因縁をつけられる。

が、黙って煙草に火をつけようとする。連中の一人ドス健が、手を伸ばし、その煙草を捨てる。秀次、新しい煙草を口に咥える。その煙草をドス健がまたとろうとした瞬間、秀次、凄じく動いている。ほとんど野獣の残酷さで、徹底的に男を打ちのめす。あまりのその激しさに、呆然としているつれの男たち。秀次、そのまま無表情に去る。

この高倉の関西清和会のドス健を打ちのめすシーンは、東映時代からのファンにとっては、堪えられないカッコ良さだろう。

ちょうど、『仁義なき戦い』シリーズをはじめとする東映の実録路線が少なくなった時期であった。深作欣二監督の『仁義なき戦い』では、怒鳴り合う声、ピストルの音、人を殴る音、すさまじい音の連続であった。

降旗監督によると、現場には、もう一度原点にかえって映画を作ろう、という雰囲気があったという。

衣装を含め、なるべくやくざっぽくならないようにしようということをモットーとした。

問題は、立ち回りのシーンである。実際に演技する時には、声を出さないとうまくいかない。そこで降旗監督は、掛け声は出してもらうが、そのシンクロの音は全部無くし、息の音をあとから入れた。

いっぽうミナケンらは、シャガールの絵で坂田会長をおびき寄せる役を果たした画廊の主人を責め、吐かせた。

「山辺さんに頼まれた……」

秀次は、ミナケンらに釘を刺した。

「このことは、絶対誰にもしゃべるな。特に若には伝えちゃだめだ」

秀次は、坂田会長から頼まれていた。

「ムスコのことを、頼む」

秀次は、竹田の運転する車の中で、南に言う。

「若は、どうなンだ」

「三枝を、本気でやる気でいます」

岡田眞澄演じる三枝信吉は、関西商事の社長である。

「小村威男まで、やる気です」

小村威男は、三枝のバックにいるフィクサーである。

父殺しは、三枝と小村が仕組んだと読んでいる。

南が答えた。

「協力しろって、言われました」

「それだけは、絶対に止めさせろ」

「……」

シーンは『海南亭』の個室に移る。

南が秀次に伝える。

「若が、明日三枝に逢うそうです」

「……」

「向こうから内密に一席設けるから、話し合いたいって言ってきたそうです」

「……」

「一緒に来てくれと言われました。若は、明日その場でやる気です」

「三枝が直接電話してきたのか」

南、首をふる。

「仲介する奴がいましたよ」

秀次の顔が険しくなる。

「筋書通り、山辺です」

「……」

「向こうも若をやる気ですね」

倉本は、『ゴッドファーザー』に刺激を受けて『冬の華』を書いたと言っているが、この仲介する人物が裏切り者という設定は、まさに同じである。

秀次は、若のため、カタギになる道を断つ。

まず、裏切る山辺殺しを決める。

その前に、恋心に近い感情を抱いていた洋子に別れの電話を入れる。

秀次は、公衆電話で洋子に電話をかけている。

「もしもし、判るかい？」

「おじさま⁉」

「ああ」

「いつ‼　今、どこ‼」

「明日すぐまた行かなくちゃならないんだ。一寸どうしても急いでてね。今度来た時ゆっくり逢おう」

「待って、どうして‼　今から行きます‼　どこにいらっしゃるの‼」

「手紙を書くよ」

秀次は、コンチェルトでかつて洋子に書いた自分の正体を明かす手紙は、ついに出せなかったのだ。

洋子が大きな声を出す。

「待って！　どこなの⁉　今これどこなの⁉」

「さよなら」

切る。

秀次、ゆっくり雪の中に出る。

ネオン街に降っている牡丹雪。その雪の中に、小さな黄色い冬の花が咲いている。秀次の足が、その前に立つ。

かがみこみ、その花にソッと触れてみる。

そこに来たメリーに秀次が聞く。

「みずえのことが何か判ったか」

「トルコの火事で死んだんだって。博多の、中洲のトルコの火事で」

「……」

「北へ行きたいって言ってたのにさ、西へ西へと行っちゃったんだね」

やがて、秀次は、洋子の恋人竹田と会う。

竹田が秀次に詫びる。

「手紙を運んで逢ってるうちに、……どうしようもなく好きになりました」

「本気なのか」

「本気です」

「向こうは、どうなんだ」

「……愛してくれています」

「なら、いいじゃないか」

「……」

「倖せにしてやれよ」

「伯父貴(おじき)」

「その呼び方は、もう止めろ」

「……」

「カタギになることだ。付き合うならだ」

「……」

「約束するか」

「……ハイ」

「本当だな」

「ハイ」

「もしもお前がこの先どこかで、ヨタッてる噂をチラとでもきいたら——おれは絶対に許さない。いいか」

「……ハイ」

竹田が頼む。

「伯父……。加納さん」

「……」

「彼女に逢ってやってください」

「……」

「逢いたがってます、それに」

「俺は、あの娘とは関係がない」

「……」

「おれはただ手前の罪の償いを、一生かかってやっているだけだ」

秀次の声が低く入る。

「洋子ちゃん。昨夜は失礼しました。止むを得ぬことで——逢えません」

翌日、名曲喫茶コンチェルト。

壁にもたれて、目を閉じている秀次。

秀次の手紙の内容が、秀次の声で表現される。

「君と、竹田君のことときました。すてきなことだと思います。竹田君とは今度初めて逢いました。いい青年だと思います」

その秀次の声の合間合間に、秀次の仲間の襲撃に向けてのシーンが入る。坂田会長の息子の道郎がピストルをとり出しているシーンが映る。

秀次の声。

「伯父さんは君たちを祝福します」

秀次の舎弟の南が、ピストルに弾を装塡（そうてん）している。

秀次の声。

「この次おじさんが日本に来る時。多分。――いつの日か。その時こそ、おじさんは何よりも第一に君の前に立とうと思います」

ミナケン、ピストルを分解掃除。

秀次の声。

「その時君は、今と同じように、必ず若く、美しくいて欲しい」

小林稔侍演じるカタギになっている板前の花井も、出刃（でば）にグルグルと布をまいている。

秀次の声。

「すてきな人妻になっていて欲しい」

板前の花井も秀次のグループの動きに加わり、タクシーに乗り込む。名曲喫茶コンチェルトの秀次の声。

「竹田君のそばにひっそりと仕える輝くばかりの人妻になって欲しい。そしてその時もし君がおじさんを……」

秀次、フッと目を開ける。

なんと、目の前に洋子が立っているではないか。

洋子が、秀次に小さく声をかける。

「…おじさま」

「……」

「…そうでしょう？」

「……」

秀次、かすれ声で言う。

「何の話ですか」

「……」

秀次、目を閉じる。

洋子。

伝票つかんで急に立つ秀次。

洋子、その秀次をさえぎって立つ。

秀次、かすれ声で言う。

「お嬢さん」

「……」

「何かのまちがいでしょう」

入口へ歩く。

秀次は、まずは、父の復讐に燃える「若」の動きを止めなくてはいけない。

坂田家から道郎たちが出てくる。

待っている外車に乗りこもうとしてドキンとする。

助手席で南が、山辺に頼まれて迎えに来ている勝又にピストルを突きつけている。

道郎に言う。

南が言う。

「今日の外出は止めてください」

「……」

「山辺が向こうに寝返ってます。向こうは待ってます。これはワナです」

笑う道郎。

「何を一体」

立花、道郎にドスをつきつける。

「すみません、若。戻ってください」

いよいよ、小池朝雄演じる裏切り者の山辺に迫るシーンである。サウナの入口に、山辺が出てくる。

山辺に預けられている寺田農演じる山本武彦が一人で待っている。

山辺が、山本に訊く。

「何だ。田上や木下は、どうしたんだ」

そこに秀次がフラッと現れる。

山辺、ドキリとして秀次に声をかける。

「よお。秀さんか。一寸今急ぐんだ」

山辺、車に乗ろうとして凍りつく。

その車の後部シートで震えている画廊の主人。

画商の主人は、坂田会長をシャガールの掘り出し物があると誘き出した。そして坂田会長殺しを計った。すべて山辺の仕組んだことである。その画商が眼の前に連れてこられているのだ。一瞬にして、自分の裏切りがばれてしまったことがわかった。

山辺、秀次を見る。

ミナケンと花井が、いつかそばに立っている。

秀次が静かに山辺に言う。

「若は、行かれなくなったそうですよ」

「……」

雪がまた、チラホラと降ってくる。

秀次、コートの中へ手を入れる。

山辺の顔は蒼白になっている。

ミナケンらの顔を、一人ずつ見る。

秀次を見る。

ここからは、ファーストシーンの海辺での秀次と松岡幸太郎のセリフとまったく同じセリフが繰り返される。

山辺が、苦しそうに弁解する。

「そうするより、仕様がねえと思ったんだ」

「……」

「何とか、見逃しちゃあくんねえか」

さらに、懇願する。

「おめぇとは、長え付き合いじゃねえか」

「……」

山本武彦は、ふいにドスを抜き、秀次に突いてかかろうとする。

本来は秀次の子分であるが、秀次がムショに入っている間、山辺のところのあずかりになっていた。

秀次に、これまで何度も訴えていた。

「早く組を興して俺を帰らせてください」

が、こういう現在の親分の山辺が殺される状況になると、秀次を刺さざるを得なかったのだ。やくざのせつなさといえようか。

ミナケン、その山本をグサリと刺す。山本くずれる。

全身が凍結した。山辺、震え声で訴える。

「がきがいるんだ。何とかなんねえか」

秀次、ドスを抜き一突きで山辺を突き刺す。

くずれる山辺。

秀次、歩きかけ、フッと振り返る。

冬の海で倒れた父親にかけ寄って、キャッキャと笑う少女洋子の声。

その秀次のキャメラを見つめるなんともいえないせつない顔のアップを、降旗は一番長く撮った。五秒くらいは撮った。

実は、その撮影現場は、京都撮影所のスタッフルームの裏であった。だから、降旗は、OKを出し、「お疲れさん」と高倉に声をかけ、スタッフルームのドアを開けて、ソファに体を沈めた。疲労感と充実感に満たされていた。

これで好きな酒が存分に飲めるという思いがかすめた。そこに、背後のドアが勢いよく開き、人が入ってきた。

降旗が振り返った。そこに高倉と仲沢キャメラマンがそろって立っているではないか。

仲沢が言った。

「降さん、もう一遍、アップの表情、撮ろうよ」

降旗は、あれで十分と思っていたが、高倉がいっしょに入って来たということは、高倉も仲沢と同じ思いなのであろう。高倉は気で勝負するタイプなので、より気を入れたいということなのであろう。

降旗は、ふたたびスタッフルームを出た。スタッフルームの裏で、高倉の振り返る顔のアップを撮り直した。高倉のアップは、せつなさに加え、虚しさ、怒りのないまぜになったなんともいえない気に満ちた表情であった。

クランクインは三月二十三日であったが、四月二十九日にクランクアップできた。わずか三十二日というあわただしさで、ぎちぎちの日程であった。作品に関わったスタッフは、一生懸命であったから、降旗は、充実していた。

〈本当に気に入った作品になったな……〉

京都撮影所で『冬の華』の試写会がおこなわれた。倉本がこのシナリオを書く前に勝新太郎に連れられて会った菅谷政雄組長とその幹部たちも観に来ていた。

観終わるなり、菅谷組長が満足に言った。

「おお、なかなかええやないか」

実は、この映画のプロデューサーであった俊藤浩滋をはじめ、東映の幹部たちからは、これまでのいわゆる東映カラーと違うので評価は高くなかった。

なにしろ、この映画には、小林亜星演じるやくざが、子分に秀次を襲わせ失敗し、落とし前に指を切ってきた子分を次のようにののしるシーンまであった。

「おまえ、東映映画の観すぎじゃねえのか！」

東映の古い連中にはこれまでの東映やくざ映画の否定と思われ、面白くない人たちもいた。ところが、本物のやくざである菅谷組長の鶴の一声で、俊藤も黙ってしまった。

なお、この映画の評価は、一般的には非常に高く、いまでも大好きな映画に挙げる人が多い。私は、フレンチ・フィルム・ノワールの渋い味わいを持つこの映画が特に好きだ。

高倉は降旗と二〇本もの映画で組み、もっとも信頼していた監督であるが、著書『あなたに褒められたくて』で、「殿様の血」というタイトルで次のように書いている。

「降旗康男監督とは、あの人が助監督さんのときからですからね、もう三〇年になりますね。

作品は『冬の華』。任俠映画があの賞をいただいたのは、それこそ当時一〇〇〇本近く作られていたやくざ映画の中で、あれ一本だけだと記憶してます。

文部省のあれは、特別奨励賞というのとってらっしゃるんですよ。該当作品がないときは出さない賞なんですが、他に二本とってらっしゃるんです。三本とった方は、他にはないと思いますよ。

その降旗監督が走った姿や、威圧感を感じさせたり、怒鳴ったりする姿を見たことないですよね。大声出したことも人から聞いたこともないんですよね。

だからといって、人を突き放しているのではなくて、俳優のことも、小道具のことも、大道具や照明のことも、衣装のことも、きちっと見てくれているんです。

認めてくれるから、それぞれの人が、それぞれの場で、よりよいものを求めて、必死で駆け回る。

史記でしたか、『士は己を知るもののために死す』という言葉、スタッフはみんな降旗さんの前に出ると、死なないまでも、必死で走り回るんじゃないでしょうか。

といって、〃うーん、よくやった〃とか、〃おまえは偉いぞ〃と褒めることもしないんですよね。

だけど、映画ができあがると、一人一人の努力が、きちんと画面の中に込められているんです。

あの人の映画に参加できた人は、どのパートの人間でも、自分の今後の行く先に灯り(あか)をともしてもらったような気持ちになるんじゃないでしょうか」

# 第二章『駅 STATION』

プロデューサーの田中壽一にとって、高倉健、降旗監督とコンビを組むのは『駅 STATION』が初めてであった。

田中壽一は、昭和九年五月十三日生まれで、青山学院大学経済学部を卒業と同時に東宝に入社し、東宝撮影所演出部に配属されていた。

その後、田中は昭和三十七年七月、三船プロダクション設立に参加し、三船プロに移っていた。

「健さん、この歌、いいですね」

田中と同様、倉本聰の心にも「舟歌」が深く残ったようである。倉本のシナリオによる『駅 STATION』の中で、この歌が三回も流れることになる。

スペインでの撮影終了後は、パリへ移動し、パリから日本への飛行機に搭乗した。席は、高倉の後ろに田中と倉本が並んで座った。倉本が、田中に話しかけた。

「壽一ちゃん、そろそろ健さんの誕生日だね」

「健さんの誕生日、二月十六日ですからね」
「誕生日祝い、何がいいかな」
「健さんって難しいよ。なんでも持っているからね」
「なんか、知恵を貸してよ」
「聰さん、それなら、健さんのためのホン（脚本）を書きなよ。それが一番いいよ」
「わかった。じゃあ、誕生日までにホンを書く」

倉本は、北海道の鉄道が縮小の一途を辿り、古い駅舎がどんどん壊され消えていくのを見て、その消えていく駅舎に健さんを立たせてみたいと思ったのがこの作品を書くきっかけであった。高倉は、オリンピックの射撃選手である警察官三上英次にした。倉本は、高倉の誕生日に『駅舎』というタイトルのシナリオにリボンを付けて、高倉にプレゼントとして手渡した。高倉は、感激しながら受け取った。

「読ませてください」

それから一週間ぐらいして、高倉から倉本に電話がかかってきた。

「ぜひ、やりましょう」

高倉は、『駅　STATION』との関わりについて「キネマ旬報」昭和五十六年十月上旬号で植草信和、冷泉さとしのインタビューに答えている。

「倉本さんから『駅舎』というタイトルの脚本をいただいたとき、その内容やストーリーよりも、著名な忙しいライターが、一俳優のために脚本を書いてくれたということに、胸が熱くなりましたね。その行為に対して、僕がどうやったら応えられるのか、それは映画が完成した今でも引きずっているような気がします。僕自身、もちろんこんなことは初めての経験ですし、これからもあるかどうか……。

映画化しようとすぐ思いましたね。それが僕なりに考えた（倉本さんに）応えるということだったですから。

東宝の松岡（功社長）さんに脚本を読んでいただいたら、すぐ引き受けてくださいました。でも今考えるとても恐いような気もしますね。それがうまくいくかどうかなんてことは誰にも分からないわけですから。

よく僕自身がプロデューサー的存在だなんていわれるんですが、自分ではそんなふうに思ったことないんですよ。特別に何かをやっているというわけではありませんし。ただ、自分の意見をいったりすることは過去にもありましたが、こういう物語をやりたいという段階から参加したケースは、まあ珍しいといえば珍しいのかもしれませんけど」

昭和五十六年二月末、田中の手元に倉本の脚本が届けられた。

〈聰さん、本当に書いたんだ〉

さっそく、読んでみた。

『駅　STATION』（昭和56年）降旗康男監督／倉本聰脚本／高倉健・倍賞千恵子／ⓒTOHO CO., LTD.

〈面白い！〉

それが『駅舎』である。

ところが、映画の脚本はふつう二〇〇ページ前後なのだが、倉本の『駅舎』はなんとその二倍を超える四五〇ページもあった。

〈四五〇ページの大作だが、飽きさせずに一気に読める。さすが聰さんだ。テレビだったら、これで二六本やってもいい。しかし、映画となると……〉

このまま映画化するとなれば四時間以上の映画だ。これでは、話にならない。

〈聰さん、削ったら嫌がるだろうな。でも、映画を作るなら削らないと……〉

この日から、『駅舎』を映画にするための戦いがはじまった。田中は、降旗監督に相談した。

「このホンの長さ、なんとかならないでしょうか」

映画化に向けた脚本づくりに、降旗は田中の力となってくれた。何度も降旗に会って、無駄な部分を削っていった。しかし、倉本もなかなか首を縦に振らない。

降旗と倉本は、東大の同窓生である。

「倉本、おまえ、こんなホンで映画ができるか！」

降旗のおかげでようやく『駅舎』の脚本が完成した。

東宝は、どうしても高倉健の名前で映画を作りたかった。実は、高倉は、倉本から『駅舎』の書きおろしの脚本を贈られた時、森谷司郎監督と『海峡』をやらないかと東宝から持ちかけられていた。

しかし、高倉とすれば、倉本がせっかく誕生祝いに贈ってくれたのだ。『海峡』の前に、こちらをやろうという話になっていった。田中壽一プロデューサーが降旗に訊いてきた。

「キャメラマンは、誰にしますか」

「僕としては、仲沢半次郎さんしかいません」

初監督作品『非行少女ヨーコ』以来、『冬の華』で久しぶりに組み、しかも満足のいく作品になっていたのだ。が、田中は、強く言った。

「この映画は、木村大作がいい」

田中壽一と木村大作の縁は、『八甲田山』を田中が企画した時が最初だった。監督・森谷司郎、撮影・木村大作でやろうと動いていた。田中は、木村を高く買っていた。

〈変わり者ではあるが、あいつのやり方は面白い。なにより、実景がきれいだ。あいつに実景を撮らせたら、最高の映像が出来上がるだろう〉

撮影中の木村から、田中はある種の狂気を感じていた。

〈あいつの狂気。これが大事だ。特に『八甲田山』という映画には……〉

監督の森谷とキャメラマンの木村は、お互いをよく知る仲でもある。この二人のタッグは、最強の映画を作り出すと、田中は確信していた。

『駅　STATION』が降旗・木村の作品第一号となった。

高倉が「キネマ旬報」昭和五十六年十一月上旬号の植草信和、冷泉さとしインタビューで語っている。

「監督の降旗さんとキャメラマンの大ちゃん（木村大作）は、最初から考えていました。降旗さんとやった『冬の華』は、僕自身、とても好きな映画ですし、どの会社でやろうとも降旗さんしかいないんじゃないかと決めていました。大ちゃんも『八甲田山』のときの仕事ぶりをよく知っていましたから。当たり前のことですけど、映画作りは一人ではできませんから、いろいろな人が持っている色が合えば、何か不思議な、思いもつかない色になるっていう……そういう面白さでは大ちゃんのカメラだ、ということがものすごくありましたね。この二人は初めてコンビを組んだんですが、静と動が際立った、絶妙なコンビネーションでとてもいいと思いましたね」

木村大作は、高倉とはそれまでも組んでいたが、降旗監督とは、今回の『駅　STATION』で組むのが初めてであった。

なお、これが縁で、高倉、降旗、木村の三人のコンビは長く続くことになる……。

木村大作は、昭和十四年七月十三日に、東京に生まれた。蔵前（くらまえ）工業高校を卒業すると、東宝映画に就職した。

昭和三十三年。映画の黄金時代。観客動員数は年間一二億人。東宝だけで年間約一〇〇本前後の映画を製作していた。一週間に二本の封切り。当時、東宝の砧の撮影所には二〇〇〇人。それでも圧倒的な人手不足だった。

入社してすぐ撮影助手係という仕事に回される。撮影助手だけで先輩が六〇人もいた。四月に入社して、何もわからないまま五月には現場にいた。最初の仕事が、黒澤明監督の『隠し砦の三悪人』だった。

『隠し砦の三悪人』の後には、同じ黒澤明監督の『悪い奴ほどよく眠る』『用心棒』『椿三十郎』『どですかでん』などの現場でも働いた。が、撮影助手のそのまた助手であった。三十三歳の時に、ようやく「助手」が取れて、一人前のキャメラマンとして撮影を担当した。須川栄三監督の『野獣狩り』という作品で、そこでは新人ながら様々なテクニックを駆使した。オール手持ち。ノーライト。ノーメイク。ゴダールが『勝手にしやがれ』でやったその真似であった。だが、キャメラマンが宣言してそんなことをしたものだから、叩かれた。

生意気な奴だ、と思われる一方で、そんな存在を面白がって起用してくれる監督もいた。岡本喜八監督とは、助手として二〇本、キャメラマンとしても三本担当している。

そのうち森谷司郎監督に声をかけられ参加したのが『八甲田山』だった。「キャメラマン・木村大作」としては、六本目の映画だった。

日露戦争開戦を目前にした明治三十四年末、その戦いに備えて雪の八甲田山で寒地訓練をおこなうことに。高倉演じる徳島大尉率いる隊と北大路演じる神田大尉の隊は、二手に分かれて厳寒の八甲田山を歩く。だが、やがてそれは死の行進となる。

その頃、四十歳を過ぎないとキャメラマンとして一人前扱いされなかった。しかし、『八甲田山』の現場はつらい。体力があり、元気な奴で、と森谷監督は考えたのではないかと思っている。木村大作はまだ三十五歳で、少なくとも体力はありそうだった。それと、あまり監督の思っているようには動かない、そんなところも面白かったのではないか。

『八甲田山』の製作には、のべ三年を費やした。そしてその現場で、木村大作は高倉健と出会うことになる。

もっとも、最初は特別な感慨は持たなかったという。向こうは東映で任侠映画をやっている役者。こっちは東宝で撮影を担当するスタッフ。トップ俳優とはいえ、他社の俳優だったではないか。その程度の認識だった。木村大作が三十五歳、高倉健は八つ年上の四十三歳。俳優として脂の乗り切った頃だ。

もともとあまり俳優に気を遣わない性格だったので、最初はずいぶん高倉に失礼なことも言った。それが、三年におよぶ撮影が終わる頃には、高倉健の前では「気を付け」をするような意識に変わっていったという。

木村は、のちに「黒澤明と高倉健は、映画界の二人の神様だ」と言っていたことがあった。

高倉健と出会った時、木村大作はすでに「高卒の若造」ではなかった。が、それでも自分の人生に大きな影響を受けた。

「ふと横を見た、窓を向いている顔。そこに精神性を感じるというか」

現場をともにした作品も時間も長かった黒澤明と高倉健、この二人が映画界にとっては神だ。だから今の自分もあるのだと思っている。

高倉健は、末端のスタッフまで細かく指名して作品を作る。そんな俳優はこの人以外に聞いたことがない。映画会社のトップでさえ、高倉健には気を遣った。そういう人だった。

高倉健のどこがどうすごいかを説明するのはむずかしい。自分はただ、見ていただけだ。存在そのものが素晴らしいのだと思う。

木村は、若いやつらに言う。教わるとか、訪ねて行って教えを乞うとかいうことではなく、その人の人生を見ているだけで勉強になるんだ。そういう人物を見つけろと。

当時の映画では、最後のエンドロールに「撮影／〇〇」と何人もの名前が表示されるのが通例だった。しかし『八甲田山』では「撮影／木村大作」と独立したキャメラマンとして表示された。日本映画としては初の出来事だった。森谷監督、脚本家の橋本忍（はしもとしのぶ）、そういった制作やプロデューサーたちが、木村大作の仕事ぶりを見ていて「彼を『一枚』にしろ」と働きかけたのだ。

『八甲田山』は、昭和五十二年六月四日に公開された。木村は『八甲田山』が縁になり、それ以降の高倉作品にはほとんど関わることになる。

田中は、『駅舎』というタイトルに違和感を覚えた。

〈一部の「銭函（ぜにばこ）」にしても二部の「砂川（すながわ）」にしても、三部の「増毛（ましけ）」にしても、『駅舎』っていうタイトルにこだわったのはわかるな〉

田中は、倉本にいった。

「『駅舎』はいいが、あくまで地方区だ。私は全国区でやりたい。だから、タイトルを変えましょう」

ある時、「男は黙ってサッポロビール」であまりにも有名なコピーライターの秋山晶（あきやましょう）が『駅舎』と書いた紙と、『駅　ＳＴＡＴＩＯＮ』と書いた紙を二枚並べて、降旗監督、木村大作らと見比べた。木村自身は初め『駅舎』のほうが日本映画らしいかな、と思ったという。

「ステーション、なんて、大丈夫かな？」

タイトルは、東宝宣伝部のカワキタが変えた。

「こんな『駅舎』というタイトルだと、観客は来ない。『駅　ＳＴＡＴＩＯＮ』にしよう。これで、客の入りが二億から三億違う」

ちょっと違うんじゃなくて、二億、三億円も違うと言われると、直さざるを得ない。

田中が、倉本を説得し、『駅　STATION』と決まった。

降旗は、撮影が始まるという時、最初に東宝の松岡社長のところへ挨拶に行った。高倉と田中壽一プロデューサーが挨拶を終えて部屋を出た後、松岡社長が降旗に言った。

「六億円入れてくれたらいい。気楽にやってください」

降旗は、それから、東京銀座の東映本社八階に岡田茂社長を訪ねて挨拶した。前作の『冬の華』は東映だったが、今回東宝でやるので、一応挨拶に行ったのである。

そのまま帰ればよかった。古巣のことである。七階の企画部へ顔を出したら、みんながウイスキーの水割りの用意をしていた。そこで、つい一時間くらい飲んで話していた。すると、八階から人が下りてきた。

「降さん、来てくれ」

何かと思って、ふたたび八階へ上がった。すると、監督の話を頼まれた。

「どうしても萬屋錦之助のために『仕掛人梅安』をやらなくてはいけない。降さん頼むよ」

『駅　STATION』は、十二月二十四日のクリスマスイヴに札幌でロケーション撮影がスタートすることが決まっていた。それまでに『仕掛人梅安』を終えなくてはいけない。その話をもらったのが九月。クリスマスイヴまでに撮影を終えたとしても、京都へ行きっぱなしになる。『駅　STATION』のロケハンにまったく参加できない。ロケハンは、田中プロデューサー、木村大作、それに高倉も加わって、北海道を歩きまわってくれた。

□

降旗は九月からクリスマスイヴの前日まで京都にいたから、高倉と話す機会がなかった。しかし、高倉が安心していてくれたのは、お互いそれまで一三本も高倉作品を撮ったという信頼関係があったからだと思っている。

その間、木村と田中プロデューサーは降旗が『仕掛人梅安』の撮影のために泊まっている京都のホテルの部屋に訪ねてきた。膨大な数の写真を撮ってきて、その写真を並べて説明する。特に木村がとにかく熱っぽくしゃべりつづける。

「わかった。もう決めた通りでいいよ」

高倉は前出の植草、冷泉インタビューで語っている。

「本格的な撮影は年明けの一月からの予定だったんですが、正月休みに入る前に何かワン・シーンでも撮って年を越したいというのがありましてね。それは必ずスタッフ全員に何かあるものを、もたらすのではないかと思いました。ひとつの目的を抱えたままお正月休みを過ごせば、年が明けてからのスタッフの結束の仕方が違うだろうという気がしたんです。三上英次のコスチュームをつけて、クリスマス・イブの凍てついた札幌（さっぽろ）の町を歩くのと歩かないのでは、何か感じが違いますよね。まあ、僕自身のことについてはあんまり深い意味はないんですが、ただ、スタッフが共通の仕事を持ったまま年を越すことに、何かすごく意義があるんじゃないかっていう気がして、そうさせてもらったんです」

すぐに正月で、スタッフは大半が家に帰ってしまい、現場に高倉健だけが残った。いつもならそばにいる気心の知れた仲間もみんな実家に帰る。高倉はさみしかっただろうと木村は思う。

降旗は『仕掛人梅安』で萬屋錦之助の出番を撮り終えたものの、まだ一日撮影が残っていた。しかし、その日に京都を発たなくては『駅　ＳＴＡＴＩＯＮ』の撮影のクリスマスイヴのクランクインに間に合わない。すると、『仕掛人梅安』のキャメラマンの宮島義勇（みやじまよしお）が助け舟を出してくれた。最後の一日は宮島キャメラマンたちで撮影してくれることになった。

降旗は、京都から新幹線に乗ってまず東京へ向かった。羽田空港まで家族に冬用の衣類を持ってきてもらって、そのまま札幌へ飛んだ。

翌二十四日の朝、札幌グランドホテルの部屋で初めて、『駅　ＳＴＡＴＩＯＮ』のみんなと会って、「よろしくお願いします」と挨拶した。そして、この晩から、映画がクランクインした。

ただし、東宝側としては、テレビのライターの倉本が書いた脚本で、かつて東映だった降旗が監督して高倉の映画をということだから、バジェットとしてはそれほど大きくなかった。

なにしろ、北海道のロケ地まで、クレーン車を持っていく予算がなかったのである。クレーン撮影が必要な時には、キャメラマンの木村大作と大道具の人間が策を練り、移動式の足場であるイントレにレールを斜めに敷いて、登山のザイルと滑車（かっしゃ）を使って移動車を上下させるというやり方で乗り切っていくことになる。

□

木村大作は後に自身も監督を務めるようになり、シナリオも手掛けている。その経験から感じるのは、現在の日本映画界ではシナリオに説明が書いてないと「通らない」ということだ。

そもそも映画というのは、セリフが第一。いいセリフがどれだけあるか。それが感情・情につながる。そういう意味では、倉本の台本は、いいセリフがたくさんあるという。

ただ、木村大作がキャメラマンとして仕事をする場合、台本に「ト書き（説明、状況、感情などが書かれている）」があると、かえってそれが邪魔になるという。何をどう撮るか、それがキャメラマンの仕事だ。それなのに、「どう撮るか」をト書きに指定されるのであれば、撮影監督が存在する必要はない。

だから、木村がキャメラマンとして撮影に参加する場合、一読後に台本のト書きを消す。それは、倉本聰の作品であろうと、橋本忍の作品であろうと、容赦はない。一度読んだらト書きを消す。台本は真っ黒になる。その後に、セリフだけでつながりを考えていくのだ。その作業は、監督に限りなく近い。

「だから、俺の評判が悪くなるわけですよ」

『駅　ＳＴＡＴＩＯＮ』で倉本聰の脚本にいちいち「クローズアップ」とか「アップ」などと書いてある。キャメラマンへの指示が書き込まれているのだ。

木村が、つい倉本本人に食ってかかり気味に言った。

「これはどういう意味だ。こんなことを書くんなら、俺がいる必要ないじゃないか」

すると、倉本が言った。

「これはテレビのキャメラマン用に書いた。テレビはいまだに信用できないから」

撮影が始まると木村は、倉本が「アップ」と書き込んだシーンは、わざとロングで遠くから撮った。意地もあったが、そもそも複数のキャメラで撮影する木村のスタイルに、カットごとの画角の指定など意味がなかった。

この映画では、常に三台のキャメラを使用した。スタジオでは六台で撮ることもあった。

□

高倉健も、木村大作も「あの人には何かを感じる」という言い方をすることがあるという。「あの役者には、感じるものがある」「あの監督には何も感じない」。

何も感じない役者に対して、木村はものすごく雑に撮るという。そういう意味ではキャメラマンとしては、本来は非常に不適格な人間なんだと思っているという。不適格だが、高倉とか、降旗監督とか、深作欣二監督とか、そういう人たちとはこれからもやるけれど、感じない監督とはやらないと言っている。

木村が見て『駅 STATION』の主人公の三上英次という人物は、高倉健そのものだった。木村の思う「高倉健」という人物は、ストイックで寡黙(かもく)。書く文章もしっかりしている。ということは、「健さんが選んだ台本なら安心できる」ということだ。高倉健がOKしているのなら、それなりの映画になるはずだ。そういう思いが共通してあった。

□

降旗は、『駅　STATION』の桐子は、『冬の華』に娼婦役として出演してもらった倍賞美津子でいいと思っていた。

そこで、彼女に、

「これ、どう？」

と脚本を持って行った。

すると、しばらくして、

「お姉ちゃんが出たいと言ってるから、お姉ちゃんにして」

「ええっ！」

と言うと、

「お姉ちゃんが、ホンを読んで、〝わたし、これで賞を取るから、どうしても代わって〟と言ってるの」

降旗は、倍賞千恵子に会った。降旗にとっては、初対面である。美津子はつやつやしているけれど、千恵子は白髪も少し混じっている。

〈大丈夫かな……〉

正直、そう思った。が、倍賞千恵子が、あまりに熱心なので、倍賞美津子に確認をとった。

「みっちゃん、本当にお姉さんに譲(ゆず)っていいの」

いっぽう、田中プロデューサーの中では、桐子役は初めから倍賞千恵子で決めていた。『幸福(しあわせ)の黄色いハンカチ』や『男はつらいよ』を観て、常々いいと思っていた。

ところが、五社協定の名残が倍賞出演の大きな壁となった。松竹(しょうちく)の専務でありながら俳優関係の実権を握っていた梅津専務から、どうしても「出演させない」という返事ばかりが返ってくる。

田中プロデューサーは困り果てていた。桐子役は倍賞で行くと決めた以上、他の女優は考えられない。しかし、そのこだわりのせいで、映画のクランクインは延びてしまう。降旗監督に、田中は願い出た。

「どうしても、倍賞で行きたい。降さん、倍賞さんが来るのを待ちましょう」

田中は、倍賞を信じて待った。倍賞も、桐子役に対しての情熱は消えうせることがなかった。なんと倍賞は、とうとう、松竹の大谷隆三(おおたにりゅうぞう)社長に直談判という手に出たのである。

「この『駅　STATION』に出させてくれなかったら、わたし、松竹を辞めます」

この直談判により、松竹も倍賞の出演を認めざるを得なくなってしまった。こうして、田中のもとに、梅津からようやくOKの返事が届いた。倍賞をキャスティングしてから五カ月後のことだった。

夏からクランクインするはずだったが、半年遅れの冬から撮影がスタートした。昭和五十六年の年の瀬が迫って来ていた。

田中は、吉松すず子のキャスティングで困っていた。倉本が、「吉松すず子役は、大竹（おおたけ）しのぶでやってくれ」とリクエストしていたからだ。

大竹のことは、田中も知っていた。大竹が若い頃、カネボウのコマーシャルで一度いっしょに仕事をしていたからだ。しかし、どうしても田中には、すず子の役が大竹にはまらない。また大竹はスケジュールも合わなかった。田中は、倉本に率直な思いを伝えた。

「聰さん、すず子は違う。今の大竹しのぶは田舎人間じゃない。もうちょっと、土臭い女優で行きたい」

田中には、思い当たる女優が一人いた。烏丸（からすま）せつこである。昭和五十五年九月に公開された五木寛之（いつきひろゆき）原作の『四季・奈津子』で奈津子を演じていた女優だ。

〈ああ、この女優だったら、すず子にぴったりだ〉

そう直感していた田中は、倉本に提案した。

「今度、『四季・奈津子』っていう映画を観てみろ。なかなかいいよ」

映画を観た倉本も、田中の考えに同意した。

田中の直感は正しかった。烏丸せつこは、田中が想像した以上に、すず子役を好演する。

〈土臭い女優をやってくれるかなと思っていたらそのままで、とぼけた。あれは、彼女だからできたんじゃないか〉

烏丸せつこという女優は、すぐ芝居を計算できる女優だった。なお田中は、この映画が縁で烏丸と翌年結婚する。

高倉の妻役の直子は、いしだあゆみと決まった。降旗は、キャスティングでこだわったのは、烏丸せつこ演じる吉村すず子の兄で殺人犯の吉松五郎を演じる根津甚八（ねづじんぱち）と、三上英次が射殺する室田日出男（むろたひでお）演じる犯人役森岡茂であった。

田中壽一は、根津甚八に会い言った。

「悪いけど、おまえ、セリフないぞ。どうだ」

「やりましょう」

田中が、高倉健の映画を企画してキャスティングに困ったことは、一度としてない。主演「高倉健」、そして、監督「降旗康男」。この二人の名前があれば、誰もが信頼してくれた。もちろん、高倉健という名前の比重の重さはあったが。これは、逆にいえば、それほど「高倉健」とやってみたいという役者が大勢いたということだろう。

田中は、木下雪夫役にミュージシャンの宇崎竜童（うざきりゅうどう）をキャスティングしようと考え、宇崎を口説きに行った。

「役者として、映画に出てください。ただし、音楽はやれませんよ」

想像よりも簡単に宇崎が引き受けてくれた。やはり、高倉健の映画ということが出演する大きなきっかけになったようだ。

田中壽一は、田中邦衛の弟役で、高倉の妹を好きになるチンピラ風な役柄に合う人物をさがしていた。

〈ちょっと面白いのがいるな〉

それが、小松政夫（こまつまさお）だった。小松は、映画評論家淀川長治（よどがわながはる）の物真似で一躍人気コメディアンとなっていた。この映画が、役者としてのデビューとなった小松は、後々、田中に感謝した。

「壽一さんのおかげで、わたし、役者になれました」

倉本聰が書く脚本には、ヒーローやヒロインが必ずいるが、それをいっそう引き立てる味付けとして脇役が描かれている。小松も、期待以上に演じてくれた。

□

木村大作はいろいろな映画に携わってきたが、脚本に何も書いてなくてもわざわざ雪のシーンを作ってもらうことがある。『極道の妻』シリーズでもそんなことがあった。物語は、一日で終わるわけではない。日本には四季がある。その季節の流れを描くことが、映画として正しいと木村は思っている。

桜、入道雲、紅葉、雪。木村は、その中でも雪が一番好きだ。情感の塊のようだ。寂しいし、厳しい。そこにたったひとり人間がいるだけで、人生が表現される。その人生をもっとも象徴的に表現できるのが、高倉健なのだ。

『八甲田山』を撮っている時に、脚本の橋本忍が雑談の中で「雪でアクションがあったら、絶対に売れる」と言った。のちの『夜叉』は北陸だ。『鉄道員』は雪そのものだった。

□

倉本聰は、「健さんは、セリフを多く言ったらだめだ」と言った。

木村にも、それはよくわかる。高倉健は「演じている」つもりなのかもしれないが、しかし台本に書かれた役を「自分の人生に」引き寄せてしまう、芝居の上での役柄を「高倉健」にしてしまうというところがあった。

みんな、高倉健を観に行くのだ。だからトップで居続けられたのだと木村は思っている。役柄によって様々に芝居を変えて、「うまい」と言われる人もいるが、そういう俳優はずっとスターではいられない。

高倉健はセリフだけじゃない。何も言わなくても、立っている後ろ姿だけで何分も観客の目を引き付ける。木村は、だから、後ろ姿のカットが多いのだという。

あの背中に、人生が全部あらわれている。そんな俳優も、稀有（けう）のことだ。その人の人生がにじみ出るなどということは、普通ない。だから寄りで撮ったり前から撮ったりするのだが、高倉健に限っては、何も言わない後ろ姿が一番いいくらいだった。

若い俳優が、木村に「どういう勉強をしたらいいですか」と聞いてくることがある。木村は答える。「日常だよ」。どう生きるかが、一番大切なんだ。普段ちゃらちゃらしていて、撮影の時だけ「こういう役だからこうしました」などと、そんなものは誰も感動しない。

□

いしだあゆみは、この映画が高倉健との初共演であった。

初めて対面したのは、赤坂（あかさか）プリンスホテル旧館のバー「ナポレオン」の個室での打ち合わせだった。

時間通りに行ったものの、高倉健や降旗康男監督、田中壽一プロデューサーらがすでに部屋にはいた。

錚々（そうそう）たるメンバーが勢ぞろいしている場面に腰を抜かしそうになった。

高倉健の姿に、ただただ見惚れてしまった。高倉のいる場所だけがまるでスクリーンのようで、一緒に仕事をするというよりも、ただただ映画スターを見ているように、ついボーッとしてしまった。

いしだは頭の中が真っ白になってしまい、その時の記憶はあまりない。だが、高倉が立ち上がって「高倉です」と挨拶したことだけはいまだに忘れていない。

映画の冒頭、銭函駅のホームで、高倉健演じる主人公の英次といしだあゆみ演じる英次の元妻直子が別れる名シーンがある。

『昭和四十三年一月　直子』

しんしんと雪が降っている。その雪の中に見える国鉄北海道銭函駅の駅舎。そのホームでじゃんけんして遊んでいる三上直子と四歳の息子義高。ホームの一角、売店のそばにいる三上英次に直子の兄高田が声をかける。

「やり直せないのか」

「……」

「あいつはもう十分苦しんだんだ」

「……」

「たった一回の過ちじゃねえか」

「……」

「忘れてやるわけにゃあいかねえのか」

「……」

義高、チョコチョコと英次の元へ来る。

「お父さん、駅弁、――買って欲しい」

列車がホームにすべりこんでくる。

一寸ためらい、駅弁を三つ買う英次。

英次、高田に駅弁を渡す。

直子の浮気は、英次の過酷な仕事と、オリンピックの射撃選手に選ばれ、合宿生活が続いていたことも原因であった。

いしだあゆみによれば、このシーンは、高倉が、うまく雰囲気を作ってくれたという。

普通なら現場に入れば「おはようございます」などと共演者と挨拶を交わす。

だが、高倉はずっといしだに背中を向けて押し黙ったままだった。いしだは、挨拶したほうがいいかとも思ったが、きっかけがつかめず、挨拶はしなかった。

高倉は、そのようにしてそのシーンの雰囲気を作っているのだ。もしいしだの挨拶に気軽に答えると、夫婦である二人の緊張した別れの雰囲気が作りにくくなる。高倉は、それがわかっていて、あえていしだに背中を向け続け、長い時間をかけて雰囲気を作っていたのだろう。

ホームのシーンでは、一般の乗客の乗っている列車に、わざわざ国鉄の古い列車を連結して撮影することになった。そのため、一回で撮る必要があり、失敗することができなかった。

だが、いしだは、その事情を前もっては知らされていなかったのだ。聞いていたら、緊張して余計な芝居をしてしまったかもしれない。

降旗監督と木村大作キャメラマンは、なにやらコソコソと話している。いしだがその様子を見ているうちに、助監督がいしだに言った。

「あと一分で、列車が来ます」

その言葉を聞いたら、いしだは、なにやら急に悲しくなった。〈なんだろう、さみしい……〉

その瞬間、高倉がスーッと近くに来た。降旗監督ではなく、木村キャメラマンの声がかかる。

「ヨーイ、スタート！」

そこで木村が指で列車の乗り口の、いしだの立つ場所を指示した。リハーサル無しのぶっつけ本番なのだ。いしだには立つ場所もわからない。キャメラは据えてあるから、緻密(ちみつ)な計算がされている。

直子ら三人、汽車へ乗る。

義高、手をふる。

発車のベル。

ドアが閉まる。

デッキに立っている直子の白い顔。

動き出す列車。

いしだは、急に悲しくなっていたから、自然に泣き笑いの表情になり、おどけて敬礼した。その日に涙が吹き出しかけた。

英次の前から消えて行く列車……。

いしだは、そのシーンを撮り終わると、そのまま電車に乗って次の駅まで行った。他の客もいるから、助監督は車内で目立たないように隠れていた。いしだは、さみしい気持ちを抱えながら電車に乗っていた。鼻も寒さで赤くなって、さみしいと思いながら乗り続けていた。

周囲は、「なんでいしだあゆみが一人でここに乗っているんだろう」というような顔で座っている。

いしだは、次の駅で降りた。そこで一緒に乗っていた助監督に「はいＯＫです」と言われた。いしだは、はじめてホッとした。短いシーンだが、映画史上に残るファーストシーンとなった。

木村キャメラマンは、このシーンについて言う。

「名シーンですね。この映画の宣伝などで敬礼のシーンが出てくるけど、いしだあゆみが出ていたの、あそこだけだよ。いしだあゆみは、あの泣き笑いの敬礼だけで日本アカデミー賞助演女優賞を取った」

今の撮影現場では、このシーンのように時間をかけて雰囲気を作るのは難しい。どんなに悲しいシーンでも、「おはようございます！」とハキハキ挨拶しないと、「今日はあゆみちゃん、機嫌悪いのかな」などと思われてしまう。なんか感じ悪いわね、となってしまうのだ。

例えば、そのあとに死んでしまうシーンであっても、「あゆみちゃん、具合悪いんじゃないの」と思われてしまう。いしだにしてみたら、「ちょっと待ってよ。こっちは死ななきゃならないんだよ。それを説明させないでよ」という気持ちになることもある。

英次は直子の一回だけの浮気を許さないでこうして別れるが、それについて倉本はいしだあゆみに言っている。

「男は、一回だけ浮気した妻は許せない。しょっちゅう浮気する妻ならば、あきらめる」

いしだは言う。

「わたしが男でも、そうね。一回というのは、その愛は深い感じがする。わたしの場合、もっと許せないのは、プラトニックラブですね。ひそかに思ってるってことはどんどん相手を美化するでしょう。それが駄目ですね。倉本さんによると、わたしは一回だけ浮気するタイプらしいんです」

いしだあゆみは、降旗監督の印象について語る。

「インテリでスマート。英語のスマートっていうと、知的って意味ですが、まさにそんな印象です。特に声を荒らげることもないから、とても知的な男性だと思います」

いしだは、そんな降旗のたたずまいに、高倉健との共通点を感じるという。

「二人とも、岩のような感じで、動かない。びくともしないで、どっしりと構えているところがあります」

高倉と共演するいしだは、高倉の雰囲気は、「和して同ぜず」というか、群れない孤高の印象であった。撮影現場で、高倉はよく降旗監督と演技について話していた。

「監督、ここ、どうですか」

降旗は、ほとんど注文をつけない。

「いや、いいんじゃないですか」

いしだから見ても、降旗監督と高倉がお互いのことを深く信頼しあっているのがわかった。

〈二人の間に、わたしは、入っていけないな……〉

高倉は、共演者の前でも、一切、自分がイニシアチブを取るという強引さはなく、いしだはやりやすかった。

いしだは、降旗の演出についても語る。

「降旗監督は、足りないところは足してくださるし、多いところは削ってくださる。でもそれを口で直接言うんじゃなくて、遠くのほうから優しく見守っている感じですね。昔の映画俳優でいうと、ジャン・ギャバンみたいな感じです」

高倉は俳優だから、いしだとのちに共演するたびに、その都度演じる役柄に合わせて、印象が違う。だが、監督は、いつも同じたたずまいのままだ。

その頃、英次の上司、大滝秀治（おおたきひでじ）演じる五輪強化チームのコーチ相馬が連続警察官射殺犯〝指名22号〟に射殺された。池部良演じる中川警視の「お前には日本人すべての期待がかかっている」との言葉に、犯人を追跡しようとする英次の願いは聞き入れられなかった。テレビが東京オリンピック三位の円谷幸吉（つぶらやこうきち）の自殺を報じていた。「これ以上走れない……」。英次にはその気持ちが痛いほどわかった。

□

『昭和五十一年六月　すず子』

英次はオリンピック強化コーチのかたわら、赤いミニスカートの女だけを狙う通り魔を追っていた。増毛駅前の風待(かざまち)食堂につとめる烏丸せつこ演じる吉松すず子の兄、根津甚八演じる五郎が犯人として浮かんだ。

すず子を尾行する英次のもとへ、五輪強化チームのコーチ解任の知らせが届いた。スパルタ訓練に耐えられなくなった選手たちの造反によるものだ。

すず子はチンピラの宇崎竜童演じる木下雪夫の子を堕(お)ろすが、彼のことが好きだった。しかし、雪夫にとって、すず子は欲望のハケ口でしかなかった。

倉本は、ロケ地の増毛には何度か行った。その頃、増毛の駅はすごく雰囲気が良かった。なにしろ、終着駅である。線路が途絶えてわびしい。

雄冬(おふゆ)も陸の孤島だった。当時は道路が浜益(はまます)（現・石狩(いしかり)市）のほうに抜けてなかった。つまり、雄冬に行くのには増毛からしか行けず、海が荒れると何日も待たされる。それで「風待食堂」を造ることにした。

増毛駅前に築八十三年の古い木造の建物があった。「多田商店」という名の雑貨店である。その看板を架け替え、「風待食堂」として使った。

降旗と初めてコンビを組む木村大作は、最初は、お互いに探り合いであった。

ある時、木村が増毛でのシーンで、高倉が泊まっているホテルという設定の建物について降旗に訊いてきた。

「日通の事務所の建物と、実際のホテル、どっちにしますか?」

駅前に犯人の妹が働く風待食堂があって、その向かいにあるホテルで高倉たち刑事が張り込んでいるという設定である。そこは実際には日本通運の建物で、二階はピアノ教室だった。本物のホテルは、町のもっと奥のほうにあって、そこを使えば予算的に安上がりだ。が、映画的には当然駅前にホテルがあったほうがいい。

降旗は答えた。

「日通の建物のほうがいいんじゃないですか」

振り返れば、それが自分に対する木村のリトマス試験紙だったと思うという。

「この人は、安く上げることよりも映画のことを優先させる監督だ」

そう思ってくれたのではないか、と降旗は考えている。それからは撮影がスムーズに進んだ。

ずっとやっていると、二人には似ている部分があると思われてきた。降旗は東映にいる頃から長回しが好きだったし、木村もそうだ。お互い気が合った。

倉本は、降旗監督と初めて組んだキャメラマンの木村大作の動きを見て驚いた。自分でどんどんポジションを決めてしまう。それがまた、いいポジションを選ぶ。

降旗監督は、木村とセンスが合うのであろう。よほど自分の思いと違わないかぎり、そういう木村に自由に撮らせていた。

高倉は、木村大作についても著書『あなたに褒められたくて』で触れている。

「撮影中なんかキャメラマンの木村大作氏がよく監督と間違えられている。監督がずーっと隅のほうで煙草吸ってて、監督が言わない人だから、自分たちが言わなくちゃと、〝いくぞ〟〝早くしろ〟とか大声を出してるのは、大ちゃんなんです。みんな初めて来る人は、大ちゃんを監督だって思うんですよ」

□

木下雪夫役の宇崎竜童と高倉の出会いは、この映画での共演が最初である。宇崎は、高倉から掛けられた第一声が「明大ですよね」だったと記憶している。二人は、明治大学を卒業した先輩、後輩の関係にあたるのだ。この時の出会いがきっかけとなり、二人の関係がスタートする。

宇崎と高倉との共演シーンで、宇崎にとって印象に残っているのは、宇崎が高倉に因縁をつけるシーンだ。なんとBGMとして、キャロルが流れるのだ。当時、キャロルといえば、すでに解散していたものの宇崎のバンドのライバル的な存在だった。

降旗監督がキャロルの楽曲を指定したとは思えないから、音声担当者か誰かスタッフが思いついたものではないかと、宇崎は推測している。

宇崎が、それから高倉に壁に押し付けられ投げられるシーンがある。そのシーンを演じた時、高倉がぽつりと言った。

「宇崎さんは、ちょっと投げたりぶったりしにくいな」

高倉は、その理由を説明した。

「東映時代、悪役専門の人たちがいる。そういう憎たらしい顔をしている役者さんを見てると、殴りつけてやろう、叩き切ってやろうって気になるんだけど、宇崎さんの顔はそういう気にさせてくんないんだよ」

□

宇崎には暴走族出身、バイクの免許などは当然持っているといったイメージがあるが、実はそのどちらもが不正解だ。宇崎は『駅　STATION』の撮影時まで、バイクに乗ったことがなかった。台本にはバイクにまたがりはするけれど、バイクに乗るシーンは描かれてなかった。だからこそ、この役を引き受けたという部分もあった。しかし、撮影が始まってみると、降旗監督から指示が出た。

「じゃあ、ナナハンに乗って、倉庫の向こうから一〇〇キロくらいで走ってきてくれる?」

バイクに乗って走る場面は二つもあった。

宇崎は、突然のことにさすがに困惑した。そこに宇崎がバイクの免許を持っていないことを知っている広報担当者がやってきて、宇崎に声をかけてくれた。

「大変なことになっちゃったね。でも、乗らなきゃダメなんだよ。ちょっとこっちにおいで」

宇崎は、言われるままに担当者の後ろを付いていった。排気量の低い五〇ccから一二五、二五〇、四〇〇、七五〇とバイクが用意されていた。

宇崎は、エンジンをかけて、他の人たちからは見えない埠頭(ふとう)でバイクに乗る猛練習をした。

二〇分ほど操作の仕方を教えてもらった。

ところが、ロウの入れ方しか練習しなかったから、降旗監督から「はい、リハです」と声がかかっても、シフトアップできない。

普通、速度一〇〇キロを出すためには、セカンド、サードと上げていく必要があるのだが、その方法がわからなかった。初めて運転するバイクにヒヤヒヤしながらも、なんとか乗ることができた。高倉に向けて走って行くので、轢(ひ)いてはいけないという緊張感が強かった。

運転方法がよくわからないから、ロウのまま進んだ。

爆音を立てながらも、スピードは遅い。降旗監督はすごいスピードで走ってくる姿を撮りたがっている。しかし、速度は五〇キロくらいしか出ていない。

降旗監督は宇崎に言った。

「宇崎さん、もっとスピード上げられないの？」

宇崎は、ロウのままフルに上げた。スタンドをかけて、ニヤニヤしながら英次に向けセリフを言った。

「参ったぜ。全然知らなかったもンな、刑事だって！　すず子張ってンだべ？　ゴロさんのことで。そうなンだってな」

が、リハーサルが終わった時、高倉から指摘された。

「宇崎さん、エンジン切らないとセリフに被(かぶ)っちゃうからさ」

宇崎は、バイクの操作の仕方が本当によくわからなかったのだ。

撮影に使用したのが私有地だったからこそ、無免許でのバイク乗車が許されたのだと宇崎は思う。この映画をきっかけに、宇崎はバイクの免許を取得した。

□

降旗監督は、宇崎にはほとんど何も指示を出さなかった。リハーサルの時、漠然としたイメージを話すことはあったが、まず役者にやらせてみる。現場では、降旗監督ではなく、木村キャメラマンが「カット！」と大声で叫んでいた。

ただ、降旗監督は、オーバーな芝居になってしまった時だけ「ちょっと抑えて」と言うことがあった。降旗監督の演出は、役者の中から何かを引き出すという方針らしい。宇崎は、役者でなくて引き出しの少ない自分みたいなタイプには、一部始終演技を付けてくれるほうがやりやすいんだけどな、と思った。

赤いミニスカートの娘だけをなぜ殺すのかという辺りの根津甚八演じる殺人犯吉松五郎の精神状態について、降旗は思う。

「宇崎竜童のセリフにちょっと出てくるが、〝妹とできているんじゃないか〟と。できているようでいてできていないんじゃないか、できない部分を他の部分で……」

その関係が明確に出たほうがいいのか、匂（にお）わす程度のほうがいいのかずいぶん迷ったという。

倉本はそんなことは全然考えなかったという。しかし、いっぽうそういう雰囲気のある根津甚八じゃないとつまらない、という気があった。

烏丸せつこは、平成二十八年五月十六日の毎日新聞夕刊「特集ワイド　消えゆく健さんの『駅』」で、この映画について語っている。

「みなさんが言われることですが、撮影現場で健さんは、座ることはありませんでした。

わたしも立っていましたが、健さんは、〝まねしなくていいんだよ〟と、新人のわたしにも優しく声を掛けてくれました。まだ何もわからず、言われるがまま〝そうですか〟と椅子に座ってしまいました。今もこの出来事を思い出すと恐縮してしまいます」

□

宇崎にとっては恋人役を演じた烏丸せつこのことも印象深い。宇崎にとって、烏丸は一風変わった雰囲気を持つ女優だった。初対面の時、ロケバスの一番後ろの席に烏丸が座っていた。

「宇崎です。よろしく」

烏丸にそうあいさつをすると、烏丸はウォークマンを耳につけたまま「ああ」とだけ返事をした。

烏丸は孤立していて、自分の世界に入り込んでいるような印象があった。芝居を見ていると、天然っぽい雰囲気のある女優だが、宇崎は彼女のことを、実は神経質なところがある女優だと思っている。烏丸が、演技のことについて悩んで吐いたという噂話をスタッフから聞いた。

宇崎と烏丸とのラブシーンがあった。台本に「スカートのなかに手を入れる」と書かれていた。実際の映画の中では、引きで撮影されていることが確認できるのだが、現場ではどのような角度で撮られるのかわからない。宇崎は、アップで映る時のことを考えて、撮影前に爪を切っていた。爪が汚れていて、それが映されては、と思ってのことだった。

すると、それを見た烏丸がみんなのいる前で、しかも明るい大声で「あ、爪切ってる!」と言った。まさか下着の中にまで手を入れるはずがない。

宇崎は、黙っていたが、内心思った。

〈おいおい、そんな大声出すなよ……〉

キャメラマンの木村大作にも「楽しみだね!　本当に入れなきゃダメだよ!」とあおられた。

〈世間の俺に対するイメージはこうなのか……〉

夕方の栈橋(さんばし)で雪夫がすず子に訊いている。

「明日——予定通り行けるンだな」

すず子、うなずく。

雪夫、すず子にキスをする。

されるがままになっているすず子。

雪夫が言う。

「お前は、いい娘だぜ」

すず子、首をふる。

「どうして」

すず子、首をふる。

「いい娘だよ」

「そんなことない」

「どうして」

「もしかしたらわたし……世界中で一番……ひどい人かも判らない」

すず子、いきなり雪夫に抱きつく。

雪夫は結婚を口実にすず子を口説いた。すず子は、刑事たちの張り込みに気づいていながらも、愛する雪夫を兄に会わせたく、殺人犯の兄が隠れている町へ案内した。

実は、雪夫は、英次にすず子から得た情報を知らせることにしていたのだ。

英次らは、雪夫から情報を得て、すず子と雪夫の乗る列車にひそかに乗っている。

列車が着き、ホームに立っているすず子に雪夫が訊く。

「どうしたンだ兄貴。来ねえじゃねえか」

「来るわ」

はるかな暗がりから、一人の男の影が現れる。男は、うたがうこともなく、レールの上で水平をとりながら近づいてくる。

ホームからすず子がとび出す。

すず子、叫ぶ。

「オンちゃん！」

いきなりライトが根津甚八演じる吉松五郎を浮き上がらす。

刑事たちがバラバラッと五郎にかけよる。すず子の目から涙が吹き出す。泣き崩れる。

小林稔侍演じる辰巳刑事が英次に近づき、耳元で呟く。

「三上さん、俺には信じられンすよ。あのトロイ子が、今迄ずっと俺たちを芝居でだましてたンすか？」

降旗にとって、烏丸せつこは、最初はよくわからなかったが、夏の部分を撮り始めてから適役だったなという気がしてきたという。

倉本は、すず子役は、大竹しのぶと思って脚本を書いたが、烏丸せつこの演技を見て、高く評価した。

高倉も、烏丸に、賛辞を送っている。

「烏丸くんの役が意外だが、ものすごく新鮮だった」

烏丸は撮影で冬と夏の二回、増毛を訪れた。烏丸は高倉の死後、語っている。

「健さんが亡くなり、さらに駅も廃止になってしまうのは本当に悲しい。もし『駅 STATION』の物語が続いているならば、すず子はその後はどうなったのかな、と考えてしまう。わたしは、きっと増毛に戻ってきていると思う。そうあってほしい」

撮影時の休憩時間、烏丸せつこが勤務している設定の風待食堂で、宇崎は高倉と二人っきりになった。スタッフたちは、表でせわしく準備をしている。

そこで、宇崎は以前、倉本聰に聞いたあるエピソードについて高倉に確認することにした。

倉本によると、高倉は、ロスかどこかの海外で自動車の運転中、彼の出演していた「ゴルゴ13」に間違われ、パトカーに追いかけられたことがあるらしい。要するに、東洋の暗殺者ではないかと疑われたというのだ。

宇崎が、高倉に事の真相を聞いてみた。すると、確かにハイウェイを走っていた時、パトカーがウーッと音を上げて追いかけてきたことがあるそうだ。

「パトカーが、自分のクルマの後ろに着いた時は、速度違反程度の軽い罪、前に着いた時は、もう少し重い罪。パトカー二台に挟み込まれた時は、相当やばい罪なんだよ」

パトカーに追われ、高倉が止まると、クルマから出てきた一人の警官が、ピストルのホルスターのホックをパッと外した。もう一人は、ライフル銃を腰だめにしている。

「免許証を出せ！」

と命令された。高倉が宇崎に説明した。

「アメリカでは、免許証は、まちがっても背広の胸の内ポケットに入れてはいけない。胸の内ポケットに手を突っ込むと、拳銃を取り出すと間違えられ、射殺される。アメリカでは、免許証は必ずダッシュボードに入れておくものだ」。高倉は、ダッシュボードから免許証を取り出し、警官に差し出した。

警官の目は三角になり、もう一人の警官は青ざめた顔付きでライフル銃を構えていた。

高倉は、宇崎に向かってその警察官の顔真似をしてみせた。

高倉のユーモアあふれる表情に面白みを感じながら、宇崎が「へー」と感心していると、急にカメラのフラッシュが光った。

食堂の家の幼い子供が二階から降りてきて、高倉を撮影したのだ。突然のことに、宇崎は驚いたが、高倉は何食わぬ顔をしている。

仕方がないから、宇崎はその子供に向かって諭した。

「ぼうやね、今ね、撮影の準備している最中だから。降りてきて写真なんか撮っちゃダメだよ。はい、帰りなさい」

子供を帰してから、三秒くらい二人とも押し黙っていた。宇崎が意を決して言った。

「あの、続きなんですけど」

高倉は警察官の顔真似から話をし始めた。宇崎は、思わず噴き出しそうになりながら、高倉のユーモアセンスの高さを感じていた。

□

宇崎にとって、印象深い高倉の姿がある。それは、高倉が現場で椅子に座らないということだ。この映画は、冬の場面が多い。当時は、CGが普及していなかったから、本当に雪が降ってくるのを待った。

ある時、撮影スタッフから「雪を待ちます」と号令がかかり、宇崎は田中邦衛とともにロケバスに入った。

「やっぱり暖かいですね」などと言いながら、バスのカーテンを開けて外を見た。なんと、高倉が雪の中に立っているではないか。高倉は、直立不動で、雪の準備をする美術スタッフや何か材料を用意しているスタッフたちの姿を見ていた。

〈高倉さんが作業の様子をずっと見ているから、スタッフは誰一人手を抜けないだろう〉

宇崎は、田中に相談した。

「僕らも、高倉さんの横に立ったほうがいいんじゃないですかね」

宇崎と田中の二人は、実際にバスを降り、高倉の横に並んでみた。高倉は、宇崎たちを見て「来たか」という顔をした。極寒の北海道・留萌（るもい）の雪の中だ。とんでもない寒さに、宇崎は、つい田中に話しかけた。

「寒いですね」

さすがに、高倉に向かって「寒いですね」とは言えなかった。宇崎と田中の二人は、五分ほどでついにバスに戻ってしまった。

ビートたけしが、話のネタとして「高倉健はストーブに手を当てない、椅子にも座らない」という。そのたびに、高倉は「これはたけちゃんの作り話ですよ」とギャグっぽく否定してきた。高倉は、自分のことを伝説のようにして語られることを嫌った。宇崎は、高倉にはどこか照れ臭いという気持ちがあったのかもしれないと思う。

宇崎から見た高倉には、まじめさの一方で、お茶目な一面もあった。

撮影時、ロケバスに乗って、ロケ地から戻ってきた。その日は、留萌の町で祭りがおこなわれていたこともあり、道路は大渋滞。バスはなかなか動かない。窓のカーテンを少し開けると、まるでうなぎの寝床のように奥行きのある、細長い電器屋が見えた。間口は、一間半か二間ほど。奥行きのある電器店の一番奥に、店のオヤジがつまらなそうな顔で座っていた。

店先には、「ウォークマン祭り」と書かれた旗が揺れている。高倉は、何を思ったのか急に窓を開けて「おじさん！」と呼び始めた。

オヤジは、どこから声をかけられているのかわからなくて、キョロキョロしている。

高倉は「おじさん、おじさん」と繰り返す。オヤジは、しばらくしてようやく声の主を発見して、走って出てきた。高倉は、ひとこと電器店のオヤジに訊ねた。

「ウォークマン祭り？」

ただ、それだけだ。「ウォークマン祭り？」と聞くためだけに、高倉は「おじさん」とバスの中から声をかけたのだ。

映画の撮影をしていることは、留萌の町では有名であった。そのオヤジもきっと声の主が高倉健であったことに気付いたのだろう。高倉や宇崎の乗ったバスに近づこうとした。だがその瞬間、バスは走り去ってしまった。

□

撮影現場で、高倉と他の役者たちは、食事の部屋が異なっていた。しかし、彼は俳優やスタッフを誘い、コミュニケーションを取っていた。

「コーヒーに行きましょう」

「ラーメンに行こう」

高倉に声をかけられるメンバーは決まった人ばかりではなく、毎日少しずつ入れ替わっているようだった。まったく呼ばれない俳優もいたらしい。

宇崎は、何度も高倉に誘われ、高倉の冗談を聞きながら食事をともにした。宇崎と高倉、二人だけのこともあったし、他に数人加わることもあった。高倉は、気心の知れた人と過ごす時は、楽しそうに冗談をよく口にした。

高倉はコーヒー好きとあって、撮影中は宿泊していた旅館の向かいにあるコーヒーショップへ通っていた。その珈琲屋の店主は、撮影スタッフから高倉の好んでいるコーヒー豆の種類を聞きだし、海外から輸入して高倉に出していた。

撮影には、春、夏、秋と四カ月ほどかかったから、外国からの仕入れも間に合ったのだ。

コーヒーショップの店主同様、宇崎自身も、高倉という大きな存在に対し、何かして差し上げなければ……という思いにかられてしまうことがあったという。

□

高倉は、毎週土曜日になると映画関係の男性の友人五、六人を集めて、オムライスを食べる会をおこなっていた。宇崎も何週かに一度のペースで誘われ、五、六回は顔を出した。場所は、港区西麻布（にしあざぶ）四丁目にある麻布食堂。

店のメニューには、オムライス以外もあるのだが、オーダーを取りにきたマスターに、高倉が「オムライスがいいかな」と言うと、周囲の人間も他のものを頼むことができない雰囲気になる。

宇崎は、仕事が入ってない限り、その会に出席し、高倉に合わせ「じゃあ、僕もオムライス」とオーダーした。高倉は、行きつけの店ができると一年ほどそこへ通い詰めるといった癖があったようだ。

高倉は、肉体管理に余念がなかった。

ロケーションの撮影では、二時間前に必ず起き、ジョギングやウォーキングすることを欠かさなかった。

今では、役者たちの中にも身体を鍛えたりするものが多くなったが、『駅　STATION』の頃までは高倉くらいのものだった。麻布台の『東京アメリカンクラブ』にあるスポーツジムにプロデューサーの田中壽一も入会させられた。

また、日本の俳優で、サプリメントを導入したのは高倉がはじめてかもしれない。ロサンジェルスへ行けば必ず専門店に出向き、純粋なビタミンCやEなど大量に購入してから帰国した。

高倉のストイックな肉体管理は、高倉自身が緻密に考え、それを実行することを是としていた。

高倉健は、観たい映画が日本で公開されていなければ、すぐにアメリカまで観に行くほどであった。実は、日本の俳優で英語が一番うまいのではないかという説もある。

『ブラック・レイン』で共演したマイケル・ダグラスや、リドリー・スコット監督もそう語っている。「彼の英語は素晴らしい」と。

高倉は、彼の好きなマーティン・スコセッシ監督、やはり俳優として惚れこんでいるロバート・デ・ニーロのボクシング映画『レイジング・ブル』をどうしても観たかった。配給の東宝東和にフィルムがあるのだが、まだ字幕がついていない。日本での公開は、昭和五十六年二月十四日である。

『駅　STATION』の撮影に入っている時、降旗監督、木村大作、それから高倉健の三人で、東宝東和の試写室まで観に行った。

木村の背後で、高倉健がすべてのセリフを訳してくれた。高倉健の英語力は、それほど高い。

『レイジング・ブル』では、デ・ニーロが体重を二〇数キロも増減して話題になった。高倉健は、木村に言った。

「役者は、あそこまでやる必要はないよね」

この撮影中、東京にいると、毎晩夜八時くらいに高倉から田中壽一へ電話がかかってきた。

「田中さん、食事に行きましょう」

「ええ、行きましょう」

高倉が指定した店は、港区西麻布二丁目にある中国飯店六本木。店に到着すると、すでに夜の九時半になっている。店には田中以外にも数人呼び出され、食事が終わるのは十一時前後。そこから、コーヒーを飲みに行くのが高倉流だった。高倉は、サプライズが好きだった。

この冬のシーンを撮り終えた十二月の大晦日。夜八時に高倉が電話をしてきた。

「田中さん、すみません。明日、暇でしょうか？」

「いえ、特に予定はありませんよ」

「それなら、明日、成田空港にパスポートを持って来てください」

何かと思いながら翌日、成田へ行った。

「田中さん、これからニューヨークへ行きましょう」

「えっ……、ニューヨークですか？」

「費用はわたしが全部持ちますから」

高倉と田中は、元旦の飛行機でニューヨークへ飛び、それから二週間ほど滞在した。

外国好きの高倉は、海外で過ごすことを好んでいた。レナウンのコマーシャル撮影の前には、必ず一カ月ほどロサンジェルスに滞在することが決まりだった。田中もそれに同行し、高倉が定宿にしている小さなプチホテルで一カ月ほど過ごした。

田中は、高倉の堪能な英語力に驚かされた。

高倉は、中学生の頃から、英語にものすごく興味を持っていたらしい。

昭和四十五年公開のロバート・アルドリッチ監督のアメリカ映画の『燃える戦場』に山口少佐役として出演すると決まった時には、一カ月ほど独学で英語を特訓したという。それほど、役にのめり込み、完璧さを求めるのだった。

高倉は、中国語も熱心に勉強していた。

中国飯店で食事をする時は、メニューを頼みながら覚えていくのが習慣となっていた。徐富造社長に「この発音は、どう書くんだ」とたずねる。徐社長が書いて見せると、それを高倉自身が書いて覚えていく。そんな様子を見て、田中は高倉の日頃の努力の様に感服するばかりだった。

ただ、気心が知れた仲間同士の食事の場では、高倉ひとりで三時間も話しまくるという一面もあった。

四

第一回目の留萌での撮影が終わり、札幌の撮影が始まった。富良野に住み始めて四年目の倉本聰が、札幌にやってきた。

「壽一ちゃん、健さんに美味しいものを食べさせたいけど、どうだろう」

「何を食べさせる?」

「寿司だ」

「健さん、食べないよ」

高倉は、肉は食べるが魚は食べない。生ものは苦手。特に酒の席では嫌がった。

なにしろ、高倉の偏食ぶりに田中は驚かされていた。留萌滞在中の一カ月間、食事は、旅館の部屋で高倉と田中の二人でとったが、毎晩メニューは同じものが並ぶ。ジンギスカンと麦ごはん。それに、群馬から取り寄せた辛い大根だ。高倉は、同じものしか食べないのだ。

それでも、倉本は「ここはいいから、行こう」といって、とうとう高倉を「すし善」に連れ出したのである。

ところが、高倉は、不思議なことに、この店が気に入ってしまった。今度は、札幌での撮影の二〇日間、毎晩通うほどの気に入りようである。

同伴するのはスタッフであったり、マスコミを呼んだり、俳優を連れて行ったり。しまいには、あまりにも高倉が気に入ってくれたため店側も定休日までも高倉のために店を開けてくれるほどだった。そのうえ、「健さんに毎晩、同じものを食べさせたら悪い」と言って、寿司屋なのに、時々、ステーキを焼いてくれたりもした。

高倉は、酒も飲まない。飲めないのではなく飲まないのだ。一度、高倉が田中に打ち明けたことがある。

「映画界に入る前の若い頃、酒を飲んで暴れたことがあってね。それで、もう酒はダメだと思って止めました」

しかし、だからといって、他の人たちにまで禁酒させようなどとはしない。「すし善」でのことである。高倉がオーダーした。

「日本酒、熱燗、頼むよ」

一瞬、田中は驚いた。

〈健さん、お酒飲む時もあるんだ〉

高倉が熱燗を注いでくれ、田中も高倉に注いだ。が、高倉は飲む真似だけをして、実際には飲まない。盃の酒が減らないのだ。それでも楽しく飲んでいるように見せかけ、田中らに気を遣わせないように酒の場を楽しませた。

□

現場では、こんなこともあった。高倉がいつも持って来ていたハンティングワールドのカバンを、スタッフが褒めた。

「健さん、それ、いいですね。なんですか？」

「ハンティングワールドっていうブランドのカバンだ」

それを見ていたもう一人のスタッフもいった。

「本当にいいよな」

その後、ニューヨークに行った時のことだ。

「田中さん、ちょっと付き合ってください」

高倉が向かったのは、ハンティングワールド本店だった。

「これを、一〇〇個ください」

「一〇〇個ですか。いま、本店にはありません。ただし、三日ください。全米の支店から取り寄せます。一〇〇個そろったら、ホテルにお届けしましょう」

「じゃあ、お願いしましょう」

高倉と田中プロデューサーは、カバンが一〇〇個そろうまで日本への帰国を延ばすしかなかった。

「こんなに買って、何するんですか？」

「スタッフ全員分ですよ」

こうして、撮影現場の降旗組スタッフだけが、ハンティングワールドのカバンを持っているという珍現象が生まれたのである。田中は、高倉健の事務所スタッフから以下のように何度も頼まれることとなる。

「田中さん、お願いしますよ」

「えッ、何を……」

「高倉が海外に行くと、必ず一〇〇〇万、二〇〇〇万、なくなるんです。使わないよう、忠告してください」

そう頼まれても、高倉は、ショッピング中、気に入った品があれば、すぐ店に入る。

そんな高倉に、田中は聞いてみた。

「どうして、すぐ買うんですか？」

「欲しい時に買わないと、次に行った時には売れてしまうんです。欲しいという気持ちはみんな同じですよ」

そんな感覚の高倉を、田中は面白い人だと思った。

□

高倉の『駅　STATION』の撮影中、山口組三代目・田岡一雄が昭和五十六年七月二十三日に亡くなった。その時も、高倉はこっそり神戸市灘(なだ)区の田岡邸を訪れていた。

田中プロデューサーは、高倉と一緒に神戸まで行った。田岡邸から数百メートル下に車を停めた。

「わたし、ちょっと一人で行ってきます」

そう言って、田岡邸へ向かった。

高倉は、最後まで田岡を尊敬していた。そこまで、面倒を見てもらってもいた。

しかし、山口組に対する風当たりが強くなってからは、高倉もさすがに気にするようになっていた。

映画『山口組三代目』で、高倉は田岡役を演じたが、田岡を尊敬する半面、恐怖も感じていた。

大阪の街を歩いていると、高倉に声をかけてくるものもいる。

「三代目、三代目」

それが、高倉にとっては脅しのようにも感じられた。

〈大阪の街を一人で歩けない。いつ、対抗組織から鉄砲玉が狙ってくるか、わからない〉

高倉は、電車に絶対乗らなかった。列車の中は危険だからである。そのため、東京から京都へ移動するときも、車もしくは飛行機で移動した。飛行機には荷物検査があり、凶器は持ち込めない。

また、海外へ行く時も、必ずファーストクラスを使った。

同行する田中は言った。

「わたしは、エコノミーでいいですから」

「いや、それは困ります。わたしに何かあった時に困りますから、一緒にファーストクラスに乗ってください」

コマーシャル撮影でヨーロッパへ行く時も、同行する者はファーストクラスに乗せるよう広告代理店に高倉が指示していた。田中も倉本も降旗も、みんなファーストクラスで高倉と一緒に移動した。

広告代理店にすればかなりの出費になってしまうが、「健さんに、なにかあってはいけない」ということで承諾するしかなかった。

□

『昭和五十四年十二月　桐子』

英次は故郷の雄冬に帰ろうと、連絡船の出る増毛駅に降りた。風待食堂では相変わらず、すず子が働いていた。雪夫は結婚したらしく、妻と子を連れてすず子の前を通り過ぎて行く。

船の欠航で所在無い英次は、赤提灯(あかちょうちん)「桐子」に入った。女手一つで切り盛りする桐子の店だが、暮れの十二月三十日なのに客も来ない。

降旗は、桐子を演じた倍賞千恵子とは東宝の喫茶店で初めて会ったが、最初の印象は地味な感じであったという。が、最初の撮影の時に、「テストしましょう」ということで倍賞と再会した降旗は、びっくりした。

〈こんなにきれいな人だったのか……〉

と本当に感じ入った。

□

倍賞千恵子が初めて高倉健と共演したのは昭和五十二年公開の『幸福（しあわせ）の黄色いハンカチ』である。

倍賞は、平成二十七年十月二十五日の「東京国際映画祭」の特集上映「高倉健と生きた時代」に登場し、語っている。

「記者会見の時に共演のみなさんとお茶を飲みまして、そこで初めて健さんにお目にかかりました。そのとき武田鉄矢（たけだてつや）さんがいろいろ面白い話をしてくれて、みんなでゲラゲラ笑っているうちに緊張も解（ほど）けていったのですが、そんな中で健さんの第一印象はやはり〝かっこいいなあ〟でしたね。

ただ、現場ではやはり緊張しました。何せ私は目の小さいお兄ちゃん（渥美清（あつみきよし））といつも仕事していましたから（笑）、対する健さんは〝眼力のある方〟というイメージでしたね。

また、私は夕張での回想シーンの出番がほとんどでしたが、最初にみんなで食事した後、お茶を飲みに行くことになりまして、ちょうど雨が降っていたのですが、そのとき山田洋次監督が〝倍賞君、健さんのところに行って兄弟何人いるのか聞いてきてごらんよ〟とおっしゃるので、え？と思いながら健さんのところへ行きまして、そこでお話を伺っているうちに、いつのまにか相合い傘していました（笑）。緊張していましたので、結局ご兄弟は何人だったのか、いまだにわかっていません（笑）。

夜、健さんが喧嘩するシーンを見学させていただいたときは、ドキッとするくらい怖かったですね。本当に近寄りがたい雰囲気で、ここで見ていてはいけないのではないかと思い、そっと帰ってしまいました」

『幸福の黄色いハンカチ』のラストシーンは、三日ほど風や雲の動きを見ながらの撮影で、その待ち時間の間に健さんと山田監督の雑談の中から生まれたのが『遥かなる山の呼び声』だったという。

「山田監督作品の中で働く主婦をやらせていただくことが多かったのですが、『遥かなる山の呼び声』では夫を亡くし、酪農の仕事を続けるか辞めるかの瀬戸際にいる未亡人の役でしたので、このときは健さんと男と女の関係とでも言いますか、例えば〝行かないで！〟みたいなお芝居をするのも初体験でしたし（笑）、（寅さんの）さくらさんとは違う、濃密な〝女〟を演じさせていただきました」

□

撮影は、順調に進んでいった。

高倉健演じる三上英次の母役に北林谷栄が出演した。

北林は地方でロケーションする際、現場近くにある老人ホームを必ず内緒で慰問することで有名だった。今回は撮影現場に近い増毛にある老人ホームを慰問していた。

そのことが、スタッフの間で話題になっていた。

「北林さんが、また、慰問に行ったらしいよ」

その話題を聞いた高倉が、田中に勧めた。

「われわれも、行きましょう」

雪が降る中、撮影の合間をぬって、高倉は老人ホームを慰問した。

老人ホームも、大喜びで高倉を迎えた。

「健さん、サインください！」

普段の高倉は、サインを求められても応じることはないが、今回は素直にそれに応じていた。

よほど、高倉は嬉しかったのだろう。慰問から帰ってきた高倉はご機嫌で、食事中も老人ホームでの話題で盛り上がった。

その翌日のことだった。

「老人ホームで健さんがサインするたびに、製作担当者が一枚につき一〇〇〇円ずつ徴収していたぞ」

田中は、そんなことをしていた奴がいたとは、まったく知らずにいた。当然、高倉の耳にも入っていた。

夜になり、高倉が田中を呼んで、こういった。

「田中さん、すみませんが、タクシー運転手の村上さんを呼んでください」

言われた通り、タクシーを呼んだ。

高倉は、そのタクシーに乗り、「札幌グランドホテルまで行ってください」と告げ、札幌へ向かって行った。

田中は、すぐ気付いた。

〈ああ、これか……。俊藤さんが言っていたことは〉

実は、田中は、『駅　ＳＴＡＴＩＯＮ』の撮影中に、俊藤浩滋プロデューサーに呼び出された。俊藤の事務所兼自宅は、青山一丁目にあるホンダ本社近くにあった。

「壽一ちゃん、健を頼むよ」

俊藤の言葉に、田中も返した。

「わたしができることを力いっぱいやらせていただきます」

俊藤との会話は続いた。

「壽一ちゃんに、一つ、言っておくことがある」

「なんですか」

「健はね、時々、仕事の間に抜けちゃうんだ」

「えっ……、抜けるって、どういうことですか?」

「いやいや、突然いなくなるんだ。気を付けてくれ」

札幌から車で来ていた田中は、すぐ高倉の後を追った。留萌から札幌までは、車を飛ばして三時間ほどかかる。運転しながら、田中は考えた。

〈このまま、健さんを東京に帰らせてしまったら映画は絶対ダメになる。しかし、悪いのはこっちだ。健さんが納得するまで、お詫びするしかないだろう〉

札幌グランドホテルにチェックインした高倉の様子は、やはりおかしかった。

「健さん、申しわけありません」

そう謝っても、高倉の気がおさまる様子はない。どうやら、時間がかかりそうだ。そんな予感がした田中は、現場に残っている木村大作キャメラマンに連絡した。

「今、札幌にいる。降さんにこのこと、わかるはずだから、おまえから話をしておいてくれ。その間、風景でもいいから撮っておけ。健さんは必ず連れて帰るから」

　木村から力強い返事があった。

「わかった。おれがやっておくから、健さん、頼むよ」

　高倉の機嫌は直らない。田中は何度も詫び、話を聞いた。

「老人ホームの人たちから集めたお金は、すぐに返してください」

「わかりました。すぐ、返しに行かせます」

　田中は留萌にいるスタッフに連絡し、集めたお金とお菓子、果物を買って、老人ホームに届けるよう指示した。

　辛抱づよく、田中は待った。

　三日目になり、ようやく高倉の気持ちもおさまった。

　留萌に戻った高倉は、夜になり撮影から帰ってきた降旗監督に謝った。

「みんなに迷惑をかけた。降さん申しわけありません」

　次に高倉は「倍賞さんに、時間をとってもらうよう頼んでくれないか」と田中に言った。倍賞もそれに応じた。

　留萌の小さな部屋で、高倉、倍賞、田中の三人で話をした。

「倍賞さん、すみませんでした」

　そういって、高倉は頭を下げた。

「健さんね、東映さんはどうか知らないけど、こういうこと、松竹ではしょっちゅうあるわよ」

「そうですか。東映はないですよ」

「いや、松竹ではあるんですよ」

倍賞は、スターがサインをして、お金を取ることはよくある話だという。

いっぽう、高倉はそんなことはないといって、倍賞に頭を下げて謝った。二人の間で、ある、ない、というやり取りは、ちょっとした口論のようになっていた。

倍賞と別れた後の高倉は、やはり倍賞の話を信じられずにいるようだった。

「田中さん、役者がサインをしてお金を取ることが、本当にあるのかな」

それから間もない夜のことである。

「壽一さん、大変！　倍賞がいなくなった」

倍賞の女性の付き人が、慌てて田中の部屋にやってきた。

「えっ、そりゃ大変だ」

田中をはじめスタッフの他に、高倉までもが消えた倍賞を探しに、真冬の留萌の街を探し回った。

冬の留萌の街では、飲み屋の店が閉まるのも早い。どこに行っても倍賞の姿はなく、探しても探しても、倍賞を見つけ出すことができずにいた。

〈どうしようか〉

困り果てていたところに、高倉の声が響いた。

「倍賞さん、いましたよ！」

偶然にも、高倉が倍賞を見つけた。駅の廊下の脇に積もった雪の中に、小さな洞窟のような空間があった。そこで、倍賞は寒さをしのいでいた。

なぜ倍賞は、突然、失踪したのか。札幌へ消えた高倉に対して、倍賞は「松竹では、しょっちゅうあることだ」と言い、高倉に気にすることなどないと気を遣ってやった。それなのに、高倉は「そんなこと、あるわけがない」と反発し、倍賞の気遣いを無下にしたような形になった。

そこで、倍賞は、ある種、可愛げのある高倉への抵抗を見せての愛情表現だったのかもしれない。

高倉も、そんな倍賞にどんどん惹かれていった……。

倍賞は高倉の茶目っ気について語っている。

「何かの打ち合わせでお茶を飲んでいる時、健さんが急に時計をぱっと外してコップの水の中に落としたんですよ。〝何してるんですか!?〟とびっくりして言ったら、〝大丈夫、防水です〟と（笑）」

倍賞千恵子の撮影に入った。恋人が列車に乗ってやって来るのでは、と駅に迎えに行ったが、この日も恋人は現れず、しょげて引き上げるシーンであった。

倉本は、『駅　STATION』の撮影中、倍賞を見て驚いた。

〈なんてきれいなんだろう〉

いま恋をしているに違いない、という顔をしていた。倉本は、『あにき』でも倍賞に出演してもらいよく知っていたが、絶頂期だったという。

□

留萌線の始発・終着駅である増毛駅は、大正十年開業。引き込み線や機関車の旋回場(せんかい)、車庫、国鉄の官舎などがあり、最盛期の五〇年代には年間三五万〜三六万人の乗降客があった。この映画の撮影から三年後の昭和五十九年には無人駅となり、駅舎の半分が解体される。

居酒屋「桐子」は、通称「四丁目」と呼ばれる留萌の飲み屋街の一角で撮影された。

平成十年四月十六日にNHK　BS2で放送された『新・真夜中の王国』で、高倉が、めずらしく倍賞千恵子について語っている。

「いいものができる時って、いろんなものが重なる。倍賞さんと恋をしていたように錯覚してしまう。嗚呼(ああ)、これは映画だったんだなぁ。優れた腕利きの人たちが、ちゃんとした大人を錯覚させてしまうんですから。それがやっぱり映画なんじゃないですか。

倍賞さんが（情夫を）駅に迎えに来ていて、駅員に〝残念でした〟と言われるシーンのあの格好。メイキャップもしていないように見せる、あのメイキャップ、色の選び方。夜の商売（居酒屋）で客を待っている時の格好、駅のものとはガラリと違う。男は今年のクリスマスにも、紅白歌合戦の時期にも帰ってこない。何となく摘んでみようかと思う男がきた、という時の衣裳や髪形、メイキャップの変え方。まるで別人ですよ。同じ人とは思えない。あれがいい女優というんでしょうね」

□

ダイヤモンド・オンラインの「佐高信の『一人一話』」第三十二回によると、倍賞は、桐子役について語っている。

「私は、そんなに激しい人とは思っていなかったんですよ。桐子は（寅さんの）さくらさんとは違い、目の前で男の人が殺されたり、男を待つみたいな女の部分では随分違っていましたが、私の中では拒否感もなにもなく、割と自然に入っていけました」

特に美術部がすごかったという。初めて桐子の居酒屋のセットに入った時に、桐子がこうするだろうなと思うところに物が置いてあったのである。ゴミを捨てようと、ふっとゴミ箱を見たら、前の日に捨てたゴミがあったり、おでんの種が満杯ではなくほどよい入り方だったり、テーブルにはタバコの焦がし跡があったり……。セリフを言いながら、どうにでも動けた。とてもやりやすくて、かなり長回しでワンカットを撮っていたけれども、するっといけた。おかげで自然に動けて、すぐに桐子になれたという。

英次が十二月三十日の夜、「桐子」の店に入る。客は誰もいない。二人きりである。

「一人よ。独身。まだ処女。アハハハ、まさかこの齢で処女ってこたあないか」

「……」

桐子、「ハイ」と言って煮物を出す。

「うン」

桐子、テレビをじっと見ている。

英次、食う。

「おいしい？」

「ああ。うまい」

「正直に言ってかまわないからね」

「……」

桐子が英次に訊く。

「雄冬でおくさん、待ってるわけ」

「いないよ」

「ウソつけ」

「うそじゃないよ。いないよ」

桐子、笑う。

「それもそうか」

「昔……一時、いたことはあったけどね」

「別れた」

「ああ」

「いつ頃」

「……一〇年以上前になるかな」

「以来独身」

「ああ」

テレビをぼんやり見ている二人。

英次、テレビを見たままポツリ。

「正月もくにには帰らないのかい」

「……」

桐子、テレビを観ながら言う。

「八代亜紀だ」

英次も見る。

桐子が声をはずませる。

「この唄好きなのよわたし」

桐子、手を伸ばし、テレビを少し大きくする。

「舟唄」流れ出す。

♪お酒はぬるめの燗がいい
肴はあぶった　イカでいい
女は無口な　ひとがいい
灯りはぼんやり　ともりゃいい
しみじみ飲めば　しみじみと
想い出だけが　行き過ぎる
涙がポロリと　こぼれたら
歌いだすのさ　舟唄を

聴いている二人。

桐子は酒を注ぐ。飲む。

桐子が語る。

「去年の正月、わたしの友達が、札幌のアパートでガス自殺してね。一月三日。ススキノのバーにつとめてた娘」

「……」

「知ってる？　水商売の女の子にはね、暮れから正月に自殺する娘が多いの」

「……」

「何故だか、判る？　男が、みんな家庭に帰るからよ。どんな遊び人もこの時期だけは、必ず家庭に帰っちゃうからね」

「……」

「辛くなるのよ。……そうなると急に」

「桐子」での倍賞が語るこのセリフは、倉本が札幌のススキノで遊んでいた頃に、女の子から聞いて仕入れたネタの集大成であるという。

特に、「ススキノの女の子たちには、暮れから正月にかけてすごく自殺者が多く出る」

という話である。札幌はいわゆる「サッチョン」、つまり札幌独身族、東京の大企業から一人で来るというサラリーマンが多い街である。地元の女の子と親しくなって愛人にする。ところが、暮れから正月になると、みんな東京にいる女房の元へ帰って、女の子は突然孤独になる。それで自殺してしまう子が多いという話を聞いて、倉本はすごく悲しいと思ったという。

□

英次と桐子は、翌日の大晦日、食事をし、映画を観、それから安宿で抱き合う。

倍賞演じる桐子が、ベッドシーンが終わったあと、英次に訊く。

「ねぇ、わたし……大きな声出さなかった?」

「いいや」

「前にそういうことを言われたことあるから」

英次が「大声なんか出さなかったよ」と言いながら心でボソリと思う。

〈樺太(からふと)まで聞こえるかと思ったぜ〉

高倉健はこのセリフのことで、降旗監督のもとに出向いて「倍賞さんに失礼ではないか」と言った。

演じる役は、結局すべて高倉健だ、というのが高倉健本人の役に対する考え方だった。だから相手役との関係性でさえ、高倉健という人間の必然性がなければ演じられない。

が、降旗は答えた。

「いや、しかしこの場面では必要ですね。それに、倍賞さんは役者ですから」

降旗は、高倉の説得にかかった。

「倍賞さんが抱き合ったあと、鏡の前で髪をすく画も一緒に撮るから、健さんが思っているような感じにはなりませんよ」

降旗が高倉を説得するのに一〇分もかかった。

降旗は、高倉がストイックなのは、九州男児としての人生観にもよると思っている。その部分からはずれたことには、かなり抵抗感があるのではないか。

降旗は、さらに、その心の中のセリフに関しての撮影も、倍賞が眼の前にいるその場では語らせない配慮をし、あとでアフレコにした。

□

この撮影中、田中プロデューサーはあることに気づいた。高倉には、電話での話し方に特徴があった。

「高倉です」

そういって話し出す時は、仕事やプライベートの友達との電話。

「ああ、僕です」

自分のことを「僕」と呼ぶ時は、何らかの関係がある女性との電話だった。高倉の横で電話する様子を見ていると、明らかに違ったのでわかりやすかった。もちろん、倍賞との電話でも、高倉は「僕です」といって電話をしていた。

出演陣がいっせいに空港から帰るという日に、大雪が降った。宇崎が予約していた航空会社は、運休を決めてしまっていた。宇崎は、翌日にコンサートを控えており、どうしても帰らなくてはいけない状況だった。

宇崎が、困り果てていると、倍賞が声をかけてきた。

「宇崎さん、これで帰れば？」

自分が予約していたチケットと、宇崎の持っていたものを交換しようと提案してくれた。宇崎は、倍賞の人柄の良さに心底感激してしまった。

宇崎自身は、高倉と倍賞が一緒にいる姿を見たことはない。高倉から、女性関係の話を聞いたこともない。ただ、宇崎は思っていた。

〈高倉さんには、倍賞さんのような気遣いのある女性とお近づきになってほしい。できれ

ば再婚してほしいな〉

□

大晦日の夜、「桐子」で、英次と桐子が紅白歌合戦を見ながら二人だけで過ごす。この酒場のシーン。テストもせずに本番に行けたのは、高倉健、倍賞千恵子、二人の感情がこれ以上ないほどぴたりとはまっていたからだ。演技はすべて、その場のアドリブ。それを木村大作は、すべてキャメラに収めた。

フィルム、一ロールでは一〇分間の撮影が可能で、黒澤組でもそれは同じだ。「よーいスタート」ですぐに俳優がトチったりする。するとキャメラマンは「フィルムチェンジ！」と怒鳴る。監督も怒った。もっと長いフィルムはないのか。

酒場のシーンは九分。一ロールでいける。そういう撮り方をした。キャメラが移動する。失敗したら大変だった。しかし、あの二人に失敗なんてありえない。

高倉健は、本番で何をやるかわからない。テストもやらない。段取りくらいは確認するが、そこでは本気の芝居は見せない。だが、木村大作が撮影をしている限りは、何があっても撮ってくれるだろうという絶対の信頼があった。そこは、他のキャメラマンとの大きな違いだ。

高倉健と倍賞千恵子の二人はセットに入ってきた時から、いつ本番に行ってもいい雰囲気だった。だから木村は、ライティングから何から、ものすごくこまかくセッティングして、テストもしないで降旗監督に言った。

「行きましょうか」

降旗はカットを割るのは嫌だった。

「続けてやってくれますか」

ふたりは、快く同意してくれた。

高倉は、元々そういうほうが合っているが、倍賞も同じだなと感じて、監督としてはとても楽であった。

降旗は、カウンターにいる倍賞に聞いた。

「倍賞さん、ちょっと足を触っていいですか」

着物と足袋(たび)の間を空けて、足を露(あら)わにした。なまめかしさを暗示するためである。

倍賞は、「へえー」という顔をしていたそうである。

それ以外は、降旗が何もしなくてもやってくれる俳優であったから本当に楽であったという。

倍賞は、カウンターから出て高倉の前に座り、体を預ける。テレビの「舟唄」に合わせて低く歌っている。

倍賞は、高倉の指に自分の指を妖しくからませ、うっとりとしている。降旗は、ふたりのそのような妖しいしぐさについてはまったく指示していないという。ふたりに任せるのだ。ふたりが、それぞれ工夫して演じてくれる。

倉本は、酒場「桐子」での高倉と倍賞のラブシーンを最初に画面で観た時、正直思った。

〈なんて、下手なんだ……〉

ところが、何回もこの映画を観るうちに、だんだん印象が良くなっていった。なにより、倍賞が良かった。

降旗監督は、リハーサルをして、カット割りを決める。しかし、高倉相手だと、それもなくなった。三台のキャメラをどういう風に据えたら一回でいけるのか、工夫した。

複数キャメラは、『駅　STATION』からであった。その後、降旗は、木村キャメラマンと組んだ作品は、すべてその手法を用いた。

木村によると、監督の多くは、台本から少しでも逸脱するとNGを出してしまうものだが、降旗監督はそういうことはなかった。俳優に感情がちゃんと入っていれば、セリフが少々違っていてもOKを出した。監督本人がその場で聞いているのだから、そこで「いい」と思えたら全部OK。

あとでスクリプターが「このセリフ違ってます」と言ってくるけれど、降旗監督は、台本をじっと見て「いいんじゃないの」と言うだけだ。

木村によると、高倉健の感情の入り方は常人のなせる業ではなかったという。

木村は、高倉健が演技で「トチった」のを聞いたことがない。セリフはすべて頭に入っている。

そのうえで、相手役が「感じる」人だったら。もうテストなどやれない。高倉健の出演シーンで、何度もＮＧが出て撮り直したことなど記憶にない。

木村大作は「黒澤組」で鍛えられているので、キャメラを複数使う。高倉健の演技は、最初の一回目が一番いい。ただ、あまりにも感情が入りすぎて、「大泣きする」ことがある。高倉は、迷った時は降旗監督のもとへ行く。

「どうしますか、もう一回いきますか」

監督が「そうねえ」と言ってもう一回撮ると、今度は感情が最初のテイクで抜けているので、さらりと演じてしまう。降旗監督は、そのさらりとしたほうを使う。

撮影中、木村大作が降旗監督の表情をうかがう時がある。高倉健の芝居が「やりすぎだ」と感じる時だ。間違っているのではない。フィルムは回ったまま。目を離すとファインダーから光が入ってしまうので、蓋（ふた）をしてから監督の様子を見る。

すると、降旗監督も同時に木村大作の顔を見ている。

そういう時には、またキャメラに戻って撮影を続ける。高倉健が気持ちよく芝居を続けているのであれば、問題ない。相手役がそれを受け止めている限り続ける。編集でどうにかする。

木村大作は、相当力を入れて臨む。ところが出来上がって見ると、やはりすみずみまで降旗康男作品になっている。そういう「摩訶不思議な」監督なのだ。

□

降旗康男は酒豪でも有名だった。映画監督では、西の山下耕作、東の降旗康男。木村は両監督ともについたことがあるが、山下耕作という人は、朝まで飲んでフラフラで現場入りする。そうなったら仕事にならないので、木村は会社の上層部に対しても、撮影しないと宣言していた。

降旗監督は、そこまで飲むことはなかった。撮影中は深酒はしない。飲むと陽気になる。

みんなで何かの話題で盛り上がって、降旗監督に振ると「ほほほ」と笑って言葉が出てこない。

みんなは他の話題に移るのだが、三〇分ぐらいたってから、降旗監督が先ほどの話題をひとりで語っている。そういうことがよくある。不思議な人だ、と木村は思う。

木村大作は、キャメラマンなのに、スケジュールや予算のことまで考えてしまう。そんなキャメラマンはこれまでいなかった。撮影する映像はポエジーでも、作品に向かう姿勢そのものはリアリストなのだ。そこは、降旗監督も語っている。木村大作の映像には「ポエジーがある」という。降旗監督がそう評した。

ロケの場所は、木村大作も自分で選ぶ。それはどんな監督の下でも同じだ。ただ、「場所ではない」とも言う。

例えば雪景色。完全にピーカンの青空バックの雪景色では、ポエジーは出ない。だからそこに雪、吹雪とか厳しいもの、人間が生きていくうえで厳しいものがあれば、それがポエジーになる。言ってみれば、情の世界だ。

そういう情感の表現は、幾ら打ち合わせを重ねても、監督とキャメラマンが別個の人格である限り、どこか齟齬(そご)が生じる。が、木村大作と降旗監督の二人には、そういう齟齬が生まれない。木村は、求めているものが同じだから、とでも言うしかないという。

降旗は、「キネマ旬報」昭和五十六年十一月上旬号での品田雄吉(しなだゆうきち)との対談で、雪のシーンについて、語っている。

「雪を狙(ねら)っているときは、大体、昼御飯は食べていないんですね。雪っていうのはボヤッと見ていると、しょっちゅう降っているようだけど撮影の段になると多くなったり少なくなったりして、どうしようもないんです。空をじっと見ていて、降りそうだと一時間ほど待って、降らない。またじっと待っていて……という繰り返しで昼飯も食べられない（笑）。

冬の場面を撮っていていつも思うことは、寒さを出すのは難しいということですね。殊に雪は視覚的に暖かいものでしょ」

テレビの紅白が終局を迎え、蛍の光の大合唱が始まる。

桐子が英次に言う。

「一緒に神社に初詣行かない？」

増毛神社に初詣に行く。

二人、神殿にお参りし、参道を帰ってくる。突然、桐子の足が止まる。桐子の視線にいる一人の男……森岡茂。

桐子、口の中で小さく呟く。

英次は、桐子に言う。

「じゃあ、宿へ帰るよ」

実は、森岡は、英次の上司で大滝秀治演じる相馬を射殺した連続警察官射殺犯であった。

高倉は、この初詣のシーンについても語っている。

「ちょうど初詣でのシーンを撮っているとき、田中邦（衛）ちゃんと倉本さんが現場を見に来て、〝映画って、やっぱりいいすネ、一本ピーンと張りつめたものがあって、皆生き生きしてる〟っていわれて、すごく嬉しかった。映画の現場ってそういうもんだと思うんです。〝あーあ〟なんてあくびをしながら、あとワン・カットだなんていう仕事していたら、いいものはできないんじゃないでしょうか。しょせん映画なんですけどね」

英次がふるさと雄冬に帰りついたのは、元旦も終わろうとしている頃だ。

三上家の一室での夜。寝床を並べている英次に弟の道夫が声をかける。

「兄ちゃん……起きてるか」

「……ああ」

「実は、こないだな」

「……」

「怒らんか」

「……何よ」

「逢ってきたンだ。……直子義姉さんに。埼玉（さいたま）に出稼ぎにずっと行ってたから。怒るなや。義高に逢いたかったンだ。義高大きくなってたぞ」

英次の記憶が蘇る。映画のファーストシーンの英次と直子の列車での別れのシーン。

「中学で背がもう一七八あって、バスケットの選手をしてると言っとった」

「あいつは、誰かと一緒にいるのか」

「いや、ずっと一人で暮らしてるらしい」

「……」

「池袋（いけぶくろ）のバーでホステスしてるよ」

英次、一瞬目を閉じる。

「なつかしがってた」

道夫は、紙キレを英次に示す。

「これ。アパートの電話番号だ。ここに入れとくぜ」

英次のズボンのポケットに入れる。

英次が、直子に一三年ぶりに電話をかける。

が、高倉は、このシーンに懐疑的だった。

「俺なら、決して電話などしない」

降旗は、また高倉の説得にかかった。

「電話するから、映画なんだ。電話する男だから、面白いんだ」

降旗は、そういうところが倉本脚本のいいところではないかと思っている。読む人それぞれで全部受け取り方が違うというのが、面白いところだ。

田中プロデューサーは思った。

〈ある意味、あれでは英次は別れた妻と桐子との二股になってしまう。実際の健さんは、そういうことをしない。二股なんかする男が性格的に嫌いなんだ。だから、拒否するんだろうな〉。役柄でありながらも、自分自身が絶対に許せないキャラクターを演じることを素直に拒否するところが、高倉健という役者なのだ。

だが、拒否しながらも、降旗監督の言っていることならば「はい」といって最後は演じあげるところも、高倉健なのだ。それほど、高倉は降旗監督を信頼している。


三上家の夜の居間で、英次が直子に電話を入れて、話す。

「君は、どうしてる。大丈夫なのか。一度……逢いたいな……」

英次が雄冬から増毛に帰ると、桐子が迎えに来ている。

英次は、それから札幌に行く。それを増毛駅の待合室で桐子が見送る。

英次が、桐子に訊く。

「彼氏は、うちにまだいるのかい。彼氏なんだろう、初詣の時の……」

「見たの？」

「チラッとな」

「判った？」

「まアな」

「弱いな」

「別に、いいじゃないか」

桐子、ぼんやり英次の背後を見ている。

「ずうっと昔に……一寸あった人。それも。わたしが一方的に、……あっちに対して惚れてただけ」

桐子、じっと英次の背後を見ている。板壁に貼ってある指名手配の数人の人相書き。

「俺と、こんなとこで逢っててていいのか」

「もう出てったわ」

桐子が訊く。

「今度いつ帰るの」

「多分、……近々帰ってくるよ」

「本当に」

「ああ」

「……」

「もしかしたら、そのままずっとこっちに——いっいちまうことになるかもしれない」

「……本当にイ」

「札幌に、一緒に行こうかな、このまま」

桐子、チラッと英次を見る。

「ウソよ。わたしはしつこくしない」

「来たっていいぜ」

桐子、首をふる。フッと笑い、大きく溜息をつく。

「待ってるわ。ここで。……また、偶然を」

汽車がホームに入ってくる。

□

英次が札幌から増毛駅に帰ると、乗り換え駅のホームで非常警戒中の巡査から誰何（すいか）される。英次が刑事とわかると、事情を打ち明けられる。

「増毛でパトロール中の警察官がおそわれ、拳銃と弾を奪われた。犯人はこれだ」

駅に貼ってある指名手配書の中の「指名22号、元自衛官森岡茂四十歳」を指差す。

英次は、その男が、桐子と初詣に行った時、桐子とすれ違った桐子の情人と気づく。

しかも、女の声で、パトロール中の警察官を襲ったのは、指名22号の森岡茂だというタレコミがあったという。

倍賞が、ここからのシーンについて語っている。

「健さん扮する主人公がわたしの情夫を射殺するシーンの時、スタジオに入るなり張りつめた空気が流れていて、とても近寄りがたい雰囲気だったのを覚えています」

英次は、桐子のアパートを訪ねる。

ドアを開けて出てきた桐子は、訴える。

「帰って！　お願い！　また今度！」

英次は、部屋の奥の炬燵にいる室田日出男演じる森岡を見逃さない。慕っていた上司の相馬を射殺した男だ。

英次は、犯人に声をかける。

「森岡さん⁉」

森岡、みかんの皮をむく手をとめる。

桐子、驚く。

「知ってるの――？」

英次、森岡に迫る。

「二年前、一度逢ったね」

森岡の顔が引きつる。

「覚えてないか、……一月の雪の日」

「……」

「豊平川(とよひらがわ)の橋のたもとだ」

森岡、サッとピストルをとる。

同時に、森岡にとびかかる桐子。

桐子が叫ぶ。

「ちがう!!　ちがうわ!!　この人デカじゃないッ!!」

英次は、これまで桐子に自分が刑事とは打ち明けていなかったのだ。

森岡、桐子をはねとばし、立ちつつ撃鉄を起こしている。

英次のピストルが森岡めがけ火を吹く。森岡が、はねとんで倒れる。

桐子、狂ったように叫ぶ。

「止(や)めて――ッ!!」

英次の発砲のほうが一瞬早かった。

桐子、茫然としている。

森岡の胸から吹き出している血。

桐子、呟く。

「どうして……」

桐子、突然我に返ったように、ハンカチを森岡の傷口にあてる。ハンカチはまたたくまに赤くなる。

桐子、ポツリと。

「そういうことか……」

留萌署の刑事室で係官と、向き合っている桐子。書状棚の陰で聞き耳をたてている英次。係官が、桐子に訊く。

「脅されてたンじゃない」

「あれは、わたしがかくまってたンです」

「かくまってた」

「ええ、何とか逃してあげようと思ってね」

「……」

パーテーションのこちらから、二人のやりとりを聞いている英次。

「……」

「変じゃないか」

「だって……」

「……」

「逮捕させようと思ったからこそ警察に電話をかけてきたンだろう?」

「……」

「それをどうして今度はかくまうんだ。辻褄(つじつま)が合わないじゃないか」

「合いませんね」

「合わんな」

「だけど……」

桐子、一寸笑う。

「男と女ですからね」

桐子、目を伏せる。笑おうとする。と、涙があふれてくる。桐子、それでも無理して笑う。

英次は、この夜、「桐子」の店の前を通る。桐子のいる店に入って行く。

高倉は、このシーンもこだわった。脚本の段階で倉本に言っている。桐子の情人を撃ち殺したのだから、

「僕ならとても入れません」

あくまで高倉の美学なのだ。

従って、そのシーンはカットしてくれと言ったのだ。

「健さんは入れないだろうけど、あの役の英次は入れるんです。英次は、情けない男なんです。むしろ、僕に近いんです。なんとなく未練がましくなっちゃうんです」

結局、倉本は自分の主張を通した。

この件で、高倉は、倉本としばらくの間、口を利かなくなってしまったほどだという。

英次が、酒場「桐子」に入る。

テレビで八代亜紀の「舟唄」がかかっている。

「舟唄」に聞き入る桐子の顔には涙が流れている。

が、英次は気づかない。

そんなにのめり込んでいた訳ではないが、「舟唄」を三回も使った。例えば、一回目の「舟唄」が出てこなければ、「明日、留萌へ映画観に行かない？」と誘わなかったかもしれない。二回目の「舟唄」がなければ、大晦日に高倉健が「本当は俺は警官なんだ」と打ち明けていたかもしれない。三回目の「舟唄」がなければ、倍賞千恵子が健さんのほうを向いていたかもしれない……。「舟唄」で涙を流しいろんな夢をあきらめちゃう女、そういう話なんだということで、降旗はあえて、「舟唄」三回もいいではないかと思ったという。

倍賞は、前出の「東京国際映画祭」で、高倉健は、渥美清や笠智衆と同じように、二度と出てこないタイプの俳優だと語っている。

「山田監督が〝素晴らしい俳優は贅肉がない〟とよくおっしゃるんですけど、それは肉体的に太っているでは痩せているではなく、自信がない人ほど芝居で小細工をする。それが〝贅肉〟という表現になるのですが、その意味でもまったく贅肉のない芝居をされていたのが渥美さんであり、笠さんであり、高倉健さんであったと思いますし、私自身そういう人間、そういう俳優でありたいと願っています」

英次は、増毛駅から列車で札幌に去って行く。兄を失った吉松すず子も、同じ列車で札幌に向かう……。

この最後のシーンでも葛藤があった。

実は、撮影そのものは、倉本聰の脚本にあるシーンをすべて撮った。高倉健演じる主人公が「沈鬱な」表情で辞表をストーブにくべて燃やし、列車に乗って札幌駅に着く。すると、ホームの柱の陰でいしだあゆみ演じる「別れた妻」の直子が、和服を着て英次の前に現れる。

その間を、烏丸せつこが通り過ぎて改札を抜け、札幌の街に出ていく。大都会に歩を進める烏丸せつこの、ちょっと微笑んだような表情を撮った。

ところが、そのシーンを、降旗監督はカットしてしまった。そこで、倉本聰が怒ったのだ。

ただ、木村はこう思っている。『冬の華』でも、やくざから足を洗おうとしている主人公が最後に人を殺す。降旗監督は、人間が幸せでめでたしめでたしでよかった、という映画を撮らない人だ。

不幸な人生を描いて、それを観た観客が「ああ、わたしは幸せだ」と思う。映画とはそういうものであるべきだと、降旗監督は信じているようなのだ。

敗れた人、出世から外れた人、そういう人生だけを描く。幸せになるような話は、他の監督が撮ればいい。

木村は「最後は幸せ」になるような物語が好きなのだが、この点で降旗とはまったく違う。

降旗は、倉本が書いたエンディングのシーンも、撮影はした。しかし、編集段階で、みんなからいろんな意見が出た。それなら二つのヴァージョンを作ろうということになった。

その頃、東宝では本当に短い間だが、サウンドトラックが磁気（じき）だった。そうするとそれまでやってきたダビングの長さでは入らない巻が出てきてしまった。これを全部やり直すのか、という話になった。

結局、現在の札幌の部分をバッサリと切った短いヴァージョンだけになった。

その後ＤＶＤを作るときに、木村が降旗に言った。

「こういうヴァージョンもありました、というおまけをつけたらどうですか」

降旗は、フィルムを探してみたが、無かった。

降旗独特の表現では、倉本の終わり方は、「ヌーヴェルロマン風」で、現存のヴァージョンは、「モーパッサン風」だという。田中プロデューサーは、倉本の脚本では映画は死んでしまうと感じていた。

〈聴さんは、テレビ的感覚で最後に元妻と……、と考えたのだろうけど、それでは、余韻が残らない。ファーストシーンの直子のなんとも哀しくせつない敬礼での別れが生きない。聴さんは不満だろう。しかし、悪いが桐子で終わって大正解だ〉

このラストシーンは、降旗監督だからこそ生まれた名場面だと田中は思った。

そして、直子を演じた女優・いしだあゆみにも田中は感謝した。

実は、倉本ヴァージョンのラストシーンも撮影はおこなわれていた。結局、その部分はカットされたが、そのことで、いしだが田中に文句を言いにきた。

「わたしのシーン、カットされちゃった。わたしなんか、ファーストシーンだけよ」

いしだは、本気で怒っているわけではない。いしだ自身も、降旗が選択したラストシーンに納得していたため、冗談まじりで田中に文句を言いにきたのだ。

「あゆみちゃん、許してください」

そういって頭を下げた田中と二人、大笑いした。

倉本は、今振り返って、降旗監督のラストシーンでよかったと納得している。

降旗は、「直子」「すず子」「桐子」の三人の女性と裏切りをからませたテーマについて語る。

「誰かを好きになるとか信じるとか、それは登場人物の心理でなくて、描く僕らの感じで、どうしても裏切られるものだというのがありますね。それがある意味でこの作品のテーマといえばテーマだと思うんです。

その〝裏切り〟が基調低音じゃないかと僕は考えたんです。英次は直子に裏切られる。すず子にも裏切られる。桐子は、英次を裏切り、英次もまた桐子を裏切る。それは意識的に裏切るとか裏切らないということではなく、〝裏切り〟は好きになるとか信じることと通じるんだということが、『駅』にずっと流れているんじゃないかと思いますね」

宇崎竜童は最初、単に役者として出演を打診された。が、撮影の少し前に降旗監督から依頼があった。

「音楽も、担当してくれないか」

この作品で作り出したような、クラシカルな楽曲は宇崎の新境地となる。ドラマの流れに合わせ、次の音楽で構成されている。

「序曲・別れ―直子―」

「雪―相場の死―」

「遺書―円谷の死―～夏～」

「回想―冬子―」
「黄昏―すず子―」
「プラットホーム―張り込み―」
「兄妹―上砂川―」
「間奏曲」
「辞世（じせい）―吉松五郎―」
「墓標（ぼひょう）」
「情景―雄冬―」
「ゆきづり―桐子―」
「つかのま」
「退職願」
「吹雪（ふぶき）」
「語らず……」
「終曲・出発（たびだち）」

結局、宇崎は、映画音楽に携わるようになって初めて、この作品で日本アカデミー賞の音楽賞を受賞する。

□

高倉にはやくざの美学に近いものがあった。そして、高倉もそのことを大事にしていた。

特に、人間とのつながりを大切にしていた。例えば、どんな立場の人であろうとも一度付き合った以上は、近い人でも遠い人でもきちんと挨拶をした。

北海道留萌での『駅 STATION』の撮影が終わった時のことである。東宝の製作担当者が困った顔をしながら言ってきた。

「田中さん、これ、どうしますか。電話代の請求が、これだけ来ています」

携帯電話などない時代である。その請求額は、数万円という当時としては莫大な数字になっていた。

のちに、田中は高倉から電話について聞いた。

「わたし、北海道にはいろいろお世話になった人がいるわけです。その方々に挨拶しないと失礼でしょう」

例えば、留萌に滞在するとなれば北海道の知り合い全員に電話する。

「高倉です。実は今、撮影で留萌に来ています。ご挨拶に伺えません。申し訳ございません」

高倉の電話は、それだけではなかった。ロサンジェルスにまで電話するのだ。

「ご無沙汰しており申しわけありません。実は、撮影で北海道の留萌に来ておりまして、しばらく、そちらに伺うことができません」

結局、莫大な額にのぼった電話代は東宝が支払った。

高倉は、本当に人間関係を大事にし、こまめに連絡していた。決して、お金の問題ではなかった。田中は、そんな高倉はすごいと感心していた。

〈義理と人情か……。山口組三代目の感覚なんだろうな〉

この感覚は、多くのやくざ映画に出演するうちに、高倉健個人のプライベートな部分として少しずつ上塗りされてきたのかもしれない。映画の残像、映像、演じた人間性が、高倉健のプライベートに年輪のように積み重ねられ、いつしか「高倉健」が出来上がったのかもしれない。

『駅 STATION』は、一年をかけて作った。夏の七月、それから雪。両方を撮ることができた。

木村は、いま振り返って思う。

〈あんなに素敵な映画はなかった〉

木村自身が選んだ「日本映画二〇本」という作品群の中にも入っている。撮影監督・木村大作という存在が確固たるものになった作品だったと思っている。

やくざ、ギャング、ベッドシーンが続く東映を辞めた高倉健。その高倉健にあこがれて、誕生日のプレゼントとして脚本を書いた倉本聰。様々な人の思いが交錯して、まるでラブレターのような映画になったのだ。

□

高倉健という俳優は、撮影が終わって初号試写を監督とは観ずに、おもに木村大作と二人で観るのだという。木村のほうから連絡して、二人きりで観る。観終わって、高倉健は木村に「大ちゃん、わかったよ」と言うのだ。現場で監督ともめたシーンでも、出来上がりを観たうえで「監督、すげえな」と木村にだけは言うのだ。

このことは、他のスタッフには伏せられている。

もし全員で試写を観たら、終了後に監督に何か感想を言わなければならない。何も言わずにその場を後にしたら、それこそ「なにか気に入らないのか」ということになる。そういうことが煩わしいのだろう。観て、嚙みしめてから、木村にだけ感想を短く言う。

その「高倉健の感想」が良好なものであった場合は、木村から監督に報告するのだ。もっとも、台本を読んで「いい」と思ったから出演するので、出来上がったものを観てよくないというようなことは、あまりないらしい。

当初は、東宝は『駅 STATION』にそれほど期待を持っていなかった。が、興業的には大ヒットした。昭和五十六年十一月七日の封切り日に、有楽座(ゆうらくざ)を眺められる帝国(ていこく)ホテルの喫茶店にみんなで集まろうということになった。すると、有楽座にものすごい行列ができているではないか。

松岡社長は、降旗に言っていた。

「六億円入れてくれたらいいですから。気楽にやってください」

それなのに、なんと、一三億円以上も稼いだのである。

降旗は、木村に言った。

「これなら、クレーン車の予算くらい付けてくれてもよかったのに……」

『駅 STATION』は、昭和五十七年の日本アカデミー賞の部門賞をいくつかもらった。アカデミー賞の発表は脚本賞から始まったが、倉本は、自分の名前がいきなり読み上げられ、驚いたという。高倉健が最優秀主演男優賞を獲(と)り、最優秀作品にも選ばれた。音楽賞は、宇崎竜童が獲った。優秀監督賞に降旗監督、倍賞は、優秀主演女優賞に、宇崎も、優秀助演男優賞、いしだあゆみも優秀助演女優賞、烏丸せつこも、優秀助演女優賞、木村大作は、優秀撮影賞を獲得した。

□

高倉が、倉本に訊いてきた。

「倉本さん、いくらギャラをもらっていますか」

「八〇〇万円くらいです」

高倉は提案してきた。

「プロフィットにしなさい。外国映画にはパーセンテージというシステムがある。外国はみなそうだ。基本給だけもらったら、後は配給収入の何%、実際は〇・何%かですけど、そのくらいのをもらうやり方で契約したほうがいいですよ」

倉本は、半信半疑で聞いた。

「そういうことが可能なんですか。役者でもしてるんですかね」

「役者では僕だけです。森繁（もりしげ）（久彌（ひさや））さんもしていません」

高倉はさらに言った。

「あなたならできます。僕がしてあげます」

倉本の契約は、パーセンテージ契約になった。

倉本は、元々が八〇〇万円のところ、この制度で二六〇〇万円にもなった。

週刊誌の記者や芸能レポーターが大挙して、ロケ地の留萌に押し掛けたことがあった。高倉と倍賞のスキャンダルを摑もうとしてのことだ。さすがにその時は撮影を中止して、旅館に閉じこもった。

高倉健と木村、田中邦衛、小林稔侍は風呂場の窓から抜け出して、別のホテルにこっそり移動し、コーヒーを飲んだりしていた。この時は週刊誌が大騒ぎになった。

□

高倉に最も迫ったと言っていい倍賞との熱愛を報じたのが、『週刊女性』だった。

昭和五十六年八月十一日発売号の《忍ぶ愛発覚！　彼女のマンションに……》と題されたその記事は、高倉が江利チエミと離婚してから、ちょうど一〇年がたった時だった。

当時、『週刊女性』の記者として現場で取材していたのが、現在は芸能レポーターとして活躍している石川敏男（いしかわとしお）。その時の状況は、今でも鮮明に思い出すという。

「あの時は、ある映画関係者から、健さんが次の日から撮影で北海道へ発つから、必ずその前に倍賞さんの家へ行くよと教えてもらったんです。向かいのビルから彼女の部屋をのぞくと、楽しそうに料理を作っている。しかも、部屋には、当時、健さんがＣＭに出ていた三菱自動車の大きなポスターが貼ってあった。確信を持ちましたね」

そして、倍賞の自宅前で張り込むこと数時間。午後八時半頃に、三菱の車が一台、マンションの駐車場に入って来たのだ。

石川が語っている。

「運転席を見ると『駅　ＳＴＡＴＩＯＮ』のワッペンを貼ったつば広帽をかぶった健さんが乗っている。さらに、通い慣れているような感じで、迷わず駐車スペースに停めたんです。

面白いのが、管理人さんが車を見ると、さっと飛び出してマンションのエントランスを開け、しかも、エレベーターを呼んで〝開〟ボタンを押してすぐに乗り込めるように待ってたんだよね」

だが、高倉が車から降りてくることはなかった。なんと、張り込んでいる姿を見つけ、狭い駐車場の中をＵターンし、マンションから立ち去ってしまったという。

「倍賞さんのマンション前で直撃取材しようと思って近づいたんだけど、ちょっとタイミングが早すぎたのかな、車から降りることなく逃げられてしまった。でも、現場にはカメラマンも含め四人いて、四人とも肉眼で健さんを確認しているんだ。それでも、決定的な瞬間を撮ることができなかった。

私の芸能記者生活の中でいちばんの大失敗。本当に悔しい思いをしたのを昨日のことのように思い出します」

この熱愛報道が出た翌週、映画の撮影中におこなわれた会見で、高倉は倍賞との関係について聞かれ、こう話したという。

「自分が決意する前にマスコミに先取りされてしまったことが心外なんです。今後は（ふたりの仲が）どういうふうに進んでいくのか、わたしにはまったくわかりません。ふたりは仲のよい友達なんです」

そして、この件について記者たちが質問しようとすると、映画関係者に急き立てられるように、会見場を後にしている。

映画関係者によると、この報道が出たあとは倍賞のマンションに行くことができなくなり、彼女の所有する箱根の別荘で会ったりしていたそうだ。また、高倉は三菱パジェロを〝デート車〟にしていて、窓にスモークを貼って車内が見えないようにしていた。

そんなふたりだったが、熱愛発覚から三年ほどで終焉を迎えたという。もし、あの熱愛報道がなければ、もしくは、決定的なスクープ写真を撮られていたら、ふたりの関係は違ったものになっていたかもしれない。

倍賞は、その後、八歳下の作曲家の小六禮次郎と平成五年に再婚する。

高倉は、マスコミが少しでも自分に関する恋愛記事を掲載した瞬間、相手の女性との連絡を、一切絶ってしまうのだ。

田中が高倉からそのことについて聞いたことはないが、高倉が相手の女性に迷惑をかけてしまうことを極端に嫌がっていたことはわかった。

〈高倉健自身の中に、自分の禁じ手として「相手に迷惑はかけない」ということがあるんだろうな〉

そのことが、高倉らしいと思えたりもした。

# 第三章　高倉健と降旗康男の邂逅(かいこう)

高倉は、著書『あなたに褒められたくて』で、降旗監督の血について書いている。

「出身地が松本(まつもと)で、松本藩のお殿様の血を引いていると聞いてたので尋(たず)ねると、〝ぼく、殿様じゃありませんよ〟と、ぽつりと言ったが、しかしお父さんは、郵政大臣までなさった方で、一族の方に政界財界のそうそうたる人たち。代々そういう血が入っているんだろうなあ。一心不乱にやってる奴、一心不乱のように見せてる奴。才能、不才能。働き者、怠(なま)け者。観音様にゃあお見通しです。一代や二代で振る舞ってもできない何かが……みんながこう伸び伸びと仕事を一生懸命、思わずしてしまうっていうのは、やっぱり凄い才能ですよね」

降旗康男の祖父の降旗元太郎(もとたろう)は、明治十九年に信陽日報（のち信濃(しなの)日報）の社長となる。長野(ながの)県会議員を経て、明治三十一年に衆議院議員となる。加藤高明(かとうたかあき)内閣で鉄道政務次官・陸軍政務次官、第一次若槻(わかつき)内閣で海軍政務次官を歴任した。

父徳弥は、信濃日報の社長、長野放送社長、衆議院議員となり、第二次吉田内閣の逓信大臣、松本市長などを歴任。昭和九年八月、康男は三男として誕生。

降旗は、『私の半生』に開戦について書いている。

「昭和十六年十二月八日。日本軍が真珠湾を攻撃。この日は朝から全校生が講堂に並び、校長の話を聞いた。

宣戦布告の勅諭を校長が読み上げた時、だれかが垂れている鼻汁をぐぐっと吸う音がした。その時である。担任の温厚な先生が走り寄ってきて、彼の頬をピシャッとたたいた。私はびっくりした。一瞬、なぜたたかれたのか分からなかった。戦争とはこういうことなんだと、私は自分の頬をそっとなでながら思った」

長兄の顕一は旧制松本高校へ行っていたが、学徒動員で海軍へ。次兄の安正は麻績で代用教員をしていたが、召集されて陸軍へ、それぞれ赴いていた。

昭和十九年七月、サイパンが陥落。

「私は十歳、小学四年生だった。放課後、校庭を歩いていると三年生の時の担任、蜜波羅風文先生にばったり出会った。

〝降旗君、ちょっと来ないか〟

先生は小さな声で私を校舎の陰へ招いた。

朝日村で住職をされていた蜜波羅先生は、すでに何かを感じておられたのだろうか。

〝サイパンが陥落したことは知っているだろう。君は家で耳にしているかもしれないが、サイパンからだと敵の爆撃機が楽々本土にやって来れる。日本は戦争に負けるよ。こんなことは授業では言えないけれどね〟

少年兵志願への機運をさますための話だということは、子供心に察せられた。私は先生のようにものを考えられる人がいるということに、新たな目を開かされたのだ」

蜜波羅先生は、降旗の父親が政治家だから、てっきり家庭で日本の敗戦が近いことを教えられているだろうと心を許して打ち明けたのであろうか。普通の家庭の子供に同じことを語ると、そのことが漏れ、特高（特別高等警察）に捕まる可能性があったからであろうか。

蜜波羅先生の息子には、兄弟がいて、降旗より年下の弟が言っていた。

「父親は、父親の教え子が少年航空兵に志願して死んだことを大変気にしていました……」

ただし、降旗の父親は、戦争に勝てないぞ、というような話は、家族には決して口にしなかった。立場上、壁に耳あり、ということに気を配っていた。

降旗の監督作品には、大勢に流されず自分の考えを貫いて生きる人間を描いた作品が多い。『鉄道員』の高倉健演じる主人公の乙松も、そんなイメージを抱かせる男だ。その原型をたどると、あの日の蜜波羅先生の言動にたどり着くという。

「全員が同じように空のある一点を見ている時に、ぜんぜん違う見方で、地面を見つめている人が世の中にはいる。それを教えてくれた最初にして最大の人になるのかな」

映画作りの現場でも、議論が煮詰まって「もうこのへんでいこうか」と大勢が決まりそうになった時に、もう一度視点を変えて再考してみたくなる。

「付和雷同してはだめ。先生みたいにものを考えなくてはという思いがあるのかなと思います」

降旗は、妹尾河童の自伝的小説『少年H』を撮っているが、少年Hの父親に蜜波羅先生の姿をよみがえらせているという。

そんな先生の話を聞いて半年ほどたった頃、隣家の「井筒の湯」に大勢の特攻隊がやって来た。

降旗が友達と庭で遊んでいると、「ちょっとおいで」と兵士に呼ばれた。

「これ、食べたことあるかい?」

チョコレートだった。桃の缶詰も切ってくれた。そして彼らに諭すように言った。

「君たちは、志願して兵隊になってはいけないよ。国のためだったら、兵隊でなくてもできるからね。勉強して科学者か外交官になれ」

「兵隊さんはどうして戦争に行くの」

降旗の生意気な反問に、優しく言った。

「我々は国の礎（いしずえ）になるんだよ。その礎の上で君たちがしっかり生きてくれればいいんだ。頼んだよ」。澄んだ目がいつまでも降旗を見つめていた。

特攻隊は二十歳から二十二歳の人たちがほとんどで、若い命を生身のまま敵陣へ注いでいった。

降旗たちと話をした翌日、「井筒の湯」の庭の上すれすれに低空飛行していく特攻隊の姿を降旗は見た。

白いマフラーをなびかせて手を振るのがよく見えた。

のちに降旗は『ホタル』を撮るが、この時の体験がその映画に活かされている。

昭和二十年に入ると、北マリアナ諸島のサイパン島やマリアナ諸島のグアム島からアメリカの爆撃機B29が、富士山目指してやって来て、目標に向かってターンする。そのターンをするのが、降旗の暮らしている松本の上あたりになる。毎晩のように空襲警報が鳴り響くが、爆弾は落ちてこなかった。

「松本市内にいては、いつやられるかわからない。おばあちゃんを入山辺（いりやま）の霞山荘へ疎開させなさい」

昭和二十年八月十五日、降旗は疎開していた従兄弟（いとこ）たちの面倒を見るために朝日村から来ていた女性と、従弟たちで祖母をリヤカーに乗せ、霞山荘へ向かった。半日かけてようやく着いたところで、天皇陛下の玉音放送を聞いた。

応接間には一〇人くらい。外の庭にも一〇人くらい。降旗は外にいた。天皇の声は、高い窓から聞こえてきた。言葉はよく聞き取れなかったが、窓を通して見える中の人たちの姿を見ていると、降旗にも察せられた。すすり泣いている人もいる。

〈ああ、戦争に負けたんだな……〉

命が助かった。うれしかった。

昭和二十一年四月、四十八歳の父は、かつて翼賛選挙の際に立候補し当選。父は昭和二十三年、衆議院議員当選後二年目にして逓信大臣に就任した。

松本には映画館が七館もあった。そのうち二館が洋画館であった。

降旗が、もっとも感動したのが、フランスのジュリアン・デュヴィヴィエ監督の戦前の一九三七年公開の『舞踏会の手帖』であった。

マリー・ベル演じる未亡人になった若いクリスティーヌが二〇年前の十六歳だった時の初めての舞踏会の手帖を頼りに、昔の踊り相手を訪ねてまわる。ノスタルジックな感傷を華麗な映像で描いている。降旗は、この時代の作品ながら、認知症の人物が登場するのを観て、感心した。

昭和二十九年四月、降旗は、東京大学文学部に入学した。

大学三年になると専門分野に分かれ、降旗はフランス文学を専攻した。

降旗は、高校時代から自分は組織人には向かないな、と思っていた。

教師に、あえて喧嘩を吹っ掛けるような質問を浴びせかけていた。そのように喧嘩早かった。組織に入り、従順にしているのは無理だと思っていた。

当時は就職難の時代。学校の求人板を見ると、給料は出版社の有斐閣が一位、二位は映画会社の東宝と東映。岩波書店や朝日新聞はそれよりやや下だった。

就職するとなると、相談するのは父の弟の英弥叔父だ。その頃叔父は住友銀行の副頭取だった。

「映画会社のどこかご存じないですか」

「東映は住友がメーンバンクになっている。東宝は黒澤明氏を川奈のゴルフクラブに紹介したばかりだ。東映も東宝もどちらも口をきけるよ。だが、経営内容は東映のほうがいいようだ」

と、銀行屋らしくつけ加えた。そこで東映の入社試験を受けることにしたが、他愛ない問題を見て降旗はペンを放り出した。面接では中村錦之助と大川橋蔵を取り違えたり、望みはまったくなかった。そこへ身体検査の呼び出しが来た。行ってみると病院には三人しかいない。一人は興行主の息子、一人は宣伝部長の息子だ。

「なんだ、みんな裏口だな」

結局、叔父のお陰で東映への入社が決まった。

降旗は昭和三十二年四月、大学を卒業すると同時に東京の撮影所に配属された。

東京撮影所では、美空ひばりの歌の映画化が盛んにおこなわれた。「港町十三番地」の歌の入った『青い海原』が、降旗が初めて助監督になった映画である。

『青い海原』は、昭和三十二年七月三十日公開の小林恒夫監督による美空ひばり、春日八郎の二大歌手出演の歌謡大作で、降旗と高倉の出会いの作品であった。

高倉健は、昭和六年二月十六日生まれで、昭和三十年、東映第二期ニューフェイスとなる。キャメラテストの時、生まれて初めて顔にドーランを塗られた。

〈情けないなぁ……〉

そう感じて、つい涙が出たという。

生まれ育った九州の炭鉱では、役者を軽視する気風が残っていた。昭和三十一年に空手アクション映画『電光空手打ち』の主役でデビューした。

この作品は、高倉健が美空ひばりと初共演した青春歌謡映画。高倉健扮する横浜に上陸した船員の健次は、亡くなった同僚の娘、美空ひばり扮するはるみに会いに、ホテル兼酒場の「海猫亭」を訪ねる。はるみはクラブで歌って大人気、彼女を狙う悪どいボスを打ちのめすために、健次の拳が炸裂する。

美空ひばりには、母親の喜美枝さんが、いつも付き添っていた。

「ひばりさん、時間ですよ」

助監督の降旗が呼びにいく役目だった。すると母親が降旗のそばへ寄ってきて言った。

「お兄さん、オジョウと呼んでやって！」

「オジョウ？」

オジョウというのは、「お嬢様」の「お嬢」なのか、あるいは、別の意味があるのか、納得がいかないうちに、また別のシーンになり、演技係が来て、「出番！」「出番！」とせかす。降旗は、ついひばりに「ひばりさん、出番ですよ」と声をかけてしまった。

ひばりの母親が降旗をジロッと睨んだ。

「今度の新入りは生意気ね！」

当時は横浜でロケをすると宿泊になる。が、それでも撮りきれなくて、日中は早朝から出かけていって横浜ロケ、夜は東京撮影所のセットへ帰ってきて撮影という日々が続いた。

この映画は、美空ひばりと高倉健との初共演作だが、ひばりが高倉のことをすっかり気に入ってしまった。高倉が江利チエミと恋に落ちる前のことである。なお、ひばり、チエミ、それに雪村いづみを加えて「三人娘」と呼ばれていた。ひばりは、チエミの前に高倉に好意を抱いたのである。

当時、横浜磯子の高台・間坂にひばり御殿と呼ばれる敷地九〇〇坪のできたばかりの大邸宅があった。

「健さん、ウチに寄っていってください」

ひばりが声をかけた。

高倉は、ひとりでひばり御殿に行くのは嫌だから、気の合った録音技師やスタッフと連れ立って行った。

しかし、その日は東京撮影所のオープンセットのシーンが残されていた。「港町十三番地」というバーの看板にネオンが入り、船員の高倉がズダ袋を肩に担いでひばりのいる酒場へ入ってくるシーンである。

暗くなる直前に、一瞬空が青みがかった感じになる夕景を狙って撮ろうとしていた。

小林監督は、見習い助監督の降旗に命じた。

「時間になったら、健さんを連れて帰って来い」

降旗は、見張り役として派遣された。

ところが、ご馳走が山ほど出る。なにしろ、そこでひばりの父親の増吉が刺身を切り、寿司を握っている。

高倉と一緒に行った衣装やメイクのスタッフたちは、酒も飲んですっかりできあがってしまった。

その時、降旗と高倉の目が合った。

〈健さんは、あきらかに嫌がっているな。ひばりさんだからしょうがないか、と思ってるな〉

降旗は、高倉を夕暮れまでに東京撮影所に連れて帰るのが役目である。降旗は、「いいですか？」と高倉に目配せで応じた。

「そろそろ時間だから帰りましょう」

「まだいい」

まったく帰ろうという気配がない。それでもなんとか降旗は、高倉と二人で、二台あった車の一台に乗って撮影所へ帰った。

しかし、夕景には間に合わなかった。

小林監督は、降旗を怒りたいが、降旗を怒ると、高倉を怒ることになるので、演技事務の人間を怒った。

降旗と高倉は、お互いに顔を見合わせて苦笑いした。

その日のシーンは、翌日の夕暮れに撮影することになった。ズダ袋を肩に担いで「港町十三番地」というバーに颯爽と入って来る高倉の姿は、実にさまになっていた。

今思えば、それが高倉と降旗が目と目で何かを感じた最初ということである。

ある時、進行係がセット入りの放送をする前に、ひばりの母親に気づかずつぶやいた。

「さあ、鶏を小屋に追い込むか」

これはフィルムを卵に見立てた降旗たちのふだんのジョークである。しかし、母親は烈火のごとく怒った。ひばりもトリだったのだ。

昼と夜で横浜と撮影所の往復である。スタッフは寝る時間がない。そういう状況の中でセットで撮影をしていた時のことである。録音助手が疲れていたのであろう。なんと、大きいマイクを竿ごと、スタジオの二階から、ひばりのすぐ目の前に落としてしまった。これにひばりの母親が怒った。

「録音部を全部交代させろ！」

映画づくりにはディレクター・システム（演出重視）とかプロデューサー・システム（企画・資金重視）があると言われているが、東映の映画づくりはスターシステムで、スターやその付き添いの母親のご機嫌を損ねては、映画づくりは困難だった。そのために会社側は降旗たちをスタッフからはずそうとしたのだ。スタッフみんなが集まった。

「こういうスケジュールでやれ、と言った会社の責任じゃないか」

そう言って上層部に抗議した。

それを後ろのほうで見ていて、降旗は思った。

〈ここは、素晴らしい職場だな〉

そこに製作部長が出てきた。

「わかった。俺に一任してくれ」

ところが、持ち前の理不尽なことは黙っていられないという気性が出てきた。

「ちょっと待ってください。任せてくれじゃあ、具合悪いんじゃないですか。俺の首をかけると言ってくれなきゃ」

なんと、降旗は前に出て言ってしまった。

みんなが応じる。

「そうだ、そうだ」

結局、製作部長がひばりの母親にお願いに行って、頭を畳に埋めて詫びた。

「録音部の交代は、なんとか……」

謝罪したかいもあり、ことなきを得た。が、後で部長がやってきて降旗に言った。

「お前みたいなのと付き合っていたら、俺の首がいくつあっても足りない。お前は、もう東映のスターが出る映画にはつけないぞ」

売り言葉に買い言葉で、降旗は言い返した。

「いいですよ、僕はそうじゃない作品が面白くてこの職場へ来たんだから」

降旗は、まあいいやと思った。そんなことより、徹夜続きで体がへとへとだった。

降旗は那須（なす）の山奥へこもり、名も知らぬ温泉宿に一週間余り泊まった。湯船につかりながら考えてみると、どうも映画会社に入ってよかったのかどうか、自信がなくなってしまった。

〈やめようかな……〉

そう思ったところで、ふと気がついた。そういえば給料をまだもらっていなかった！

会社へ行き、給料袋を受け取った。手取りは、基本給一万三八〇〇円プラス残業手当六万円余。思いもしなかった高額。降旗は居直った。

〈こんなにいただけるならば、もう少し我慢しよう〉

それが運のツキだったのだろうか。

降旗は、本当にスター映画と縁がなくなってしまったのである。そのため、その後は、降旗は、高倉と撮影所で会うと、「おい、元気でやってるか」と声を掛けてもらうくらいであった。もしそのまま一緒に仕事をしなければ、昔ひばり御殿で目を合わせたな、という思い出だけで終わっていたかもしれない。

降旗にとっても、高倉にとっても、のち二人で二〇本もの作品を組んで撮るとは思いもしなかった……。

東映の主力は時代劇スターの出演した京都撮影所での作品だった。降旗は製作課長の言葉通り、傍流（ぼうりゅう）の東京撮影所でもさらに脇のそえものの歌謡映画にまわされた。出来上がりも雑で、製作に携わっていても面白くなかった。やはりあの時辞めておけばよかったとしきりに思った。

もっともマキノ光雄（みつお）専務は、時代劇ばかりではなく、東宝をレッドパージになった今井（いまい）正（ただし）監督を呼んだ。

今井正は、東宝で『青い山脈』『また逢う日まで』などの映画を撮っていたが、ＧＨＱ

（連合国軍最高司令官総司令部）の指令で左翼系映画人たちを映画会社五社から締め出すいわゆるレッドパージが施され、退社に追い込まれた。その後東映にスカウトされたのであった。

今井正監督は、東映の大泉撮影所で沖縄戦末期に沖縄陸軍病院第三外科に学徒隊として従軍していたひめゆり学徒隊を描いた『ひめゆりの塔』を作り、大ヒットさせた。

マキノ専務は「ワシは、日本共産党ならぬ日本映画党だ」と意気軒昂だった。

関川秀雄も、東宝の監督であったが、東宝争議の後に退社したのを東映がスカウトした。

関川監督が東映京都撮影所で撮った、第二次世界大戦末期に戦没した日本の学徒兵の遺書を集めた寄稿集をテーマにした昭和二十五年公開の『日本戦歿学生の手記　きけ、わだつみの声』も大ヒットした。

レッドパージ組をスカウトしこのようなヒットを飛ばせたので、東映はさらにレッドパージ組を大量にスカウトし、特に東京撮影所で左翼的な映画を製作していった。

東映は、片岡千恵蔵や、市川右太衛門を中心とする京都撮影所の時代劇が中心であった。が、それに加え、東京撮影所のレッドパージ組の作る左翼的映画との二本柱が昭和三十二年から昭和三十九年の東京オリンピック頃まで続く。

やはりレッドパージで、独立プロ活動をしていた家城巳代治監督を東映に招いたのもマキノ専務である。スターの出ない青春映画『裸の太陽』を家城監督で撮ることになり、降旗は助監督となった。作品は江原真二郎や中原ひとみ、丘さとみらが出演するもので、撮影は宮島義勇キャメラマンが担当した。その宮島さんは昭和二十三年の東宝ストライキで「宮天」、つまり宮島天皇と勇名をはせていた。

ロケーションは福島県郡山市でおこなったが、宮島は宿の角火鉢を囲んで、毎晩反省会を開いていた。そこへ必ず降旗も呼ばれ、まず全員のグラスを焼酎で満たした。

それから、宮島は話し始めた。

「いいか、映画はただ撮ればよいというものではない。何を撮るかなんだ。わかったか！　わかったら乾杯！」

全員が飲みほさなければならない。それが夜中過ぎまでえんえんと続く。降旗はそっと焼酎を火鉢に捨ててコップを差し出した。そのうち、火鉢の下から黒い液体がしみ出てきて、もうどうすることもできない。ふらふらになって翌朝は現場へ。

宮島は何もなかったように凜としてキャメラを回している。

毎晩このようにして宮島と話しているうちに、降旗は希望が戻ってくるのを感じた。

〈もう少し頑張ってみよう〉

宮島は、映画の作り方、手抜きなしの作り方を体系的に示してくれたのだ。

降旗は、振り返って思う。

〈もし宮島さんに会っていなかったら、今日のわたしは無いかもしれない……〉

スター主演映画を数多く監督した田坂具隆にもいろいろと教えてもらった。

「君も東映で監督になろうと思っているのだったら、カット割りなんか考えなくてもいいよ。主演のスターが撮影に出て来なかったらどう撮るか、それだけ考えておくのね」

東映スターシステムへの鋭いジョークだった。中村錦之助が、二日酔いで出て来られないと言うと、「君はこのシーンに必要ない」と切った話は聞いていた。

また、有馬稲子が、先生役であったが、発熱のため休むと、「そう、結構よ」と自習時間にかえてそのシーンを撮ったのには、降旗もびっくりしてしまった。二日酔いと先刻ご存じだったのだ。降旗は映画の撮り方もさることながら、生き方を学んだように思う。

その撮影所の幹部たちにとっては、降旗の見るところ、高倉は若手の中で一番売り出したい俳優だったようだ。なにより美男だし、背も高いし、スタイルもいい。

しかし、東映東京大泉撮影所で作る大作映画は、今井正や家城巳代治が監督だから、主演は江原真二郎や今井健二ということになる。高倉は、巨匠監督が撮るリアリズムの映画で名実ともに主役にはなれないところがあった。

ただ降旗は、高倉とは一瞬でも気心が通じた人だし、頑張ってほしいと強く思っていた。

昭和三十五年、六〇年安保闘争がきっかけとなり、東映でも組合運動が盛んになった。

大川博社長は叫んだ。

「君たちは映画を撮りに来たのか。それとも組合運動をやるために来たのか」

その頃、黒澤明監督の『用心棒』『椿三十郎』の出現で、東映の時代劇は一挙に観客を減らしていた。いわゆるチャンバラは、あきられてしまったのである。

東映の時代劇は、殺陣のシーンも、様式的で、およそリアリティはなかった。ところが、黒澤明の時代劇は、三船敏郎が鬼気迫る剣使いで、観客が殺陣シーンをつい息を呑んで観るほどであった。

特に昭和三十七年正月公開の『椿三十郎』で、椿三十郎役の三船が、室戸半兵衛役の仲代達矢を逆抜き不意打ち斬りで斬る伝説のラストシーン。ポンプを使って血を吹き出させたというすさまじい血しぶき。東映の時代劇が日本舞踊のように見えてくる。

本社の八階で大川社長と団体交渉をしていると、社長は言った。

「君たちは現実をよく知っているのかね。下の映画館を見て来なさい」。組合員の一人が見に行った。映画館には観客がほとんどいなかったのである。

住友銀行副頭取の叔父が降旗に言ってきた。

「そろそろ、身をかためなければなるまい。知り合いの娘さんにいい人がいるがどうかね」

昭和三十八年頃だった。撮影所でスタッフの女性や女優さんとの巡り合いがないわけではなかった。が、結婚はまったく考えていなかった。そんな状況の中で強引に紹介されたのは、時代小説家の村上元三（むらかみげんぞう）の娘だった。

降旗はお見合いをした。七歳下で典子（のりこ）といった。とても明るく、あははと笑った顔がとても良かった。この人なら、ともに肩を張らずに生きていけると思い、結婚した。

降旗は二十八歳、典子は二十一歳だった。披露宴では、大川社長が降旗たちの正面に座ることになった。

「降旗君、撮影所などやめて東映貿易に来なさい」

どうやら組合が、会社の差し金で分裂したのに、降旗が第一組合で頑張っているのが気にさわっているらしかった。

降旗は、家城巳代治や田坂具隆といった監督の文芸作や、名実ともに七掛け（七〇パーセント）の二部作シリーズものの助監督としてキャリアを重ねることになった。

いっぽうの高倉健は昭和三十六年の『花と嵐とギャング』などのギャング・アクションで注目され、東映京都撮影所が製作した昭和三十九年の『日本俠客伝』をきっかけに任俠映画にも進出。昭和四十年には、大ヒット・シリーズ『網走番外地』も始まった。

そして、降旗と高倉の二人は、昭和四十年の『昭和残俠伝』でふたたび、一緒に仕事をすることになる。

降旗は、製作部長に呼ばれて言われた。

「降旗君、すまんがスターの映画なんだけれど、助監督に就いてくれないか」

その時は、前と製作部長が替わっていたが、降旗は驚いた。

〈えっ！　あの話、まだ生きていたの……〉

前の製作部長が降旗に言っていた。

「おまえは、絶対にスター映画には関わらせぬ」

降旗は訊いた。

「スターって、誰ですか？」

「健さんだよ」

降旗は、つい冗談を言った。

「ああ、健さんもスターになったんですね」

降旗は、佐伯清（さえききよし）監督の『昭和残侠伝』の現場につくことになった。

『昭和残侠伝』は、その後シリーズ化され、任侠スター・高倉健のイメージを決定づけることになる。高倉扮する花田秀次郎と池部良演じる風間重吉のコンビが、最後に並んで殴り込みに行くシーンが印象的だが、この第一作では、高倉の役名も違い、池部良もまだやくざの役が板についていなかった。

映画の時代設定は、太平洋戦争の敗戦直後の浅草。復員してきた高倉演じる寺島清次は、神津組の跡目を継ぎ、露天商街にマーケットを作ることに注力する。かねてから神津組の縄張りを狙っていた新興やくざの新誠会は妨害を繰り返し、ついにはマーケットに放火。怒りが爆発した寺島は、客人の池部良演じる風間重吉とともに新誠会に殴り込みをかける。

高倉は、この『昭和残俠伝』の前に、昭和三十九年から始まり、一一作ものシリーズとなる『日本俠客伝』で任俠物の役者として定着していた。

降旗にとっても、東映時代の恩人ともいうべき俊藤浩滋プロデューサーが映画評論家の山根貞男（やまねさだお）との共著『任俠映画伝』で、高倉を口説くいきさつについて語っている。

「昭和三十九年、場所は大泉にある東映東京撮影所の所長室。『日本俠客伝』の主演をやってもらおうと、私は彼に会いに行ったのだった。

〝今度、京都で『日本俠客伝』というのをやるんだが、出れくれへんか。面白いホン（脚本）やと思う〟

私は内容を説明していろいろ言うたが、むこうは〝はい〟〝はい〟と答えるだけで、イエスともノーとも言わず、なんか上の空の感じだった。そもそも私に会うのさえ、渋々というふうに思えた。いったい私に対してどんな印象を持っていたんやろう。敬遠するというか、うるさいやつやから仕方がない、という感じだった。

〝じゃあ、ホンを読ませてください〟

〝うん、とにかく頼むよ〟

私は脚本を置いて帰ったが、彼はほとんど乗っていなかった。

ところが明くる日、電話がかかってきた。

〝ぜひやらせてください〟

これであの人気シリーズがスタートし、高倉健は一躍スターの座につき、私との長い付き合いが始まった」

「映画界では昔から、三白眼の役者というのはスターになれんといわれていた。ワルの役なら別やけれど。逆にいうたら『暴力街』では三白眼で槍の穂先を持って殺し合うところが良かったわけで、健ちゃんはいままでのスターにはなかった魅力を感じさせた」

『日本侠客伝』は時代劇的な要素が強いのに対し、『昭和残侠伝』のほうはズバリやくざを描く現代ものとして企画した。鶴田浩二で『博徒』シリーズをやっていたから、高倉健でも正真正銘のやくざの映画を、という狙いであった。それも、義理と人情のしがらみを究極までぎりぎり追い詰めていって、どうにもならなくなるやくざの話をやってみよう、という狙いであった。

このシリーズは、高倉健の花田秀次郎という人気ヒーローを生み出したが、もうひとり、池部良が演じた風間重吉のことを忘れるわけにはいかない。俊藤はそれについて語っている。

俊藤は一本目の『昭和残侠伝』の企画を練った時、当初から、高倉健の主人公に絡む流れ者の役は池部良にやってもらいたいと思った。それにはいくつかの理由があったという。

「ひとつは鶴田浩二のことで、鶴さんはいわゆる男性くさいゴツイ役者ではなく、色気のある男で、それがうまく生きて『博徒』シリーズなどの任俠映画で大成功をおさめた。そのことから、ふと池部良のことを思い浮かべた。あの人も色気を感じさせる役者やから。

周りのみんなは反対した。しかし私はこのキャスティングに固執した。

一見やくざ役なんかには縁遠い役者に見える。だけど、やくざはいかにも凄味のある役者がやるものという固定イメージの裏を返すと、もっと別のなまなましい迫力が出てくるんやないやろか。甘いマスクの二枚目がやくざを演じるところに、新鮮さと可能性があるんやなかろうか」

俊藤がこだわったのには、もうひとつ、松竹映画『乾いた花』（昭和三十九年）の池部良が素晴らしかったという。石原慎太郎の原作で、博奕場のシーンには本格的な『手本引き』が出てきて、ニヒルなやくざの池部良が印象的だった。

そこで俊藤は、周囲の反対を振り切って、池部良に直接会うことにしたという。

「普通なら会社の俳優課に任せるところだが、直談判をする必要があると思い、ちょうど池部良が何かを撮っている松竹の大船撮影所までわざわざ出向いた。

〝池部はん、これこれこういう映画で、ぜひあなたに出てもらいたい。あなた以外にこの役をできる人はいません〟

私は誠心誠意、懸命に説明した。

〝いやあ、僕はそんなものに向かないよ〟

〝いえ、絶対大丈夫です〟

〝そう言われてもねえ〟

池部良はまるでその気がなく、押し問答がつづいた。そのあげくやっとホンを渡すところまでいった。

だがその後、返事は全然こない。池部良の所在を探し出すと、京都へ仕事で来ていて、祇園に定宿があるという。で、宿屋に押しかけて、また押し問答になった。連日、夜討ち朝駆けで口説くしかなかった。そして、五日目か、ついに承諾を得た。

結果、池部良の風間重吉は素晴らしかった。狙いどおり、鶴さんと同じような匂いのするやくざや。

『昭和残俠伝』シリーズの成功は、むろんまず高倉健の魅力によるが、池部良の力も大きかったと思う。健ちゃんが無骨なタイプなのに対し、池部良は色気のある役者で、その色気が任俠映画に独特の味をもたらした」

池部良は、のち降旗と高倉の映画には常連というほど出演する。

池部は、『昭和残俠伝』が東映の映画初出演だった。

この映画で助監督を務めた降旗によると、池部は「お控えなすって」という仁義を切るセリフが、言いづらかった。何度もNGを出す。

その頃からすでに俳優さんのテッパリ、つまりスケジュールの重なりが始まっていて、池部の仁義を受ける親分川田源之助をやっていた新派の伊井友三郎が、夕方から舞台に出ないといけない。そこに間に合わせたいが、池部のセリフがうまくいかなくて、佐伯監督も、イライラしてきた。

「良ちゃん、何やってるんだよ」

池部も、自分のせいでうまくいかないのがわかっているからいっそう焦ってくる。

結局OKが出なくて、そのシーンは二日かけて撮った。初めはやくざ映画にまったく馴染んでいなかったのだろう。

その頃池部は、俳優協会の会長をやっていた。会長がやくざ映画に出るのはと渋っていたのを無理に出てもらっていたから、高倉はその辺の事情を心得て、現場では完全に池部を立てていたという。

この映画のヒットは、高倉が歌う『唐獅子牡丹』の主題歌の魅力も要因である。

俊藤プロデューサーは、この『唐獅子牡丹』のできるいきさつについても語っている。

「まだ企画の段階の頃、私が高倉健に〝歌をぜひ入れたいなあ〟と言うたところ、彼が一本のテープを持ってきた。

〝こんな演歌があるんですけど〟

それが『唐獅子牡丹』だった。水城一狼という役者が作詞作曲したもので、兄貴分と慕っている健ちゃんのところへ〝何かに使えないかなあ〟と持ってきたという。聞いてみたら、まさにぴったりのイメージで、主題歌に即決した。

つまり、まず唐獅子牡丹の刺青があって歌が作られたのではなく、逆に歌から刺青の図柄が決まったのだった。

高倉健はすでに『網走番外地』の主題歌で歌い手として人気を呼んでいたが、〈義理と人情を秤にかけりゃ……〉という『唐獅子牡丹』はそれ以上に流行した。任俠映画にはやっぱり演歌がいちばんなんだとあらためて思う」

この映画の〈特報〉は、降旗が演出した。

特報は作品がクランクインする前に作るものだから、本編の映像は何もない。それで高倉が大泉撮影所で撮った和服姿のモノクロ・スチールを集めてきた。これをシネマスコープのサイズにはめ込んだ。が、スチールはサイズが違うから両端に余白ができる。その両端を金箔にしたり、浅草の提灯を撮ってきて入れ込んだりと、かなりどぎつい特報を作った。

この時点で主題歌の「唐獅子牡丹」が先行してできていたから、それをバックに流した。

♪義理と人情を　秤にかけりゃ
　義理が重たい　男の世界
　幼なじみの　観音様にゃ
　俺の心は　お見通し
　背中(せな)で吠えてる　唐獅子牡丹

　すると、降旗の耳によろこばしい情報が入ってきた。

「映画館で、お客が健さんの歌に乗っている」

　特報の次に予告編を出したら、さらに歌にお客が乗っているのがわかった。当初はこの歌を、劇中では一節しか使う予定がなかったが、会社から言われた。

「もっと長く、挿入してくれ」

　ところが、この会社の要求に、佐伯監督が怒った。

「俺は、歌謡映画を撮っているんじゃない！」

　佐伯監督は言った。

「長くする部分の画は、降旗君とキャメラマンの星島一郎(ほしじまいちろう)君とで考えて、撮れ」

　高倉健と池部が並んで歩く、殴り込みに向かうシーンを長くしたい。そこをリテイクするためだけに池部を呼ぶわけにはいかない。仕方がない。降旗は、高倉が一人で歩いている場面を撮った。

撮るといっても、風呂敷にくるんだ刀を出したり、刀の鯉口を切ったりといったシーンを撮った。

が、止まってやると歌と合わない。高倉には歩きながらその動きをやってもらった。無理に延ばしているのでよく見ると、二人で歩いているはずが、途中で健さん一人になっている部分もある。

偶然の産物であったが、この時初めて降旗は、高倉健を演出したことになる。

□

『昭和残俠伝』シリーズは唐獅子牡丹の刺青で知られているが、俊藤は語っている。

「主人公の健ちゃんが刺青を入れている点に、このシャシンの特徴が出ている。片肌脱いだら、スパッと刺青が現れて、しかも唐獅子牡丹。そこが『日本俠客伝』シリーズと似ていながら決定的に違うところなんだ。

やくざの刺青にはいろいろあって、凝ったものでは不動明王とか水滸伝とかがあるが、なかでも唐獅子牡丹はやくざ者の代名詞みたいになっている。実際にそんなもんを入れてる人が隣近所にいたら、ちょっと気色悪いかもしれんが、映画であの刺青がバーンと出てくると、カッコ良くて、ウワーッとなる。普通、あんな金色や青色が入ってる刺青なんかなくて、ほとんどは朱と黒なんだけど、そこが映画なんやと思う」

高倉には、神経質なところがあり、好きなコーヒーを飲んで眠れなくなり、よく睡眠薬を飲んで寝る。

降旗は、その映画の助監督として、高倉に頼んだ。

「二日だけ、早起きしてよ」

しかし、高倉は寝坊してしまった。

クライマックスの斬り合いでは、高倉が着物をはだけて唐獅子牡丹の刺青を見せる。この刺青を描くのに長い時間がかかる。朝九時に撮影開始するために、夜明けの四時から刺青を描くことになる。が、高倉は朝が弱い。

そのため、スタートが昼頃になる。

降旗は言われた。

「刺青ができあがるのは、夕方の五時になりそうです」

そうなると、会社と組合がちょうどもめていた時なので、五時以降は時間外労働で拒否となる。

しかし、高倉は、撮影所の中で、強きを挫き弱きを扶けるという姿勢を貫いていた。

夕方の五時になり、「ハーイ、時間外拒否です」と言われると、普通の俳優は、あとワンカット残っていれば「あとワンカットなんだ。なんとかしてくれ……」と不服を言う。鶴田浩二なら、「五時で止めるとは、何事だ！」と激怒する。

ところが、高倉は、五時になれば、組合員のことをおもんぱかって、「はーい、お疲れさーん」ときっぱりと止めていた。したがって、組合員に人気があった。

降旗は、組合の執行部にかけ合った。

「今夜一晩で、健さんの斬り合いの場面を撮りきる。今回だけは、頼むよ」

「わかった。ただし、夜明けまでには終えてくれよ」

それで、翌日に他班が使うキャメラ以外、撮影所にあるだけのキャメラを全部集めて撮った。

キャメラは、ミッチェルが二台、古いアイモも二台使った。池部が斬られるまでを一ブロックにするとか、斬り合い全体を三つのブロックに分けて、一気に撮った。

それでも、〝お疲れさん〟と撮影が終わってスタジオの大扉を開けたら、まばゆい朝日が差し込んできた。

降旗は思った。

〈ああ、健さんだからこそ、みんなが辛抱してやってくれたんだな……〉

□

昭和三十五年三月二十六日、映画史に衝撃を与えたフランス映画が日本で封切られた。従来の映画文法の定石(じょうせき)をことごとく打ち破ってヌーヴェルヴァーグ(新しい波)の代表作と目(もく)されたジャン・リュック・ゴダール監督の『勝手にしやがれ』である。

主人公は、ジャン＝ポール・ベルモンド演じるミシェル。ハンフリー・ボガートに憧れている自動車泥棒で、マルセイユで盗んだ自動車に乗ってパリに戻る途中、不審尋問(ふしんじんもん)を受けた警官を射殺し、追われる身となる。

刑事に背中を撃たれたミシェルが無人の裏通りをよろめきながら逃げていく後ろ姿を、手持ちキャメラでどこまでも延々と追いかける長回しのシーンがこの映画の最高の見せ場だ。

降旗は、この作品に大きな衝撃を受けた。

〈こんな素晴らしい監督がこの世に出て来ては、自分の出る幕はない。いつ辞めることになっても悔いはない〉

そこに、初監督の話が舞い込んできた。『非行少女ヨーコ』である。毎日新聞に掲載されたラリッている少女の手記をもとにしたものである。

実は、この作品は、先輩の佐藤純彌(さとうじゅんや)が監督をすることになっていた。ところが、三田(みた)

佳子と佐久間良子の二人の女優の共演映画を撮らなくてはいけないことになった。

　そのため、急きょ、降旗にお鉢が回ってきたのだ。

「降旗さん、是非監督を引き受けてください。実話から取った今日の若者を肯定的に描いた話だから、いいんじゃないか」

　東京撮影所には、量産のため第二東映がつくられた。その第二東映からも監督を出す、という約束があった。そのため、降旗ら東映の正社員の監督昇進は遅れ、割りを食っていた。

　東映の後輩たちが降旗を突き上げてきた。

「もし降旗さんが監督を引き受けなければ、われわれの監督昇進が、また遅れてしまいます」

　なにしろ、佐藤が監督を引き受けてからこれまでの二年間は、第二東映から監督は出しても、東映からは一人の監督も出していなかったのである。

　降旗は、そういう意見も呑みこみ、監督を引き受けることにした。

ところが、第一組合を脱退しなければ監督にさせないという話である。

「そんなばかな……。じゃあ撮らないよ」

「まあ、そう言うな」

　東映の大泉撮影所では、会社と組合の鋭い対立がつづいていた。第二組合もつくられ、降旗ら第一組合員は、撮影の仕事からは、いわばロックアウト、スタッフからは排除された状態であった。遂には作品についていない時の自由出勤も取り消され、午前と午後にタイムカードを押さなければ欠勤扱いという嫌がらせも受けた。助監督室には四、五の将棋盤、碁盤が並び、取り囲む人息とタバコの煙でむせ返る。

その時の撮影所長は、

「社長の前では何もしゃべるな。笑ってだけいろ」

と釘を刺された。降旗は監督昇進のあいさつに社長室に入った。

「今度、降旗君に撮ってもらうことになりました」

大川博社長は、念を押した。

「そうか。ところで、降旗君は、第一組合をやめたんだろうね」

「いや！」

降旗は、つい声が出そうになるのをコーヒーで抑えて、「ああ、あれは……」とつづけ、所長に言われたとおり笑った。

「わっはっはっはっ」

後は、所長がまくし立て降旗が話題を逸らす繰り返し。

降旗は、長い三〇分を耐えた。

「難しい映画は、ダメだよ、降旗君。娯楽なんだから」

「わっはっはっ」

降旗は、初監督に決まり、開き直っていた。

〈ゴダールとは勝負にならなくても、職業としての監督にはなれるであろう〉

主役のヨーコ役は、佐藤監督の紹介で緑魔子と決まっていた。芸名は、のち東映社長となる岡田茂が「緑という新鮮な色の魔性を秘めた女」というイメージからつけた。

それまで東映で『二匹の牝犬』でデビューし、『ひも』『いろ』『あばずれ』など悪女役として売り出していた。当時、彼女は絶頂期であった。

彼女は、ゴダールや、ゴダール作品の女優アンナ・カリーナなどのヌーヴェルヴァーグ映画が大好きであった。

この都会的で前衛的な感じの不良少女役にぴったりハマっていた。彼女は、彼女の『二匹の牝犬』、『あばずれ』で組んだ渡辺祐介監督と、私生活でも熱々であった。

それゆえ、「なんで渡辺が撮らないのかしら……」という思いがあるようだった。

降旗は、この映画の脚本家であった神波史男、小野竜之助とストーリーを練り上げた。

ヨーコのモデルになった少女の手記には、フランスに行って睡眠薬中毒を治したことになっている。

降旗は言った。

「何も、フランスにまで行って撮る必要はない」

「いや、フランスに行く設定も無しにしましょうよ」

降旗は、坪井与東京撮影所長に冗談めかして言った。

「フランスに行くのは止めます。外国ロケが無くなるんですから、会社も経費的に助かるでしょう」

降旗は、さらに言った。

「フランスに行くという設定も無しと思っています」

坪井所長は、制した。

「おいおい、フランスに行く少女というのが新しいから、毎日新聞も大きく取り上げたんだ。その設定が無いなら、お蔵入りだぞ」

降旗は、キャメラマンの仲沢半次郎と打ち合わせに入った。ヨーコは、幼馴染みの荒木一郎演じるタケシをたよって家出してきた。やくざに身をもちくずし、ヨーコを欲望の対象としかみないタケシのもとをのがれて、新宿の繁華街にさまよい出る。

もともと男心をくすぐる姿態を持つヨーコは、たびたび街の男たちに誘惑された。そんなうちに、ヨーコは、風俗娘ハルミに誘われ仲間のたまり場であるスナックバーに入った。彼らは、ジャズのビートに酔いしれ、睡眠薬を飲んで、めぐまれぬ青春をいたずらに費やしていた……。

降旗は、意気込んでいた。

「スタンダードの白黒で撮って、もう一回、白黒映画の良さっていうものを見せてやろうよ」

降旗が映画を好きになったきっかけともいうべきジュリアン・デュヴィヴィエ監督の『舞踏会の手帖』も白黒スタンダードだ。ゴダールの『勝手にしやがれ』も白黒スタンダードであった。

仲沢も熱くなっていた。

「降ちゃん、ファーストシーンの新宿の夜をスタンダードの白黒で撮ろう。若者たちの気持ちを出そう。ほら、アレクサンダー・マッケンドリックの『成功の甘き香り』のニューヨークの夜景ばりに」

バート・ランカスター主演で話題を呼んだこのアメリカ映画のニューヨークの夜は美しく撮られていた。

白黒映画にすると、カラーに比べ、フィルムは安い。予算は削れる。会社はむしろよろこんだ。

ところが、スタンダードということに関しては、上映館側から文句が出た。

「いまや、われわれ映画館では、シネマスコープに合わせたレンズを使っている。スタンダードにすると、わざわざ上映館のレンズを換えなくてはいけない。添え物映画のために、そんな面倒くさいことが、できるか」

会社も上映館側の文句を呑み、シネマスコープで撮ることにされた。降旗らは、頭にきた。

「なんだよ。一番大事なことが断られたじゃないか」

シネマスコープだと、新宿の夜景が狙いどおり美しくは撮れない。結局、ナイトシーンをすべて夜明けのシーンに直すことにした。毎朝三時に出発して撮影せざるを得なかった。

降旗は、仲沢キャメラマンに「アップ、アップ」とまつ毛の濃いアンニュイあふれた緑魔子の顔をアップで撮るようにした。ヨーコらが、ジャズ喫茶で踊り狂うシーンで、ヨーコが、壁の絵を切り裂きながら、「壊すのよ、すべてを壊すのよ!」と叫ぶシーンがある。

その客の中に、詩人の寺山修司がゲスト出演している。

シナリオには寺山のセリフはないので、降旗は寺山に言った。

「どうぞ、勝手なことを言ってください」

その寺山が、ボソボソとアイロニカルにつぶやく。

「面白くないね、ぜんぜん面白くないね。絵を壊したって、何も壊れやしないよ。こんなところへ来る連中は、毎朝早く起きて、ラジオ体操でもすればいいんだよ」

いかにも、降旗映画らしいシニカルなシーンであった。

ラストのフランスへの旅立ちのシーンで、降旗は、経営者役の大坂志郎に励まされた。

「良いホンで監督になってよかったですね」

降旗は、実は、褒められたというより、慰められたのかもしれないと思った。

〈初監督で、映画監督が何かを知る第一歩を踏み出させてもらった……〉

タイトルバックは、サックス・渡辺貞夫、トランペット・日野皓正、ベース・原田政長、ドラム・富樫雅彦、ピアノ・八木正生の演奏するシルエットで作った。

この映画は、鶴田浩二主演の任俠映画と二本立てだった。興業的には、特別に当たりもせず、当たらないでもなかった。なお、この映画で共演した緑魔子と石橋蓮司は、のちに結婚する。

□

降旗には、次の監督の話が舞い込んできた。『非行少女ヨーコ』の監督に推薦してくれた栗山プロデューサーからである。

「鹿島建設から、創業者の鹿島守之助会長とわが国初の超高層ビル『霞が関ビル』の完成を描いて欲しいというんだ。バジェットはふつうの映画の四～五倍だという」

それで降旗は乗り気になった。

〈これは、いろんなことができそうだ〉

ところが、それには条件がついていた。

「監修に、内田吐夢さんがつく」

降旗は、第一作しか撮っていない新人監督にすぎない。そこで、『宮本武蔵』『飢餓海峡』などの傑作を放ちつづけ、巨匠と言われていた内田監督を監修にして箔をつけたかったのであろう。

持ち前の反抗心が頭をもたげた。しかし、栗山プロデューサーは、降旗に初監督をさせるよう推薦してくれたのだ。無下に断るわけにはいかない。

「僕は、こういう立派な企業の映画は、映画じゃないと思う。映画というのは、負けたり失敗したりする人を描くのが面白さだと思います。だから辞めます」

降旗は、あくまでこじつけのためにそう口にしたのである。その時は苦しまぎれにそう言ったのであるが、あとで考えると、自分にとっての本音だったのかな、と思っている。

結局、その映画は工藤栄一監督のところへ行き、最後は関川秀雄監督が監督して『超高層のあけぼの』というタイトルで昭和四十四年に公開される。

そのうち、あるプロデューサーが、降旗に言ってきた。

「お前、負けた者とか失敗した者といったら、やくざ映画はそういうアウトローの話なんだから、それがいいんじゃないか」。当時の東映では俊藤浩滋プロデューサーのやくざ映画が席巻していて、それをやらないと監督なんかできないといった雰囲気であった。だから「そうですか」とやくざ映画を引き受けることにした。

〈確かに、やくざ映画は、失敗した人、負けた人、あえて負けを選ぶ人が出る〉

□

　降旗は、実は、『非行少女ヨーコ』を監督する前から、プロデューサーの植木照男、脚本家の長田紀生とで、『男の街』という作品の企画を進めていた。これは広島を舞台にした原爆症のやくざの話であった。当時は長崎で育ち『地の群れ』など左翼的な小説を書き続けていた作家、井上光晴の人気があった頃である。東映で映画になる可能性のあるシナリオ集を出していたが、井上光晴の影響を受けた脚本が多かった。長田が書いたホンも、そういう感覚が濃い脚本であった。降旗は意気込んでいた。

「東京撮影所一番のスターである高倉健を主役にして、俺の監督第一回作品にする。ま、そういうと生意気言うなって話になるかもしれないな」

が、この脚本では、東映のお客さんは呼べないと判断されて、その企画は立ち消えになってしまった。

　結局、降旗は、『非行少女ヨーコ』で監督デビューすることになった。

　降旗は、それから間もなく、池部良が東宝を離れて作った「池部プロダクション」に出向した。これは東映がバックアップして作ったプロダクションであった。事務所が赤坂にあり、そこへ通っていた。そのうち、降旗は、東映に呼び出された。

『網走番外地』シリーズをやっていた高倉健と監督の石井輝男、プロデューサーの植木照男がうまくいかなくなった。急きょ、高倉で別の企画で映画を作らなくてはいけなくなった。高倉主演、石井監督のヒット作『網走番外地』は、一〇作も続いていたのである。

そこで『男の街』が『地獄の掟に明日はない』というタイトルで再浮上してきたのである。

降旗は、てっきり自分が監督だと思っていたが、話がちがった。降旗は言われた。

「きみより少し下の助監督さんの昇進作品としてやらせてもらえないか」

ところが、封切が迫っていて撮影日数が二〇日間しかない。

「第一回監督作品を二〇日で撮るのは難しい」

せっかくの初監督を助監督は辞退したのである。

「降旗さん、あなたが撮ってください」

「わかりました」

降旗は、気楽に考えていた。

〈まあ自分の企画だから日数が少なくても大丈夫だ〉

なにより、高倉健と監督として初めて組めるのだ。

ところが、とんでもなかった。降旗らが作った脚本にベテランライターの高岩肇（たかいわはじめ）が手を入れて、東映やくざ映画調に変えられていたのである。

広島（ひろしま）で原爆を受けたやくざが、長崎の佐世保（させぼ）で原爆を受けたと変えられていた。

この映画のキャメラマンは、本来なら『非行少女ヨーコ』で組んだ仲沢半次郎になる予定であった。

降旗は、『非行少女ヨーコ』を撮り終えた時、仲沢に言っていた。

「これからも、ずっと仲良くいっしょにやりましょう」

降旗はその言葉どおり、『地獄の掟に明日はない』を自分が撮ることに決まった時、キャメラマンは仲沢と決め、仲沢にそう伝えていた。

ところが、高倉がいざ撮影に入ろうとする時に、降旗に言ってきた。

「降さん、頼みがあるんだ。今回の映画のキャメラは、七ちゃんでやってもらえないか」

それは、高倉の侠気（きょうき）から起こったことであった。高倉の説明によると、七ちゃんこと林（はやし）七郎（しちろう）が、『地獄の掟に明日はない』に入る直前のお盆休みに、東映の部課長クラスと新潟（にいがた）の湯沢（ゆざわ）温泉で宴会を楽しんでいた。その席で、林が、ある幹部を殴（なぐ）ってしまった。林によると、相手が先に殴ってきたから殴り返したという。

殴られた幹部は、怒った。

「もう、あいつには映画は撮らせない！」

これを聞きつけた高倉は、きっぱりと言い切った。

「七ちゃんのキャメラじゃないと、俺は映画に出ない」

降旗は、高倉の心意気を汲むことにした。

高倉の思いを伝えた。

仲沢はためらうことなく、

「わかったよ。七ちゃんとやってくれ」

降旗は、この縁で、その後、東映で撮る一一本の作品中六本を林七郎と組むことになる。

高倉、降旗、仲沢というトリオは、昭和五十三年公開の『冬の華』を待つことになる。

のちに高倉主演で降旗監督の『鉄道員』『ホタル』のプロデューサーを務める映画プロデューサー・坂上順は、昭和十四年十一月生まれで、高倉健は高校時代から「憧れの男」だった。

スクリーンデビューしたばかりの高倉を観て、坂上は素直に思った。

〈笑いが下手だし、芝居もギコチナイよな……。でも、なんと端整な顔立ちのいい男だ〉

クラスの女の子たちは、同時期にデビューした石原裕次郎に熱を上げた。雑誌『平凡』や『明星』では裕次郎ばかりを持ち上げる。坂上は心の中で叫んでいた。

〈高倉健の魅力は男にしか解らないんだ〉

坂上は、映画青年でも文学青年でもなかった。

昭和三十七年に慶應大学経済学部を卒業すると、たまたま縁があり入社したのが東映だった。

東映では、制作進行に配属され、雑用係としての日々が過ぎていった。そんな坂上に、高倉健の作品に参加するチャンスが巡ってきた。『地獄の掟に明日はない』だ。

その坂上によると、林七郎はそれまでの東映映画とは微妙にタッチが違う映像を作るキャメラマンである。

〈どこかお洒落（しゃれ）で、フランス映画を語る降旗監督が追い求めている映像世界にピッタリだ。それがのちの『冬の華』に通じているのかもしれない〉ともいう。

降旗は、高倉と監督として初めて組んだ。高倉は仕事に取り組むと、後悔なく終わらせることにすさまじい集中力を見せてくれた。

撮影を終え、編集に入る前の断片的撮影のフィルム、いわゆるラッシュを監督の降旗らといっしょに観ながら、「いいですね」「いいですね」とあえてスタッフに聞こえるように口に出した。

降旗は、高倉のその姿を見ながら、感心した。

〈チームとして、自分がまとめ役になるんだ、ということを自覚しているんだな〉

高倉演じる主人公のやくざ山崎組の代貸（だいがし）滝田の友人で、今井健二演じる三流新聞記者北島、三國連太郎演じる山崎組の顧問弁護士の郡司は、かろうじて残されていた。肝心の原爆症に苦しむやくざという設定は、あとかたも無くなっていた。

それでも「お前がやりたいように、直していいよ」と言われたので、脚本家の長田をロケーションに連れていって直しながらやればできるんじゃないかと思った。が、映画というのは脚本に沿って各部署が準備をしているので、二〇日でそれを直して撮影するのは不可能であった。

舞台は長崎に替わっていたので、長崎で二週間ロケして、残りは撮影所のセットで一週間で撮った。

原爆症のやくざという設定はなくなっていたので、何とか復活させようと頑張ってみたが、駄目だった。

結局、タイトルも『地獄の掟に明日はない』と決まり、次のようなストーリーになった。

長崎に根を張る暴力団山崎組と権藤産業は、競艇場の利権をめぐって対立していた。山崎組と権藤組は三國連太郎演じる山崎組の顧問弁護士郡司の計らいで、手を結んだ。その記念に競艇が開かれることになり、権藤は八百長レースを組んだ。高倉演じる山崎組代貸滝田は、長崎で原爆の洗礼を受け、原爆症を背負っていた。何時死ぬかわからないという滝田の行動は冷たく凄惨だ。その滝田の恋人が十朱幸代演じる岩村由紀で、由紀の弟明が権藤から八百長を強いられたのだ。

　が、明はレーサーの意地から、八百長をやめ、トップになる。当然のごとく、権藤は大損をした。明の姉が由紀で恋人が滝田と知った権藤は山崎組に挑戦状を叩きつけた。山崎は明のリンチを止めるかわりに、滝田に権藤暗殺を命じた……。

　撮影日数が少ないので、撮影は、雨天であろうと決行だ。雨が降ると、港町で傘を差して高倉と三國連太郎が男同士で語り合う。設定を変えて絵づくりをする。

　それらが、脚本そのままではなく、いい味の映像作品に仕上がっていく。

　ラストシーンで、高倉が三國の演じる弁護士を殺し、十朱幸代の待つ港に向かう。キャメラの林七郎は大波止（おおはと）の坂道を画面一杯に引いたロングショットで、新聞配達員の扮装（ふんそう）をしたチンピラやくざに刺されるというシーンを作った。当時の東映の作品といえば、刺すのなら啖呵（たんか）のひとつも切ってからでないと、という風潮があった。しかし、降旗監督は、刺殺シーンをクローズアップは撮らずに描き、新たな表現を生み出した。

　スタジオのスタッフも、降旗監督が東映作品でそのような新たな演出方法をとったことに新鮮味を感じた。

〈何となくおしゃれな雰囲気が漂っている……〉

　ヒロイン役の十朱は若く美しく、降旗監督も林キャメラマンも、十朱のかわいらしさに一段と力を入れて撮影していた。

長崎ロケ中は、みんなで旅館に泊まりこんだ。由紀役の十朱幸代宛てに彼女の恋人から朝早く速達が来る。その夜十時に旅館に電話をする、と書かれていたらしい。

ロケを終え、夜の八時頃、降旗は、十朱を誘った。

「健さんたちとご飯を食べに出ようよ」

ところが、彼女は、高倉といっしょにと言っても断る。八時にみんなと食事に出ると、彼から電話がかかってきた時、旅館に帰っていないかもしれない。

降旗は、心配になって十朱に訊いた。

「食事はどうするの？」

その旅館は夜食つきではなかったのだ。

十朱は答えた。

「わたしは、出前を取りますから大丈夫です」

「夜に出前は取れないだろう」

「いえ、夜でも取れるように、朝、頼んでおいたの」

いまのように携帯電話のない頃である。十朱は、ひとりで出前を食べ、恋人から十時にかかってくる電話をけなげにも胸をときめかせながら、待っていたのであろう。

降旗はその恋人について思った。

〈速達に、電話にと、これくらいマメでこそ女性にモテる人だな〉

　その時の十朱の恋人は、ロカビリー歌手であり、のちに結婚することになる俳優の小坂一也であった。

　降旗にとっては、主演女優が恋に夢中になっていることは喜ばしいことであった。その激しい恋心が画面ににじみ出る。この映画の十朱も高倉とのからみに艶があふれていた。

　降旗は、策士の郡司弁護士役の三國連太郎もなんともユニークな役者であったという。

　三國が衣装合わせの部屋に入って来る時、三國をよく知るスタッフたちが三國をネタに賭けをしている。

　降旗は、何を賭けているのか興味を持って見ていた。

　三國が入って来た途端、はたして何を言うかを賭けているのだ。

　ひとりが言った。

「すいません、タクシーの小銭がないので、誰か貸してください、と間違いなく言う」

　そう言うと思う人、そうは思わない人に分かれてわずかな金を出して、三國の入って来るのを待っている。

　ガラガラと、音を立てて戸を開けて、三國が入って来た。三國が言葉を発した。

「すいません。タクシーの小銭がないので、誰か貸してください」

　予言した言葉とピタリ同じ言葉を発したではないか。

　賭けに勝った人たちは、顔をほころばせて喜んでいる。

三國は、自分の思ったことを、誰憶（おく）することなくストレートに口にする。降旗はそういう三國のユニークさをとても面白い人だな、と好ましく受け取っていた。

降旗は、俳優としては男の色気でいうと、高倉健と三國連太郎が双璧（そうへき）だろうと思っている。

当時常務でのちに東映社長となる岡田茂がこの映画の試写を観るや、降旗に言った。

「健坊に背広を着せ、三國が出たのでは、客が来ないよ」

『日本俠客伝』や『昭和残俠伝』の着流し姿の高倉に比べ、背広を着る役だと統計的に客が減るというのだ。

それと、岡田茂は、三國との間で仕事上のもめごとがあり、三國嫌いで通っていた。

『地獄の掟に明日はない』は、タイトルこそ東映ものだが、内容はそれまでの東映映画にないタッチの作品に仕上がった。

映画が昭和四十一年十月三十日に公開されるや、当時高倉と結婚していた江利チエミが観た。

高倉が、降旗に言ってきた。

「うちのが、あんたはこういう映画をやっていたほうがいいのよ、と言っていました」

降旗は、脚本、日程をはじめ、様々な問題のあった作品で、いくつかの欠点もある作品であったと思ってはいたが、江利チエミが気に入ってくれたことがうれしかった。

さらに、高倉にそう言われたことを心から喜んだ。

『青い海原』の撮影でひばり御殿で高倉と目配せをしてから、九年にして、高倉と初めて絆が生まれたと思った。

□

降旗は、次に高倉健ではないが、安藤昇(あんどうのぼる)主演の昭和四十二年八月二十六日公開の『ギャングの帝王』を撮る。安藤は、かつて「安藤組」の組長で、解散後、俳優として活躍していた。

降旗は、安藤主演の作品は、その年の十月二十一日公開の『懲役十八年　仮出獄』も撮った。

この映画は、セットで撮ったが、結構時間がかかり、夜遅い十時過ぎまで撮影が続いた。それでも終わっていなかった。

製作スタッフが、降旗のところにやってきた。

「翌朝九時スタートでお願いします」

降旗は、彼らに言った。

「おい、お前。俺たちはいいけどな。主演の役者が来なくなったらどうなるんだ。主演俳優にまずＯＫしてもらわないと駄目だぞ」

彼らは、安藤が『網走番外地』で石井輝男監督の理不尽さに怒り、撮影を放棄したという話を知っていた。

主演の安藤がいる、夜の十時過ぎまで押している撮影現場に製作スタッフ二人が向かった。

一人が、つとめて安藤の鋭い眼を見ないようにして、戦々恐々たる面持で、口ごもりながら言った。

「明日九時出発で……」

そのとたん安藤は、鋭く粘っこい射るような眼で、彼らをジロりと睨んだ。修羅場をくぐった男ならではの眼であった。

安藤に伝えたスタッフは安藤の視線を避けていたが、もう一人のスタッフは、まともに安藤の眼を見てしまった。肝を冷やし、オドオドしながら安藤につい言った。

「では今夜の終了に合わせてもっと遅らせますから……」

降旗は、この安藤主演の映画の脚本を読んでいる時には感じなかったが、撮っていくうちに思った。

〈やくざ映画というのは、要するに正しいやくざというのがいて、それを描く修身の教科書みたいなものだな〉

それは困るなと感じて、降旗としては義理とか人情でなく、母親や惚れた恋人のために主人公が行動するというふうに変えていくことにした。だから、全然教科書になっていない。それは俊藤プロデューサーにもわかったと思う。数ある東映やくざ映画のなかにはこういうものもあっていいのではないかと思ってくれたようだった。

これが別のプロデューサーだったら、「狙いと違うじゃないか」と怒りだすに違いない。そこは俊藤プロデューサーの人使いがうまかったのか……。

降旗も、俊藤プロデューサーに惚れたのか、結局続けてやくざ映画を撮るようになっていった。

今思い返すと、鹿島建設の企業映画を断る時に、自分は本音を言ったと降旗は思う。

「立派な人ではなく、敗ける者、失敗する者を描くのが映画だ」と思っている。

□

降旗は、昭和四十三年四月十九日公開の『獄中の顔役』で高倉健とふたたび組む。

この映画で、降旗は藤純子(ふじじゅんこ)と初めて組む。

実はこの映画に、刑務所の老終身犯菩薩(ぼさつ)役で新国劇の大御所の島田正吾が燻(いぶ)し銀のような味わいで出演する。

降旗は、この映画のプロデューサー俊藤浩滋に言った。

「島田さんはいいけど、このキャスティングでは地味すぎます」

「では、娘の純子を出そう」

俊藤プロデューサーは、藤純子を切り札に使ってきた。

藤純子（現・富司純子）は、俊藤の娘であった。

映画デビューは、昭和三十八年、『八州遊侠伝　男の盃』である。俊藤浩滋が本格的に映画づくりを始めた年である。

俊藤は、藤純子を本格的な任侠映画の第一作『博徒』にも、高倉健を売り出した『日本侠客伝』にも出演させた。

このうち『日本大侠客』では、藤純子は、惚れた男のために身を捨てる鉄火の馬賊芸者〈お竜〉に扮する。それがのちの『緋牡丹博徒』につながっていく。藤純子が出演することで映画に華が生まれた。

藤純子には、なによりキリリとした品があった。半端でない気の強さも見せていた。降旗は予感がしていた。

〈藤純子は、女の御大になるんじゃないか……〉

刑務所から出所した高倉演じる速水は世話になった田島組に戻ったが、組は市議の徳丸と組んでいる本間組と対立を続けていた。

田島組代貸の南が本間組の闇討ちにあい、怒った速水は単身殴り込んで、再び逮捕される。

速水が獄中にいる間も田島組と本間組の抗争は続いていたが、やがて町は完全に本間組の手に握られた。出所した速水は、すべての事情を把握し、短刀を手に本間・徳丸に襲い掛かる……。

この映画で速水のかつての仲間で、獄中で会う黒島勉を池部が演じる。黒島は速水と敵対している本間組の世話になっている。速水と黒島は獄中の事件で昔の友情を取り戻すも、その黒島も出所して本間組に戻る。が、罠にはまり、田島を刺すが、自分も本間の子分に殺される。

降旗は、『昭和残俠伝』の助監督であった時、池部良と親しくなるが、池部はこの映画でも初めは敵役として、後半では情を交わし合う。

以後、池部良は、降旗の高倉主演作品では欠かせない役者となる……。

さらに、降旗作品にはユーモアは欠かせないが、この作品で、初めて獄中のゴエモン役に由利徹(ゆりとおる)を登場させている。降旗は、後に由利徹を多く登場させている。

□

『獄中の顔役』の公開から半年も経たぬ昭和四十三年九月十四日公開の山下耕作監督による『緋牡丹博徒』が封切られた。

藤純子演じる緋牡丹のお竜こと女侠客・矢野竜子が颯爽と現れた。高倉健と並ぶ任侠スターの誕生である。藤純子の人気を不動のものにした任侠シリーズで、全国の任侠映画ファンから喝采で迎えられて、大ヒットした。

藤純子は、『緋牡丹博徒』シリーズの人気に続き、昭和四十四年の『日本女侠伝　侠客芸者』を皮切りにシリーズ化がはじまったのである。

そのシリーズ第二作目、昭和四十五年一月九日正月公開の『日本女侠伝　真赤な度胸花』を降旗が手掛けることになった。山下耕作監督が手掛けることになっていたが、急きょ降旗に監督が回ってきた。

開拓時代の北海道が舞台となる西部劇のドラマである。

俊藤プロデューサーは、高倉健主演の『獄中の顔役』では、降旗に「藤純子を入れるから、頼むわ」と藤純子を切り札に切ってきたが、今度は逆に、「健を入れるから、頼むわ」と、高倉健を切り札に使ってきた。二大スターによる映画となった。

開拓期の北海道札幌。博労総代の松尾は、馬市の利権をめぐって博徒大野の子分に殺され、藤純子演じる松尾の一人娘・雪は、父の後を継いだ。

博労協議会の評決は割れて、行方不明の理事・風見五郎の一票が必要になった。高倉演じる五郎の出現で形勢不利とみた大野は、子分たちを集めて警察署を占拠する。大野一家のあくどいやり方に業を煮やした五郎は、雪とともに警察署に殴り込んだ……。

降旗は、助監督時代、地方ロケが多かった。しかし、旅館に閉じ込められて過ごすことが多く、地方ロケはむしろ嫌であった。が、今回は北海道ロケだったので、久しぶりに東京を離れられ、北海道の大自然に接せられるのが楽しくもあった。

この映画の見どころは、ストイックな硬派である高倉健が、藤純子を懸命に口説くシーンがある。さらに、それまでの二人は、あくまでプラトニックラブであったが、肉体関係を持つシーンまである。

ラストは、藤純子が出ていく高倉健を追っていくシーン。藤純子の馬に乗った颯爽とした姿は、なんとも格好いい。彼女の映画ではめずらしく笑顔で終わる。

□

降旗は、昭和四十五年五月一日公開の『捨て身のならず者』でも高倉健と組む。プロデューサーは、もちろん俊藤浩滋である。高倉は、それまでのやくざ役でなく、三流週刊誌のトップ屋である。

高倉演じる矢島は、一匹狼のトップ屋で、今は暴力団で経済を仕切っている暴力団大和会を調べている。そんな矢島に組織の圧力がかかり殺人犯に仕立てられ、さらに入所中に妻も殺害された。

復讐の鬼となった矢島だが、入所中に大和会の親分・大和田の訃報を聞いた。

出所したある日、矢島のアパートに浜美枝演じる大和田の娘・真佐子が逃げ込んできた。実は大和田は生きていて影から経済界を操っていたのだった。

降旗は、昭和四十六年六月二十五日公開の『ごろつき無宿』でも高倉健と組んだ。

この映画は、テキヤ役であった。

高倉演じる筑豊の炭鉱夫・武田勇は、母を残して上京した。暴力団唐沢組の仕事を請け負うが、あまりの悪辣なやり方に怒りを覚え、金を返却して、逆に工場拡張予定地に住むことになった。勇の正義感に感心したのはテキヤの親分源造と娘のあや子だった。

そして源造の子分のところでテキヤの修業をするのだった。

唐沢組の嫌がらせは激しさを増し、漁業組合長も源造も殺害された。勇は封印した長ドスを抜き唐沢組へ殴りこんだ……。

このラストに激しい殺陣のシーンがある。一対一の勝負なら降旗が演技をつける。が、多くの立ち回りのシーンとなると、殺陣師だけでなく、必ずプロデューサーの俊藤浩滋が出て来た。

「殺陣シーンは、俺がいないと締まらないからな」

そう思って、もっと激しくやれ、と発破をかけていた。

俊藤は、マキノ雅弘監督の時代物の殺陣シーンにも必ず出てきて、発破をかけていた。マキノ監督が優しすぎると見ていたようだ。俊藤プロデューサーは、殺陣のシーンが大好きでもあった。

殺陣の刀は、ブリキでなく、本物の刀に近い鉄である。重い。高倉は、その刀を力いっぱい振りまわす。

主役が相手の体に当たっては、と気を遣っては迫力が出ない。まわりの相手は傷つかないように立ち回る。そこが殺陣師の見せどころである。

高倉が刀を振って敵に襲い掛かる時の眼は、さすがに殺気じみて怖い。降旗は、安藤昇と高倉の眼が、他の役者と異なり、ひときわ恐かったという。

この映画は、ラストに殺陣のシーンがあるものの、いわゆる高倉健のヒーロー・アクションとは一線を画している。およそ人間的に立派なキャラクターではない。

□

降旗が『地獄の掟に明日はない』を高倉健で撮ることになったのは、一〇作も続いた『網走番外地』シリーズが、高倉と石井輝男監督と植木照男プロデューサーがバラバラになって続けられなくなってしまったせいである。

しかし、東映の館主会は、ドル箱の高倉健の『網走番外地』の歌が流れる作品がなんとしても欲しいわけである。そこで、降旗に会社側が言ってきた。

「健さんと植木さんに新たな監督を加えて、新シリーズを立ち上げたい」

その頃、東京大泉撮影所には、監督会と助監督会というのがあった。石井監督は監督会に所属していたから、監督会が「石井監督は喧嘩をしてこのシリーズを止めたんだ。監督だけワリを食うのはおかしいじゃないか」と石井を守ろうとした。

降旗は、「それはできません」と断った。

降旗の後に野田幸男（のだゆきお）、まだ助監督だった伊藤俊也（いとうしゅんや）、澤井信一郎（さわいしんいちろう）のところにも話がいったという。

とにかく新人でやろうとして若手に片っ端から声を掛けた。みんな断った。

会社側はどうしようもなくなって、京都撮影所の俊藤プロデューサーに何とかしてくれと泣きついた。そもそもこのシリーズは東映大泉撮影所で生まれたものだ。俊藤プロデューサーに関係なかったが、俊藤に頼らざるを得なかった。

館主会といえば、お客に映画を売る人の集まりだ。俊藤プロデューサーとしても、その意向をいい加減には扱えない。

当時、映画本部長の岡田茂が俊藤に頼みにきた。

「こういうわけや。ぜひ引き受けてくれ。『網走番外地』というのは、なかなかおもろい素材やろ」

「冗談やない。ひとのやった企画をいまさらやれるか」

「いや、それは困る。館主会の決定なんや。いままでとはちょっと変わったものを作ってほしい」

押し問答の末、昭和四十三年の年末封切の『新網走番外地』をプロデュースした。

俊藤は、任俠映画の大御所である、マキノ雅弘監督を連れてきて、新シリーズの第一作『新網走番外地』を撮らせた。

『新網走番外地』は丸一年ぶりの『網走番外地』である。大ヒットした。

マキノ監督がやるとなったら、誰も文句は言えない。一本目をやってしまったんだから、後は誰がやっても同じだろうというので、降旗のところに昭和四十四年の盆公開の二作目の『新網走番外地　流人岬の血斗』の話が舞い込んだ。

物語は四国の今治を舞台に囚人たちが造船所で船を作るというもので、これは実際にモデルがあるが、中身がほとんどないような脚本であった。

仕様がない。降旗は、それまでも何度か出演してもらっていた由利徹や南利明に「何か面白いことをやってくれないか」と注文を出した。二人からいいアドリブが出てくるまで、テストを何回もやった。

なんと、映画の出だしから由利のアドリブである。

荒波を背景に例によって、高倉健の『網走番外地』の歌が流れる。

♪遥か　遥か彼方にゃ　オホーツク

紅い真っ紅な　ハマナスが

海を見てます　泣いてます

その名も　網走番外地

網走刑務所が映るや、次に雑居房。由利を中心に高倉ら六人が囚人服を着て、ズラリと並び頭を下げている。拍子木が鳴り、全員顔を上げる。由利が観客に向けて大見栄を切る。

「東西〜、東西〜、そこもとごらんにきょうしまするわ、『新網走番外地』それの主役を演じまするわ、わたし由利徹にございます。側にひかえまするわ、高倉健ちゃん、よーくこれまでこの面で主役を務めたもんだと、わたし、ほんとうにビックリしております。このほいとかぐら。これからは、どうぞわたしにご声援あらんことを。あとにひかえるわ、雑魚ばかり」

となりの山城新伍が、由利を小突く。

「おい、こら。台本どおりやらんか！」

四国に移ってからのアドリブは、南利明が受け継ぐ。

そんなことをやっているうちに高倉も乗ってきた。要するにアドリブ大会みたいなことで撮影を進めていった。

網走刑務所に入所している高倉演じる末広勝治は四国松川刑務所へ移送された。所長の後藤田と坪島ドックの坪島は、末広を歓迎。坪島は囚人たちの更生の場として、自分のドックを提供していた。

いっぽう、江崎造船社長の江崎は暴力団矢頭組と組み、坪島ドック乗っ取りを狙う。矢頭の悪辣な仕掛けを、誠意ある坪島の態度が制したが、ついに矢頭が坪島を襲い、末広は立ち上がった……。

ラストの立ち回りは、例によって殺陣師と俊藤プロデューサーに任せる。すさまじい立ち回りのシーンは、さすが、それまでの高倉ファンを満足させるだけの迫力がある。

もちろん、ラブロマンスもある。町が火事になる。その火事に巻き込まれた少年を、末広が毛布をかぶって命がけで火の中に飛び込み助け出す。

その少年の母親、岩崎加根子（いわさきかねこ）演じる森川ふさ子と恋仲となる。が、末広が矢頭にとどめを刺したため、ふたたび網走刑務所送りになり、恋は実らない。

□

この作品に制作進行で加わった東映の坂上順によると、降旗の人気は助監督時代からスタッフの中で抜群だった。東京撮影所には、深作欣二、佐藤純彌、降旗康男の若手三人の監督が売り出し中だったが、当時、制作進行の坂上は三人それぞれの人物像を分析していた。

深作は、とにかく自分が作りたいものを求め、そのためなら、まわりのことなど目に入らなくなる全身映画作家。

佐藤は、まわりが困ったならば、「解ったよ」といって裁いてくれる。仲間内で「総務部長」と言われるほど、坂上たちにとっては駆け込み寺のようなありがたい監督。

降旗は、この三人の中で一番自由な雰囲気を醸し出しながら、どこか大物感をただよわせた。「呑舟之魚(どんしゅうのうお)」という言葉を聞いた時に、坂上は、なぜか降旗が浮かんできたという。

坂上が抱いた降旗に対する印象をスタッフたちも感じ、それが降旗の人気につながっていたのではないだろうか。

降旗は、絶対に言い訳をしない男だ。

映画界で働いていると、坂上もいろんな言葉を耳にしてきた。

「脚本が悪い」
「あの役者じゃ、しょうがない」
「やっぱり、プロデューサーが悪い」

しかし、降旗の口から、そんな言葉が発せられたことはない。すべて、呑みこんだ上でやってくれる。

特に、量産体制の東映は、予算とスケジュールが次第にタイトになっていく時代だった。他社のように、作品優先、監督優先ということはない。

降旗は、一旦作品を引き受けると、結果それがうまくいかなかったとしても、予算やプロデューサー、脚本やスタッフなどのせいにしたりしない。絶対、弁明をしないのが降旗だった。

そんな降旗の姿を見て、坂上はずっと思っていた。

〈映画監督としてどうだ、ということではなく、人間として、男として、なかなかこういう人はいない〉

この気質は、降旗の先祖にルーツが隠されているのだろう。降旗家は松本の名家。祖父は衆議院議員、父親も衆議院議員や松本市長という立場にあった方たちだ。松本のお殿様として君臨する姿を見て育ってきたのだから、自然とリーダー的存在になる素養があったのだろう。

降旗は、組織が嫌いで喧嘩っ早いから会社には適さないと自己分析しているのだが、坂上からすれば、ちょっと意味が違うように思えたという。

ただ単純に喧嘩っ早いのではなく、降旗の場合、自分よりも強い相手とだけ喧嘩するのである。そして、喧嘩の際には、中途半端なことはしない。降旗が絶対に「ノー」なら、どんなことがあろうとも、結論は「ノー」なのだ。

映画づくりというものは、それぞれの立場のプロたちが集結して成り立つ。プロデューサー、脚本家、撮影、美術、照明録音、編集、仕上げ、制作から雑用まで、数多くのスタッフが作品に関わる。そして、その頂点に監督が存在する。

監督の下に編成されたチームは、監督名を冠した「○○組」と呼ばれ、作品と監督という城のために戦うのである。

□

降旗は『網走番外地』の新シリーズ、二本目の『新網走番外地 流人岬の血斗』から六作品、高倉健とコンビを組んでいる。坂上は、制作進行で関わっていた。

この時、坂上はいつも冷や冷やしていた。脚本が出来上がってこないのだ。

「番外地シリーズ」は東映にとって、お盆と正月のドル箱路線である。はずす訳にはいかない。

坂上が、俊藤浩滋プロデューサーに指示を仰ぐ。

「心配するな坂上、今度は『大いなる西部』をやるぞ」

「次は『シェーン』や、こうなるから、準備しとけ」

俊藤は、映画の大まかな起承転結だけを話し、それに合わせて坂上も準備する。具体的なことなど決まってなくても、とにかく、目を輝かせて話すチャーミングな俊藤から指示があるだけで坂上は嬉しい。天下の俊藤の指示で走れることが幸せだった。

いっぽう、降旗は、すべて先のことを見越しているとはいえ、たまったものではない。出来上がってきた脚本が腑に落ちなければ、異議を唱える。

「この話は、おかしいでしょう」

坂上なら、俊藤が「いい」というのなら、黙ってそれに従うしかないと考える。が、降旗はどんなに俊藤が偉くとも、自分が納得できないことはやらない。

そんな姿が、降旗の下で働くスタッフにとっては心強くまた心地よかった。

降旗も高倉もシノプシスとハコ書だけでクランクインしていた。

そんな降旗には、誰もが頭が上がらなかった。

ときには、酒の席上、出来上がった作品に不満をぶつけるスタッフもいる。

そんな言葉を、耳にした降旗がたしなめる。

「ちょっと、ちょっと……」。そう降旗が発しただけで、スタッフは一瞬にして気づくのだ。自分たちが作り上げた作品には、後から理屈など言うなと。

　スタッフたちは、圧倒的信頼を降旗に寄せていた。

□

昭和四十四年の暮れの公開の三作目の『新網走番外地　さいはての流れ者』は、佐伯清が撮った。

昭和四十五年八月のお盆公開の第四作目『新網走番外地　大森林の決斗』は、ふたたび降旗が撮ることになった。降旗がその脚本をもらったら、すでに下手なアドリブが書き込んであった。

そこからは俊藤を間に挟んで、降旗と高倉、若い矢部恒プロデューサーも入って、「俊藤さん、脚本が面白くないから、書き直しましょう」と説得しようとした。

俊藤は、渋い表情で言う。

「盆と正月にこのシリーズがないと、東映はどうにかなってしまうんや。何とかこれでやってくれないか」

俊藤も会社側に頼まれると仕様がないという気持ちだったのだった。

脚本は変えず、最後の立ち回りは前回と同様、殺陣師と俊藤プロデューサーに任せる。

降旗らは、アドリブ大会をいかに面白くするかに徹するということになっていった。

高倉健演じるダンプ運転手の末広勝治は、交通違反を起こし、公務執行妨害と法廷侮辱罪で網走刑務所に送られた。南利明演じる小松、由利徹演じる大藪、庄司たちが同僚だった。受刑者のボス、嵐田産業の次男・源二は、庄司を親の仇として命を狙っている。

そして嵐田は庄司木材をつぶそうと放火。

嵐田の策略とは知らず庄司は脱獄するが、正当防衛に見せかけ殺された。勝治も脱獄して、その足で嵐田産業に殴り込んだ。

降旗は、「脚本がつまらないからご辞退申し上げます」とは言えなくなった。

シナリオライターをロケ地に同行させ、そこで状況に応じ、書き直し、書き足してもらうことになった。

しかし、シナリオライターは、麻雀ばかりしている。

降旗は、そちらはあまり頼りにしないで、高倉と一緒に現地に行く。大まかな話の筋を説明し、あとは由利徹や南利明らのアドリブに任せる。

由利徹演じる獣医の大藪善男が、山火事の最中、ダンプカーの上で産気づく女性の産婆役をつとめる。

女性が、苦しみながら叫ぶ。

「センセイ、お願い」

大藪は、まわりを見回す。自分が、獣医ながら医者であることに気づく。

「わたし、センセイだよ」

女性は信じられない顔で言う。

「何だか、頼りないわね」

「これまで六三六匹も出産させたんだよ」

大藪は、「南無妙法蓮華経」と拝む。

「もし、失敗したら、オレ、刑におまけがつくからな」

大藪は、女性を励ます。

「キバレよ、キバレよ」

そう言いながら、自分がキバる。

「あっ、オレがキバッたってどうしようもないな」

やがて、赤ん坊が産まれる。オギャーと元気のいい声。

大藪も喜ぶ。

「男の子だ」

その時、囚人仲間の一人が、女性の股をのぞきこむ。

大藪が怒る。

「なんで、そんなに真剣にのぞきこむんだ！」

そこに、末広が駆けつける。大藪が言う。

「オレ、シャバに出たら、産婦人科医になれるぜ」

末広が太鼓判を押す。

「合格試験に通ったじゃないか」

大藪がニンマリする。

「アレ、人によっていろいろ形が違うんだってな」

大藪は、ダンプで走りながら、村人に叫ぶ。

「おーい、オレが子供を産ましたぞ。タネは違うけどな」

間もなく、星由里子演じるくに子が駆けつける。怪我をした末広に心配そうに声を掛ける。

その二人の睦まじい姿をダンプの後ろからのぞいている小松が、うらやましそうに言う。

「汚ねえぞ！　兄貴」。末広が追い払う。

「うるせえぞ。あっちに行ってな」

小松が、ふてくされながらいう。

「俺も、どこかに傷はねえかな。俺も、小刀で、どっか切ってくりゃあよかった」

これ以降、『新網走番外地』シリーズのロケハンは脚本なしで、まず撮影の背景になるロケ地を決めて、そこでどんなアドリブができるかと考えるようになった。

由利徹も南利明も撮影は遊び心たっぷりでやっていた。

高倉もユーモアセンスに優れていて、由利や南に合わせ、自分もアイデアを出し、さながらアドリブ大会になった。そのようにカット、カットをバラバラに即興的に撮るのはいいが、あとで繋（つな）げるのが大きな仕事であった。

困った時の降旗頼みに降旗監督が負けたのか、監督のキャパの大きさなのか、結局『新網走番外地』シリーズのメイン監督を引き受け、六本も撮り切っている。

坂上が、覚えている進行主任として一番大変だったことは、この『大森林の決斗』の時だった。

クランクインして一〇日も経っているのに、ラストのご存じ殴り込みの場面が出来上がっていない。

夏の定番は馬を駆って殴り込むので、坂上は札幌の乗馬クラブから大雪山（たいせつざん）旭岳（あさひだけ）の山麓（さんろく）まで馬を運んでいた。しかしその後の段取り（展開）が決まらない。

スタッフのイライラも背負っている降旗監督は、さすがに腹に据えかねたのだろうか、

「待っていてもどうにもならない。坂上、蒸気機関車を探してくれないか」

「どうするんですか」

「釧路（くしろ）は、霧が多い。その霧の中から蒸気機関車が現れてきて、その蒸気機関車が通過すると、霧の中に健さんが立っている。そういうシーンに切り替える」

結局、大騒ぎで馬を借りてきたのに、殴り込みは馬から蒸気機関車に変わってしまった。

坂上は、それでいて、そういうことにやりがいを感じていた。釧路の森林鉄道に頼み、格納庫に入っていた蒸気機関車を急きょ撮影のために動かしてもらうことにした。

さぁ、釧路へ移動したが、深いと言われた霧なんて、出ない。

坂上は、さすがに降旗に言った。

「降さん、霧は出てないじゃないですか」

「じゃ、夜間ロケにしてスモークを用意してくれ」

まさに変幻自在である。

すると、予告編を担当していた岡本明久（おかもとあきひさ）助監督が、坂上に言ってきた。

「健さんに、機関車の一番先端にドスを持って乗ってもらって、こちらに機関車が向かって来るところを撮りたい」

ただし、映画の中では、列車の通った霧の中から健さんが現れるシーンはあるが、ドスを持って機関車の正面に乗っているシーンはない。予告編だけのスペシャルカットとなった。降旗は、そういうシーンを好まないのだ。

番外地シリーズは実動撮影日数が三週間もなかった。しかも、ロケ地の北海道まで、移動手段は列車だった。車両に等級があり、メインスタッフは二等車だ。東京上野(うえの)から北海道までの特急料金、寝台料金は結構な額になる。メインスタッフの中には、あえて普通車に乗り込み、差額で土産を買っていた者もいた。そういう時代だった。

スタッフは、それでいて、地方ロケでチームが一体となって盛り上がる現場が楽しかった。そして〝降旗監督の健さん映画〟に携わるということを、誇りにしていた。

□

かつて日活のアクション映画で「エースの錠(じょう)」として活躍した映画俳優の宍戸(しし ど)錠は、降旗作品で、『捨て身のならず者』につづき、この『新網走番外地　大森林の決斗』でも、高倉健と共演している。

宍戸は、この映画に出演した際に、高倉健とともに風呂に入ったことがあるという。

当時の宍戸は、人気の絶頂期にあり、超ハードスケジュールであった。年間一二～一三本の映画に出演する一方で、テレビドラマにも出演していた。一日の平均睡眠時間が三時間ほどという日々が約六年近く続いたという。

この時も、宍戸は、ロケに呼ばれたが、スケジュールの関係で二日間しかロケ地の北海道にいられなかった。二日目には撮影を終えたら、すぐにまた移動しなければならないほどであった。

初日、宍戸は、撮影がおこなわれている北海道の山奥の温泉場にあるロケ地に向かった。

宍戸は、ロケ地に着くと、すぐに主演の高倉健に挨拶した。

「今回もお世話になるので、よろしくお願いします」

高倉は、その頃、東映の大看板スターになっていたが、宍戸のほうが高倉よりも売れるのは早かった。だが、年齢は高倉が二つ上であった。

宍戸の挨拶を受けて、高倉が言った。

「今回は忙しいなかで、無理を言いましてごめんなさいね。忙しいなか、二日間を僕にくれて、ありがとうございます」

宍戸は思った。

〈相変わらず、礼儀正しい人だな……〉

だが、その日はあいにくの天気で、撮影はできなかった。

宍戸は、高倉に誘われた。

「今日は生憎（あいにく）の雨で、残念ですね。悔しいから僕は風呂入りますけど、よかったら行きますか」

「ええ」

　こうして宍戸と高倉は風呂に入ることになった。

『昭和残侠伝』などで上半身を晒しているように、肉体の逞しさも売りものの一つであっただけに、高倉の体はさすがにとてもよく鍛え上げられていた。

　だが、宍戸から見て、高倉は、運動神経の良さそうな体つきには見えなかった。いわゆるスポーツマン的な筋肉のつき方には見えなかったのだ。

〈もっと鍛え方を工夫すれば、良い筋肉のつき方になるのにな〉

　ただ、その代わりに、高倉からは自分の体を鍛えなければいけない、という強い信念を持っているのが伝わってきた。

　宍戸と高倉は風呂で歓談した。宍戸は、高倉にあまり撮影の時間が取れなかったことを詫びた。

「今日は一時間しかできないし、明日も五時間しかできなくてすみません」

「いいんですよ。出演していただくことが重要なんですから。今日は雨でできなくて悪かったですね。でも、ここの温泉はけっこういいですから、一緒に腕立てしましょう」

　そう言うと、高倉は、いきなり腕立て伏せを始めたではないか。それも一〇〇回近く続けている。

　宍戸もなんとなく高倉につられるようにして、一緒に腕立て伏せを一〇〇回もすることになった。

宍戸は次の日には、撮影後、すぐに北海道から移動する必要があった。残ってしまった場面は、東京近郊の青梅の牧場で撮り直すことになった。ところが、宍戸は東京の撮影でも雨にたたられることになる。宍戸はなにしろ「雨男」なのだ。

しかし、宍戸は売れっ子のため、松竹映画の撮影と重なっていた。朝一時間で、松竹大船撮影所での撮影を終え、青梅に昼までには到着することになっていた。

降旗ら撮影隊は、ロケ地である青梅の牧場で待っていた。そこに、裏方サイドから連絡が入った。

「いま、大船を出ましたから」

そのうち、それまで晴れていた青梅の空が、刻々と黒くなっていくではないか。

宍戸が青梅のロケ現場に到着した時はザーザーと降ってくる。結局、ロケ地での撮影はできず、セットに草原を作り、林を作って、そこで高倉と宍戸が斧を持って直接対決するシーンを撮らざるを得なかった。

降旗によると、宍戸は、実にさっぱりした人で、嫌味のまったくないスターであったという。

ロケを終えて、東京大泉撮影所での撮影が待っている。しかし、正式な脚本が無いのだから、セットがいくつ必要かわからない。

降旗らがロケから帰る時には、わがままだが、頼んでおいた。

「ステージを全部空けておいてくれ」

さぁ、ロケ地を引きあげると、撮影所でセットをどんどん作っていく。後の十日間ぐらいで撮影する。現在のシステムなら、およそ不可能なことだ。当時は大きな撮影所があり、そこにスタッフがいくらでもいたのだ。

□

降旗は、当時の東映幹部から、『新網走番外地』について言われた。

「最初と最後に健さんの歌が付いてて、立ち回りがあれば途中はどうでもいい」

降旗は、それを聞いた時は、さすがに憤慨した。さっそく、映画館で『新網走番外地』を観た。

〈幹部の言っていた言葉は、ある意味で真実だな……〉

そう思わざるを得なかった。なにしろ映画が始まってギターがポローンと鳴り出したら、拍手が起きる。その後、観客の何人かは居眠りをしてしまう。

それがラストシーンになって、高倉が命を投げ出す頃には起きだしてきて、あちこちから声をかける。

「待ってました！」

観客がスクリーンに向かって声をかけるほど支持された俳優なんてひとりもいない。

大衆に人気のあった片岡千恵蔵や市川右太衛門、中村錦之助の時代劇の時でも、石原裕次郎が主演していた映画の時でも、観客はおとなしく観ていた。

アメリカ人の観客はスクリーンに向かって口笛を吹いたり、かけ声をかけたりと、騒ぎながら映画を観ているが、日本人の観客はおとなしい。観客の青年たちは、高倉の芝居にそれほど深く共感していたのである。

高倉は、この当時の心境について、のちに『高倉健インタヴューズ』で野地秩嘉のインタビューに答えて語っている。

「あの頃は、一生懸命だった。ただただ一生懸命に芝居をしていた。目立ちたいとも思ったし、共演の人を食ってやりたいとも考えました。少しでも目立つために銀歯を入れようとしたり、頭にハゲを作ろうとしたり……。跳びはねる芝居をやろうとしていたんですよ。ただ、そういう演技は誰でもできるんです。難しいことじゃないんだ。

役を受けるときでもギャラがいい、パーセンテージがいい、と条件のことばかり考えていました。まるでおなかを空かした子供みたいなもんでね。自分を奮い立たせて役に向かうためにそんなことばかりを考えていた時期もあったんです」

降旗は、続いてその年の暮れの十二月三十日公開の昭和四十六年正月映画『新網走番外地吹雪のはぐれ狼』も撮ることになった。

網走刑務所にいる末広勝治は、看守が暴力団五十嵐組と組んで不正を働いていることを知ったため、襲われ大怪我をさせられる。岡田眞澄演じる巡回牧師のウィリーに救われた勝治は、彼が開いている非行少年たちの更生ホームでボクシングを教え、生徒の一人大関が選手権試合で勝つまでに成長する。

しかし、五十嵐に持ちかけられた八百長支配を拒否したため大関は殺害される。ついに、勝治の怒りが爆発する。

この作品でも、由利徹と南利明が吹き出すようなアイデアを次々に連発し、乗りに乗った。

高倉も調子を合わせて、ともにズッコケてみせる。

高倉演じる末広は、巡回牧師ウィリーと親分子分の盃(さかずき)を交わし、ウィリーの教会に入る。ウィリーは、末広にキリスト像の前で説明する。

「これはイエス・キリストと言って、われわれを救うために磔(はりつけ)になったのです。つまり、わたしの親分です」

「先代ですか」

ウィリーは、聖母マリア像を示して説明する。

「これは、聖母マリア様です」

「つまり、先代の姐さんですか」

「いえ、お母さんです。マリア様は、処女懐妊といって、処女のまま懐妊されました」

「親分、そりゃないですよ。男がいなくて、どうして腹ボテになるの。おちょくっちゃいけないですよ」

「わたし、信じてます」

末広は、小指を突き出していう。

「親分、もうちょっとコレくわしいと思ったけど、そんなもんじゃないですよ」

「神様と、ゆっくり話をしてください」

末広は、聖母マリアをジックリと見ながら首を傾げる。

「本当かなぁ……」

末広は、いよいよ牧師の服を着せられる。

ウィリーが声を上げる。

「オー、カッコイイ！」

末広、照れている。

「もっと代紋かなんか入った、キリッとしたもんないかな」

そこに、髪の真ん中を丸く剃った先輩牧師タケさんがあらわれる。由利徹である。

ウィリーから末広の面倒を見るように頼まれたタケさんは、顎をしゃくる。

「ヘイ、カモーン」

由利徹が、例によって珍妙な牧師ぶりを発揮して笑わせる。

降旗が、由利徹や南利明といった俳優陣を重用した理由の一つは、降旗が彼らを評価していただけでなく、高倉が、由利や南を気に入っていたからだ。

というのも、網走シリーズは、オール地方ロケ。ロケ中の緊張感を緩和してくれるのが由利だった。

例えば、冬の北海道ロケでは日没が早く、午後三時半には撮影が終了してしまう。夜間ロケがある場合は、マイナス二〇度の中でも深夜近くまで撮影するのだが、大抵は午後四時には役者もスタッフも旅館に帰ることになる。すると、温泉に入った後は長い夜が訪れるだけだ。何もすることがない。当時は、まだカラオケがなくて、録音部が楽器演奏の音だけを収録したテープを用意してきていた。

由利やスタッフが高倉の部屋に集まり、歌をうたった。

高倉は森進一(もりしんいち)の「恋あざみ」や「年上の女」をよく歌っていた。高倉のは、独特の味があり、聞かせる唄だったという。

高倉が歌う横で、由利や南、さらにスタッフたちが勝手なストーリーを作りアドリブで寸劇をおこなった。深夜まで高倉の部屋はスタッフたちの笑い声が絶えなかった。

高倉は催眠術が得意だった。催眠術で名の通っている丹波哲郎(たんばてつろう)に教わったのだという。

特に、スタッフの酒井福夫、通称〝ふくちゃん〟はよくかかった。

スタッフが一番驚いた高倉の催眠術は、椅子を三つ置いて、その上に人を寝かせるというものだ。普通ならその状態で、真ん中の椅子を抜くと尻が落ちるはずだ。しかし、催眠術にかかっている人の身体は電柱のように真っ直ぐに伸びたままで、決して尻が落ちたりしない。

高倉は、催眠術を使ってふくちゃんを思いのままに操った。

「ふく、どうしたんだ、おまえの右足は動かないじゃないか」

というと、ふくちゃんの右足は本当に動かなくなった。さらに、こう声をかけた。

「ふく、今夜は由利さんにキスしないと眠れないぞ」

その後、1、2、3とカウントすると、ふくちゃんはモジモジと恥ずかしそうな動きをして、由利のほうへ向かっていき、キスをした。

ある時、スタッフの一人に、高倉はこんな催眠術をかけた。

「おまえは、目が覚めたら一番嫌いなやつを殴りたくなる」

高倉も周囲の者も、彼が誰を殴りに行くのか予想もできずに、成り行きを見守っていた。

目を覚ました彼は、ひとりのスタッフを追いかけ始めた。標的にされたスタッフは、必死に逃げてロケバスの中に隠れた。が、術にかかった彼は追いつくと、バスのドアをどんどん殴り始めた。

その一件以降、高倉は催眠術を自ら禁じたようだった。

長期の地方ロケではスタッフや俳優陣全体のコンディションを見るのも進行係の仕事である。合宿状態のロケが一〇日間も続くと、若いスタッフや役者の喧嘩やトラブルが増えてくる。

そんな時、高倉は、皆を集めてパーティをやってくれる。誰かの誕生日だとか、雨が続くのでお天気祭りだとか、何かの理由を見つけて、パンク寸前でイライラしているチームのガス抜きをやってくれるのだ。

進行係の坂上にとってパーティの段取りは大変だが、本当にありがたいことだった。

□

次に昭和四十六年八月のお盆興行の『新網走番外地　嵐呼ぶ知床岬（しれとこみさき）』も降旗が撮った。

網走刑務所を出所した末広勝治は、加納秀男の加納牧場に勤めることになった。熊谷牧場ともどもダービー馬の生産を目指している。熊谷牧場は加納牧場に対して悪行を重ね、ついに耐えかねて勝治は熊谷牧場へと向かう。

この作品は、初めのシーンからギャグの連発であった。

末広は、妹から差し出された最新流行という恥ずかしい真っ赤な背広を着て網走刑務所を仮出所した。

末広が、北海道静内(しずない)駅で、大きなポスターの前に立つ。なんと、高倉健が並々と注がれたビールグラスを持ったアサヒビールのポスターではないか。

「いっしょに、飲んでもらいましょう」

末広は、その文句を見ながら、首を傾げつぶやく。

「いっしょに、飲みましょうか」

この作品でもそれまでのコンビ由利徹と南利明が次々にアイデアを出し、笑わせてくれた。さらにタコ八郎(はちろう)まで北野松江役で加わった。

安藤昇は、さすが彼らの世界をくぐってきただけあり、登場すると画面が引き締まる。

安藤は、わたしが取材した時、高倉について褒めていた。

「本当に気持ちのいいやつだった」

□

降旗は、昭和四十六年十二月二十九日公開、つまり昭和四十七年正月映画『新網走番外地　吹雪の大脱走』も撮った。

降旗と高倉は、この映画に入る時も一緒に俊藤の青山一丁目の自宅を訪ね、訴えていた。

「ちゃんとした映画に、しましょうね」

末広勝治が入所している網走刑務所の囚人のボス熊沢は、看守と組んで刑務所の物資の横流しをして儲けていた。

さらに木材を横流しするため勝治をあおって暴動を起こさせ、その隙に木材を奪おうと計画するが、勝治が思うように動かない。

勝治や熊沢たちが山奥の農場に行く途中、熊沢は勝治の乗るトラックを爆発させ、谷下に転落させた。息絶え絶えで逃れた勝治は、熊沢がいる農場へ向かった……。

この作品には、他社の東宝から黒沢年男をゲストに招いた。

脚本がはっきり決まっていない中での撮影現場だから、黒沢は面食らってしまった。

大雪の山のシーンで、遥か彼方の山の斜面にいる黒沢に、降旗らのキャメラから助監督を通して無線で指示を出した。

「何でもいいから、こっちへ向かって走って来てください」

その夜、降旗は、黒沢と酒を飲んだ。

黒沢が驚いたように言った。

「僕、こんな撮影はじめてです」

降旗は、ニヤリとした。

「それが東映なんだよ」

安藤昇もふたたび、出演し、立ち回りシーンを引き締めた。

熊沢太郎役の山本麟一と末広役の高倉の刑務所での対決シーン。

熊沢が、斧を振りまわして素手の末広に襲いかかる。

そこに、囚人の安藤昇演じる久保が現れる。

「サシの勝負で、片方だけが刃物持っているのは気に食わないな」

熊沢がいきり立つ。

「なんだぁ！」

久保が冷ややかな刃物のように鋭い眼で熊沢を射るように見るや、啖呵を切る。

「どうしてもやるというなら、こちらさんに手を貸すぜ」

熊沢が、久保に斧で襲い掛かる。

久保は避け、熊沢の首を摑み、首筋にナイフを突きつける。

「なんだ、ションベン刑を食らってやがるにしては、でけえ面しやがって……」

そこに看守がなだれこんでくる。

末広が久保に仁義を切る。

「ご同業さんとお見受けいたしまして……」

久保が、ひとこと。

「天気がいいね」

その場を去っていく。

末広が看守に訊く。

「あの人は、誰ですか」

「東京久保組の親分さんですよ」

「噂に聞いていたが、いい貫禄(かんろく)ですね」

「お前さんとは、ちょっと違うよ」

南利明らが安藤に感心する。

「やはり、場数踏んでるな……」

安藤は、後半の囚人暴動の場面で、囚人たちのために命を張り、最終的に裏切られてすさまじい最期を遂げる……。

降旗は、北海道のロケ先で、高倉とゆっくり話し合うことはなかったという。撮影が終われば、高倉は酒を飲まないグループ、降旗は酒飲みのグループと夜を過ごしていたからだった。なにしろ降旗は大酒飲みである。

高倉は、よく自分用のカラオケルームで、小道具さんにギターを弾いてもらって明け方まで唄っていた。

□

プロデューサーと監督が代わると作品の雰囲気も当然変わってくる。俊藤プロデューサーが求めていた任侠の世界観は、降旗監督の作風というより、マキノ監督や佐伯監督が作り出すようなムードのものだった。

年間一〇〇本以上を製作していた東映の量産体制の中で、俊藤プロデューサーは東西両撮影所を股にかけて、三〇本以上を製作していた。脚本家も一本一本練り上げている時間はなかった。

クランクイン直前でも仕上がっているのは、一場面ごとの要点を書き込んだいわゆる〝ハコガキ〟だけ。

それでも正月映画、お盆映画である。

何が何でも、北海道ロケに出発した。

高倉も俊藤も坂上も、降旗監督なら何とかしてくれるだろうと考えていた。

降旗は、昭和四十七年八月のお盆興行の『新網走番外地　嵐呼ぶダンプ仁義』も撮った。

降旗は、『新網走番外地』を五本も撮ってきた。現場自体は楽しかった。一方で、こうも感じ続けてきた。

〈この作品は、俺が撮りたいものではない……〉

降旗は、自分だけでなく、主演の高倉も同じ思いだと察していた。降旗は、青山の俊藤の自宅で高倉同席のもと、俊藤に迫った。

「もう、このホンならやめましょう」

そこに、とんでもない電話が入った。

「組合と会社が団体交渉する中で、暴行事件が起こった。石神井署から、逮捕状が出ます」

降旗は、誰に逮捕状が出るのか調べた。

その時『女囚７０１号　さそり』を第一回作として撮影していた伊藤俊也を筆頭に、スタッフが十数名もいるというではないか。

降旗は、俊藤プロデューサーに言った。

「それなら俊藤さん、ホンは現地で直すとして、その十数名をこの映画のスタッフに入れて、とにかく北海道へ行きましょうか」

俊藤は、不安そうに言った。

「お前、そんなことしていいのか」

降旗は、言い返した。

「いいのかと言ったって、じゃあどうするんですか」

「そうしてくれるとありがたい」

その後、俊藤が会社とどのような交渉をしたのかはわからない。次の日、降旗のところへ俊藤プロデューサーが来て言った。

「全部、話はつけた」

俊藤が、一息ついて降旗の眼をのぞきこむようにして言った。

「でも、いいのか。お前はもう、東映では監督できないぞ」

これまで長く俊藤と組んできた降旗は言った。

「俊藤さんだって、そろそろ京都へ撤退するでしょう。俊藤さんがいなくなったら、僕ら一緒にやっていた者は、追い出されるに決まっているんだから、そんなことは気にしなくていいです」

それにしても、と降旗は思った。

〈しかし、よく会社も、逮捕状が出そうなスタッフたちを撮影に連れていくなんていう条件を呑んだな……〉

俊藤は、会社に降旗監督の意向を呑まなければ、お盆興行に穴があく、と強調してまとめたのであろう。

しかし、会社にも面子（メンツ）がある。現場で第一組合の組合員がストライキをしたら困る。会社側は、降旗に言った。

「第一組合のスタッフと同じ人数のフリーのスタッフも連れていけ」

なんとこの映画は、第一組合のスタッフ五〇人に、フリーのスタッフ五〇人も加え、スタッフだけで一〇〇人を超えることになった。

網走刑務所に末広勝治、北野鉄雄、石松五郎の三人の兄弟分がいる。その北野が、出所前に殺害されてしまった。勝治と五郎は出所して北野の妻・冴子のいる北野土木を訪ねた。

冴子に一目ぼれした勝治はそこで働くことにした。

北野土木の仕事を露骨に妨害する大沼土木の熊吉は、冴子に横恋慕している大沼を動かして北野土木を営業停止に追い込む。そんなあくどい大沼相手に勝治が立ち上がる……。

一〇〇人を超えるスタッフになったものの、北海道のロケーションだと一〇〇人超えても周りが広いから気にならなかった。

が、晩飯の時は、普通は俳優とスタッフで合計一〇〇人ぐらいだが、俳優が一番集まる時には一五〇人を超す人数が飲めや歌えやの大騒ぎ。

北海道ロケは、二週間。その時、その時で場面を変えたりアドリブで撮っているものだから、つじつま合わせのため、台本にないセットを新しく作らなければならない。東京へ帰ってからは、一週間。そんなわけで撮影所の中でも「お召し列車」などと言われてうとまれるようになった。

撮影所へ帰ってきて山小屋みたいなセットで撮っていると、人があふれかえっている。降旗が「本番！」と言うと、普通は静かになる。が、それだけの人数がいると、どこかでガサガサ音がする。

冗談好きの高倉は、そういう状況を見ながら、声をあげた。

「おーい、監督がイヤになって帰っちゃったぞォ」

高倉は、半分ヤケクソになりながら、その状況を楽しんでいた。

こうして『新網走番外地』シリーズは、この作品をもって終了した。

この映画に入る時、高倉は俊藤から降旗の言ったことを聞いていたが、自分でもうシリーズをやめたがっていた。

降旗は、シリーズ六本続けていくうちに、信頼に似たものが二人の間に生まれたのかなと思う。降旗に対して、「あいつも同じように思っている」との高倉の思いは強かったのであろう。

□

なお、この年、『緋牡丹博徒』『日本女俠伝』の二本柱で咲き誇っていた藤純子が、『関(かん)

東緋桜一家』を最後に引退した。歌舞伎役者尾上菊五郎の妻となったのである。

俊藤は全盛期が過ぎると、京都の撮影所へ撤退することになった。

そして、東京の撮影所では地図の塗り替えが始まった。俊藤とともに仕事をした降旗の先はおのずから見えていた。東映との専属契約をやめてフリーになったのは、それから間もなくだった。

降旗は劇場用の映画から遠ざかった。それから四年余り、降旗は山口百恵主演の『赤い運命』や『赤い疑惑』などの『赤いシリーズ』のテレビ映画を主に撮った。

劇場用の映画にくらべて時間も金も三分の一以下という制約の中での撮影は大変だった。

が、反響がすぐにわかり、やりがいがあった。山口百恵の素質も良かったと思う。

後年、降旗が訪中した時、それらの映画が『血疑』という題で評判になっているのには驚いたという。その当時サービス皆無の中国の公務員ウエートレスたちが、降旗が『血疑』の監督と知ると急にサービスが良くなった。何だか気恥ずかしかったが、正直なところうれしかった。

□

冒頭に書いたが、日本暴力団抗争史上最も多くの血を流した広島のやくざ抗争を描いた、飯干晃一のドキュメンタリーノベルを原作とした昭和四十八年一月公開の『仁義なき戦い』の主人公役は、最初、高倉健に話が持ってこられたという。

降旗が高倉から聞いたところによると、実は、高倉は乗り気であった。それまでの任俠映画の主人公のパターンの殻を破りたいという役者としての意欲があったのだろう。

ところが、俊藤が、高倉を止めた。

「健ちゃん、あないなものに出たらあかんで」

俊藤は、仁義あるやくざを描く映画を作り続けてきた。

『仁義なき戦い』は、文字どおり、仁義を失った裏切りに裏切りを重ねる下剋上的世界を赤裸々に描いた作品であった。俊藤にとって、それまで形造られてきた理不尽なことが許せず、最後には命を懸けて刀を抜くという高倉の姿が壊れてしまうと猛反対したのであった。

その上、高倉とすでに監督に決まっていた深作監督は、それまで『ジャコ萬と鉄』『狼と豚と人間』の二作で組んでいるが、二人はあまり反りが合わなかった。

『ジャコ萬と鉄』で深作にものすごくなじられたことが、後々までしこりとなって残っていたという。

「深作さんは口が悪く、このへなちょこ、なんて言うんです」

田中壽一プロデューサーによると、そういって、高倉は怒っていた。その後『狼と豚と人間』にも出演しているが、それ以降、深作作品に高倉は出演していない。

深作は、一度言い出したらそのまま突き進むタイプだ。絶対に自分が言ったことは曲げない。例えば、『狼と豚と人間』で晴海へ夜間ロケに行った時のことである。深作と三國連太郎の意見が衝突した。深作と三國が言い合っているのを、スタッフが徹夜で眺めていたことがある。そういう深作だから、高倉とではだめだと会社も思った。

そういう時に間に入って、「俺が頑張ってこの作品を成立させてやろう」というのがプロデューサーの面白さだと降旗は思うが、そういう人もいなかったのであろう。降旗は思った。

〈これまでは、健さんは、正義の御旗を立てて殴り込みに行くやくざを演じていたけれど、そういうものにつまらなさを感じはじめているのだろう〉

いっぽうの深作監督も、東映の任俠映画への不満が溜まっていて、高倉のイメージでは、『仁義なき戦い』が思い通りに撮れない、と思っていたのである。

結局、俊藤が断った。代わって菅原文太が主人公を演じ、大ブレークする。それまでの任俠映画の美学を吹っ飛ばし、野獣のような集団バイオレンスやくざ映画のブームを起こしたのである。

はたして、高倉が『仁義なき戦い』の主人公を演じていたら、どういう作品になっていたか。

降旗は、ひょっとすると、高倉があのような役も演じられる領域の広い俳優になっていたかもしれないという。

ただし、高倉ののちのスジを通し続ける立ち姿が消えてしまったかもしれないが……。

□

高倉は、それまでの殻を破ろうと模索していた。昭和五十年公開の佐藤純彌監督の『新幹線大爆破』に出演している。それまで演じたことのない新幹線の爆破を仕掛け、追われる犯人役になったのだ。

高倉に、大きな変化が訪れる。俊藤と別れ、東映とも離れる……。

その一因となったのは、昭和五十年十月公開の、昭和二十二年の神戸に雑草のように誕生した一組のギャング団を描いた田中登（たなかのぼる）監督の『神戸国際ギャング』である。

俊藤は、そのいきさつを『任俠映画伝』で語っている。

「このシャシンは、敗戦直後の神戸で進駐軍や一部の外国人を相手に闘って『国際ギャング団』と呼ばれた連中を描いたもので、健ちゃんのやる真っ白なスーツ上下でダンディに決めたボスは菅谷政雄がモデルになっている。私はこの菅谷という男と昔から親しくしていたから、彼のことを一度ちゃんと映画にしたかった。

はじめのほうに、ボスが女とやってるところが出てくる。菅谷政雄は、稚気愛すべきというか、豪放磊落で、しかも人をなめているというか、そんな男だから、その感じをそこで出したかった。ちょっとエロなシーンだけど、いやらしくなく描くことで。

そしたら、健ちゃんはこれがものすごく気に入らん。エロっぽいセックス・シーンなんか高倉健のイメージに合わんということやろう。〝切ってくれ〟〝切ってくれ〟と言うた。だけど、私にしてみれば、菅谷政雄のキャラクターを出すためにわざわざ入れたシーンやから、譲るわけにはいかない。健ちゃんの意向を蹴って、とうとう切らなかった。たぶんこれで彼は私に不信感を抱いたのと違うかな。どうもそんな気がする」

この作品を手がけた田中登監督は、ロマンポルノ業界のエース。『神戸国際ギャング』にも、ポルノ的な要素が含まれていた。

高倉がかわいがり、高倉のボディガード的な役割もしていた付き人の西村泰治によると、高倉は、そうしたものに嫌悪感を持っていたという。

田中登を推薦したのは、この作品に出演している菅原文太で、俊藤がそれを呑んだ。

高倉は、俊藤に頼んだ。

「何を撮ってもいいけど、僕が嫌というシーンはカットしてくださいよ」

団正人役の高倉健が、里子役の赤いシュミーズを着た絵沢萌子をバックスタイルで激しく攻める。団正人は、興奮を高めるために手にエロ本のヌード写真を見ながら腰を使いつづける。

里子は、あまりに延々と攻められるので、音を上げる。

「ウチ、もうしんどい」

団正人は、里子になお発破をかける。

「もっと、精を出さんかい」

高倉は、この野獣のようなシーンが嫌で俊藤に強く迫った。

「このシーン、カットしてほしい」

が、俊藤はカットしなかった。

田中壽一プロデューサーによると、高倉健は東映を離れることになった原因を、こう告げていた。

「『神戸国際ギャング』で、監督に田中登を引っ張ってきたでしょう。わたしが、なぜ嫌になったかというと、立ち回りのシーンが二回ほどあったんです。リハーサルをわたしが見てて、危ないと思ったんです。それで、〝このようなセットはない。もうちょっと、セットを強化してくれ〟といったところ、スタッフも美術も〝大丈夫です〟って言うんです。仕方ないから、わたし、やりましたよ。実際、立ち回りシーンになったら下に落ちちゃったんです。その時、コンクリートにぶつけてしまい、ここの唇と顎に傷をつくってしまったんです。いったこっちゃないって思って……。それで、また、わたし、二〇日ほど消えたんです」

そういって、高倉は田中に残った傷を見せた。傷は一〇針くらいで、ものすごく細かく縫っていた。

「そんなことがあって、わたし、嫌になってね。東映は、わかってくれなかったんです。そんなことがあって、東映を離れました」

高倉は、京都の三十三間堂（さんじゅうさんげんどう）の前にあるやまと病院に入院した。〝高倉健〟の名前を使うのは具合が悪いからと、西村のフルネーム「西村泰治」を病室の表札として掛けた。

高倉は、東映に対する恩義を十分感じていた。が、結局、『神戸国際ギャング』が東映での最後の作品になったのである。

田中は、高倉の話を聞いて思った。

〈健さん、この手のものをやられたらたまんないな、と落胆したんだろうな〉

それと、この映画の主人公は、野獣のように生きるギャング団のボスで、高倉がそれまで演じてきた任俠精神のかけらもない。高倉が挑戦しようとした『仁義なき戦い』には、野獣性はあるが、悲しみ、せつなさがある。が、この映画には、悲しみもせつなさもない。

高倉は、なぜ自分がこういうギャング団を演じなくてはいけないのか、さらに、東映にいつづけると、これからも、このような映画に出続けなくてはいけないのでは、と疑問を感じ始めたのではないか。

スクリーンに向かって「健さん！」と声をかけていたようなお客さんも、さすがにマンネリを感じ始める。

高倉は、ハリウッド映画にあこがれていたし、そうした方面に進みたいと考え始めていた。

坂上順は、大ヒット映画を連発しながらも東映から離れられたところに、健さんの強さがあると考えている。普通なら、自分が育った東映映画と別れてしまうことは難しいだろう。しかし、健さんはやくざ映画以外の世界を求めた。

それともうひとつ、やはり、『任俠映画伝』で、俊藤プロデューサーが微妙な表現をしている個所がある。

「高倉健には子どもみたいなところがある。彼が大スターになってゆく過程で私は行動をともにしてきたが、鶴田浩二の面倒は十のうち三くらいしか見てないのに、健ちゃんのほうは日夜一緒でなきゃ、彼はしょっちゅう不安がる。高倉との歩みはそんなふうにやってきた。だから鶴さんなんかは〝なんでそこまで〟という気持があったかもしれん。けれど、あいつは大人やから、そんなことは一言も口に出さなかった。二人がうまく両立できたのは、だからこそにちがいない」

実は、この両立に破綻がきていたのだ。鶴田も高倉も、俊藤プロダクションに所属していて、二枚看板を張ってきた。

鶴田が先にスターとなり、高倉が追い上げてきて、いまや二人はスターとして並んでいた。

俊藤が言うように、鶴田は、いわゆる大人だから、高倉と並ぶことを鷹揚に構えていた。が、高倉はそうではなかったのだ。

筆者の大下英治は、俊藤プロデューサーとは東映映画『修羅の群れ』で組んだ。筆者の原作『修羅の群れ』を鶴田浩二、松方弘樹、菅原文太、北大路欣也、丹波哲郎、北島三郎らオールスターキャストで映画化したのだ。

稲川会の稲川聖城総裁をモデルにした小説であった。俊藤は、わたしが稲川総裁をはじめとする幹部たち、あるいは全国の親分たちを取材する時、かならず同席してくれ、実に助かったものである。

その俊藤プロデューサーが、ある時、わたしになぜ高倉健が離れていったのか、ひそかに打ち明けた。

「健が、海外に旅に出る時、置手紙をしていったのや。それによると、健と鶴田が二枚看板やが、このまま二枚看板を続けていくのは嫌や、言うんや。もし自分ひとりを選んでくださるのなら、あなたに一生尽くします、と言うんや。頭抱えたわ」

　実は、俊藤と鶴田の付き合いは、鶴田の父親との縁から始まっていたというのだ。鶴田の父親は博打打ちで、賭場に出入りしていた。俊藤プロデューサーは、賭場で鶴田の父親とよく会っていて、鶴田の父親が博打ですった時、何度かカネを貸すほどの仲だったという。

　わたしが俊藤プロで打ち合わせをしている時、鶴田浩二が顔を出した。からなず「兄貴！」と声をかけて入ってきた。それは、プロデューサーと役者という関係より、まるで俊藤、鶴田のコンビで作る任侠映画の『兄弟仁義』さながらの兄弟分の雰囲気であった。

「俺と鶴田は、鶴田の親の代からの仲なのや、切れることなどできへんのや」。俊藤は、一瞬辛そうな表情になるや、続けた。

「健が帰国し、羽田空港に到着するのを待っていて、健に言うたんや。〝健、悪い。鶴田とは離れるわけにはいかんのや〟

　健は、深々と頭を下げ、〝長い間、ありがとうございました〟

　それが、健との別れや。断腸(だんちょう)の思いやった……」

　高倉は、俊藤と別れただけでなく、東映も去ったのである……。

　その後、降旗と高倉は、『冬の華』『駅　ＳＴＡＴＩＯＮ』だけでなく、『居酒屋兆治(いざかやちょうじ)』『夜叉』『あ・うん』『鉄道員(ぽっぽや)』『ホタル』でコンビを組み、降旗は、中国のチャン・イーモウ監督の『単騎、千里を走る。』の日本ロケの監督も引き受けている。そして高倉にとっての最後の作品となる『あなたへ』も組むことになるのだ……。

# 第四章　『居酒屋兆治』

東宝創立五十周年記念作品として製作されたのが『海峡』だ。この映画は、そもそも『駅　STATION』の前に高倉にオファーされたものの、倉本聰が高倉に『駅　STATION』のシナリオを誕生祝いにプレゼントしたので、そちらのほうが先に撮られることになったのだ。公開は、昭和五十七年十月。田中壽一プロデューサー、森谷司郎監督、木村大作キャメラマンであった。

源助役の森繁久彌の撮影が終了し、東京へ帰るという前日、高倉が田中壽一プロデューサーに提案してきた。

「明日、おじいちゃん（森繁）が帰るから、食事会でもやりましょう」

急きょ、設けられた食事会の席には、監督の森谷司郎、吉永小百合、大谷直子、高倉健、田中壽一というメンバーだった。

森繁が、高倉にたずねた。

「健さん、次は何をやるんだ」

「まだ、決まっていません」

しばらく考えたあと、高倉が続けた。

「もう北海道とか、竜飛とか、寒いところは勘弁。次は、暑いところでやりたいですね」

「そうか、暑いところか」

田中が、二人の会話に入った。

「実は、健さん、わたし、やりたい話が一つあります」

「なんですか？」

「『無法松の一生』、これを健さんとやりたい」

『無法松の一生』は、岩下俊作原作で、これまで阪東妻三郎、三船敏郎主演で映画化されていた。

明治三十年の初秋——九州小倉の古船場に博奕で故郷を追われていた人力車夫の富島松五郎が、昔ながらの〝無法松〟で舞い戻ってきたところからはじまる。

実は、高倉も『無法松の一生』をやりたがっていた。

「三船敏郎さんの『七人の侍』もいいけど、何と言っても『無法松の一生』。僕の出身地（福岡県）の話だから、僕もやりたいし、地元もやらせたがっている。でも三船さんには戦う前から負けてる。あの哀しさはなかなか出せません。俳優がギャラを忘れて演じたいと思うのは、やっぱり哀しさじゃないですかね」

その話に、森谷が乗ってきた。

「よし、やろう。やらせてくれ」

「無法松がひそかに想いを寄せている良子未亡人役には小百合ちゃん、無法松の頭の上がらぬやくざの結城親分に森繁久彌さんで如何でしょうか」

キャスティングまで決まり、次回作は『無法松の一生』で行くという話で盛り上がった。

『無法松の一生』の権利は、シナリオを書いた伊丹万作が持っている。その権利を、万作の息子の伊丹十三に譲ってもらうため、田中はただちに六本木にある伊丹の事務所を訪れた。

「『無法松の一生』を、映画でやらせてくれ」

「いいよ。誰でやるんだ」

「高倉健で」

田中は、東宝から預かった一〇〇〇万円を伊丹に渡して、脚本を譲り受けた。意気揚々と準備にとりかかっていた。

ところが、ある日、高倉が田中に言った。

「ちょっと、次の作品にしませんか」

すでに脚本を渡していたが、高倉が『無法松の一生』は嫌だと、突然ごねだしたのである。

「じゃあ、考えましょう」

そういって、二人は別れた。高倉がまもなく田中に『無法松の一生』を断った理由を明かした。

「あの時、監督は森谷さんでやるとなったじゃないですか。でも、自分が『無法松の一生』をやるんだったら、やはり、監督は降旗さんじゃないと……。監督、代えられませんか」

高倉は、それほど降旗監督を高く評価し、信頼しきっていたのだ。田中は、すでに森谷に依頼している。

「司郎さんも大変な監督ですし、もう断れないでしょう」

「そうですか」

「東宝の高井英幸（たかいひでゆき）さんにも、一言ご挨拶しなければならない」

「じゃあ、勘弁してください。もうダメですね」

のちに、高倉が『無法松の一生』を嫌がった理由が、別にもう一つあったことが判明した。

高倉は、出演した映画に対する手紙を大切に読んでいた。そして、真面目に返事を書いてもいた。そうやって、ファンとの交流を大事にはぐくんでいた。

『居酒屋兆治』（昭和58年）降旗康男監督／山口瞳原作／高倉健・大原麗子／ⓒTOHO CO.,LTD.

高倉に『無法松の一生』の話が持ち上がった時に、女性ファンがこう言ったという。

「健さん、まだ早いんじゃないですか」

高倉は、極端に老人役を嫌っていた。『無法松の一生』の話が出た時の高倉は、すでに四十八歳になっていた。田中にしてみれば、『無法松の一生』を演じるにはタイムリミットが迫っていると思った。

人力車を曳く車曳きの富島松五郎は、彼の地元九州の小倉では有名な暴れん坊で、近所の人々から「無法松」と呼ばれていた。

ある日、怪我をした子供を助けたことから、その家の父親、吉岡陸軍大尉に気に入られ、家族みんなと親しく付き合うようになる。

ところが、吉岡大尉は急病でこの世を去る。

松五郎は、いつしか未亡人となった良子に密かに思いを寄せるようになるが、口には出せずにいた。

大正六年の祇園祭の日、高校生になって松五郎を疎んじはじめていた敏雄が熊本の大学の夏休みを利用して、本場の祇園太鼓を聞きたいという先生を連れて小倉に帰って来た。

松五郎は、自らバチを取った。彼の老いたる血はバチとともに躍った。離れ行く敏雄への愛着、良子夫人への思慕、複雑な想いをこめて打つ太鼓の音は、聞く人々の心をうった。

〈健さんがやるには、遅いくらいだ〉

ラストシーンでは、雪の降る日、かつて敏雄を連れて通った小学校の校庭に、かすかな笑みをうかべた老いた松五郎が倒れていた。残された柳行李の中には、吉岡家からもらった数々のご祝儀の品々が手をつけられずにあった。その奥底には敏雄と夫人宛ての貯金通帳もしまわれていた。良子夫人は泣きくずれるのだった。

乗り気の高倉を後ずさりさせたのは、この女性ファンの「早すぎる」という一言だった。高倉が演じるには高齢すぎる役だとファンがいうのだ。高倉も〈そうかもしれない〉と思ったのだろう。

田中は、残念でならなかった。高倉は、『無法松の一生』の舞台でもある九州の人間だ。最高の作品ができると田中は自信を持っていた。

〈小百合ちゃんも、乗っていた。小百合ちゃんと健さんの共演も、いいものになったはずだ〉

原作者・岩下俊作の次男と田中は、高校の同級生でもあった。そのため、『無法松の一生』で映画を作るといった時、「いいよ、おまえ、いくらでもやってくれ」と応援してくれていた。それを思うと、高倉健主演で映画を作れなかったことが、本当に申し訳なかった。

□

田中プロデューサーは、それから、『居酒屋兆治』をやる前に、高倉に一つ提案してみた。

「健さん、ジャン・ギャバン的な映画、やりませんか」

高倉の頭髪がすでに白いことは知っていた。いつもは染めているのだが、そろそろジャン・ギャバンのような話をやってもいいと田中は思っていた。

ジャン・ギャバンは、主役を若いアラン・ドロンに任せ、アンリ・ヴェルヌイユ監督の『地下室のメロディー』や、ジョゼ・ジョヴァンニ監督の『暗黒街のふたり』でコンビを組んでいる。

「いや、自分はまだまだです」

高倉はジャン・ギャバンは特に好きだが、自分が老けた役を演じることには抵抗があった。白髪の高倉健は高倉健ではないのだ。高倉健が老けることなど許されなかった。

□

降旗監督は、『駅　STATION』まで、持ち込まれた企画を受ける立場だったが、次の企画からは、立ち上げにもかかわることになった。

木村キャメラマンから降旗に電話がかかってきた。

「丸山健二さんの『ときめきに死す』が面白かった」

高倉健の映画原作を探していた降旗は、さっそく『ときめきに死す』を読もうとした。が、月が替わっていて、掲載された雑誌が売られていない。

そこで、出版元の新宿区矢来町の新潮社へバックナンバーを買いに行った。受付のそばに立っていたら、新刊の山口瞳の『居酒屋兆治』が台車に載って何台も運ばれてきた。表紙の山藤章二の絵も面白い。聞いたことがないタイトルだから、受付の女の子に訊いた。

「あれは、何？」

「雑誌の『波』に掲載されていた作品です。面白いと思いますよ」

降旗は『ときめきに死す』のバックナンバーと新刊の『居酒屋兆治』を買って帰った。

両方読んでみた。『居酒屋兆治』のほうが高倉には合うと思った。

降旗がこの小説を選んだのには、降旗の個人的な思い入れがあった。降旗の伯父が、電力会社の人事部にいた。伯父は、人のクビを切らなくてはいけなくなった。人のクビを切るくらいなら、と潔く会社を辞めてしまったのだ。伯父は幸い家が金持ちだから焼鳥屋を選ばなくてもよかったが、降旗は伯父の意地に共感していた。

降旗以外のスタッフは、案じた。

「高倉健が平凡な庶民をやるだろうか。モツ焼き屋の主人をやると言うだろうか」

降旗は、原作をまず高倉に送り、出演をオファーした。

降旗は高倉に会うやこの伯父のことを話し、説得した。

「人の意地を描きたい。焼鳥の煙といっしょに、自分の気持ちを立ち上がらせたらいいんじゃないですか」

高倉は、すんなりＯＫした。

主人公藤野伝吉は、名もない庶民である。立ち回りもなく、庶民が黙々と自分の務めを果たす。キャラクターに魅力がある主人公ではない。

しかし降旗は、高倉はヒーローよりも、一般の人間を演じたいのではないか、とふと思った。きっと、高倉もヒーローから庶民役への脱皮を考えている時期だったのだろう。当時の高倉には、今までとは違う変わったものをやろうという感じがあった。

高倉は、このキャラクターが面白いからやってみようという俳優ではないと降旗はいう。脚本なり、原作にあるキャラクターなりが自分のなかにストンと入ってこないと駄目なのである。

本来ならあまり物語がないものだし、企画として挙げると異論が出るかなあと思ったが、東宝は、「はい、どうぞ」と言ってきた。『居酒屋兆治』のメインスタッフが決まった頃、高倉が降旗に言ってきた。

「黒澤監督から、『乱』という映画に出ませんか、と言われています。どうしたらいいんでしょう」

「健さん、黒澤さんとやりたいんでしょう」

「まぁ、その気もあるんですけど」

「では、こちらは、一度、解散します。黒澤さんのほうが終わってからまた始めます」

黒澤監督の映画は、二年もかかるといわれていたが、その当時は、いくら黒澤とはいえ、予算的には一年がせいぜいだった。

「健さん、一年くらいは待ちますよ。そのかわり、その時は、わたしは他の映画をやっているかもしれません」

□

実は、田中壽一プロデューサーは、昭和五十八年七月二十三日公開の『南極物語』の撮影が終わりかけた頃、高倉に相談を受けていた。

「田中さん、黒澤明監督が会いたいっていうので、帝国ホテルで会ったんです」

「そうなんですか」

「それでね、『乱』に出てくれないかと。鉄修理って役です」

当然、主役だと思っていた田中は、即答した。

「それは、止めましょう」

「でも、良い役ですよ」

「健さん、あなたね、黒澤さんとやったらどうなるかわからないのに、ましてや主役じゃないのに、役者として玉砕する必要はありません。黒澤さんの映画は、止めたほうがいいですよ」

高倉が、自分が出演する映画について相談するのはよほどのことである。非常に珍しい。田中も、はじめてのことだった。

この時だけは、田中も反対だと強く言いきった。

田中と高倉は東宝の門の前にある「マコト」で食事をしようと向かっていた。偶然、入口近くにある宣伝部に森繁久彌がおり、田中を呼んだ。

「壽一ちゃん、壽一ちゃん」

森繁のそばに駆けつけると、言い聞かせるようにいった。

「健さんを、黒澤さんの映画に出したらダメだよ」

〈もう、噂になっているのか〉

高倉に黒澤から映画の出演の話があったことは、あっという間に映画界で噂になっていた。

「シゲさん。そこに健さんがいますから、呼んできます」

高倉と森繁は、森谷司郎監督の『海峡』で、阿久津剛と源助役で組んでいた。

高倉が、森繁の前に立った。森繁が、いきなり言った。

「健さん、黒澤組、出ないよね」

高倉は、ハッとした様子だった。

「あんた黒澤とやったら、あんたの良さが全部消されちゃうよ。健さん、絶対やっちゃいけない」

森繁に断言され、高倉も腹を決めたようである。

高倉は、黒澤に最初に呼び出された帝国ホテルで、黒澤にはっきり断った。黒澤に呼び出された場所で断る。まさに、高倉健らしい行動だった。

□

高倉から降旗に突然連絡があった。

「『居酒屋兆治』は、いまどうなっているんですか」

「すでに解散しましたよ」

「黒澤組やめて、『居酒屋兆治』やりたいな……」

すると、黒澤監督がその件を知って、高倉に会って頼んだ。

「降旗監督に、会わせてくれないか」

高倉は、降旗に会い、黒澤の言葉を伝えた。

せっかく高倉が黒澤組をやめて『居酒屋兆治』に出る気になったのだ。降旗が黒澤監督に会って説得されでもしたら、『居酒屋兆治』ができなくなる。

黒澤監督に説得されないためには、かなりきついことを言わなければならなくなる。黒澤監督と喧嘩はしたくない。触らぬ神にたたりなし、である。

降旗は、黒澤に会うことを断った。

高倉は、黒澤監督には、次のように言って断っていた。

「仲間が、『居酒屋兆治』を始めていて、もう人が集まっていますから」

狭い業界のことだ。それが嘘だということは筒抜けだろう。

高倉の『乱』出演は、ついに幻に終わってしまった。あとで降旗が黒澤監督の『乱』のコンテを見ると、高倉の出演することになっていた鉄修理役の顔形は、高倉健そのものであった。

高倉は、平成二十五年五月二十六日「日曜邦画劇場・高倉健スペシャル」で軽部真一（かるべしんいち）のインタビューに答え、この件について語っている。

「『南極物語』の撮影で南極に行っていて、黒澤さんの映画が始まるということで帰ってきた。黒澤さんのところへ行き、黒澤さんと会った。ところが、降旗監督のもとですでに『居酒屋兆治』のスタッフ編成がおこなわれている。実際に大ちゃん（木村大作）たちは函館に行って、何千フィートのフィルムを回しているという。黒澤さんのところへ行くと、『居酒屋兆治』と天秤をかけたことになる。黒澤さんには、断りを入れた。ずいぶんご迷惑をかけた。なんというんでしょうね。運ですよね。学生時代から憧れていた黒澤さんに行かないというのも運ですよね」

なお、高倉のやるはずであった鉄修理役は、井川比佐志（いがわひさし）が演じている。

ただし、高倉には未練が残っていたようだ。田中がのちに高倉と一緒に御殿場の『乱』の撮影現場近くを通った時のことである。高倉が田中にこうつぶやいた。

「やればよかった……」

田中は、高倉の決断が間違いなかったと信じている。

〈健さんには失礼だけど、シゲさんがいったように止めてよかった。決して、健さんのためにならなかったはずだ〉

さて、高倉が『居酒屋兆治』への出演を決めたとなると、降旗は、あわてて準備に取り掛からなくてはならない。

急いでスタッフを組んだ。解散した時と同じ人で組むことは難しい。すでに次の仕事に入っている人もおり、一カ月以上かかった。プロデューサーの田中壽一、キャメラマンの木村大作こそいっしょであったが、八〇パーセントくらいは変わらざるを得なかった。

□

田中プロデューサーは、国立(くにたち)にある『居酒屋兆治』の原作者山口瞳の自宅を訪ねて行った。田中と山口は、田中の東宝時代以来の仲であった。

「瞳さん、『居酒屋兆治』で映画をやりたい。でも、国立は学園都市です。きれいすぎて、国立では映画になりません」

「壽一ちゃん、あんた、どこ考えているの?」

「実は、僕、函館(はこだて)を考えています」

「それ、いいな」

原作の『居酒屋兆治』は、東京の国立市にあることになっている。降旗と木村は、実際の居酒屋「兆治」に行ったこともある。野球選手の村田兆治(むらたちょうじ)から名前を取ったらしい。そこに、まさに映画に登場したような親父さんの店主がいる。山口瞳はそこをヒントに、物語を書いたのだ。が、あえて函館に舞台を移したのには、降旗の別の狙いもあった。

高倉と倍賞千恵子は、『駅　ＳＴＡＴＩＯＮ』で共演し、恋仲ではとマスコミに騒がれていた。国立での撮影となると、マスコミが押しかけてきて撮影にさしつかえる。そこで、函館に舞台を移すことを考えていたのである。

山口の反応は上々だ。田中はうまくいくと確信した。

が、山口が一言、発した。

「壽一ちゃん、函館だったら条件がある」

「はい。なんでしょう」

「函館には、競馬場があるよな。そこ行ったことがないから、招待してくれ」

田中は、競馬好きで競馬のエッセイも多い山口を函館に招待した。

その時、山口が連れてきたのが、『居酒屋兆治』の表紙を描いているイラストレーターの山藤章二とキャメラマンの浅井慎平、そして、のちに直木賞作家となる村松友視だった。山口らは喜び、『居酒屋兆治』に四人で出演もしてくれた。

『冬の華』にも、『駅　STATION』も、降旗は「困った時は北海道」と思っていた。ホンが少々悪くとも、雪がなんとかしてくれる。

ロケーションの場所を「函館でやろう」と田中が提案した時、最初に賛成してくれたのは木村大作だった。

「ああ、あそこだったら絵になるな」

キャメラマンの目で、太鼓判を押してくれた。

函館と札幌を舞台にした。北海道でも、情緒は札幌よりも函館のほうが強い。だから焼鳥屋を函館にして、ヒロインを「訪ねていく」のは札幌にした。木村は、札幌もずいぶん撮った。

『居酒屋兆治』のヒロイン神谷さよ役には、最終的に大原麗子を選んだ。

当時大原は、映画界からほとんど離れていて、テレビで活躍していた。降旗はじめ、もう一度古巣の映画界で映画界の女王になって欲しいという気持ちが強い者は多かった。

田中は、大原の男性マネージャーと面会した。

「『居酒屋兆治』のヒロイン役に、どうでしょう」

「いやぁ、大原、難しいから、どうなんでしょうかねぇ」

なかなか、いい返事がもらえないような反応だった。

高倉が大原をどう思うかも問題であった。

高倉と大原は、『網走番外地』をはじめ、一〇年間くらいはいわゆる同じ釜の飯を食っていた。『網走番外地』では、『北海篇』を皮切りに、『荒野の対決』『南国の対決』『大雪原の対決』『決斗零下(けっとうれいか)30度』と五本も共演している。TBSの連続テレビドラマ『あにき』でも高倉の妹役として共演している。

降旗が、高倉に訊いた。

「さよは、大原麗子さんでいきたいんですが、どうですか」

「いいですね」

の一言であった。

高倉は、大原をものすごく可愛がっていた。

田中は、直接、大原と会って話してみることにした。

なかなか難しいと聞いていた大原だったが、意外なほど簡単にＯＫしてくれた。

「わたし、やりたい。健さんと映画の仕事がいっしょにできる」

もしかしたら、大原は、高倉健のことを好きだったのかもしれない。田中はそう思っている。

いろんな女優が候補としてあがったが、結果的に大原麗子で大正解だったという。

□

居酒屋「兆治」の向かいにある小料理屋「若草」を営む陽気な女性役は、ちあきなおみが演じてくれた。

これも、田中がまず口説きにいった。

「ぜひ、この小料理屋のママを、ちあきさんにやってもらいたいんだ」

が、ちあきはなかなか返事をくれなかった。

ちあきは、惚れこんでいる夫の郷鍈治（ごうえいじ）と少しでも一緒にいたいため、「東京を離れたくない」と渋ったのだ。

　そんなちあきが、田中に「どんな俳優さんが出るんですか」と聞いてきた。

「高倉健です」

　今度は降旗がちあきなおみに出てもらおうと頼みに行くと、ちあきが言った。

「主人が、高倉さんの映画だったら、出ていたほうが思い出になるよ、というので、出ます」

　ちあきは俳優としては少し不安な面があるらしかったから、降旗は言った。

「あまり変なことがあったら言いますから。好きなようにやってください」

　ちあきの演技は、まったく心配なかったという。テスト一回本番ＯＫで、乗りに乗っていた。本質は芸達者なのであろう。

　兆治の妻の茂子のキャスティングが難航し、空白のままであった。

　他のキャスティングをしていたら、偶然まったく意識していなかったが、歌手のちあきなおみ、細野晴臣（ほそのはるおみ）が入ってきた。そのようなことから、田中プロデューサーが降旗に言ってきた。

「茂子も、歌手の加藤登紀子（かとうときこ）にしてはどうだろう」

　降旗は最初驚いた。

　降旗は、加藤のコンサートにも行ったことはないし、雑誌のゴシップ記事でかつての全学連のリーダー藤本敏夫(ふじもととしお)と獄中結婚したということくらいしか知らなかった。

そこで、加藤が出演していた日本テレビのテレビドラマの土曜グランド劇場『秋日記』の第十話と第十一話を取り寄せて見た。奥さん役をやっている。

「俳優らしくないところがいいんじゃないか」

高倉にそう話すと、「昔からファンなのです」と、すんなりと決まった。

□

田中プロデューサーが明治通り沿いのマンションにある加藤の事務所を訪ね、加藤登紀子に『居酒屋兆治』に出演してくれ、と頼みに来た。

加藤は、健さんファンだったから、必死に断った。

「そんな大それたことを、女優もやったことのないわたしに、やれるはずがない」

「加藤さんに、女優は求めていません。あなたは、加藤登紀子として出てくればいい」

普通の女性の役というので恥ずかしく思った。まったくの素顔の自分が出てしまうのではないか。まして、相手は健さんだ。健さんのファンとしては、絶対に失敗させてはならない。余計に不安になった。

加藤は、やはり断った。

が、田中プロデューサーは、あきらめなかった。今度は、降旗監督とともに加藤の事務所を訪れた。

今度は、降旗監督が口説いた。

「健さんっていうのは、自分で感じないとなかなか乗らない。実生活でも、というと語弊がありますけど、健さんの奥さんになれるような人じゃないと、納得して乗ってこない部分があるんですよね。健さんに加藤さんでどうかと話したら、〝昔からファンなんです〟と言ってました。それだからこそ、こうして来てるんです」

加藤はびっくりした。

〈えぇーッ、じゃあ健さんは、あたしを妻にしてもいいと思っているのか……〉

加藤は、手前勝手な誤解をして、答えた。

「では、お引き受けしましょう。よろしくお願いします」

加藤は、田中と降旗監督をエレベーターまで送って行くことにした。田中は、エレベーターを待つ間、くるりと振り向いて、ふっとつぶやいた。

「健さん、あまり美人は好きじゃないんですよね」

その時、「なるほど」と加藤は腑に落ちた。本当はずいぶん失礼な言い方のはずなのに……。

〈そういうからには、ほんとに健さんがわたしを選んでくれたにちがいない。田中さん

は、それを代弁している〉

田中は、しみじみ「高倉健」という名前に感激した。

〈きっと、加藤さんも高倉健の映画だからということで立ち上がってくれたんだろう。もし、あれが普通の役者の映画だったら、「うれしい」なんて思うだけで、出てくれなかっただろう〉

加藤の茂子役も、田中や降旗が目論んだ通り、ぴったりとはまった。

□

三光タクシーの副社長で、居酒屋「兆治」でいつもくだを巻いて兆治になにかとケチをつける憎たらしい河原という役がある。降旗は、その役を伊丹十三にやってもらった。降旗は、それまで彼の作品では伊丹に二作出演してもらっていた。

一回目は、昭和四十二年十月公開の東映映画『懲役十八年　仮出獄』。安藤昇、若山富(わかやまとみ)三郎(さぶろう)、伊丹十三の三人を中心にした映画である。

ところが、その映画ではホンがうまくいかなかった。ホンがうまくいかないかぎり、クランクインといかない。

「ホンを直しながら撮ろう」

降旗は伊丹に金庫破りの得意な本島健次青年の役を頼みに言った。

すると、エッセイストでもある伊丹は、脚本を読んで、シニカルな表情で小癪にも言った。

「良いセリフが、ひとつもありませんね」

ところが伊丹は、だからといって、断るのでなく、奇妙な条件を出した。

「僕を口のきけない役にしてくれたら、出ましょう」

伊丹を口のきけない人にし、会話は手話にし、その意味するところは字幕で表現することにした。

二作目は、昭和五十六年公開の時代劇『仕掛人梅安』である。藤枝梅安は、萬屋錦之助で、伊丹は近江屋佐兵衛役である。

近江屋佐兵衛役は、はじめ歌舞伎役者を連れて来ようとしていたが、萬屋とスケジュールが合わない。そこで、降旗は、その役を伊丹に頼みに行ったのである。

「そんなに面白い役じゃないけど、一応できあがっている役なんでいいんじゃないですか」

伊丹は、この時も条件を出して引き受けた。

「かつら（ヅラ）を白髪にしてもいいなら、出る」

そして今回の『居酒屋兆治』である。降旗は、伊丹を口説いた。

「今度の役は、芝居をしなくても、伊丹さんそのものですから、出てよ」

池部良は、降旗が『居酒屋兆治』を撮ると知ると、降旗に言ってきた。

「おい、おれが出るところはないの」

池部は、これまで高倉健と降旗の組んだ作品に多く出ている。二人のコンビの映画となると、ぜひ出演したいという強い気持ちになるのであろう。居酒屋「兆治」の常連客で、生命保険会社の社員役として出演することになった。

『居酒屋兆治』の脚本は、女性の大野靖子（おおのやすこ）に頼んだ。降旗にとって高倉主演の映画を女性ライターに頼むのは、初めてのことである。前から一度頼みたい、という気持ちはあったが、女性のライターに頼めば、ある部分では女性の目から見た高倉健像が出るのではないか。

その思惑は見事に当たった。加藤登紀子演じる藤野茂子と大原麗子演じる神谷さよの間で、煮え切らない男である藤野伝吉の姿が女性ならではの視点で表現された。

□

映画には四季が欲しくなる。夏だけのシーン、冬だけのシーン。それでは、映画にストーリーが生まれない。そのため、『駅　STATION』も『居酒屋兆治』も撮影期間は長期になってしまった。

単純に考えれば、映画一作に要する期間は三カ月といわれている。その期間、スタッフにはギャランティーが支払われるが、『駅　STATION』も『居酒屋兆治』も、二つの季節ごとに撮影したため、二回に分けての作業となった。その間の期間、スタッフは休みとなってしまう。支払えるギャランティーは映画一本分しかない。

それでも幸いなことに、スタッフたちは納得し、クレームもなく撮影をさせてくれた。それができたことは、プロデューサーとして田中は幸せだった。

また、田中のわがままを受け入れてくれたスタッフたちは、映画が好きなスタッフたちばかりだった。田中も、高倉の映画だということで、それだけのスタッフを用意したと自負したが、「良い映画を作るためには、それが必要だ。それでいい」と受け入れてくれたスタッフたちの度量に田中は感謝するばかりだった。

□

どちらかと言えばアウトローの高倉健が色濃く出ている映画が多い中で、しかし『居酒屋兆治』の主人公は、あくまでまっとうな市民だ。ところが、木村キャメラマンによると、それを高倉健が演じることで、普通の焼鳥屋のオヤジではない雰囲気になる。

普通の焼鳥屋のオヤジだったら、雪駄を履いている。店の外ではポロシャツにジーンズといったところか。

高倉健が演じると、アディダスのスニーカーになる。それをわざわざ本人がロスまで買いに行った。函館の焼鳥屋のオヤジが、マニア垂涎（すいぜん）の的のスニーカーを履いているのだ。ジャンパーも指定のブランドがある。おかしいじゃないか、という見方もあるだろう。焼鳥屋のオヤジが、アディダスだのブランドのジャンパーだの。しかし、そこは言えない。

「だって、健さんだもの」

木村はいつも、そういうつもりで撮っていた。

□

高倉健演じる兆治こと藤野伝吉は、北海道函館の街はずれで、加藤登紀子演じる女房の茂子と「兆治」という名の居酒屋を営んでいた。

兆治は勤めていた造船所でオイルショックの時、出世と引き換えに同僚社員の首切り役を命じられたことに反発して会社を辞めていた。

寡黙（かもく）で実直ながら気持ちが曲げられず無器用な兆治であったが、店は繁盛していた。兆治の同級生でバッテリーを組んだ無二の親友の田中邦衛演じる岩下をはじめ、元の会社の同僚有田や平田満演じるその部下の越智、近所の一年先輩で伊丹十三演じる酒癖の悪いタクシー会社経営者河原たちが、毎晩のように足を運んで賑わっていた。
「兆治」の向かいの小料理屋「若草」も、ちあきなおみ演じる陽気な峰子がカラオケで客を集めていた。

兆治は肩を壊して野球をあきらめた頃、地元青年会で知り合った大原麗子演じる年下の恋人さよとの苦い思い出があった。器量良しのさよに持ち上がった、旧家の牧場主である左とん平演じる神谷久太郎との縁談に、若く貧しかった兆治はさよの幸せを願って黙って身を引いたのであった。

しかしさよは、今でも兆治を想いつづけ、思い余って若い男と駆け落ちをしたこともある。

そんなある夜、さよの不注意から神谷牧場が火事に見舞われ、さよは街から姿を消していった。

そんな事件も落ち着いた頃、仕込みにかかる兆治の背後にさよがふいに現れる。兆治、背中を向けて、兆治の店でモツに串を通している。

「あいすみません、まだなんです」

さよ、椅子に掛ける。兆治は振り返り、さよとわかる。

兆治は、さよに声をかける。

「ずいぶん、心配しましたよ」

「……」

「でも、無事でよかった」

「……兆治さん……あんたが悪いのよ」

「……」

「あんたが意気地なしだったから、いけなかったのよ」

「……青年会の連中、よくやってくれましたよ」

「……」

「おうち、立派になったでしょう……保険金もおりたし、新築で、広くなって……かえって良かったって、みんな言ってますよ」

兆治は、振り向く。が、さよの姿が無い……。

茂子役の加藤登紀子は函館での撮影の前日に湯の川温泉の湯の川ホテルの用意されていた部屋に入った。高倉からの真っ赤な薔薇(ばら)の花が届いているではないか。感動した。

次の日、ファーストシーンの撮影があった。

加藤は、居酒屋「兆治」の自宅のセットのリアリズムにびっくりした。飾り物とか、画面に映らないところまで全部造ってある。部屋には小さな黒板がぶら下がっている。そこに家族の予定が書いてある。メモも貼り付けてある。

兆治役の高倉が、妻の茂子役の加藤に見送られて自転車で出て行くシーン。卸売市場での兆治と茂子二人の買い物シーンも初日に撮った。そのシーンは、さすがにみんなが心配していた。

タイムレコードの担当者が加藤を褒めてくれた。

「いいじゃないの」

しかし、高倉はそういう風には褒めてくれない。

加藤は、高倉に訊いた。

「緊張して、ちょっと、今のセリフのキー、高かったような気がする」

歌手の加藤は、声の上ずったのを「キー」の高さと表現したのだ。高倉は、優しく言ってくれた。

「大丈夫です、全然気にしないでください。あなたに言って欲しいのは、ラストの『人が心に想うことは、誰にも止められないもの』というたった一行だけですから。あとは、遊んでてください」

その一回目の撮影が終わった日の夜、函館にある湯の川温泉で大宴会が開かれた。ステージもあるような温泉ホテルの座敷である。加藤は、前もって言われていた。

「ギターを持ってきてくださいよ、お登紀さん」

加藤は、ギターを弾きながら歌った。

「知床旅情」を歌い、次に高倉の「網走番外地」の一番を歌った。加藤は歌い終わると、

「二番は、健さんが歌います」

そう言って高倉のすわってるところまで行ってマイクをむけた。

高倉は、照れながら、二番を歌った。

♪キラリ　キラリ光った　流れ星
燃える　この身は北の果て
姓は誰々　名は誰々
その名も　網走番外地

みんなは大拍手。大喜びだ。

「健さんは、こんな時滅多に歌わないんですよね」

実は、加藤は高倉とは初対面ではなかった。『冬の華』の撮影中に雑誌のインタビューで高倉に一度会っているのだ。高倉の行きつけの喫茶店で向き合った時、驚くほどリラックスしていた。

「健さん、誰かと、こっそり子供をつくったらいいんじゃないんですか」

高倉もまんざらではないようで、

「あの娘は、どうだい？　俺に気があるんじゃないの？」

などとスタッフと冗談を飛ばしたりした。

その時、昭和五十二年十月にリリースした「時代おくれの酒場」のレコードを手渡していた。

この時点では、高倉がまさかこの映画のラストシーンに自ら歌うとは思ってもいなかったはずだが。

撮影が進むにつれ、しだいにラストシーンで高倉が歌う雰囲気になっていった。

「健さん、『新網走番外地』以来、映画で歌っていないね」

「なんとか、歌ってほしいよね」

降旗や木村大作は、ロケハンの時、車に加藤の「時代おくれの酒場」のカセットを積んで聴いていたという。高倉も聴いていたに違いない。

□

高倉は、撮影の合間の休み時間には、加藤をリラックスさせようと、いろいろな話をしてくれた。

「僕が歌を歌う時には、三日くらい前から胃が痛くなり、胃に穴が開くほどですよ。尋常な状態ではない。その逆のことを加藤さんはしているんだから、さぞかし大変でしょうね」

加藤は、高倉がそのように気を遣ってくれることもあり、自分でも不思議なくらい楽であったという。

降旗監督から、加藤に対し、「ここで厳しい表情で」というような演技に関する要求はまったくしなかった。

「そこで、串を一本ずつ肉に刺しててください」

「このへんのものを、拭き掃除しててください」

まさに「遊んでてください」につながるものであった。どうやったらいいのかしら、などと思わないですむようにしてくれたという。

降旗は、リハーサルというのではなく、まず一回、お互いにやらせてみる。お互いに相手がこう出てきたら、自分はこう動くと前もって考えているはずだ。

一回やってみると、自分の対応は違っていたとか、これでよかったと結論が出る。

二回やると、ああこれで相手と思いが通じたかな、とわかる。三回やると、俳優は、思いはじめる。

〈もうそろそろ、本番いってくれないかな。そうでないと、思っている感じを忘れてしまう〉

そういう雰囲気になって本番に入れば、一番いい感じになるという。

高倉と組んでありがたいのは、高倉が雰囲気をしっかりと作って本番に入るから、他の俳優たちは、失敗して恥をかいては、と緊張していることだと降旗はいう。そのため一発勝負で撮ることができた。

降旗は、俳優を指示するというのは映画づくりとしてはあまり楽しくないという。従って、極端なことを言ってしまえば、絵コンテを作るというのは、アニメーションに近い。俳優が演じるという偶然性の楽しみがなくなる。映画は、その時一回の出会いで、前もって監督が思っていることと違い、監督と俳優とのやりとりで偶発的なことが起きる。それこそ監督にとって醍醐味であるという。

〈それが、僕のようななまけ者の監督には合っている〉

降旗は、黒澤明監督の『隠し砦の三悪人』に出演した藤原釜足(ふじわらかまたり)と酒を飲んだ時、彼から聞かされた。

「演(や)っても演っても、黒澤さん、ダメという。〝次もダメだったら、東京に帰しちゃうぞ〟。俺は俺で思ったね。なに言ってんだ。今度ＯＫを出さなかったら、俺のほうで帰ってやる。その覚悟で演った。すると、黒澤監督が〝なんだ、できるじゃないか〟とＯＫになった」

木村キャメラマンによると、『ミリオンダラー・ベイビー』などの傑作のあるクリント・イーストウッドは、監督として俳優には何も指示を出さないらしい。自分も俳優だったから、俳優であるからには、当然考えてきているはずだ、と思っている。そうして、見せてくれる演技には「それでいいんじゃないか」と言うのだそうだ。

　いっぽうの黒澤明は、細かく俳優に演技をつける。ただし、三船敏郎には何も言わない。『東京物語』の小津安二郎だって、笠智衆には何も言わない。笠智衆は、ただそこに座っていればいいのだ。そういう俳優をキャスティングする段階が、実際の撮影よりも一番大切なのだと、木村は最近つくづく思う。

　田中プロデューサーは、降旗の監督ぶりを見て、わかったことがある。

〈降さんが黙って、俳優に芝居をさせてみて、それで降さんがダメといった時は、本当にダメな時だ〉

　降旗が、高倉に「ダメ」ということはほとんどなかった。もちろん時にはあった。

「健さん、それ違うよ」

　降旗を信用している高倉は、素直に聞いていた。

　高倉と降旗には、東映時代からのつながりがある。降旗は、公私のメリハリが利いており、スタッフに対しても俳優に対しても、きちんとした態度で接する。高倉は、そんな降旗が好きだったのだろう。

　降旗は、しゃべるのが得手でないから、言葉でいちいち説明しなくてもわかってくれる人がありがたいという。高倉とは、たくさん組んできているから、少しの言葉だけでおたがいにわかりあえる。

いっぽう、一言だけで伝わらない人には、言葉を使えば使うほど、違うものになっていくという。

その高倉も、この映画について『居酒屋兆治』劇場プログラムのインタビューで語っている。

「これまでエキセントリックな役が多かったので、何もしないって役は、むずかしいし、さすがに不安があるね」

□

伊丹十三は、『居酒屋兆治』における憎まれ役、三光タクシーの副社長の河原のキャラクターを自分で考えてくれた。

高倉を「旦那」と呼び、高倉の付き人兼ボディーガード的役目を果たしていた西村泰治は、『冬の華』にもチョイ役で出演し、『居酒屋兆治』にも出演した。

西村は、居酒屋「兆治」で河原役の伊丹十三らが呑んでいるシーンに飛び入りで出た。

西村が、店に入って来る。

「ようやく今日、休みがとれましてね。これ、京都のお土産です」

　本当に京都から北海道函館にやってきたのだ。

　そのお土産をタクシーの運転手秋本役の小松政夫が受け取り、カウンターの中にいる兆治に手渡す。そこへ、河原役の伊丹十三が入って来る。

　それと入れ替えのように、アベックの片方の真っ赤なセーター姿の武田鉄矢がカウンターで目を覚まし、大きなあくびをして言う。

「大将！　次の船出るから、帰るわ。勘定」

　そのシーンで、ユーモア好きの降旗は、脚本にないセリフを武田の連れの女に言わせている。

「次の船出るって、どういう意味だかわかる？　ベッドインの信号なの」

　店中が大笑いとなる。

　兆治、勘定がいくらか一寸調べて言う。

「八九〇円です」

　武田は、一〇〇〇円札を出して、「釣銭はいらないよ」と立ちかける。兆治、釣銭をカウンターへ置き、言う。

「うちは、それ、やらないんです、すいませんが受け取ってください」

　河原が、そこから兆治にネチネチと絡み始める。

「釣銭はいらねえ、って言うんだから、もらっておけばいいじゃねえか！　じゃァ、なんだ？　このサービスってなァ！」

サービスに出している塩辛の小鉢でカウンターを叩く。

「ちゃんと、金を取りゃァいいじゃねえか！　釣銭貰って、サービスなんか出さねえで、しっかり儲けりゃいいじゃねえか、それが商売じゃねえのか！」

兆治は歯を食い縛って耐えている。

西村は、伊丹の演技とはいえあまりの憎たらしい真に迫る演技にムカッ腹が立ってきた。そこに、秋本役の小松政夫が、撮影中なのに、西村につい個人的に声を掛けてしまった。

「京都からわざわざやって来て、やっさん、こういう場面見たら怒りおるで」

西村も、それまであくまで撮影中の人物として演じていたのに、秋本役の小松にそういわれて、つい生身の「やっさん」に戻ってしまった。

〈伊丹め、わいの「旦那」を、こんな目に遭わしおって……〉

カッとなった。いきなり伊丹に近寄り、胸倉を摑んで暴れはじめてしまった。

「てめぇ！」

小松は慌てて西村を羽交い締めにして止めた。

が、西村は、勢いあまって、セットの窓ガラスを割ってしまい、撮影は中断してしまった。スタッフは、セットの作り直しにかかった。その間、降旗監督が西村を諭した。

「西村さん、撮影してるのだから、キャメラの枠の中で暴れてくれなくては……」

「すんまへん」

「もう一度キャメラを回しますから、今度は、キャメラの枠の中で同じような演技をしてくださいね」

ふたたび撮影が始まった。小松が、まず伊丹に食ってかかる。西村は、今度は役の人物になりきって、河原に食ってかかった。西村は「殿、殿中でござる」と忠臣蔵よろしくまわりの者に羽交い締めにされて止められる。

伊丹は、さすがプロの役者、この撮影中、平然と憎たらしい演技を続けていた。

小松政夫演じるタクシーの運転手の秋本の妻が、突然死ぬ。仏壇に供える花を持って、兆治と茂子が秋本の家を訪ねる。兆治の目に、仏壇に立てかけてある野球のバットがとまる。

兆治が訊く。

「秋本さん、野球、やるんですか?」

「ああ、これ……」

と、引き寄せて、抱き、撫でさする。

「俺……一人で寝たことが無いんだ……結婚したばっかの時は、布団がなかったんですよ、一組しか……それで、癖になっちまって、女房と足からませないと寝られなくなっちまったの……」

「しかし、いまこの足をからませる妻はいない。それでね、仕様がないからそのバット持ってきてね、このバットに足をからませて寝てるんですよ……金属バットじゃ冷たくて……寝られないいんだろうけど……」。語尾が震え、バットを抱きしめ、おいおい声を出して泣きはじめる。

その翌日の夜の兆治の店。河原ら、客がかなり入っている。

河原が、みんなに聞かせるように言う。

「扇風機だって言うじゃあねえか！　病人が暑い、って言って扇風機を廻したんだってえ？　そんな事しちゃ駄目だよ、丈夫な者だって、扇風機で死ぬことあるんだからね。あれ、酸欠になるんだよ、心臓が悪い人間はいっぱつだよ」

河原が、悪態をつき続け、店を出る。それから酔いながら歩いている。兆治、背後から河原を追いかける。

「河原さん！　一寸、待ってください」

「おう、なんだい？」

「扇風機のことです。ただ、ヘンな噂が広まっては、秋本さんが可哀相で……」

「まったく可哀相な男だよ、ありゃァ。手前ぇの母チャンを扇風機で」

「河原さん！」

「やる気かァ！……結構じゃねえか！」

河原、言いざま、兆治の鼻柱にガンと拳をくれる。

兆治、我慢して言う。

「河原さん……秋本さんの家へいらしたことないんでしょう。酸欠になるような家じゃないんです。雨戸を閉めきったって隙間風が入るような荒屋なんです」

「俺は医者に聞いたんだよ、そういう事があるって。だから扇風機は危険だって……荒屋なんて関係ねえんだよ！」

河原、行きかける。兆治、河原の衿髪摑んで引き戻す。

「なにすんだ、手前ぇ‼」

兆治、これまで河原に、殴られたこともある。それでも耐えに耐えていた怒りが、ついに爆発！　兆治の拳が河原の鳩尾にすさまじい勢いで炸裂する。

河原の体が前かがみになり、驚愕の顔で兆治を見る！

地に崩れ落ちる河原の身体。気を失った河原を見下ろし、茫然と立ちつくす兆治……。

このシーンはかつての高倉の任俠映画を彷彿とさせる。

原作にもそういうシーンはあるが、映画のように華やかではない。降旗は、なくてもいいと思っていたが、やはりそういうシーンがあったほうが、今までの健さんのファンに兆治のキャラクターを一気に受け入れてもらえる描写になる。そういう気持ちもあったという。

会社の要望もあった。

高倉には、実は嫌いな役者が二人いたという。その一人が田中プロデューサーによると、伊丹十三だったという。田中には、なぜ高倉が伊丹を嫌うのか、理由がわからなかった。

『居酒屋兆治』で高倉が伊丹と喧嘩するシーンでは、撮影後に高倉が田中に打ち明けていた。

「わたし、伊丹さんを本気で殴りましたよ。わたしは嫌いですね」

田中には理解できなかった。

〈伊丹が演じる酔っ払いの役柄が嫌だったのか。それでも、あれはあくまで役柄で、伊丹は伊丹なりに計算して演じてくれた。「兆治」に来る客は、みんな健さんファンだ。その中で一人だけ、健さんにけちをつける役を伊丹は演じたんだ。際立った素晴らしい演技だったのに……〉

加藤登紀子は、この『居酒屋兆治』は、高倉のいろいろな面を吸収した見せ場をたくさん持った映画だなと思った。

加藤は、昔、『日本俠客伝』や『昭和残俠伝』などを、深夜映画で握り飯を持って行って観ていた。今まで耐えに耐えた男がある瞬間、奮い立つ。

単身、健さんが乗り込んで行く。そういうシーンになると、みんなで「異議なーし」と声をかける。そういう部分は、この映画でもパターンどおり踏襲されているというわけではないが、いざとなったら正義のために闘うといったところに、微妙に残っている。それがこの映画では最後に河原を殴ってしまうシーンにつながっていく。

降旗監督は意識しているかどうか知らないが、健さんのファンであった人に対してのサービスは、ふんだんにある映画だなと思った。

健さんが、客の小松政夫演じる秋本のために、秋本が扇風機で奥さんを死なせたんじゃないことを河原に言うくだりがある。あそこで「河原さん、あなたは秋本さんの家に行ったことありますか」という健さんのセリフがある。

加藤は、のち試写の時にそのセリフが出てくるのを待ち望んでいた。握りこぶしをして、いよいよそのシーンになると、「出たーッ、いいぞー」と思ったりした。

この映画は、もちろん『南極物語』のような特異な世界を舞台にしたわけではないが、加藤には、今まで健さんがやってきた男の生きざまの総集編じゃないかという気がした。

なお降旗は、『居酒屋兆治』で小松政夫は、ドタバタも上手いが、せつない味も出せたという。

兆治は河原を殴ったことで警察に留置される。が、なぜか調べはさよとの関係に集中している。警察は兆治とさよの関係から放火事件を疑っていたのだ。

茂子役の加藤は、祭りの神輿が担がれて大騒ぎしている警察署のそばで兆治を待つシーンの撮影に入った。

待っている茂子……出て来る兆治。

「あんたァ……！」

茂子、駆けていって抱きつく、兆治、茂子の肩をしっかり引き寄せる。

茂子は、うるんだ瞳をあげ、

「煮込みは大丈夫よ……この六日間……一日一度は火を入れといたから……」

言ってニッコリ笑ってみせる茂子。

兆治、うんと頷き、茂子の持っていた荷物をふっと持ち、肩を抱いて歩き始める。

このシーンは、降旗監督もそばにいなくて、キャメラがどこにあるのかもわからない。お祭りは何度もできない。一発勝負である。あっという間に終わってしまった。降旗監督は、そのシーンが終わったあと、「いやぁ、よかった」と加藤を褒めた。

「登紀子さん、あの立ち姿は、ふつうの人にはできない」

そのあと、加藤と高倉の二人が運河沿いを腕を組んで歩く。映画では数秒しか使われていないが、実は、長いショットを撮った。カットはかからない。二人の歩く姿を背後からずっと撮っている。黙って歩くシーンなので、音声は録っていないから何をしゃべってもいい。

その時、加藤があまりに緊張が長く続くので、つい「はぁ……」とため息をついたら、高倉があの低い声で言った。

「思い出すんですか?」

加藤はびっくりした。健さんと腕組みして長い間歩いているので、ただドキドキしているだけだった。高倉とは、直接話したことがほとんどないのに、加藤が学生運動で逮捕された藤本敏夫と獄中結婚したとか、そういうことを心のなかですごくリアルに想っていたのだろう。

高倉は、演技についてこう言ったことがある。

「心に想うことが演技なんだ。セリフで言ったり、仕草で示したりする以前に、その瞬間に自分が何を想っているかが大事なんだ」

加藤は、降旗監督が、警察署の前に立っていた姿を褒めてくれたことについて思った。

〈監督も、旦那さんの出迎えの時もそうだったのかな、という愛情深い思い入れを持って撮っていたのかな……〉

□

加藤は、古くからの高倉健ファンであった。『昭和残侠伝』シリーズを観始めた昭和四十年には、昭和十八年生まれの加藤は、東京大学文学部東洋史学科にはいたが、歌手デビューしていた。高倉のブームが始まる『網走番外地』は昭和四十年だから、加藤のデビューと重なっている。

月刊「ユリイカ」平成二十七年二月号で語ったところによると、『昭和残侠伝』シリーズでだいたい最初に「昭和五年」という字幕が出る。世界大恐慌が始まった年で、日本の歴史が大きく動いた。新興やくざに対する任俠やくざの対決。新興やくざの経済力にはかないっこない。心ある人たちが新興やくざにいじめられて、それに義憤を感じた男が、かなうはずがないのに、たった一人で斬り込む。

かないっこないという自覚はある。六〇年安保の時は、ちょっと幻想をもったが、何十万の人が国会をとり囲んでも時代は変えられない。安保改定が通ったあとは、経済成長はするが軍事同盟は結ばれるし、農業は変わっていくし、憲法を変えようという動きは出てくる。憲法公聴会とかが開かれると、行った友人は必ず血だらけになって帰ってくる。それが加藤の大学時代。加藤自身も大学に入ってからデモに行く。かないっこないけども、全世界の学生が動いた。なにかひょっとしたらという夢をみんなでいっせいに見ているみたいな時代が昭和四十三年に来た。しかし、昭和四十二年には、革命家でキューバのゲリラ指導者チェ・ゲバラが南米ボリビアで殺されている。

日本では、京大生の山崎博昭が羽田闘争で死んでいる。

加藤は夫、当時反帝全学連のリーダーだった藤本敏夫と六八年に知り合う。藤本が言っていた。

「ベトナム戦争反対といったことで全世界の人びとが動くんだけど、どうすれば社会を変えられるかという具体的なプランはもてない。マルクス主義とか、思想だけでは変えられない、だけど心に熱い火がともってしまったおれたちは、ひっこみがつかない。組織も弱いし、計画が立っているわけではないけれど、無手勝流という言葉がぴったりで、太刀打ちできない強いものに素手でぶつかっていく。それをまさしく健さんがやっていた。『義を見てせざるは勇無きなり』という古い武士道にも連なるような心に火がついた。それを見てみんなが勇気をふるって、怪我ぐらいしたっていいじゃないか、捕まったっていいじゃないかと」

　加藤たちの若い時代は戦争が終わってまだ二〇年くらいしかたっていなくて、どこか男が侍だった。いい意味でも、悪い意味でも。その心意気を高倉が体現していた。

　加藤は、茂子を演じているうち、わかってきた。

〈あたしがせつない気持ちになってしまうと、シーン全体が淀んでしまう。暗くなってしまう。だから、あたしは、むしろ軽くやったほうがいいのだ〉

加藤は、映画が終わって気づいた。

〈これも、ちゃんと降旗監督の意図の上に操られていたのだと……〉

□

兆治の小学校時代の校長相場が、「兆治」に飲みに来る。相場校長は、先妻を亡くし、いまはうんと年の若い妻多佳をもらっている。この校長を大滝秀治が演じている。

田中邦衛演じる岩下が、相場校長に訊く。

「先生……失礼ですが……まだ、おやりになるんですか？」

兆治が、声をあげる。

「岩下！　いいかげんにしろよ」

「いや、本気なんだ、俺、聞きたいんだ！　参考のために……だって、俺たちだって、何時かはそうなるんだぜ、先生、まだ現役なんですか？　おやりになれるんですか？」

「岩下、おい、岩下！　お前、しつこいぞ、やめないか！」

相場が口を開く。

「言いますよ……じゃァ、藤野君も聞いて下さい、茂子さんは、耳に栓をしてください……わたしの朝食は、紅茶に、トーストに目玉焼きにフルーツ、と決まってるんです、前の女房の時から、ずっとそうだったんです」

　茂子が言う。

「ハイカラなんですね」

「モダーンと言ってください。それで目玉焼きですが……目玉焼きの玉子が、三つになる事があります、朝食の目玉焼きですが……これでおわかりでしょうか？　それは、月に一度か、二度の事です」

　みんなシーンとなる。

　ちあき演じる峰子が言う。

「御褒美だ！」

　精肉屋の岩下、涙をふいて言う。

「先生！　あとでステーキ届けます。今朝仕入れたばかりで、いいステーキなんです、奥さんと一緒に召し上がってください、精がつきますよ。ウナギだとか玉子だとか言いますが、ステーキが一番です。それも上等のでないと……」

　相場が続ける。

「ねえ、藤野君、岩下君……目玉焼きの玉子が三個なんです、そういう朝があるんです、多佳は黙っています、いつでもそうなんですよ、わたしも黙っています……これ、どう受けとったらいいのだろうか？　……しかし、これが現実なんです」

兆治、黙っている。

相場が続ける。

「若い女房を貰うってことは、他人の思うようなことじゃあないんですね、これ……残酷なんですよ……悲惨ですよ」

淡々と言う相場校長。

この作品でも、大滝秀治がいい味を出している。

□

「兆治」の店の客の役に、普通の役者さんでなくて、山口瞳とか山藤章二とか、ゲストをいっぱい呼んだ。だから、本物のお酒を出した。素人さんをお店のお客さん役にしても、酔う演技なんてできない。

そうしたら池部良が、降旗にあのまじめ腐った顔で怒った。

「本物の酒を出すんなら、もっとうまい酒にしろ」

□

ＮＨＫの取材で「降旗康男とはどんな人物ですか」と聞かれた木村大作キャメラマンは「降旗さんというのは、哲学者です」と答えた。

「言ってることはよくわからないけど、人間として通って行く道を言っている。あとは自分が考えないといけないんだから」

そのあとで、今度は降旗監督に「木村さんがこう言ってますが、どう思いますか」と訊いたそうだ。すると、降旗監督はこう答えた。

「哲学者なんておこがましい。ただ自分には感情、ポエジーがある。このポエジーを撮りたい」と。

ＮＨＫの女性ディレクターは意味がわからず困った。

「木村さんは、降旗さんのことを哲学者だという。降旗さんは、感情があるからポエジーを撮りたいという。意味がわからない」

そこで、木村は答えた。

「お前ね、哲学とポエジーは、同じことなんだよ。哲学というのは、人がこうやって生きているから哲学が生まれて来るのではなく、有名な哲学者も地球上の自然の中からいろんなものを編み出しているんだ。すなわち、大自然のことを言っている。俺は、哲学とはそういうものだと思っている。哲学とポエジーは、同じことなんだ」

ＮＨＫのディレクターは、この木村の答えにますます混乱したらしい。

降旗とキャメラマンの木村大作とは、映画に関して実に相性が良かったという。さぁ、どちらからキャメラで撮るか、という時、二人の想いはほとんどピタリと合った。

それに加え、木村は非常にリアリストであった。映画には、金がかかる。このバジェットで最善のものを作るにはどうしたらいいかということには、普通キャメラマンは関わらない。ところが、木村は、そういうことを考えながら仕事を進めていった。

降旗は、子供の頃から漫画のようなものを描いていた。中学時代は水彩画、高校時代には、油絵の具を買い、油絵を描いていた。

その頃好きだったのは、フランスのヴラマンクであった。林があって、農家があって、郵便配達の自転車が置いてあるような風景の彼の絵が好きであった。

降旗の映画で景色が美しく詩情にあふれているのは、子供の頃からの絵心も影響している。それと木村キャメラマンとの相性も影響した。降旗は、映像的には、東宝で仕事をしてよかったと思っている。

『非行少女ヨーコ』、『冬の華』のキャメラマン仲沢半次郎は、東映出身である。『駅　STATION』で初めて組んだ木村大作は東宝出身である。降旗は、東宝と縁があったことは、自分にとってプラスであったと思っている。

高倉の心配りは目を見張るものがあった。

コーヒー好きな高倉は、撮影現場でもよくコーヒーを飲んだ。そして、スタッフたちにも必ずコーヒーを勧めた。

「田中さんね、自分が欲しい時は、絶対、相手も欲しいんだ」

寒い現場などでは、自分だけが温かいコーヒーを飲んだりしない。

「おい、これ、監督に持って行け」

「はい」

「これ、（木村）大作さんのところ、持って行け」

そういって、よくコーヒーを配っていた。

□

高倉健は、毎日のように高輪（たかなわ）のホテルパシフィック東京にある理髪店「バーバーショップ佐藤」に通っている。その店には、彼のための個室があり、髪の毛を切ることもあればヒゲを剃るだけの日もある。爪の手入れもする。理髪店の主人、佐藤英明は、斯界（しかい）では知らぬ人のいない名人で、その名人が精魂こめて調髪する。佐藤は、アフリカロケの際、ダカールまで髪の毛を切りに出かけている。

なぜ、そこまで彼が髪の毛、衣装に神経を使うかといえば、それはアップのシーンが多いからだ。

高倉は、体について『高倉健インタヴューズ』で野地秩嘉のインタビューに応え語っている。

「体のことです。病気とケガが一番怖い。熱が出て顔が真っ赤になっただけでもフィルムに映ってしまうから、俳優にとって健康の管理は重要です。体をこわしてスケジュールをくるわすと、相手の俳優さんにもスタッフにも悪い。風邪をひこうが下痢をしようが、主役は〝今日はやらない〟とは言えません。休むことになったら、最初からスケジュールを組み直さなきゃいけなくなる。お相撲さんと俳優を一緒にしちゃいけないけれど、ケガする人は駄目ですね。横綱で名を残した人に病気がちの人、ケガばかりしている人はいないでしょう。僕は八甲田山、南極、北極……、といろいろなところでロケをしましたが、撮影が中止になるようなケガや病気をしたことは一度もない。まあ、これはあまり他人に言うべきことじゃないのだろうけれど……。

ロケに行くと、水が変わり、食べ物が変わり、寝る所が変わります。けれども俳優はどんなところへ行っても、いつもの自分で、しかも平常心でいなきゃいけない。それには気を使います。だから僕は南極や北極へは水も食べ物もすべて用意していきました。自分が普通の状態で演技ができるように。

日本映画では撮影中やロケの食事というと、いつも豚汁とカレーライスなんです。僕なんか『網走番外地』の頃から、もう三〇年以上も豚汁ばかり食べている。でも、これもひとつの知恵じゃないのかな。どちらも食中毒になるようなものは入ってない。北海道に来てみたら、カニが安かったから、じゃあカニにしようなんて喜んで、たくさん食べると、とたんにおなかをこわしちゃったりする。カレーと豚汁を食べてれば間違いない」

……釈放されひさびさに店に戻った兆治を岩下が笑顔で迎えた。

店の再開を聞きつけてやって来た峰子から、さよをすすき野で見た人がいるとの話を聞く。

昔のさよの写真を引き伸ばし、すすき野の繁華街を訪ね回る兆治は、造船所時代の後輩で店の客の越智と偶然に会う。越智は兆治にサリーというホステスを知ってるかと聞く。越智はサリーに結婚を申し込んだという。サリーこそ失踪してすすき野のキャバレーホステスに身を落としたさよだった。

兆治はさよの部屋を訪ねる。

そこには酒で身体を壊し、過去も未来も捨てて死んださよがいた。

加藤は、「時代おくれの酒場」のような歌がラストテーマになったらいいな、と思い、自分なりに他の曲を作ろうとした。別に依頼されたわけではなかったが、撮影中時間もあったので、「むくげの花」という歌を作った。

この映画の兆治を想いながら、結ばれずに死んでいくヒロイン大原麗子演ずる神谷さよをイメージして作った。

♪あふれる水の　行く先を
とめる事も出来ず　どこまでも
人は　あてなく　流れ　流れて
悲しみの海へゆく
むくげの　白い　花のように
はげしい　夏を　咲きとおして
散って　ゆくなら　それでもいいと
燃えつきるまで　咲いた
忘れるな　白い花よ　夏の思い出
さよならを　くり返し　旅する時に

この歌は、高倉にも聴いてもらった。

□

平成二十七年八月三日に七回忌を迎えるにあたり、大原麗子が最後まで胸に秘めた高倉健への恋心を実弟の大原政光が「週刊新潮」平成二十七年八月十三日・二十日号で初めて明らかにした。

「姉はずっと健さんに恋をしていたと思う」

大原の遺品を整理した彼は、新聞や雑誌の記事を切り抜いた五冊のスクラップブックを発見した。

「最初の夫の渡瀬恒彦さんと、二番目の森さんのものが二冊ずつ、残りの一冊は健さんに関するものでした。二度目の離婚後、姉は私に〝誰にも言っちゃだめよ〟と健さんへの好意を暗に認めたことがありました。心の奥底では、ずっと健さんと一緒になりたかったんだと思います」

いっぽうの高倉健は、終生、大原を妹のように可愛がり、二人の関係が恋愛に発展した形跡はない。大原の死後、政光の元には桐の箱に入った線香が届き、ほどなく高倉が大原の墓前で手を合わせる姿も見られたという。

大原の遺品のなかに『チロルの挽歌』のDVDディスクも出てきたという。これは平成四年に高倉と大原が共演したドラマである。政光は語る。

「ずっと見てたんじゃないですかね」

そして、大原の自宅の新築時には、高倉健から新しい電話番号がプレゼントされていたという。その電話番号の末尾四桁は、「0015」、つまり「レイコ」なのだ。

また、晩年お金が無くて、貴金属を売り払っても、これだけは残していたというものがあった。高倉からプレゼントされた万年筆であった。

高倉は購入した複数本の万年筆に、0から始まるシリアル番号を刻印していた。0は高倉健が所持していた。そして1が大原にプレゼントされたのだ。

「健さんに1番に選ばれた」

大原はそういってたいそう喜んだ。

このように、大原が『網走番外地』で初共演して以来、尊敬する兄として慕っていた高倉健がずっと見守っていたという。

□

ラストシーンを撮る三日前、降旗監督が加藤に言ってきた。

「最後の最後のセリフですけど、『お夜食作っとくから……早くね』とあるのを『シメジのおじやを作っとくから』に変えてもらえますか」

そのほうが、印象に残る。滲みる。降旗監督は、その一言のためにものすごく考えていたのであろう。

加藤は感心した。

〈こういう感覚で、映画を作っている人なんだな……〉

いよいよ、ラストシーンを撮ることになった。兆治の店のスタジオが掃き清められた。スタッフが行列して、加藤を「おはようございます」と出迎えてくれた。取り組み方が、ふだんと全然違う。

大事なラストシーンなので人払いされ、「本日は部外者立ち入り禁止」の張り紙がしてある。

ラストシーンを撮る時に、加藤は、「兆治」の店の隅に束ねてある割り箸とか、お品書きの煤(すす)けた様子とか、それこそ小道具の人が微(び)に入(い)り細(さい)をうがつ想定をして造ったそのセットが、だんだん愛おしくなってきた。思わず店の中を見渡した。何人ものスタッフが映画を撮るために隅から隅まで準備しているという、そういうチームワークの美しさに、すごく感動した。

ものものしい雰囲気の中で始まったが、その時も、降旗監督から加藤への演技指導はなかった。

「帰り支度をしてください」とだけ言われた。リハーサルはまったくなし。加藤は、エプロンを外して、買い物袋に財布を入れて、場当たりだけしてすぐに本番である。

キャメラを廻し始めたが、高倉の最初のセリフ「すまなかったな……」がなかなか出てこない。気が満ちて来るのを待っている。あるいは、自分を追い詰めていく時間なのではないだろうか。沈黙の表情が大切だから、それをまずとらえるのを待っているのであろう。

加藤は加藤なりに高倉のセリフが発せられるまで何秒と読む。そのうち、加藤は帰り支度でやることは全部終わってしまった。

もう一回、「忘れ物しちゃったわ」みたいな感じで、袋のなかの埃(ほこり)を出してきて見つめた。最後には、袋の下をつまんだら、裏地が出てきてしまった。袋の底の埃を見ていた。

そこで、ようやく高倉から、加藤に声がかかった。

「すまなかったな……いろいろ」

茂子は顔を上げる。

「何のこと?」

「いや、河原さんのことや……それから……」

後、言葉が続かない。

茂子が言う。

「……さよさんのこと?」

茂子は、この映画でもっとも大切だと思うセリフを口にした。

「人が心に想うことは、誰にも止められないもん……」

茂子は、それから鍋のそばに行き、語る。

「夢追いかけて行ってしまう人を止めることは、できないわ。わたし……あんたも行ってしまうかもしれないと思っていた。うらやましかったわ」

「俺は、そんなことできないよ。この店があるし……来てくれるお客さんはいるし……それに、道子や幸子や……」

茂子が言う。

「夜食作って待っている女房がいる」

そこで、茂子は兆治の顔を見る。

実はそこで、最初の台本にはなかった「居酒屋の女房で、あたし、悔いはないわ……」というセリフが加えられた。加藤は降旗監督に言われた。

「そこを、クルッと見回して」

加藤は、言われたとおりに見回しているうちに、何日間か営業していたその店に来てくれた人たちの姿や、いろんなことが思い出されてきた。

夫婦というのは、さり気ない仕草で表現できないし、加藤の演じている茂子は、言葉でいろいろなことを言える女ではない。降旗監督の演出の一つひとつは、逆に、加藤に教えてくれた。

〈えッ、この仕草はこういうことを表すのか……〉

「……居酒屋の女房で、あたし、悔いはないわ」

茂子、兆治の肩に手をかけて言う。

「じゃ、シメジのおじや作って待ってるから……早くね」

茂子は、笑顔を投げ、脇口から帰ってゆく。

「はい、カット」。一発オーケーであった。

ずっと後に、加藤は、高倉の映画について降旗が語っているのを聞いた。

「健さんは、大事なシーンは絶対に一発オーケーで、二度はやらない。やれないのかな」

加藤は、最初からそのことを知らなかったからよかったが、もし前もって一発しかやらないことがわかっていたら、震え上がっていたろう。

独り残る兆治、酒瓶を取り、コップに注ぐ……一口飲んで、ホッとする。ポケットからさよが手に握りしめていた兆治とさよ二人の写った写真を取り出す……一寸眺めて、灰皿を引き寄せ、マッチの火をつける、炎とともに燃えてゆく兆治とさよ……。

瞬間、電話が鳴る！

ハッと写真を、灰皿に落とす。

電話、三回鳴って、プツリと切れる。

灰皿の中で写真が燃えつきる……若いさよの笑顔が、最後まで兆治を見詰めている……。

電話の向こうで、さよのすすり泣きが、今でも聞こえるようだった……さよの短い、哀切な一生を想う兆治の瞳から、涙がひと筋、しみじみ頰を伝ってゆく……。

兆治は、眼の前の鏡を見る。鏡に映る自分に声をかける。

「元気を出して、行こうぜ」

コップに注いだ酒を持ち上げ乾杯するかのように鏡の自分に「オッス」と言い、立ち上がる。

そこに、高倉が歌う加藤登紀子の歌「時代おくれの酒場」の音楽がかかる。

♪この街には不似合いな
時代おくれのこの酒場に
今夜もやって来るのは
ちょっと疲れた男達
風の寒さをしのばせた
背広姿の男達
酔いがまわればそれぞれに
歌の一つもとびだして

歌を歌えば血がさわぐ
せつなさに酔いどれて
気がつけば窓のすき間に
朝の気配がしのび込む
どこかに何かありそうな
そんな気がして
俺はこんなところにいつまでも
いるんじゃないと
この町には住みあきて
俺の女もどこかへいった
あいつ今頃どこでどうして
どんな男といるんだろう
夢の苦さを知りもせず
夢をさがしているんだろ
ルルル……

兆治、電気を消し居酒屋から去る。暗い部屋には店で着る、背に「兆治」と染められている法被がかけられている……。実は、この歌ができたのは、フジテレビ系のポニーキャニオンのレコードプロデューサーが高倉に頼んできたことによる。

「これまで健さんの『網走番外地』にしても、『唐獅子牡丹』にしても、キングレコードからLPが出ています。そこで、今回、『居酒屋兆治』のなかで、ぜひ健さんに新曲を歌ってほしい。それをウチの社で出したいんです」

スタッフも、「健さん、ぜひ歌ってください」と盛り上がった。高倉もその気になった。が、やはりやめようということになった。

それを聞くと、ポニーキャニオンのレコードプロデューサーが青ざめた。降旗のところにやってきて、頼み込んだ。

「もしこの話が壊れると、わたしは首になる。なんとか、健さんに歌うように頼んでください」

降旗も、高倉に言った。

「健さん、ひとりのプロデューサーの首がかかっているんだ。歌ってあげてよ」

結局、高倉は、新しい歌ではなく、ラストシーンで加藤登紀子の「時代おくれの酒場」を歌うことに決まった。

その歌をポニーキャニオンでLPにすることになった。

いよいよ高倉のレコード吹き込みが始まった。『居酒屋兆治』の映画の音楽を担当する井上尭之が、スタジオに高倉を連れてきて、吹き込みをはじめた。

降旗らとすれば、無事吹き込みがはじまり、よかったなと安堵した。ところが、加藤が、心配でその現場を見に来た。高倉はすでに吹き込みを終え、いなかった。

加藤は、そのダビング中の高倉の「時代おくれの酒場」を聞くなり、井上に向きなおり異議をとなえた。

「これ、どうしてこうなっちゃうの？」

加藤とすれば、「時代おくれの酒場」は、あくまで自分の歌である。せっかく自分の歌を高倉に歌ってもらうなら、自分でも納得するように歌ってもらいたい。自分は、リズムで歌っている。高倉の歌い方は、自分の想いと違う。

ダビング室にいたスタッフは、大慌てである。

降旗は、みんなを制した。

「みんな、外に出るな！」

降旗と木村大作キャメラマンの二人が、ダビングルームから出た。加藤は、井上をこてんぱんにやっつけているではないか。火のような情熱である。

「なによぉ！　これ、音楽じゃないじゃない。こんなの、入れさせない」

井上は、加藤に言った。

「健さんは、四日間も、このスタジオでレッスンしたんです」

井上は、懸命に加藤をなだめにかかった。もし加藤が、納得しないでもめると、高倉が「そんなに言うのなら、俺はやめる」と言いかねない。井上は言った。

「これが、健さん節なんです。健さんの味なんです」

降旗監督が高倉に聞いたところによると、高倉が「網走番外地」「唐獅子牡丹」の歌を吹き込む時、当時、妻であった江利チエミがレッスンしたという。

ただし、チエミ節にならないように気をつけていたという。あくまで「健さん節」の味わいを残したのだ。

加藤も、最終的に納得した。

なお、高倉のこの「時代おくれの酒場」はポニーキャニオンで無事LPのA面になる。

ただし、加藤のLPにはない「人が心に想うことは誰も止めることはできない」というセリフが、最初に入っている。『居酒屋兆治』のラストシーンで高倉の妻茂子役の加藤の言うセリフである。

高倉が、このセリフをいかに気に入っていたかがわかる。

ただし、問題はB面である。高倉は、B面も歌う気はなかった。が、A面だけでは成立しない。

そこで、加藤は高倉に提案した。

「B面は、健さんの語りにしてはいかがですか」

高倉は、その提案を受け入れ、自らの人生を語った。

□

降旗は昔の颯爽とした役の健さんよりもこの映画の居酒屋の親父のような役をやってるほうがいいと思っている。年輪を経て、滋味が出てきたというのだろうか。

降旗は、『駅　STATION』よりも、『夜叉』のアクション映画より、『居酒屋兆治』やのちに撮る『あ・うん』のような文芸映画のほうが好きだという。

降旗が自宅でテレビのチャンネルを回していると、たまたま『居酒屋兆治』をやっていた。観ていると、ついずっと観てしまう。

〈えー、こんな風になっているんだ〉

自分で感心してしまう。

アクションか文芸路線か、どちらがいいか、出来具合は、世の中の評価に任せるという。

高倉は、平成二十五年五月二十六日の日曜邦画劇場「高倉健スペシャル」で軽部真一にこの作品について語っている。

「僕は、実は、〝なんだ、こんな地味な話〟と怒鳴りまくりながらやったんですね。まったく乗り気じゃなかった。

僕は、役者というのは、走らされている競走馬みたいなものでね。やっていると、まわりが走るので、ついやっちゃうんですね。

しかし、いま観ると、しみじみといいものができちゃうんですよね。不思議ですよね」

『居酒屋兆治』が上映されたのち、池波正太郎（いけなみしょうたろう）が雑誌「オール讀物（よみもの）」の中で、田中がプロデュースした映画について書いた。内容は「『駅　STATION』『居酒屋兆治』のキャスティングがものすごく面白い。これらの映画のプロデューサーのキャスティングは素晴らしい」というものだった。田中は、これを読み、いたく感激した。

□

『居酒屋兆治』の撮影中、高倉から呼び出された田中は、品川プリンスホテルのいつもの部屋に向かった。

「倍賞さんが五〇〇〇万必要とされています。コマーシャルを年間二、三本でどうにかなりませんか」

高倉は倍賞千恵子から相談を受けたものの自分で動くことはできない。そこで、田中を頼った。

た。

田中は、引き受けた。一度でも縁を持った女性の面倒は最後まで見るのが高倉健だった。

そこへ、タイミングよく、広告代理店の第一企画が田中のところへやってきた。

田中にすれば、願ってもない申し出だ。

「それでは、二本か三本で年間五〇〇〇万。これで、いいですか」

田中は、これで倍賞のコマーシャルの話は決まると信じていた。ところが、後日、電通のCM局長が田中を訪ねてきて、こういうのである。

「倍賞のコマーシャル、うちでやらせてくれ」

おそらく、電通が抱えているスポンサーから頼まれたのだろう。倍賞のコマーシャルを電通に譲ってもらうためにその局長は来たのだろうと田中は思った。

正直、電通ならすぐにコマーシャルの話は成立する。

だが、映画の世界は、最初に口をかけたところを大事にする習わしである。すでに、第一企画にお願いする話が決まっていたため、田中は断った。

「申し訳ないが、それはできない。すでに頼まれているところがあるので」

電通は、田中に断られたことで焦った。

〈こうなりゃ、倍賞を直接口説くしかない〉

結局、電通が倍賞のコマーシャルを撮ることになり、第一企画は外されてしまった。田中からすれば妨害工作をされたのである。

いっぽう倍賞は、必要とした五〇〇〇万が手に入る。断る理由などない。高倉は、倍賞から無事にコマーシャルの話が決まったと報告を受けた。おそらく、高倉は倍賞からこんな風に報告されたのだろう。

「電通からコマーシャルの話をいただいたのよ。電通は田中さんの所を訪ねて行ってお願いしたらしいけど、その時、田中さんはこの話、断ったらしいわ」

そんな報告を受け、高倉は思ったはずだ。

〈田中さんが断ったって……。あれほど田中さんを信じて、田中さんに頼んだのに、おかしいだろう〉

田中への疑いと怒りがおさまらない高倉は、降旗と木村に相談した。

「田中さんとは、もうやりたくない」

そういう高倉に、降旗は言った。

「それならば、田中さんにきちんと話したほうがいい」

『居酒屋兆治』が終わった後、田中は高倉に赤坂プリンスの旧館へ来るよう呼び出された。

「田中さん、これまで仲良くやってきましたが、どうでしょう。わたし、ここでちょっと、田中さんとは距離を置きたいと思うんです。もうこれを最後に、当分二人でやるの、止めませんか」

田中は、突然の話に、何が起きているのか理解できずにいた。

〈まさか、映画で健さんが気に食わないことがあったわけではないはずだし……。一体、どうしたんだろう〉

こうして、高倉と田中のコンビは解消した。

電通と倍賞のコマーシャルが成立したことを、田中はあとで知った。田中は、第一企画からコマーシャルの話が来るものと思い、ずっと待っていた。しかし、裏で電通が動いたせいで、田中から高倉に倍賞のコマーシャルの話を伝えることができなかった。

〈そうか……。そういうことだったのか……。健さんにしてみれば、自分の顔を潰(つぶ)されたと思ったんだろうな。それで、怒ったんだろうな〉

田中は、この事実を高倉にも、降旗にも、木村にも話さなかった。実際、倍賞の仕事を決められなかったのは田中だ。健さんの気持ちもわかる。だから、仕方がないと諦め、真実を伝えることをしなかった。

□

『居酒屋兆治』の撮影に入ろうとしていた時だ。伊丹が田中プロデューサーに「会いたい」と言ってきた。

二人は、赤坂プリンスホテルで会った。

「実は、映画をやろうと考えているんだが、壽一ちゃん、プロデューサーやってくれないか」

田中は、引き受けることにし、その打ち合わせを『居酒屋兆治』の撮影先の函館でやることになった。

高倉が、何故か伊丹を嫌うため、伊丹を同じ宿に泊めるわけにはいかない。田中は高倉と同じ宿。伊丹は降旗と同じ宿にした。田中は、伊丹と伊丹が監督する映画の打ち合わせをしたいため、向こうの宿に行きたいのだが、どうしても高倉が許さない。

「田中さん、いいじゃないですか。ここにいてください」

結局、函館で伊丹と打ち合わせはできなかった。

木村によると伊丹十三は、この作品に出演していた時から映画監督を目指していた。小津安二郎の傑作『東京物語』のキャメラの研究書のようなものをいつも持ち歩いて勉強していた。

伊丹は、『居酒屋兆治』の撮影中、木村によく質問した。

「なぜ、ここにキャメラポジションを置くのか」

木村は答えた。

「ここから撮りたいから、ここに置いただけだ」

函館から東京へ戻った田中は、伊丹と打ち合わせに入った。

「どうだろう。このホン、やりたいんだが」

その時、渡されたのが『お葬式』である。

本を読んだ田中は、素直に面白いと思った。そこで、東宝に売り込むことにした。

「これを、やりたい」

東宝の堀内實三は、即座にこう言った。

「壽一ちゃん、ダメだよ。結婚式っていう映画だったらいい。お葬式じゃ、ダメだ」

断られた田中は、小さな制作会社であるニュー・センチュリー・プロデューサーズの岡田裕に話を持って行ったところ、ＯＫの返事をもらえた。伊丹にクランクインを延ばすように頼んだが、伊丹は断った。

「おれ、映画が作れるのなら、すぐ作りたい」

「それは困る」

「どうしても、この時期にやりたいんだ」

しかし、田中は『お葬式』のプロデュースはできなかった。『居酒屋兆治』の撮影が延びたからだ。

高倉は、映画の宣伝が終わり封切るまで他の作品に携わることを嫌がった。そのため、田中も『居酒屋兆治』の封切りまで、ある意味、高倉に拘束された。

伊丹の初監督作品『お葬式』は、映画を観た客の口コミから火が付き、予想を裏切るヒットとなった。

田中は、プロデュースできなかったことを悔やんだ。

〈わたしがやっていればな……。そうすれば、その後、伊丹とずっと映画が作れたのに……〉

# 第五章 『夜叉』

『夜叉』は、昭和六十年八月三十一日に公開された。

『夜叉』の前に、実は別の企画が決まっていた。スタッフの顔ぶれも固まり、その企画のために木村大作キャメラマンは高倉健と頻繁に会っていた。しかし事情があって、この企画は流れてしまった。

「これで、しばらく会えないのはイヤだね……」

高倉健がそう言うので、それではとシナリオライターの中村努とプロデューサーの市古聖智、降旗監督で企画を練り上げたのが『夜叉』である。木村は思っていた。

〈僕が高倉さんと一緒にやってきた映画の主人公は、非常にストイックだったり、いい人だったりする。それはそれでいいんだけど、ある部分、昔健さんがやっていたやくざ映画に憧れがある。何とか自分の手で撮ってみたい〉

『夜叉』は、高倉最後のやくざ映画になるだろう。様々なやくざ映画の、いいシーンを全部並べてやろう、そんな企みで中村が書き上げた脚本だ。それを高倉健でやったらどうなるか。すべてが見事にはまったのだ。

高倉は、公開当時、五十四歳。背中の入れ墨を、六十歳過ぎたら見せられないのではないか。体も動けなくなるのではないか。そういう気持ちが『夜叉』を作り上げた。

映画の企画というものは、これは高倉健が関わる作品に限ったことかもしれないが、実際の撮影開始の一年半も前に「こういう話があるんだけど」と打診が来る。

その時点で、木村大作はスケジュールを空けて、いつ撮影になってもいいように用意を整えておくのだ。他の仕事が来ても、断る。そうしておきながら、一年たったあたりで「やっぱりやめよう」ということもある。もちろん、その間のギャラの保証は何もない。そういう状況を覚悟しなければ、高倉健とは付き合えない。仕込みの段階から話が来て、まだシナリオもできていないのに、拘束されているようなものだという。

この企画が実際に動き出すにあたって、降旗監督は木村と話し合った。

「健さんを主役にして作ってお客が入っても、作る側にはお金がちっとも入って来ないい映画の作り方はないか。そう考え、東宝や田中プロと組んで製作した経験を活かして、「エンカウンター」という会社を作った。「遭遇（そうぐう）」という意味である。まさに、『夜叉』のために遭遇した侍たちの会社だった。なにしろ、会社が相手でなければ、東宝も予算の出しようがない。

高倉を、社長にした。その時の東宝の島谷能成（しまたによししげ）専務も役員になってもらった。宣伝部員にプロデューサーを頼み、取締役になってもらった。

プロデューサーとしては市古聖智がいたが、島谷もプロデューサーになってもらった。
それに降旗と、木村大作も加わり、六人のメンバーの会社となった。

高倉は、なぜ『夜叉』でふたたびやくざを演じたのかについて「キネマ旬報」昭和六十年四月下旬号の八森稔（はちもりみのる）のインタビューで語っている。

「一〇〇本近くやくざ映画を撮ってきた。当時はやみくもに走ってたって感じなんだが、それが何だったのか。ふりかえって、自分で見てみたいって気持があったんですよ。やくざといっても、昔のは多分に作られたものだった。その役柄と筋ということでは武士みたいなものでもあった。今回のは、もっと人間的というのかな、やくざの足を洗ったにもかかわらず、ふとひきもどされるみたいな人間くさいところがあって、かなり違いますけど。

かつてひた走っていたものを、刑事をやったり、焼鳥屋の親父をやったりしてここまできた自分がやったら、どうなるのか。そんな興味もありましたね……」

□

『夜叉』の舞台探しは、市古聖智プロデューサーとシナリオの中村努が日本海側をまわっ

『夜叉』（昭和60年）降旗康男監督／中村努脚本／高倉健・田中裕子／©
TOHO CO.,LTD.

た。木村大作キャメラマンが北海道と太平洋側を分けてまわった。

　そのうち、市古グループから、降旗に連絡が入った。

「とっても景色のいい場所がある。大ちゃんに見に来て欲しい」

　木村大作は、さっそく見に行った。

　敦賀の原子力発電所と美浜湾をはさんで反対の福井県美浜町日向の小さな港町であった。

　木村は、山の上から港町を覗いた。日本海に臨み、岸壁に波が砕け、岬の突端に赤い灯台がある。ヒロインの田中裕子が子供を連れて向かう灯台だ。なんとも素晴らしい。そこに三〇メートルくらいの日向橋、通称太鼓橋もあった。橋の両サイドがなだらかな坂になっていて、文字通り太鼓橋であった。その時は、そのこぢんまりとした太鼓橋が、映画で大きな意味を持つようになるとは思っていなかった。

『夜叉』の舞台は北陸だ。雪そのものだった。

『夜叉』のシナリオは、中村努である。もと大映で『大殺陣　雄呂血』や、フリーになってからは『座頭市』や『子連れ狼』などを書いていた。降旗は、中村に頼んだ。

「では、脚本は敦賀のこの港町を舞台に書いてください」

　降旗は、中村にさらに言った。

「人間というものは、年を取っても、青春をもう一遍繰り返すしか仕様がないものだ。大阪ミナミで発揮された青春が、もう一回、若狭の漁港で蘇る。そういう話にしてほしい」

降旗は、成功する人は自分自身の何かを捨てて成功していくのだと思う。例えばオーソン・ウェルズ監督。『市民ケーン』の主人公のように。やくざでも、えらくなれなかった。漁師になってもフラフラしている。そういう人は、何らかの失敗する理由なり、原因なりがあると思う。自分が守りたい何かがあるから、適応できずに失敗するわけである。では、その守りたいものとは何なのか。出世できない係長、サラリーマンをやめて畑を耕している男、我々も含めて誰でもいいが、そういう人たちがこの映画を観て、何かを感じてくれたら、と思う。成功しなかった人間の心情というものに、やっぱり興味あるのだ。

□

降旗はこのシナリオを作っている時から、高倉健演じる主人公の修治が愛する螢子は、田中裕子しかいないな、と決めていた。

降旗は、松本清張原作の松竹映画『天城越え』に大塚ハナ役で出演した田中裕子を見て決めた。なんともいえない清純ななまめかしさである。

降旗は、田中裕子に『夜叉』の螢子役をやってもらおうと新宿区信濃町の文学座の仕事部屋を訪れた。

文学座の仕事部屋は、和風の家だった。二階の階段を上ったところの踊り場に、小ぶりな応接セットがある。

「ぜひ、高倉健と組んでやってほしい」

「本当に、そうお思いなんですか」

田中は、降旗を下から少し見上げるようななんとも艶めいた目線で見ながら訊いた。

「今みたいな感じでやっていただければ、いいんですけどね」

田中は、しばらく降旗の話を聞いていて言った。

「それじゃあ、監督の言うことはわかりました。正式なお返事は、明日、劇団のほうからさせていただきます」

田中が、引き受けてくれることになった。

修治の妻冬子は、はじめからいしだあゆみがいいと思っていた。修治は、ミナミでやくざとして青春の花を咲かせた。その花を咲かせることを止めた時の男といっしょになったのが、冬子である。冬子は、花なんか咲かなくてもいいわよ、と思って修治に尽くし続けている。降旗は、そういう女性にいしだあゆみは実によく合うと思っていた。

降旗は、スタッフにはかった。

「『駅　STATION』でも出てもらっていますけど。いしだあゆみさんが出る気になってくれるかどうかだよね」

いしだに話を持っていくと、二つ返事であった。

降旗は、東宝で『駅　STATION』『居酒屋兆治』と二本撮ってきた。東宝のほうから、「これまでの作品に出ていない新しい俳優を入れてくれ」との要望があった。そのせいもあり、田中裕子に加えビートたけしを新しく入れたのである。

田中裕子演じる螢子のヒモの矢島役をたけしが演じる。シャブを売るだけでなく、自らもシャブ中という役柄である。

□

降旗やプロデューサー、音楽担当の岩瀬政雄が相談して、今回はジャズっぽい音楽にしようということになった。

岩瀬のブログ「映画と映画の音楽」によると、それなら、とジャズハーモニカの世界的プレーヤーのトゥーツ・シールマンスに演奏を頼んだ。彼は映画では『真夜中のカウボーイ』のテーマ演奏などを手掛けている。ビートルズのジョン・レノンも彼を尊敬している。

彼は、話すように、ささやくように吹く。ハーモニカを通して優しく、自由自在に語りかけてくる。どんなメロディーも、彼が吹くと彼の曲になってしまう。なんともいえない情感が漂う。健さんに合うのでは、ということで依頼したのである。

岩瀬が、トゥーツに演奏してもらったカセットを降旗に聴かせた。岩瀬が、降旗に言った。

「合うんですけど、ちょっとウエットでマイナーすぎませんか」

降旗は、にこやかな表情で言った。

「いいじゃないか。合いすぎるなんて贅沢だよ」

骨組みはこの映画の音楽担当の佐藤允彦（さとうまさひこ）に頼んでいたので、そこにトゥーツが加わってのセッションである。

降旗も、ハーモニカはこんなにも可能性がある楽器なんだと感心した。高倉と田中裕子のせつない愛のシーンをこの音楽は実に効果的に演出した。

□

高倉は、『夜叉』は、自分の作品の中でも好きな作品の一本だという。

「燃えていましたね。いまでも燃えないわけじゃないですが、残り火が燃えてるのとちがって、勢いがありましたね。ボッといった感じでしたね」

物語の舞台は、日本海に面した小さな漁港。そこで漁師として働く高倉演じる修治は一五年前に大阪ミナミでのやくざ暮らしから足を洗い、いしだあゆみ演じる妻の冬子、三人の子供、そして乙羽信子（おとわのぶこ）演じる冬子の母うめと一緒に静かな生活を送っていた。

修治の過去の名残りは背中一面の夜叉の刺青で、冬子とうめ以外は誰も知らない。

ファーストシーン近くで、高倉が日本刀を振るう殺陣のシーンがある。若き日のやくざ時代、ミナミでの血しぶきを浴びながらの激しい斬り合いである。

しかし、あまりのすさまじさゆえに、高倉に撮影中倒れられては大変である。そこで、映画でははじめのシーンであるが、撮影は一番最後にした。東名高速の瀬田（せた）のインターの道路の下で撮った。万が一、高倉がその立ち回りで倒れても、映画はすでに撮り終えている。

この殺陣のシーンで、高倉は、刀を振り回していたが、ブリキではなく、鉄の刃だから重い。高倉が、力いっぱい振り回しても、絡む人たちには当たらない。そこが殺陣陣の腕の見せどころであった。

『夜叉』の回想シーンのミナミ時代、ソフト帽に黒コート姿で拳銃を撃つシーンは、中村努の書いた脚本にはなかった。このシーンは、高倉の好きなロバート・デ・ニーロ主演、セルジオ・レオーネ監督の昭和五十九年公開の『ワンス・アポン・ア・タイム・イン・アメリカ』のイメージを膨らませたものという。

その回想のシーンは、途中画面がカラーからモノクロになる。木村によると、これは、カラーフィルムで撮影しておいて、あとで「色を抜く」という作業をするのだという。

この頃から、白黒フィルムを誰も使わなくなった。当時、デジタルになる前のフィルムの時代では、白黒フィルムとカラーフィルムでは厚さが違ったりして、映画館で上映する際にうまくつながらないことがあったのだ。だから、最初からカラーフィルムで撮影しておいて、効果的に脱色することにしたのだ。

実は、木村には今も気になっていることが一つある。主人公は漁師だから、「YAMAHA」とプリントされた「戦闘帽」みたいな帽子をかぶっている。船外機を買えばサービスでもらえる帽子なので、その意味ではリアリティがある。ただ、それが小さい。横を見ると、頭にちょこんと乗っているように見える。

それをデジタル化に合わせて、頭のサイズに直したいという。今の技術なら、そんな芸当も可能なのだ。

冬、ミナミから田中裕子演じる螢子という子連れの女が修治の住む港町に流れてきて、名前からとった「螢」という呑み屋を開いた。螢子の妖しい美しさに惹かれて漁師たちが集まってきた。

修治は、田中邦衛演じる友だちの啓太に連れられ、螢に飲みに行き、螢子に初めて会う。

螢子は、トゥーツ・シールマンスの曲を店でかける。その曲のかかったカセットをわざわざ修治の前にもっていき言う。

「これ、好きなのよ」

その翌日、修治は朝早く漁に出かけ、引きあげてくる。修治は、螢子の家の前を通る時、とってきた鰤（ぶり）を彼女に放り投げ、愛を示すシーンがある。

高倉は、著書『あなたに褒められたくて』でこのシーンについて書いている。

「朝とってきた鰤を、螢というスナックの女に投げるという、とても原始的な、男が女への思いの表現なんですが、感じるという人がいましたけど、その後に水揚げするところが何回もあって、修治が投げたのが一番大きいやつで、売りに持っていくほうは、それより小さいのを集めてきてるんですね。それを大ちゃん（木村キャメラマン）は撮るし、降旗さんが切らない。

鰤の調達係はしびれてますよ。そして、観てくれたお客さんがそれに気がついて感動してくれる。みんなの、この上ないよろこびですね」

数カ月後、螢子のもとにビートたけし演じる矢島という男がやってきた。やくざで螢子のヒモだ。

矢島は漁師たちを賭け麻雀で誘い込み、覚醒剤を売りつけた。修治と仲のよい田中邦衛演じる啓太も、これに引っかかった。

修治の脳裡には覚醒剤がもとで死んだ檀ふみ演じる妹の夏子の辛い思い出がよぎった。

それは、シャブの運び屋がかつて修治の弟分だった小林稔侍演じるトシオだったことと無関係ではない。

□

俳優としてのビートたけしは『夜叉』で頂点を迎えていた。その後、名監督に転じたが、映画祭などで自分の俳優としての歴史を語る時は、必ず『夜叉』を加えるという。

木村によると、高倉健は、最初、たけしが加わるとスタッフの輪が乱れてしまうのではないかと気にしていたらしい。ところが、実際には、あっという間に仲良くなってしまった。たけしのほうが、高倉健に対してものすごく気を遣っていたという。

特に、共通の趣味であるボクシングの話題で盛り上がっていた。高倉は、気に入ったボクサーの試合のためだけにアメリカまで観戦しに行くほどだ。

矢島は、「螢」で啓太ら客とはしゃいでいたが、急にシャブが切れたらしく、店の奥の部屋に入ってシャブを打とうとする。螢子が、「やめて!」と止めるのに、シャブを打つ。

降旗は、セットで矢島役のたけしがシャブを腕に打つシーンを撮る時、スタッフに言った。

「シャブの打ち方を知ってるやつを連れて来なくちゃ、駄目だよ」

すると、たけしが制した。

「いや、監督、大丈夫です。俺、やりますよ」

たけしは、幅広い人脈のなかにそういう人間もいるのか、キャメラの回っている前で、シャブを手慣れた感じで打ってみせた。

修治は、奥の部屋の螢子と矢島のやりとりから、矢島がシャブを打っているにちがいないと察する。

□

修治は、翌日、偶然に駅の近くで矢島とミナミ時代の弟分のトシオが接触するのを見つける。矢島が去ると、修治が、駅のそばで驚くトシオに声をかける。

「久しぶりだな、トシオ」

修治の眼は笑ってない。

トシオの腕を摑んで列車の線路の中に引っぱっていく修治。

いきなりトシオを殴る。

修治、さらに殴る。蹴る。絞めあげる。初めて見せるすさまじい眼の光。

トシオの血、唇を切っている。

修治、ハッとなる。自分の中に突然湧いたやくざ。それは捨てたはずだった。

トシオ、口を開く。

「兄貴、昔とちっとも変わってはらへん……えらい勢いですがな……さすが夜叉の……」

「もういい……矢島と会ったんは、何のためだ」

「矢島……？」

眼を伏せるトシオ。

「知っとること、全部言うんだ」

修治の厳しい横顔。少し悲しそうに。

修治、迫る。

「……そいつだけは、どんなに隠しても、わしは、匂うんだ」

「……」

「シャブか」

「……」

トシオ、血の気がひく。微かな震え。

「……」

トシオ、しぶしぶ打ち明ける。

「浜へ持ち込んで……一儲けするんやいうて……矢島」

「……」

「麻雀は罠や……麻雀の負けぐらい、こっちの儲けにくらべたら屁みたいなもんや言うて……」

「それでおまえ、運んだんか」

「……」

白いハンカチを出してくれている修治の手。

トシオ、一寸頭を下げて、血を拭く。

修治が、トシオに訊く。

「おまえ今、どうしてるんだ」

「組を移って……」

「……」

「知ってはりますか、塙の親分、死なはったの」

修治、凍る。

「ひどいこってすわ……組はもう、灯が消えたも同じ……」

「……」

「姐さん、いつも噂しとるそうですわ……夜叉の修治が言った通りやった、夜叉の修治、いまどないしとるやろ……いうて……」

「……」

「おれかて……兄貴がいてくれはったら、一端の顔になってたやろに、それが、いつまでたっても運び屋ですわ……」

トシオ苦笑する。

トシオの乗った列車が出て行くのを見つめる修治の胸は重い……。

高倉が、『高倉健インタヴューズ』で野地秩嘉に、このシーンについて語っている。

「〝気〟じゃないでしょうか。いい映画には役者が発する気が現れてる。役者同士がぶつかる火花と言ってもいい。『夜叉』って映画のなかで、僕が元の子分だった（シャブの運び屋役）（小林）稔侍を殴るシーンがあって、そこであいつがほんとにいい芝居してくれました。こっちも体がかーって熱くなって、台本にはなかったけれど、思わずポケットから白いハンカチ出して、唇の血を拭けって……。芝居がそんな展開になっちゃって、そこをまたカメラの大ちゃん（木村大作）が、ぴしっといい絵で撮ってる。でも、それも、一人が一方的に気を発しただけじゃ駄目なんです。役者もスタッフも含めて気を発した同士がぶつかって火花が飛ばなきゃ」

修治は、矢島がシャブを「螢」の客に売りつけているのを確認し、螢子にシャブを隠すように言う。

□

矢島は、密売しようとして仕入れたシャブを女房がどこかに隠したことで怒り狂う。ドスを振り回して、彼女と矢島の子、ヒロシの手を引いて逃げる螢子を追いつづける。そのヨタヨタした恐怖を感じさせる不気味な歩き方、走り方が、普通の人とは違う。独特である。まるでシャブ中になるとこういう歩き方をするのではないかと思わせるほど真に迫っている。降旗はたけしの観察力、演技力に唸った。

たけしは、妻の螢子を包丁で執拗(しつよう)に追いまわすシーンの撮影中、「今どき、サラ金だって、こんなにしつこく追っかけ回さねえぞ」と言って周囲の人たちを笑わせた。

たけしが包丁を持って暴れ回ったあとで、「螢」に引きあげる。そこに、彼女は先に子供を連れて帰っていた。たけしは突如、彼女のひざ元に倒れ込む。田中は、突然、まるで母親が子供をあやすかのように、その寸前は自分を殺すと暴れまわっていた彼の頭を撫でる。

降旗は、そのシーンについて、別にこうしろと指示を出してはいない。田中とたけしが、それぞれ考えて演じているのだ。その瞬間、木村のキャメラが他の方角に向いていれば、肝心な場面は撮れていない。降旗によると、そういうセンスは、自分と木村はピタリと呼吸が合っているという。

田中裕子がたけしの頭に手をやる。芝居を高倉が見ていて、シビれると言った。ダメな男に対してまだ女が感情を残している、その仕草に感動したという。

たけしも田中裕子もそれまでにも、様々な名優・巨匠と仕事をしてきている。その経験が、俳優としての二人を鍛え上げてきた。木村は、キャメラマンとして「こういう芝居をするだろう」と予想して撮影する。二人は、それを超えて来る。

〈なるほど、そう来たか〉

そうすると、木村の撮り方が変わる。木村は、俳優でもってキャメラポジションを変える。台本や監督で「ああやって撮りましょう、こうやって撮りましょう」と打ち合わせをしても、俳優の出方でガラッと変わる。変わらせてくれる俳優と仕事をしたいと木村は思っている。

降旗は、田中の演技を見ていて、思った。

〈女高倉だ〉

高倉は、共演相手のボルテージが高ければ高いほど燃えていく。田中もまた、共演相手のボルテージが高ければ、自分も燃えていく。

高倉は、ビートたけしについて平成二十五年五月二十六日の「日曜邦画劇場」の軽部真一氏のインタビュー再放送で語っている。

「ビートたけしという人は、なんかチャーミングな人ですね。チャーミングというのが合っているのかどうかわかりませんけどね。魅力的である。お芝居してないような感じがする。あの人が持ってるものですよね。大人なのか子供なのか分からない。ペーソスっていうのでしょうか。抑えきれない激情と優しさ、その両方を持っている。それが彼の魅力でしょうね」

□

ついに修治がかつてやくざであったことが発覚するシーンが展開される。修治、矢島が包丁を持って暴れていると知り、「螢」に駆け込み、矢島に叫ぶ。

「矢島やめろ！　包丁を捨てろ！」

矢島、修治のすごい眼光におびえる。が、逆上して修治に襲いかかる。修治、ジャンパーを脱ぎ、滅多突きにくる包丁を払う。

修治、隙を突いて、螢子と息子をかばう姿勢で背中を向ける。ギラッと包丁が走る。途端、修治のセーターが切れる。

修治の背中が現れる。背中一杯に夜叉の刺青。その入れ墨は、なんとも色っぽい。その造形は、高倉の肖像をよく描いていた画家・イラストレーターの福山小夜(ふくやまさよ)に任せた。本当は夜叉の入れ墨などありえないのだ。螢子の、その刺青を見たおどろき。

矢島が吠える。

「……なんや、てめえやくざもんか」

その背中に、さっと半纏(はんてん)が掛かる。騒ぎを聞きつけて駆けつけた修治の妻のいしだあゆみ演じる冬子である。

修治が言う。

「警察に……」

螢子は、はッと顔をあげる。矢島をかばうように抱く。

眼の前に立つ修治を見つめ、すがるように顔を激しく横に振る。

「お願い……!!」

「……」

必死の螢子の姿。

「……」

やり切れない。冬子の掛けた半纏をグイと引き寄せる。

□

港町中に、修治が実はやくざであったことが知れ渡る。

修治の家の台所で、乙羽信子演じる冬子の母のうめが、ポツリという。

「冬子……あの人は漁師になれるかねえ……」

修治と冬子が、ミナミで知り合う回想シーンが、例によって白黒画面で映し出される。西洋料理「エフ」で二人初めて食事をする。その店の経営者が大滝秀治で、その娘が冬子である。修治が去った後、大滝が冬子に言う。

「あれはいい男や。わいは大好きや。けど、やくざなんや。そのことはよう覚えとかにゃあかんで」

いしだは、共演した大滝秀治について語る。

「熱い人です。テレビのドラマでも、何度かご一緒させていただいていますが、とっても熱い人なんです。心のなかで、ずっと汗をかいてるような、そのくらい熱い人。熱演したらキユーピーさんみたいに目がひっくり返ってくるんですよ」

うめが、冬子に言う。

「あの人の夜叉はな……背中にあるんと違うで……あの人の、心の中に棲んどるんや……心の夜叉は、恐ろしいもんやからなあ。それもこれも……おまえ次第や……冬子……それがな、女房の値打ちなんやから……」

□

木村は、今村昌平の昭和五十六年公開の『ええじゃないか』で、田中裕子は、いろいろとうるさい女優だと言われていたという話を聞いていた。

〈これは、自分がガードするということにしないと大変だな〉

木村は、現場では彼女にものすごく神経を使った。木村は、毎日、彼女の部屋に顔を出す。明日はこういうシーンを撮る、こういう順序で撮る、と説明した。そんなことは普通は助監督か、プロデューサーの仕事だ。それを木村自らが出向いて説明した。

「大作さん、よくわかりました。明日から、毎日来なくていいです」。それで一気に仲良くなり、「大ちゃん」と呼ぶようになったというのだ。

田中裕子が「このセリフは言えない」と言い出したことがあった。敦賀の商店街を高倉健と歩きながら言うのだ。

「流産してしもうた」

矢島との子供について語るのだ。

敦賀弓ヶ浜側のホテルの木村の部屋に朝早く電話がかかってきたのだ。出ると、女の声で「ゆう子」という。

〈ゆう子って、誰だっけ？　そんな名前の女と俺、なにかしたっけ……〉

木村が混乱していると「田中裕子よ」と電話の主は言った。「大ちゃん」、この「大ちゃん」に、コロッといってしまう。

「あの、商店街を歩きながらの、堕ろすとか堕ろさないとかのセリフ、あれを言いたくないの」

「そんなこと、それは監督に言わないと……」

「大ちゃんに、言いたいの」

しょうがない。木村は降旗監督の部屋に行き、田中裕子の訴えていることを伝えた。降旗監督は、いつもの調子で「そうなの。ほほほ」と笑っている。

どうにかしなければならない。木村は、部屋に帰り、ホテルの窓を開けた。眼下に日本海が見下ろせる。驚いた。なんと、日本海のすさまじい荒波が逆巻いているではないか。たくさんの海を見てきたが、これほどの絵になる大きな荒波は見たことがない。ゾクゾクした。

木村は、ふたたび降旗監督の部屋に行った。

「すごい荒波です。監督、すぐに海に行きましょう。今日の商店街でのシーン、弓ヶ浜に移して、撮りましょう」

降旗監督も乗った。

木村は、ただちに田中裕子と降旗監督とスタッフを、弓ヶ浜に向かわせた。それから、ひとりホテルにもどった。

三日前に高倉健が腰をやってしまい、ホテルで休養していた。同じ部屋に田中邦衛と小林稔侍もいて、男三人が暇を持て余している。

木村は、あえて嘘を言って高倉を誘い出した。

「ドライブでも、行きませんか。見せたいところがあるんです」

高倉所有のフォードのブロンコ49に乗ってもらい、木村が運転し、田中裕子と降旗監督の待つ弓ヶ浜に走らせた。

日本海の荒波が間近だ。木村は、その波を見下ろす崖の上に車を停めた。木村は、高倉に言った。

「健さん、どうです、あの荒波は」

高倉も惚れ惚れしたようにうなずいた。

そこから小さく、田中裕子が乗っている軽トラが見える。木村は、そこで初めて、高倉に打ち明けた。

「実は、あの浜辺で、田中裕子さんが車の中で待っています」。木村は、田中の乗っている軽トラックに向かって車を走らせた。

着くと高倉は軽トラックの助手席に乗り込んだ。

田中裕子は、この波を見ながら言った。

「これ見たら、あのセリフ、言えるわ」

高倉健も、成り行きに驚いていたが、軽トラックのシートに座っているだけだから腰の影響もなく、まして押し寄せる日本海の荒波を前にしては、文句も出ない。

降旗監督は、そのまま撮影に入った。

田中裕子は、高倉にポツリと言った。

「流産したの……」

それからまたポツリ。

「矢島の子……」

そういうものだ。木村が「自然」にこだわるのは、ただ映像としての印象だけではなく、その中で演じる俳優たちの心情をも昇華（しょうか）させる力が「自然」にはあるからだ。

その荒波の映像について、いしだあゆみは語る。

「木村さんの映像は、まるで絵画みたいですよね。波がスローに見えて、まるでフランスの片田舎のような場面に見えてきます」

いしだは、木村と降旗のコンビについても語る。

「まったく性格は違うけど、最終的な美意識は近いんでしょうね。二人が組んだ作品は、

「とても美しい映像ばかりですから」

□

撮影中、吹雪く雪にも苦しめられた。

太鼓橋のたもとの「螢」の前、海のすぐそばに鉄パイプを使った組み立て式の俯瞰撮影用の一〇メートルくらいのイントレを組んだ。その上にキャメラを乗せて撮影をする。

「キネマ旬報」昭和六十年四月下旬号の植草信和の撮影ルポによると、撮影を終え、撮影助手がイントレから下りようとした時、突風が吹き、イントレが大きく揺れはじめたという。

「助けてぇ！」

撮影助手の呼び声が響く。

背後は海だ。イントレが倒れると海の中に落ちる。キャメラは海水の中に落ち、駄目になる。まわりにいるスタッフ全員が駆けつけ、イントレを懸命に支えた。

「螢」のロケセットの中で翌日のスケジュールを打ち合わせていた降旗も呼び声に驚いて居酒屋から飛び出た。イントレを支えた。

しかし、強風は吹きやまず、手のほどこしようもない。

その時、高倉が、スタッフに指示した。

「ロープを、持ってこい！」

そのロープで、揺れるイントレからキャメラを降ろすことができた。

修治がぽつりと言う。「螢」の店の夜。螢子と修治のふたりきりで飲んでいる。

「……ここを、出たほうがいいかも知れんな」

「あたし？」

「いや、おれが……」

見つめる螢子。

「あんたと飲んでる時、俺が一番楽なんだ」

「……家よりも？」

「……」

「なんで？」

「わからん……けど、気が安まる……」

螢子、修治の盃に酒をつぎ、うれしそうに修治を見つめている。

その間、螢子が好きで店でもカセットテープレコーダーでよく聴いているトゥーツのハーモニカのせつない音楽が低く流れている。

その時、外に人影。冬子である。冬子、意を決して店の中へ入る。

修治をめぐって二人の女がひそかに火花を散らすシーンが展開される。降旗は、あえて
こう演じろと指示は出さない。

「ワンシーン、ワンカットでいきますからね」

突然で驚く螢子。

「あら!」

だが、華やいだ声で迎える。

冬子、修治の肩に手をかけて横にすわる。

冬子、さてという風に、螢子を見て、修治を見る。

螢子、冬子を見る。

修治、フッと冬子へ盃をまわす。

「あたし?」

修治、銚子をとる。

「そうね……一杯だけ」

冬子、盃を出す。

修治、冬子の盃に注ぐ。

冬子、盃をグイと空ける。

「おいしい」

見つめる螢子。

螢子、言う。

「ほな、あたしも」

修治、銚子をもつ。螢子の盃に注ごうとする。ところが、冬子、その修治の持つ銚子を取って、「はい」と言って自分が螢子の盃に注ぐ。このあたり、なかなかの綾(あや)である。

いしだは、田中裕子について語る。

「とても大好きな女優さんで、すごい人だと思います。だから共演している時も、余計なことしなくていいんですよ。こっちは何もできないから、余計なことは何もしなくていいっていう感じですね」

ただし、いしだは語る。

「こっちは子供がいる役なわけだから、オタオタはしませんよね。それはきっと、私生活でのわたしでもそうなんじゃないかなと思います」

冬子は、自分の盃にも注ぎ、その盃を上げて、螢子と乾杯する仕草をする。冬子は盃を口にする。

螢子、おでんを鍋に入れながらポツリ。

「ミナミでね、ずっと昔のことやけど……夜叉のなんとかって男がいてね……いい顔やのに……急に足を洗ってしもうたんやて……なんでやと思います……女のためやて……そういう男もいてはるんやねえ……そやけど、あたし、女のためやと思わへん……海のためや……海に来たかったんや……その男……そやからあたしも海へ……海へ来たら……」

ポツンと途切れる。

冬子、「ウソみたい……」と笑いとばす。

螢子、「ほんとや……」と笑いとばす。

修治と冬子の二人が、帰る。

螢子、後ろから弾んだ声をかける。

「ありがとうございました。おやすみ」

一人になった螢子。そこにまたハーモニカのトゥーツのせつない音楽が流れる。

螢子、修治の座っていた席に座り、使っていた箸を口に持って行く。匂いを嗅ぎ、まるでそっと接吻をするようにうっとりと口にふくむ。

降旗は、田中裕子のその仕草に感心した。

〈あぁ、そうか。そういうこともあるのか〉

『夜叉』では、『駅　STATION』の時のように高倉がひとり正月を過ごすことがないよう、正月もみんな高倉といっしょに現場に居残った。高倉健が「正月も撮影地にいたいね」と言うのだ。全スタッフを残した。

正月の一、二日はさすがに休んだが、三日から撮影は始まった。この時、隠れて、六人が帰ったという。その六人は、撮影が終わるまで木村から「いじめられた」そうだ。この出来事があって、木村は思うことがある。『夜叉』の時、高倉健は「家に帰っても誰もいないから、撮影現場に残りたかった」のではないか、と。

□

降旗は、木村キャメラマンは、「天気予報の名人」と言っている。

天気予報士に近いほど次の天気をズバリ当てた。毎日、東京の天気予報などの情報を仕入れて、当てた。その情報をもとに、抵抗しても駄目な時は、撮影を止めた。バジェットを考えてのことで、降旗としても助かった。

『夜叉』の撮影中も旅館のフロントの電話で気象庁関係者から翌日の天気を取材する。翌日が待ち望んでいる大雪とわかったりすると、木村が大声を出して叫ぶ。

「明日は、大雪だぞォ！」

敦賀の駅構内はレールのある所を除いて雪で真っ白であった。しかし、肝心の舞台となる漁村には雪が少なかった。

午前中は、四十歳以下のスタッフがダンプカー何台かで山に向かい、雪を積み込んではもどり、道に全部撒いた。それから昼御飯を食べ、撮影に入った。田中裕子と高倉の材木置場での雪の中でのひそかな逢引きのシーンで、予想どおり運良く雪が降ってくれた。

田中裕子が真っ赤な傘を差している。その傘に雪が降り積もり、表面は真っ白で、内側は真っ赤だ。そのコントラストが美しい。

木村は、この映画は、ある意味、新派の舞台だと思っている。背景には材木の切り口の年輪だけ。新派の舞台を撮るように撮ろう、と思った。

吹雪の岸壁に相合傘の二人。

あまりの吹雪に、突然傘が飛ぶ。

修治、とっさに手をのばす。

傘、吹雪のなかを舞って海に落ちる。傘が飛ぶのは、細い糸をつけて釣り竿で引くのだ。これは何回もやった。なかなかうまくいかなかった。いかにも「映画的な」シーンだ。

その傘が宙を舞うのは、実はテグスという一番細くて一番強いナイロンなど合成繊維でできたコードを使っている。

波間に見えかくれする傘。

二人の眼が燃えている。

□

その夜の窓の外は吹雪。モーテルの一室。

修治の背中の華麗な夜叉の刺青。鏡にも夜叉が映っている。修治、ベッドに座って、枕元の棚の上に座っている螢子をじっと見ている。

螢子、裸の上に修治のセーターで身を包み、あぐらをかいて座っている。

「夜叉って……温かい……なんでいれたの……いれずみ……彫りあがった時て……どんな気持ちなんやろ……」

「……」

「海へきてよかった……」

「……」

「夜叉に会えたもん……」

高倉健と田中裕子のベッドシーンは、雰囲気を重視したが、スタッフはそれなりの人数が現場にいる。映ってはいないが、田中裕子の胸は当然、露(あら)わになっている。

田中裕子と高倉健のベッドシーンは、演技指導などはなく、二人におまかせだった。

修治、螢子に近寄り、彼女を膝の上に抱きかかえるようにする。高倉、彼女の妖しさに挑発されたかのように、妖しくなまめいた彼女の耳を口にふくむようにして、ゆっくりと嚙む。

螢子、うっとりと身をそらす。

ところが、木村によると、これがどうも女性に不評らしい。

「健さんが彼女の耳を嚙むんだよ。それが女にはいやらしいんだ。あの高倉健が、女性の耳を嚙むなんて」

それほど気分が乗っていたということの証拠だ。

□

降旗は、高倉と田中裕子の演技について語っている。

「健さんは器用な役者じゃないと思います。映画で演じるキャラクターが高倉健のなかに入ったら、起こる事件に対して高倉健が反応する。それが彼の演技です。だから、まずキャラクターが体のなかにストンと入る。入ったからといってすぐに動き出すことはできない。それで、ロケ地へ行ったり、準備をする。そうしているうちに入ったものが高倉健のなかで溶けだしていく。そこから演技が始まる。田中裕子さんも、そういう感じですね。自分のなかの何かが溶けだしてから動き出すし、相手との芝居を考える。

一方、芝居を演技、表現として考えている役者さんは相手との交流よりもまず自分を表現しなくてはならない。そういう人は自分のセリフ、動きを表すことに関心がある。だから、芝居を表現と考える役者さんばかりだと現場では共演者の動きがかたくなってしまうことがある」

田中裕子について降旗は語る。

「裕子さんは、ここで自分が何をすれば映えるかというのを、ものすごく心得た人ですね」

□

田中裕子がこの作品に出ていた時、ちょうどジュリー（沢田研二）と恋している頃だった。

撮影一行は「ひろせ」という旅館に泊まっている。ジュリーが敦賀まで来て、近くのホテルにいた。田中裕子が木村に「三日、休みをくれ」と言ってきた。理由を聞いたら、アメリカに有名な歌手のライブを観に行くのだという。ジュリーに誘われてのことだろう。撮影中だ。何を言ってるのだと思ったが、木村は許した。

その三日間は、田中裕子が出演しないシーンを撮った。そして、田中はとんぼ返りで帰ってきて、撮影に合流した。

そういう、生の色気が出ているのかもしれない。あるいは、持って生まれたものか。『夜叉』では高倉健のオスの色気と、田中裕子のメスの色気がすごかった。田中裕子というのは、すごい女優だ。当時、木村は吉永小百合、岩下志麻、十朱幸代と大女優の作品が続いていた。

大女優は、「女優で次に来るのは誰だと思う」と木村にみんな聞いてきた。

木村が「田中裕子だ」と言うと、みんな黙ってしまった。やはり、先輩の女優連中も、すごい女優が出てきたと思ってたんだと木村は言う。

□

真夜中、螢子が修治の家を訪ねて行く。修治は冬子の眼を気にしながら、外に出る。

修治、家にもどる。

冬子が訊く。

「何の用だったの、螢子さん」

「矢島が、借金払えなくなって、帰ってきて……」

お茶を修治の前に置く。

フーフーとふきながら飲む修治。

「で、いくら」

「そんな金どうしようもない。腕の一本も取られるか、悪くしたら、命も危ない、そういう金なんだ、この話は」

笑いかけた表情が急速に強張っていく。

修治の手、止まっている。

「俺は、金でかたをつけたことはない。おれのやり方でやりたい。昔のやり方で……」

冬子、凍結したように。

「あんたやっぱりミナミの男やったの……ミナミを忘れられんかったの……」

修治、おだやかな眼を、冬子に向ける。

「太郎や次郎や花子はどうなるん。お願い、行くのやめて」

「決めたんだ」

冬子、突然声をあげる。

「あたしは、あんたの妻です！」

キラキラと冬子の眼。

「……すまん」

「……なんでそこまで、あの女のために」

「……」

冬子、低く、だがきっぱりと。

「あたしらの一五年は、何やったの」

「……」

「この浜の折角の一五年を、棒にふるの」

その場面についても、いしだは語る。

「あれは本当に八つ当たりだと思います。女性にもいろいろあるけれど、浮気相手の女性を恨むのではなく、やはり、自分の旦那さんがその女性の側に行ったわけだから、旦那さんが一〇〇パーセント悪いんですよね。わたしは、そういう気持ちで冬子を演じていました」

冬子の眼。

修治は冬子の止めるのも聞かず出て行く。サクサクと凍った雪を踏んで。

遠ざかっていく修治の後ろ姿。

木村は、高倉は背中でモノを語れる数少ない役者であるという。背中に彼の人生の言い知れぬ苦しみ、哀しみがにじんでいる。木村はつくづく役者は、人生の生き方がそのままにじむものだと思う。

その高倉の後ろからの立ち姿の秘密は、まっすぐに立っているのでなく、少し右か左のどちらかに傾いでいることだ。しかも、ふつうの役者は、どこか一点を見つめているが、高倉は、どこを見つめているかわからない。それがまた深さを感じさせるという。

□

修治は若かりし頃のミナミでの修羅の数々を思い出し、うちから燃えあがるものを抑えることができなかった。

修治は太鼓橋を渡り、ミナミに向かう。

この映画が公開されてから、映画を観たある女性から木村のもとに手紙が来た。

「あの橋は、過去と未来を高倉健さんが行ったり来たりしているんですね。それを狙って、撮ったんですね」

木村は、素人のほうがよく観ている、映像を観て深く考えている人がいる、と、舌を巻いた。

それから、修治が大阪ミナミの女組長塙松子役の奈良岡朋子と久しぶりに対面するシーンがある。降旗によると、奈良岡の出演を望んだのは、高倉であった。

奈良岡は、劇団民藝に属していて、多くの大物俳優、女優などの芸能人と交友関係が広い。中でも石原裕次郎が、最も尊敬していた女優として大先輩の奈良岡朋子を挙げていた。そのためボス役の藤堂俊介係長で出演していた石原裕次郎が勇退した後の、『太陽にほえろ！　ＰＡＲＴ２』に、奈良岡は、ボス役の篁朝子係長として出演している。『太陽にほえろ！』でも、石原裕次郎と共演したことがある。石原がＮＨＫの番組「ビッグショー」に出演した際も共演した。そのように、奈良岡は日活で人気スターの相手役が多かった。高倉としては、石原裕次郎へのライバル意識があったという。この映画で、高倉は初めて奈良岡朋子と共演した。

『高倉健メモリーズ』の金澤誠（かなざわまこと）のインタビューによると、奈良岡は、やくざ映画は初めてなので躊躇（ちゅうちょ）した。が、言われた。

「一日だけの仕事で、しかも高倉健さんと二人きりの芝居です」

奈良岡は、『網走番外地』をはじめ、高倉の映画をよく観て、かっこいい男性だな、と思っていた。高倉と一度会ってみよう、という好奇心から、やくざの女将さん役を引き受けた。

奈良岡は、現地のセットで高倉と会い、向かい合って座った。奈良岡は、高倉のしっかりと自分を見るその黒目がちの眼力の強さに感じた。

〈これなら、芝居を受けさせてもらえるな〉

そのワンシーンだけのためにセットを組むわけにはいかない。港区赤坂のある会社の迎賓館（げいひんかん）のような社宅を借りて撮った。

セットでないので、外に車が走る音は響いてくる。そういうなかで、二人のやり取りを撮影した。

二人は、そういう騒音にも構わず、作品内の関係がそのまま生身の人間として両方に通じあった。

そのシーンでは修治が、塙組の親分の仏壇にお参りし、姐さんの松子の前にきてすわる。松子に頭を下げる。

松子、礼を言う。

「ありがとう」

松子、過去を振り返る顔をして言う。

「あの人も、線香くさい箱の中に入ってしもうて……五年前や……思ろうて……」

お茶を淹(い)れる松子。

修治、詫(わ)びる。

「何のお役にも立てんと、すんませんでした」

「修治、えらい男っぷりようなったやないか」

「……」

「背中の夜叉、久しぶりに拝ましてもらおうか」

「……」

「ハハハハ」

「……」

「ひどいもんやった……表向きは大阪戦争やらいうて……結局はシャブを取り込むための争いで、みんな散り散りになってしもうて……なあ……あんたの意見が正しかった……シャブを嫌って、足を洗うた……」

言い終わってポツン。

「愚痴やなあ」

「……」

「で、あんた、なんでミナミへ……」

「ええ……」

松子の柔和な眼が、鋭くなる。

「あんた、矢島たらいう男、取り戻しに来たんと違うか」

「……」

「黙ってたらわからん」

「いえ、……ただ、急に姐さんにお逢いしたくなって……」

「そうか、それなら、そういうことにしておこう……」

「……」

「落ちぶれたとはいえ、この塙の松子は、この稼業に片足突っこんで、二代目として生きてます……修治、もし万が一……」

「……」

「もし万が一、何かあんたが起こしたら、けじめはわてがとらななりまへん……昔、うちにいた夜叉の修治のしたことは……」

「……」

眼と眼が合う。押し返すように。

「姐さん……」

決意したように、何かいいかける。

「訳は聞かないでも、おおよその察しはつく……」

「……」

「ええか、気のすむようにこの街見たら、海へお帰り」

松子の眼、いっそう鋭くなる。

「ええな、あんたは、もう、漁師の修治や」

凜と冴える松子。

修治、松子の気持ちが痛いほどわかって、黙って眼を伏せる。

高倉は、頭を下げて、ちょっとうつむいたまま。奈良岡もうつむいたまま。

高倉の眼が、涙にうるんでくる。

ふたりがあまりに感情が入りすぎていて、降旗にすれば、どこでカットをかければいいのか、わからない。

降旗はそのままフィルムを回しつづけた。

あとで編集の時、いらない部分は切った。

そのシーンの撮影が終わり、高倉は「お疲れさまでした」と挨拶し、席を立った。

高倉の撮影は、それで終わりであった。

いっぽう、奈良岡は、その後一時間ほどかけ、もう一カット撮った。

松子、修治の帰ったあと、タバコをくわえ、ライターで火をつけ、しみじみと言う。

「変わらヘンなあ……あほな男や……骨のずいまで極道や……」

ところが、撮影の終わったはずの高倉が別室で待っていた。奈良岡は、高倉に訊いた。

「お帰りにならなかったんですか」

「いや、奈良岡さんが出てくださったので、自分は先に帰れません」。高倉は、タクシーを呼んで見送ってくれた。

奈良岡が乗ったタクシーが消えるまで、深々と頭を下げていたという。

□

ミナミにのり込んだ修治は組織から矢島を取り戻す。

ミナミでの撮影について高倉はテレビで語っている。

ちょうどある事件があった直後なので、南署から言われた。

「いまが一番うるさい時やから、ミナミで撮影なんかできるわけないやないか」

その四年後に高倉の出演していたリドリー・スコットの『ブラック・レイン』の時には、大阪の街を撮影さえできなかった。

木村によると、なにしろ通りの左右に、三三ものやくざの組事務所があるといわれる地帯だ。そんなところでやくざ映画の撮影などしようものなら、本物の抗争かと勘違いしたやくざに撃たれる。警察から「たとえ隠し撮りでも撮影はやめてくれ」と止められたほどだ。

それでも強引に撮影はおこなわれた。

マイクロバスの中で、助監督が高倉の動きをテストしていた。いよいよ撮影が始まり、本当にビルのエレベーターに乗り、ぶっつけ本番で撮影した。

木村の脇には、万が一にそなえ、ずっと刑事が同行した。映像に映っている機動隊員はエキストラではなく、本物の警察だった。

キャメラは、公衆トイレの屋上に段ボールの箱を置いて、その中に配置するなど、すべて隠し撮りだった。よく撮影できたものだという。

修治が矢島を取り戻したものの、矢島は事もあろうに、修治のかつての弟分のトシオに殺されてしまう。修治はひっそりと、漁村に帰ってくる。

修治、引き上げ、「螢」へ入る。

「すまん」

螢子に、矢島が死んだことを謝る。

「ミナミへ行ってくれはっただけでええの……あたしのために」

「……」

螢子、妖しいほどに美しい。

「……」

「夜叉はね、ミナミが似合う……道頓堀(どうとんぼり)のネオンが、肌に合うてるのよ……ここは似合わない……あたしも……」

「……」

からみ合う男と女の視線。

螢子は修治の顔をうっとりと見ながら言う。

「いい顔……一番男らしゅうて……これが夜叉の顔やわ……」

「……」

「あたし、帰る……明日の朝一番の汽車で……もうこの浜にいる理由もないし……辛いだけやもん……」

修治はそれから、冬子たち家族の元に帰ってくる。バスが着くのが見える。顔を起こす冬子。ハッと見る。修治が降りてくる。

冬子、修治といっしょに太鼓橋を歩き出す。

そのシーンでの修治に対する冬子の心境について、いしだは語る。

「いいお勉強しましたね、というような気持ちですかね。旦那さんに対して、疲れたでしょう？　なんて思うような」

螢子役の田中裕子は、ミナミに帰って行く。その螢子が、列車の洗面室の前で吐きそうになり、苦しむ。つわりとわかる。それが愛する修治の子とわかり、鏡に向かい妖しく微笑む。

撮影のために臨時列車を組むとなると、大変な予算になる。降旗によると、そのシーンは、本当の動いている列車が敦賀の車庫近くに停車するわずかの時間を狙って撮影した。

夕方七時頃、撮影が終わった。田中も撮影隊もドタバタと降りた。

それから、ホテルに帰り、田中裕子をはじめ、その撮影に協力した者がパーティを開く予定になっていた。

ところが、洗面室での撮影のピントが合っていないことがわかった。次に同じように洗面室のついている列車が通るのは夜の十一時であった。

それで、夜十一時の列車の停車中にあわただしく乗り込み、もう一度撮影した。田中は、ふたたび鏡に向かってうれしそうに微笑んでみせた。降旗は大した女優魂であると思ったという。

今回ははっきり撮れた。

撮影が終わって、パーティは、深夜でなく、夜明けのパーティになってしまった。

□

高倉は、降旗と木村について前出の「日曜邦画劇場・高倉健スペシャル」で語っている。

「降旗監督は、とっても寡黙ですよね。お酒飲むとしゃべるらしいんですけれど、僕はお酒飲みませんから、そういう場にはいませんから。

監督は、あまり言わない。あの人の映画もそう。こうだ、とは言わない。それは観客が考えてくれればいい。

『夜叉』の降旗監督は、東映時代の僕のキャラクターをまったく消さないで、そういう冒険的な映画をやる時は、考えてるんだな。いまそう思いますね」

「終わってしばらく考えると、またあの人と仕事をしたくなる。不思議なものを持ってる人ですよね」

なお、この「エンカウンター」は、『夜叉』一作で自然消滅してしまう。

結局、苦労して映画を作っても、入ってくる金は最終的に変わらなかったのである。

# 第六章『あ・うん』

平成元年十一月三日公開の『あ・うん』は、市古聖智プロデューサーたちが作った会社、フィルムフェイスの伊藤伴雄(いとうともお)が、降旗康男に持って来た企画である。

「向田邦子(むこうだくにこ)さんの唯一の長編小説『あ・うん』を、高倉健さんでやりませんか」

降旗は、原作を読み、伊藤に会いに行った。

「長すぎて、一本の映画には収まらない。無理じゃないですか」

が、伊藤は、熱心だった。

「この本は、お祖父さんの水田初太郎がたくさん出てくる。そのお祖父さんの部分をスッパリとカットすればいけます」

NHKテレビでは、この原作を九話も連続で放送しているが、その祖父の水田初太郎の物語が延々と描かれている。それゆえ、それほど長くなったのだ。

そもそも、降旗は、門倉修造役を杉浦直樹(すぎうらなおき)が演じたNHKテレビの『あ・うん』を観ていた。そのドラマで水田たみ役を演じていた吉村実子(よしむらじつこ)と親しかった縁から観たのである。

が、疑問に感じたものである。

〈こんないい人ばかりが信頼しあってつながっているなんて、おかしい。面白い物語なのに、作り手のほうから見ると、もったいないな。向田さんが思い描いていたのは、もっと違うものだったんじゃないか〉

向田の原作は、そんないい人一色で描かれてはいなかった。降旗は、伊藤に確認した。

「NHKのドラマは、善良な人の善意と良心の話になっている。わたしは、そういう映画にはしませんけど、それでいいですね」

降旗は、高倉と組んだ映画の中で、もっとも高倉の実像に近い映画はこの『あ・うん』の主人公門倉修造だと思っている。

不良紳士というところが健さんの魅力だという。

『駅　STATION』の生真面目な警察官でオリンピックの拳銃の選手三上英次は、ちょっと無理。門倉修造役の健さんだと、ふわーっとそんなに苦労なしに自然と演じられたと思う。

『駅　STATION』のファーストシーンの撮影で、これから別れる妻役のいしだあゆみが、撮影中、夫の健さんに「おはよう」と声をかけ難（がた）かったというが、もし『あ・うん』の撮影だったら、「よろしく」と声をかけるのに抵抗は全然なかったのではないか。

高倉は門倉役を、あえて自分を作らず楽しく演じられたはずだ。降旗の眼には高倉は

『あ・うん』が一番楽しんで演じているように映った。

高倉は、「キネマ旬報」平成元年九月上旬号で、『あ・うん』について、八森稔のインタビューに答えた。

「向田作品を演りたいという気持は以前からありました。それがちょうどタイミングよく来たという感じですね。望んでいたように、静かにひっそりとは行ってませんけど、しっとり落ち着いた心の話ですしね。『レインマン』なんかもそうですけど、スペクタクルとかアクションではない、心の物語というか、そういう方向に今、映画はむいてきているんじゃないですかね」

降旗監督、木村大作、美術の村木忍（むらきしのぶ）らと打ち合わせの席だった。村木が言った。

「健さんはいつも髪が短いけど、今回の『あ・うん』は、こういう話だし、少し長い髪はダメなんですか」

そこで、降旗はすぐに、高倉健がいつも髪を整えているホテルパシフィック東京の老舗（しにせ）「バーバーショップ佐藤」の佐藤英明に電話をした。ちょうど、高倉健がアメリカに彼の出演している『ブラック・レイン』の試写会に行って、帰って来るタイミングだった。

「もし本人が髪を切りに来たら、次の映画は長いままのほうがいいので、切らないでおいてください」

次の日、帰国した高倉から、さすがに降旗に電話がかかってきた。降旗は、高倉に頼んだ。

「今回は文句を言わないで、髪は長くしてください」

高倉は、「エー」と驚いていた。が、降旗は、高倉が長髪にすることで、今までにないパーソナリティが出せると思っていた。

高倉は、この長髪について同インタビューで語っている。

「今までは、長いのは嫌だ、短くしなければとこだわってきたんだけど、役の設定上、長髪のほうがいいと監督との話し合いで決まったら、何の抵抗もなく、と言うか、自然にそうしようということになった。役柄も含めて、イメージ・チェンジ云々ということが言われているようですけど、自分としては、ごく自然。自然にこういう方向に来て、全くの自然体でここにいるという感じで、キャメラの前でもいっさい無理なしです」

高倉健が短髪ではなく登場したのは、この『あ・うん』だけだ。

□

東宝の松岡功社長は、門倉の戦友であり盟友の水田仙吉役は、落語家の古今亭志ん朝でどうか、と言っていた。志ん朝は、五代目古今亭志ん生の次男で、若手真打の頃から東京における「落語若手四天王」と呼ばれていた。若い頃は、テレビ出演も多く、喜劇俳優としての仕事も多かった。

が、降旗は、志ん朝だと善い人になりすぎると思った。

水田仙吉と門倉修造は親友である。しかし、仲がいいということは、単純に気心が知れているということもあるだろうが、それだけではない。なにか逃れられない過去を共有している。あるいは、門倉は、水田の妻たみに惚れているが、実は、水田には「俺が門倉とたみを手玉に取り、裏で操っているんだ」というような意地悪さもある。水田は、たみに接する時の門倉を、好意的には見ていない。嫌味もある男だ。志ん朝では、その意地悪さが表されないと思っていた。

志ん朝も、忙しくてスケジュール的に出演できないとのことであった。

降旗の脳裏に、突然、板東英二の顔が浮かんだ。

板東はかつて中日ドラゴンズの投手として活躍していた。引退後はプロ野球の解説者だけでなく、タレントとしても人気を得ていた。

降旗は、家のテレビで草野仁の司会の「世界ふしぎ発見！」をよく見ていた。黒柳徹子や野々村真といっしょに出ている板東英二こそ、水田仙吉にピッタリではないか、と閃いたのである。

〈彼の明るい狡さ、演技的に少々のマイナスがあっても、あのキャラクターに代えられる人はいないな〉

東宝サイドも、「志ん朝が駄目なら、監督がうるさく言う板東英二にしよう」ということになった。

板東英二は、平成二十七年十一月一日BSスカパー放送の「映画人・高倉健」で『あ・うん』について語っている。

「降旗監督と、青山の喫茶店でお会いした。

〝今度、健さんの映画に出てください〟

また、ちょっとしたお笑い面に出るにちがいないと思い、三〇分くらいコーヒーを飲みながら引き受けた。

ところが、帰って台本に眼を通しておどろいた。こんなにセリフがあるのか、しかも高倉健と……。高倉健と二人きりのシーンもずいぶんとある。どうしようかと思いましたよ。あとは、初日、三〇分前に撮影現場に入った。それで降旗監督と会っただけです」

□

水田たみは、水田の妻でありながら、門倉に惚れられつづけている。夫と夫の親友の門倉の二人に対し「わたしは二人の男に好かれて当然よ」と思っていて、どこかツンとしている。降旗は思った。

〈そういう器量のある女性を演じられるのは、富司純子がピッタリだ〉

富司が藤純子と名乗っていた頃、降旗監督の『獄中の顔役』『日本女俠伝　真赤な度胸花』の二作品に出演している。

彼女は、昭和四十九年から本名の寺島(てらしま)純子でフジテレビのワイドショー「3時のあなた」の司会をやっていた。ところが、この時、ちょうど彼女は、その司会を辞めたばかりであった。

〈純ちゃんは、もしかしたら、司会で充足感を得られないのかもしれない〉

高倉には、富司が相手役だということは前もって話しておいた。プロデューサーが、富司に出演の依頼に行った。富司はよろこんだ。

「それはうれしい。でも、一日考えさせて」

降旗は、プロデューサーの市古と進藤淳一(しんどうじゅんいち)の二人と一緒に、六本木のプリンスホテルの部屋で彼女に久しぶりに会った。降旗が彼女を説得すると、彼女は「やります」の一言で引き受けてくれた。

降旗たちは、「それじゃあ、頼むね」と部屋から出ようとした。すると、彼女は言った。

「降さん、プロデューサーさんたちに話しておきたいことがあるの。ロビーで待っててくれる」

降旗は、あとで市古たちから、彼女からどういう話があったのか聞いた。

「復帰することは決心したし、健さんといっしょにやることはうれしい。でも、復帰の仕方として、あなたたちが、父（俊藤浩滋）のところに挨拶に行ったり、東映の岡田（茂）さんのところに挨拶に行ったりすることは、絶対にやめてください。もし、筋を通すというようなことをされたら、出ませんからね」

彼女にとっては、富司純子として新たな第一歩を踏み出すのである。それまでの『緋牡丹のお竜』の殻から脱け出したい。父親である俊藤浩滋プロデューサーにせよ、東映の岡田茂社長にせよ、かつてのしがらみとは、今回は一線を画したいという強い決断であったろうという。

木村大作キャメラマンによると、衣装合わせで、富司純子のために反物（たんもの）を五〇くらい用意した。そこへ富司が来て、ふわっと見て、「ないわね」と一言だけ言った。

その場を仕切っていた木村は、富司に言った。

「富司さん、せめて一番近いものを言ってくれ」

翌日、その富司が指さした反物に近いものをまた五〇用意して、全部並べた。富司は「これと、これ」と選んだ。

木村によると、高倉健の衣装も、自身が着る背広を、いわゆる「つるし」では納得せず、すべて誂（あつら）え、オーダーメイドなのだ。それも、生地から選ぶ。すべてチャコールグレー。当然、金がかかる。そんなことができるのは、高倉健しかいない。

水田の娘さと子役は、実は、はじめは宮沢りえでどうかという話があった。そこに進藤淳一プロデューサーが降旗に言ってきた。

「富田靖子に話しちゃった。ホンも見せちゃった」

富田は、昭和六十年の大林宣彦監督の『さびしんぼう』、昭和六十二年の市川準監督の『BU・SU』で一枚看板として高い評価を受けていた。

しかし、当時伸び悩んで東京を離れていた。進藤は、「このままだともったいない」と思ったという。

進藤は伝えた。

「ホンを見せると、〝もう一度東京に戻って、頑張りたい〟と乗っている」。そこまで乗り気になっているのに宮沢りえにするわけにはいかない。

降旗は進藤のすすめるとおり、富田靖子に決めた。

富司純子、芸者まり奴役の山口美江二人の美女に加え、宮沢りえだと美女三人ということになる。降旗には、それより変わった個性の富田を入れたほうが味がある、という判断もあった。

□

昭和十二年の春。高倉演じる中小企業の社長・門倉修造は、軍需景気で羽振りがいい。また男前で、宮本信子（みやもとのぶこ）演じる妻の君子がいながら女性関係が絶えなかった。いっぽう、板東英二演じる水田仙吉は、会社勤めのつましいサラリーマンで、性格も地味だが、二人は気が合い二十数年来の付き合いを続けていた。

その水田が三年半ぶりに地方転勤から東京に帰り、門倉はふたたび水田一家の付き合いを始めた。

□

高倉は、この映画への出演について先述のインタビューで語っている。

「ドラマがないのが、ドラマティックということもあるでしょう。その類（たぐ）いの作品です、これは。決して楽な役ではない。ボクにとっては、むずかしい役ですよ。富司さんの役によせる思慕は、無法松が軍人の未亡人によせた思いと、似ているようで非なるものですしね。友人への情とその妻への思慕が顕著に表れてはいるけど、実は門倉という男は、友人の家族みんなを愛している。

だから、友人の娘にも父親のように接している。思える家族がいるということは、すばらしいことだし、うらやましいことなんだけど、そのことが門倉にははっきりとわかっていない。こうした微妙な、というか、細やかな心の動きというのは演じたことがないし、演じたことがあったとしてもむずかしいものだと思うんです。でも、そのむずかしさが、また楽しさでもあるんです、今は。毎日が、いい雰囲気で仕事が進んでいるので、フラストレーションはないですね。体を動かすのと同じように、心を動かしてますから」

□

高倉は、富司との一七年ぶりの共演について語った。

「長い時間があったというのは、お互いによかったんじゃないかと思いますよ。その間、それぞれに男として、女としての生き方があったわけだし。かつての任俠もので共演した時とは当然違ってるわけですし。長い時間があったから、また新しい出会いができたように思いますね。板東さんにしても、富司さんにしても、客として、迎えているという感じがあるんです、こっちには。

降旗監督とかキャメラの木村大（作）ちゃんとか、スタッフはおなじみですからね。お客には、楽しんでいって欲しいし、できるだけのもてなしもしたいと思う。そうした気持ちが、演じている門倉の心情と相通じるものがある。そういうところでもスムーズに、無理なく、自然に、流れるように仕事ができているんじゃないかと思いますね」

□

板東英二は、高倉健との初体面について前述のインタビューで語っている。

「控室に『板東』とある。そこに入って待っていると、コンコンとドアをノックする音がする。

〝はい、どうぞ〟

と答えると、スッとドアが開いた。

〝高倉です〟

なんと、あの高倉健がスーッと立っている。そう、背の高い、スラーッとした人でね。あの高倉健、あの通りの人ですよ。

〝長い間かかる、いろんな仕事ですが、よろしくお願いします。よろしく〟

ボク、立てなかった。

〝コーヒーは、飲まれますか〟

コーヒーをワンカップ持って来ている。あまりコーヒーを飲んでませんでしたが、断れませんでした。ただし、そのコーヒーのワンカップ置いたままで飲めませんでした。それが高倉健との初対面でした。

〝そろそろ、準備です〟

出ると、車があった。てっきり迎えの車と思い、乗った。4WDみたいなとてもいい車でした。先に乗って待っていないと健さんに悪いと思い、先に乗って大人しく待っていた。そこに、健さんが乗ってきた。ボク、こんなんでいいのかな、と思っていた。

その車は、Uターンしてスタジオに向かった。スタジオに着いた。ボク先に乗っていたので先にスタジオに入った。その時、健さんがささやくように言った。

〝板東さん、あれ、ボクの車です〟

そこから、もう、ボク、ボロボロになりましたね」

一番最初に板東の出るシーンの撮影が始まった。水田家に高倉演じる門倉がやってきて、碁を打つ。

水田が、門倉をせかす。

「おい、遅いぞ！　門倉」

と言うべきなのに、緊張した板東は、つい言ってしまった。

「おい、遅いぞ！　高倉」

一瞬、その場がシーンとした後に、高倉が笑い出し、みんな大笑い。拍手すら起こった。

それで、それまでの緊張した雰囲気が、一気に和(なご)んだ。板東も、ふわっと乗ってスタートを切ることができた。

降旗は、板東英二には、演技についてほとんど指示しなかった。板東だけにダメ出ししたら、板東がいじけてしまう。

板東は、降旗の狙い通りに、いい味を出してくれた。

かつて『緋牡丹博徒』で大ブームを起こした富司純子が一七年ぶりに映画に出演した。そんなブランクを感じさせない演技だった。

富司純子の父親は著名な映画プロデューサー俊藤浩滋で、高倉健も昔世話になった人物だ。その人の娘ということで、高倉健も富司純子に対しては特別な気持ちがある。

富司もそれを自覚している。だから遠慮がない。

他のスタッフが、高倉健に気を遣って高倉に「今日はもう出番がないから、上がってください」などと言ったところ、撮影中だった富司が「それはおかしい」と怒り出した。

高倉は帰りかけていたが、富司の声に足を止め、戻ってきて撮影が終わるまで待っていたという。

□

水田さと子役の富田靖子は、メラメラと燃えていた。高倉健と共演することが決まったが、富田にとって高倉はライバルの俳優の一人でしかなかった。

〈負けるもんか！〉

無我夢中で突っ走ってきた富田は、血気盛んだった。しかし、そのライバル心は、高倉本人に会った瞬間、ガシャンと崩れてしまう。富田にとって初めての撮影日。降旗監督や木村キャメラマンは、富田の肩の力が抜けるようなシーンを用意していた。

撮影中のことだ。

〈あれ？　わたしを見ている人がいる……〉

紺色のキャップを被り、ピンクのポロシャツを着て、それも襟を立てた男性が遠くのほうから、富田の様子をうかがっている

〈誰だ？　なに、こっち見てんのよ！〉

富田は気になって仕方なかった。その後、しばらくしてから、その男性の正体が明かされた。

「初めまして。高倉健です」

この日、高倉の撮影はなかった。オフの日に、わざわざ富田の撮影初日を見るためだけに現場へ来ていたのだ。

〈えっ……。まさか、高倉健さんが私の初日を見に来てくださるなんて……。アンビリーバボー〉

想像していなかった出来事に、富田は度肝を抜かれた。

同時に、メラメラと燃えていた闘争の炎が、突然降り落ちてきた大雨で消されていた。

〈あっ……敵わない。キャリアも、芝居に対する考え方もレベルも違う。わたしなんか足元にも及ばない……〉

高倉との初対面は、「はじめまして」の会話を交わしただけで終わり、あいさつを済ませた高倉は、すぐ現場を後にした。

□

富田が撮影で使う机の引き出しを開ければ、そこに演ずる水田さと子が普段使っているような道具が、びっしりと詰まっている。それら一つひとつが本物だ。家のセットの細部も、どれ一つとっても手を抜いているものがない。本当にそこで水田家の人たちが暮らしているようなセットが、完璧に準備されていることに驚いた。

〈役者がそこに行けば、その時代の人間になれる。すべての美術がその時代の雰囲気を出してくれる。これなら、無理しなくても、たとえ知識がなくても、セットの中に入れば、役柄に入り込める〉

その時代だからこそできた美術とセット。一つひとつのシーンに対するこだわりが見事だった。

あるシーンのロケでのことだ。

太陽の日差しを浴び自然にできる家の影の画に納得できずにいた木村は、新たに石炭の粉で黒く家の影を美術に作らせていた。

「こっちに太陽があるような画にしたい」

ほんのワンカットであろうが妥協などしない姿に、富田は感動した。

〈どんだけ、すごいんだ！　わたし、えらい撮影現場に来たぞ！〉

□

撮影初日の様子を見に来ていた高倉の姿に、本物の役者が持つ凄味を感じた富田は、一度は白旗を上げたものの、芝居では負けるものかと高倉に食らいついた。

〈高倉さんの芝居に負けてなんかいられない。高倉さんに返せる球があるとすれば、その球をきちんと高倉さんの胸に返してみせる！　そんな芝居をするんだ！〉

富田にとって撮影の日々は、高倉、富司はじめ先輩役者らが自由に芝居をさせてくれたことで、楽しく過ぎていった。

撮影中、細かく指示を出されれば、役者は混乱することがある。本番に行く前にその指示を消化できず混乱したまま本番やテストに入ることもある。逆に、それがいい芝居につながることもあるが、できることなら消化した段階で芝居できたほうが富田は嬉しい。

高倉との撮影では、回数を重ねた記憶がない。高倉は、本番一発で決めたいタイプの役者だ。だが、そのことを知らない富田は、そんなプレッシャーを感じたことは一度もなかった。ただし、高倉と降旗のいる撮影現場には、他では味わえない空気が漂っていた。

自然と心地よい無言の圧力がかかっている。一番年下の富田は、そんな空気を誰よりも真っ先に感じるはずなのだが、まったく気づかなかった。いつもどおり普通にテストして、普通に本番で芝居をした。

それほど、そんな空気を富田に感じさせない降旗や高倉は、一枚も二枚も上手だったのだろうと後から気づいた。

□

撮影中、高倉が富田に対してアドバイスをすることはなかった。むしろ、富田の芝居を丸ごと受け止めてくれた。

富田に指示を出すのは、木村キャメラマンだった。

「どけ！　俺が見せるから、俺の言う通りに座れ」

富田のできなさ加減にイライラするのか、木村の怒号が飛ぶ。

「それは、恋する乙女のポーズじゃない！　こう座るんだ！」

富田の役になりきった木村が、女の子のポーズをとり、座ってみせる。

その細かい演出を、富田は「はーい」といって真似る。

撮影中、木村は何度となく「俺がやる！」といって演じて見せる。それに「はーい」と富田は答える。そんなやり取りが続いた。

その様子を、降旗監督はニコニコしながら眺めている。

降旗の体温ではなく、現場は木村の高い熱気に支配され、活気にあふれていた。

ひとたび、木村が「画、引くぞ」と大声を出した途端、一斉に臨戦態勢となる。木村がいう「広い画」は、どれだけ広い画になるかわからない。

スタッフたちが、てんやわんやしている様を見て、富田は思った。

〈いやぁ……、大作さんの一言、すごーい〉

横では、降旗が「うん」と納得した顔をしている。

〈監督とキャメラマンの関係性、面白い……〉

もし、降旗も木村と同じように指示を出してくるような監督だったならば、富田は一杯一杯になってしまったはずだ。しかし、降旗は、ただ黙って見ている。木村の演出する姿を笑顔で見つめ、それを真似している富田を見て「うん、うん」と頷いている。

この環境が、役者にとってどれだけ安心であろうか。その環境を、不思議なくらい降旗はいつも富田に与えてくれた。

非常に特殊なことだったが、降旗と木村の作り出す現場の空気は、富田にとってすごく居心地がよかった。

そして、あれほどまでに演出らしい演出をしないのに、いつの間にか演出をしている監督に、富田は降旗以外、出会ったことがない。

その木村が大声を出して特に熱っぽく演出したシーンは次のとおりである。

ある日、富田靖子演じる水田の娘・さと子は門倉の妻の君子の紹介で真木蔵人（まきくろうど）演じる帝大生・石川義彦と見合いをしたが、仙吉は身分不相応と断った。

しかし、さと子と石川は互いに惹かれ合い、デートを重ねるのだった。

夏の盛り、街の茶房（さぼう）。さと子と石川義彦のふたり。

義彦は笑いながら、さと子に砂糖を入れてやる。

岩波文庫の『資本論』が置いてある。

義彦が、さと子の話を聞くと言う。

「愛だな、それは」

さと子は、ドキンと義彦を見る。

「でも、うちの母と、門倉のおじさんは、手を握ったこともないと思うんです。手どころか、ことばに出して、好きだ、と言ったことも絶対ないと思うわ。父も知っていると思うんです。知っているのに、父、門倉のおじさんと仲よく二〇年も……。父は、門倉のおじさんが、母のこと、尊敬して、大事に思ってること、自慢に思ってるとこがあるみたいなんです」

そんなさと子を見つめる義彦。

「それでも、愛、っていうんでしょうか」

「やっぱり、愛だと思うな。プラトニック・ラブですよ」

「……プラトニック・ラブ」

「明治の詩人北村透谷（きたむらとうこく）が言いだした言葉です。肉欲を排した、精神的恋愛、という意味です」

さと子、次々と義彦の新鮮な言葉に感心している。ボォーッと義彦を見つめる。

「お見合いして断ったのに、逢うのは、いけないことではないでしょうか」

憲兵、ズカズカとさと子の前に立つ。びっくりするさと子。

「おまえ、いくつだ」

「はい、十八です」

「逢引きなどして、ふしだらと思わんのか」

さと子、口ごもる。

義彦、困ったさと子をかばうように立つ。

「彼女は、立派な大人です」

憲兵、ギラッと二人を見る。

「きさまら、親は知っとるのか！」

義彦が、ムキになる。

「親は、かかわりないでしょう。恋愛や結婚は一対一だと思いますが」

憲兵、義彦を睨みつける。

「なにッ」

「個人の自由を考えないのですか、あなたは」

「きさま、自由主義かぶれのアカだな！」

いきなり義彦を殴る。

「乱暴は、よしてください」

さと子、毅然とした義彦を、キラキラした目で見つめる。

□

母親水田たみ役の富司純子との共演は、富田にとって緊張の日々だった。

「おはようございます」

そういって、最初に富司のファッションをチェックすることが日課となり、楽しみとなっていた。

〈うわーっ、今日は初めての髪型だ〉

少しばかりウエーブがかかった髪型を見て感動した。

昭和初期の髪型や衣装、そして、それらを見事に着こなす富司の姿を目にするたびに、富田は心の中で思っていた。

〈今日も、富司さん、素敵！〉

結局、「おはようございます」のあいさつだけで、富司と会話を交わすことはできずに撮影は終わってしまっていた。

降旗によると、富司はものすごい勉強熱心であったという。昭和十二年の時代の家庭の奥さんがどういう生活をしていたのか。何を着て、何を食べているのか、普通は助監督が資料をそろえるものだが、彼女は徹底的に自分で調べている。

□

板東英二のキャスティングは、富田もぴったりと役に合っていたと感じた。

〈軽やかさがあって、ちょっぴり毒っぽい。いや、毒というよりも、ちょっと俗っぽいのかな。清濁併せた感じがいい〉

板東と富田の間で、しょっちゅう口にする言葉があった。

「緊張するよね」

「お前、知ってるか。高倉さんだぞ。富司さんだぞ」

何度となく口にする坂東に、そのたびに富田も相づちを打ってやった。

「ですよね。ですよね」

坂東が、富田に秘密の話をするように話しかけてくることもあった。

「緊張するよね。俺、今回初めて台本、最初から最後まで読んだ」

富田は、呆気にとられた。

「はあ？」

すでに、坂東は『金曜日の妻たちへ』シリーズや『毎度おさわがせします』といったTBSドラマに出演していた。

「俺な、正直な、自分の出ているところだけしか読んでなかった。ここだけの話やぞ」

坂東が、そう打ち明けた。

「しかし、今回は、高倉さんやし、富司さんやから、最初から最後まで全部読んだ。どれだけ緊張してるか、わかるか」

坂東は富田に、自分がどれだけ緊張してこの現場に臨んでいるかということを、何度となくアピールしてきた。それだけ、坂東にとっても特別な撮影だったのであろう。

高倉と坂東の関係は、映画同様、いい関係を築いていた。

遠くで、高倉と坂東が楽しそうに話している姿を見て、富田は思った。

〈健さん、すごくリラックスされていらっしゃるな〉

話し終わった坂東は、富田のもとへやってくる。

「おお……、緊張した」

そういってホッとした表情をしてみせるのが決まりになっていた。

富田の父親役でありながら、時には富田より年下に感じる時もあり、同級生に感じることもあった。父親という上の立場というよりも、上になったり同じ目線になったり、そんな行き来が板東と富田の間にはあった。

高倉には、気持ちの通じ合った共演者に「高倉健」の名前を彫った時計をプレゼントする習慣があったが、『あ・うん』では、坂東がその時計を贈られた。

そのことを知った富田は、嫉妬した。

〈ちぇっ、板東さん、いいな〉

そんな嫉妬をしながらも、撮影は楽しかった。板東と「緊張した」「へっへっへ」と言いながら、時間を過ごし、そのうえ、高倉や富司と芝居できたあの時間は大切な瞬間だった。

なお、うわさ通り、撮影中、高倉は椅子に座らなかったという。富田は、喫茶店でコーヒーを飲むところ以外、高倉が座っている姿を見た記憶がない。よく俳優陣だけでお茶会のような会合を開いていたが、未成年の富田は仲間に入れてもらえず、その様子を眺めていた。

□

門倉と富司純子演じる水田の妻・たみは家族ぐるみの付き合いの中で互いに好意を持つが、それは自分の胸にだけ秘めたる想いだった。

女に真面目だった仙吉も、門倉の紹介で山口美江演じる芸者まり奴に執心する。

水田家の茶の間。門倉が夜、訪ねるが、水田は帰っていない。たみが、門倉に打ちあける。

「門倉さんだからいっちゃうけど。ポケットから、月給の前借り伝票、出てきたんですよ」

「え?」

「こんなこと初めて――」

門倉、話の筋はもう見えている。

「なにかあるんじゃないかしらと思って……」

「奥さん、大丈夫ですよ……水田に限って」

「ええ……」

門倉、辛い。自分がまり奴を引き合わせたのだ。

柱時計が、夜の十時を打つ。

玄関を叩く音。そして酔って帰ってきた水田の声。

「おい! 帰ったぞォ!」

水田、鼻唄まじりに、ゆらゆら立っている水田。

たみ、硬い顔で言う。

「またおつき合いですか」

「門倉と一緒でさ」

水田、帽子をさと子の頭にのせる。

「奴さん、帰さないんだよ。ここんとこ会社の接待が続いてるんだ、勘弁してくれってのを、あのヤロー、羽交いじめにして、こう、こうだよ」

このシーンについて板東は打ち明けている。

「降旗監督が、そのシーンで僕に言った。

〝ちょっと板東さん、野球選手だったからわかりますけど、酔ってるんですからね。こんな風に転がってみてください〟

降旗監督自ら、酔って転がる仕草をしてみせてくれた。

〝わかりました〟

ボクがいざ監督のやるように転がろうとすると、健さんがボクに声をかけた。

〝ちょっと、板東ちゃん、こっちへ〟

ボクが健さんのそばに行くと、健さんが言った。

〝頑張れ、頑張れ、ぜったい何かあるぞ、監督がここまでするのは、きっと何かあるぞ〟

それから、ボクは、監督の仕草どおりにゴロリと転がった。

ボクはこの役で最優秀助演男優賞を取るわけだけど、撮影中、健さんはそれがわかったのかな……」

　さて、板東は降旗監督に言われたとおり、ひとり相撲をやってみせる。

「門倉とおれじゃ体が違うよ、ねじ伏せられて――」

　ひとり相撲が、凍りつく。水田、上がり框に立っている門倉に気づく。

「門倉……」

　水田、ここは笑うより仕方がない。

「ハハ、ハ、ハハハハ」

　水田、靴を脱ぎ、上衣を脱ぐ。

「天網恢恢疎ニシテ漏ラサズ、老子かありゃ大したもんだ。さすがうまいこというよ」

　そっくり返って上っていく。

　水田、たみを怒鳴る。

「おれは、謝らんぞ。男には口実ってもんが必要なんだよ。どこそこで会社の誰と取引き先の某を招待しました。七面倒くさいことをいちいち女房に報告できるか。玄関入る時の口実に、友達の名前、使う。みんなやってることだよ」

　水田、門倉に言う。

「お前だって、おれの名前、ダシにしたことあるだろう」

「しょっちゅうだ」

「ほれみろ！　世の中持ちつ持たれつだ」

「……」

「現に、お前と一緒のこともあったよな。例の神楽坂（かぐらざか）のまり奴、今晩もあそこだよ」

門倉、たみに頭を下げる。

「奥さん、申しわけありません」

「おい門倉、なんでお前が謝るんだ」

「道つけたの、おれだから」

「……」

「そうよ。門倉さんいけないわよ」

たみ、続ける。

「さと子をお嫁にやるまでは、お父さんに曲がられたら困るんですよ」

「針金じゃあるまいし、そう簡単に曲がるか」

「門倉さんだって、あんまり、まわりの人、泣かせないほうがいいんじゃないんですか」

「一言もありません」

門倉、畳に手をついて、頭を下げる。

□

この撮影中、高倉の母親が亡くなった。

市古プロデューサーが、高倉に言った。

「健さん、スケジュールはなんとかするから、九州に帰ってください」。が、高倉は、みんなに迷惑をかけたくない、と頑固に断った。

高倉は、母親の亡くなったことは市古プロデューサーだけ知っていて、監督の降旗すら知らないと思っていた。

実は、降旗はもちろん、みんな知っていたが、高倉の前では、みんな知らない顔をつづけていた。

高倉は、のちにこのことについて語っている。

「親族の葬儀なども一度も参列していない。それを理由に撮影中止にしてもらったことはない。それは、自分にとってのプロのプライドであり、課してきた」

高倉は、著作『南極のペンギン』でもこのことについて書いている。

「おかあさんが死んだとき、ぼくは『あ・うん』という映画の撮影中だった。葬儀に、まにあわず、一週間もおくれて、ふるさとに帰った。

形どおり、お線香をあげて、おがんでいるうちに、おかあさんの骨が見たくなった。

仏壇の骨箱をあけ、おかあさんの骨を見ていた。きゅうに、むしょうに、おかあさんと別れたくなくなって、骨をバリバリかじってしまった。

そばにいた妹たちは、

〝おにいさん、やめてッ〟

と、悲鳴をあげた。

たぶん、妹たちはぼくの頭が、おかしくなったと思ったのだろう。でも、そうではない。りくつではなく、そのとき、おかあさんと、どうしても別れたくないと強く思ったのだ」

高倉は、かつてずっと自分を支えてきたものは、やっぱり母親だと言っている。

「いつも母親に喜んでもらいたいとか、母親を安心させたいとか、なんか、そういうことが一番多かったような気がします」

富田は、撮影が終わり、かなりの時間が経ってから人づてに聞いた。

富田は、まったく知らずにいた。

正直、驚いたが、同時に、富田は思った。

〈でも、撮影の時間だけでも、高倉さんが、もし楽しい時間を過ごせていたのであれば、それはそれで嬉しいな〉

□

修善寺(しゅぜんじ)でのロケ中のことである。高倉が意外な一面を見せたことを板東が語っている。

「健さんが、突然、えらい怒った。

〝何だ、こんな状態で撮れるか！〟

降旗監督も、一体何だろうという顔になった。

健さんが言った。

〝何だ、あの小道具は！〟

みんな緊張した。健さんが怒りはじめたので、ボク、逃げたほうが……。

健さんは、さらに言った。

〝小道具！　呼んで来い！〟

背の小さい、四十過ぎの小道具さんがやって来た。震えている。

〝すみませんでした！〟

何だかわからず、平謝りし、へたりこんでしまった。

すると、健さん、おもむろに立ち上がった。ポケットからごっついネックレスを取り出すや、

〝いつも、いい仕事をしてくれて、ありがとう〟

そう言って小道具さんの首にそのネックレスをかけたのである。

なんじゃ、これは……。

緊張していたみんなは、ワァッと思わず拍手をした。

そのとたん、先ほどまで土下座していた小道具さん、立ち上がって、また感動してへたりこんでしまった。

それを、健さん、まるで映画の本番のようにやってみせたのである。中盤で緩(ゆる)みかけていたのを、引き締めてみせたのである」

降旗映画には、かならず美しく感動的な一シーンが組み込まれている。『あ・うん』では、富司純子が、ハンカチを持ち、縁側でひとり踊っているシーンがそれである。

降旗によると、そのシーンは、何をどのように踊るか、細かく指示したのではないという。

「純ちゃんのやりやすいようにやって」

ポカポカと暖かい陽ざしの中。門倉が、水田の家に突然やってくる。玄関で、門倉が声をかけようとして、フッと庭へ、二、三歩まわる。

庭で、門倉、ついポカンとなる。なんと、たみが水田の白い背広の上着を着て、ダブダブの姿をガラス戸に映している。門倉に見られているとも知らず、水田のカンカン帽を頭にのせて、手に門倉の白い絹のハンカチを持ち、ヒラヒラ舞っているその姿をガラス窓に映し、うっとりと楽しんでいる。

さらに帽子を脱いで、その帽子もクルクル動かし、踊っている。たみ、そのうち、門倉の視線に気づく。

「どうしよう！」

たみ、驚いて、持っていた帽子を放す。その帽子、庭に転がる。門倉、その帽子を拾う。

たみ、オロオロしながら、弁解じみて言う。

「ごたごたして、お父さんの夏物しまい忘れてて……いいお天気だから」

門倉、たみのかわいらしさに対する感動の中にいる。なんとも詩に満ちた美しいシーンである。

□

高倉は、『あなたに褒められたくて』で、『あ・うん』について書いている。

「『居酒屋兆治』の時の美術の村木与四郎さんは、黒沢組を全部やってられる方ですけど、『あ・うん』は、その奥様の村木忍さんがやられて。お二人とも凄いですね。『あ・うん』で、芸者まり奴と出会ったり、板東さんを怒らして絶交したりする（神楽坂の）料亭の泉水の中に、虫くいの落葉が沈んでいる。それは、どう見ても人のやったこととは思えない。ハラハラと落ちた葉っぱが、底に沈んでいるとしか思えない。いや、そんなこと考えもしないほど、自然にあった。

この泉水の底なんて、映りっこないですよね。〝すげえなあ、もう本当に凄いなあ〟って思いましたね。

そしてまた、それをちゃんと見ている人がいるんですね。

たとえば、木村大作というキャメラマンがいる。

小道具さんが、思いを込めてつくった、自分のこれに関しては一歩も引かないよっていう強い気持ちで、

〝木村大作はいつもでかい声を出してるけど、どこから、どう撮るかな〟

大ちゃんが言いますよ。

〝新しいセットはいつもテストされてるみたいで、疲れちゃいますよ〟

〝ああ、大ちゃんそこから撮るの〟とかって言われちゃうと、ドキッとするらしいんですよね。

〝へえー、そこからね〟

〝ふーん〟とか言われちゃうと、

〝あれー〟と思うらしいですね」

□

門倉は、水田が芸者のまり奴にいれあげ、これ以上たみを苦しめては、と、無理矢理まり奴を横取りする。が、その行為には門倉の妻の君子をうろたえさせ苦しめる。仙吉はそのことを知り傷つく。

門倉は、たみに惹かれていく自分に歯止めをかけようと、神楽坂の料亭で仙吉にあえて喧嘩を売り、水田と絶縁する。小説にはこのシーンが書き込まれているが、NHKの放送ではなかった。

しかし、降旗は、映画化するにあたり、そのシーンをあえて描くことにした。降旗は思う。

〈二人は、そんな甘い付き合いばかりではないはずだ。人間、愛していれば、憎んでもいる。そういう両面が出たらいいのではないか……〉

その神楽坂の料亭『八百駒（やおこま）』の夜の座敷。床の間に、門倉と水田の帽子が二つ並んでいる。

芸者を上げて盛大にはしゃいでいる門倉。ワイシャツの腕をまくって、芸者の三味線で太鼓を打って聞かせる。

水田、腕組みしている。手酌（てじゃく）で呑む。気にしたり、わざとらしく目を逸らしたり、二人の仲がどことなくぎくしゃくしている。

芸者たち、水田を引っぱりだそうとして、

「お次の番だよ　お次の番だよ！」

門倉、水田をせかす。

「水田、やれよ」

「勘弁してくれ、おれはお前と違って、無芸大食だから」

はやし立てる芸者たち。

門倉、水田に言う。

「なんだっていいじゃないか、ワンとかニャンとか」

「犬？」

「ああ、犬の真似しろよ」

「むつかしいよ。第一、おれ、犬飼ってないから」

「いつもの通りやりゃいいんだよ。人のあと、尻尾振ってついてきて」

「……」

「お預け、ちんちん、お廻り」

水田、ムッとする。

「……どういう意味だ」

芸者たち、ぱたりと静まる。門倉、芸者たちに言う。

「水田の奴、芸なしだっていってるけど、芸あるんだ『奢られ上手も芸のうち』って」

「門倉……」

水田、こわばった顔で、つとめて笑おうとする。

「謝れ。酒の上の冗談にするから、謝れよ」

水田の震えている握った拳。

門倉、言い返す。

「なんで、俺が謝るんだ。本当のこと言って、謝ることはないだろ。そうだ。もっとぴったりのがあるな。いいか。『たかり上手も、蠅のうち』」

水田、盃の酒を門倉にあびせる。

門倉は平然として言う。

「酒、粗末にするなよ。これもおれの奢りのうちだからな」

水田、懸命に耐えている。

門倉、さらに水田を追い詰める。

「身銭切ったことのない奴には、わからんか、ハハハハ」

水田、芸者に声をかける。

「すまんが、はずしてくれんか」

シンとなっていた芸者たち、そそくさと引きあげる。

門倉、手酌で呑もうとする。その盃に、手でフタをする水田。

ブルブル震える手。怒りをつとめて抑えて言う。

「門倉、お前、酒弱くなったなあ。酔っぱらいやがって……だらしないぞ」

水田、笑顔を、ムリに作ろうと思うが――。

門倉、煙草に火をつける。

水田、門倉に言う。

「昔なら、表へ出ろ。ぶん殴ってるとこだが、おたがい、年だ……次は、おれが、やるかも知れん……酒の上のことだ、水に流すよ」

「無理に流すことはない」

「？」

「酔って、本心言うことだってある」

「……おい」

「……」

「これは、お前の好意じゃなかったのか」

「……」

「おれたちが、断っても断っても、お前が、いろいろしてくれるのは、あれは、友情じゃなかったのか……」

「……」

「お前、言ったじゃないか、頼むから付き合ってくれ、仕事の苦労忘れて呑めるのは、昔の戦友だけだ、お前の財布はおれのもの、おれの紙入れはお前のもの。ありゃ嘘か、出まかせか」

門倉、フフと笑って、しげしげと水田の顔をのぞき込む。

「水田、この頃、顔つきが卑しくなったな」

「本日只今限り、絶交する！」

水田、ついに我慢が切れた。

躍りかかるように門倉の横面を殴りとばす。

その水田が門倉の頰を殴りつけるシーンの撮影の時、高倉が板東に言ったという。

「板東さん、俺は殴られて何十年にもなる。いいから、思いきり殴りなさい」

しかし、高倉の顔を殴るのは大変である。

「俺だって、プロだから」

高倉がもう一度言ったという。

板東は言っている。

「ボク、立ち上がって、健さんの顔を平手で思いきりパシッと殴った。本当に当たった、と思った。

すると、降旗監督が声を発した。

〝ＯＫ！〟

ホッとしました」

そのとたん、料亭のセットをバラシにかかった。

それを見た板東がのちに語った。

「なんと、床の間に穴が開いている。その部屋の隅っこに穴が開いている。四台もキャメラが置いてある。どこから撮ってもいけるようにしてある。映画で四台のキャメラなど絶対にありえませんでしたからね。失敗しても一発でいけるようにしてあったんですね。本編を見ても、本当に殴っていました」

□

木村はかつて、降旗監督にこう言ったことがある。

「人生とは、不幸の中の幸せか、幸せの中の不幸しかない。もし幸せの中でさらなる幸せがあるとしたら、それは降旗さんの家庭ですね」

降旗監督の夫人という人が、実に「いい人」なので、そんな言葉が出た。それをアル・パチーノ主演の映画『セント・オブ・ウーマン／夢の香り』のパンフレットに書いたら、高倉健が読んで「大ちゃんも深いこと言うな」ともらしたそうだ。気に入って、パンフレットを一〇部買って来させたほどだ。誰に送ったのかはわからないが。

もっとも、この話には後日談がある。降旗監督が「大ちゃん、僕も我慢してるんだよ」と木村に言ったという。

木村にすれば、降旗家というのは「絵にかいたような」幸せな家庭だと思う。その家長が「僕も我慢している」と言うのなら、どんな家庭でも幸せばかりとはいえないのだろう。その「苦さ」が作品ににじみ出て来るのだろう。木村によると、降旗作品には、このような人間の業(ごう)、不幸な人間が結果的に多い。人生は甘くない、という人生観があるのか。

降旗は、そんなに人生観で思い詰めているわけではないという。何らかの選択を迫られた時、一般的には善だから選ぶとか、幸せになるからと、楽なほうを選ぶ。が、そうでない選び方をする人がいる。映画の中の主人公は、そういう楽なほうを選ばない。そういう人間の美点をわざわざ作って見せるのが映画ではないかと思っているという。

富田は、悩んでいた。

□

脚本に、石川の下宿で石川と接吻するシーンがあったからだ。これまで出演した映画の中に、ラブシーンはなかった。そんな富田が、初めて撮影に挑むラブシーンは、『あ・うん』の撮影の中で一番大きなハードルとなった。

撮影当日、内心、ものすごく緊張していたが、そんな素振りは絶対、見せたくない。

〈ラブシーンが初めてだから、どうのこうのなんて言いたくない〉

緊張を隠してセットに入り、動きなどを確認している時も何気なさを装い「ふふーん」と返事をし、動じていないことを周囲にアピールした。

それでも、自分だけはごまかせない。

もしかしたら、降旗監督が演技指導をしていたのかもしれないが、カチコチの富田は、そんなことすら記憶にない。

「カット！」の声を聞いた瞬間、富田は安堵した。

〈ああ……、終わった……〉

映像には映ってないが、普段の芝居よりも緊張したことは確かだった。

その直後、石川が本郷署の刑事に追われ、さと子も刑事にヤカンを投げつけ逃げるが、二人とも捕まる。

石川義彦は特高に捕まり、水田はさと子に石川と別れるよう勧めたが、二人の気持ちを離すことはできなかった。

映画のラストシーンは雪とは縁のない季節に、特殊効果で雪を降らせ撮影した。

高倉と雪はセットだ。富田も、高倉の立ち姿としんしんと空から降ってくる雪が互いに呼応しているように錯覚するほど、高倉には雪のイメージがぴったりとはまる気がするのだった。

□

水田さと子、水田家の鍵をかけようとして、手がとまる。格子戸のガラスの向こうに、誰か立っている。その影。

さと子、声をあげる。

「おじさん……」

たみ、ハッと見る。

水田、いらだって言う。

「なにぐずぐずしてる。早く鍵をしめんか」

「だって、門倉のおじさん」

「電気消すぞ」

水田、パチンと電灯を消す。そのまま茶の間へ入ろうとする。

「お父さん」

たみ、電灯をつける。裸足で三和土（たたき）にとびおり、戸をあけようとするが、水田が止める。

「入れるな。入れたら、離縁だぞ！」

たみ、それでも開ける。門倉が立っている。雪が降っている。その中に、門倉の顔。たみ、雪の降りしきる中で門倉に駆け寄る。何もいえず門倉を見つめ続ける。

水田、上がり框に、うしろ向き。

たみ、必死で門倉を家に上げようとする。

「門倉さん、あたしたち、ジャワへゆくんですよ」

水田、なおうしろ向きのまま。

「遠いとこなんでしょ。当分、もしかしたら、これっきり逢えないんだから、仇同士（かたき）じゃあるまいし、背中向けたまま、さよならなんて、あたし、さびしいんです」

必死でいながら、なまめいている。

「二十何年、仲よくやってきたんじゃありませんか、せめて……」

急に涙声になる。

雪の降りしきる中での門倉とたみのやりとりは、往年の任俠映画の高倉健と藤純子を思わせた。

降旗は、「はじめはそんな感じもしましたが、任俠映画とか素人らしい感情表現とかを超えた、真心の表出だったと思う」という。

門倉、敷居の外で、じっと動かない。

「水田」

門倉、水田の背中に呼びかける。

「栄転おめでとう」

水田、うん、うん、とうなずく。

「あっちは暑いんだから、お前、汗疹(あせも)と、マラリヤに気をつけろ」

「お前も、軍需景気軍需景気で、調子にのるな。お前は、調子づくと、次、必ずドカンと、やられるんだから」

「わかってるよ……じゃ、さと子ちゃんも元気で」

門倉、たみを、見る。さと子も、見る。

あふれるようなものを振り切って、去ってゆこうとする。水田、門倉に声をかける。

「待てよ」

「……」

「上がって、いっぱい呑んでけよ」

さと子、外へ出て、門倉にとびついて、門倉を玄関に引っぱり上げる。

そこに、肩に雪を抱いて石川義彦が入ってくる。

「召集令状がきました」

そのひと言に、さと子、水田、たみ、門倉、緊張する。凍りつく。

「一週間後に、入隊します」

さと子、無言。門倉が、声をかける。

「武運長久を、祈ります」

義彦、頭を下げる。

「ありがとうございます」

義彦、一礼する。

そして、さと子に、向いて、同じように一礼する。

さと子と義彦、じいっと見つめ合う。

義彦、出てゆく。

水田、振り切るように、奥へ入ろうとする。たみ、追いすがって、

「お父さん、お酒かなにか――」

水田の家に来ていた門倉役の高倉が、感情移入しすぎて、次のセリフが出ない。

降旗は待つが、なお高倉の口から言葉が出て来ない。

降旗は、一分待つが、なお高倉の口から言葉が出ない。

〈これから出て来るかな……〉

高倉は、森谷司郎監督の『八甲田山』では、感情移入しすぎて、台本一ページ分くらいのセリフを一言も話さなかったこともあるという。

高倉は、『あ・うん』について『高倉健インタヴューズ』のインタビューで語っている。

「『あ・うん』を撮ったときも重要なシーンに来ると、僕がなかなかセリフをしゃべりださなくてまいったようです。

でも、本当に嬉しい、もしくは悲しいと感じたとき、人は〝嬉しい〟とか〝悲しい〟なんて言葉を口にするでしょうか。僕はしないと思う。声も出ないいんじゃないか……。

すぐれた脚本家は言葉で悲しさを表現するのではなく、設定で表現するんですよ。極端な話、ハーモニカを吹くだけでも悲しさは表現できるし、息遣いを感じさせるだけでもいい。それでも俳優の演技がうまければ、観客に悲しさは伝わります。セリフだけが表現じゃありません。僕は大上段に振りかぶってやたらと大声を出す映画には本当の力はないと思う。思っていることを低い調子で、そっと伝える映画に出たい」

降旗はついにカットはかけないで、恋人たちのカットバックとなる。去って行く義彦を追えないさと子を門倉がけしかける。

「さと子ちゃん、早く――」

さと子、ハッと顔をあげる。

「追っかけていきなさい！」

　水田とたみ。

　門倉、さと子の背に声をかける。

「今晩は、帰ってこなくてもいい」

　水田、ふり向きかける。たみ、体でとめる。門倉、たみを見る。たみ、門倉を見る。

　門倉が、玄関を上がってすぐのところにかけてあるさと子の赤いマフラーを取り、水田とたみの顔をジッと見るや、さと子の首にやさしく巻いてやり、きっぱりと言う。

「おじさんが責任を持つ」

　立ちつくすさと子を、うながす。

「ありがとう、おじさん」

　さと子の白くなった唇が小さく震えている。

　門倉、ポンと、さと子の肩を叩く。

　さと子の目が涙でふくれる。

　水田もたみも、涙があふれている。

　駆け出していったさと子の下駄の音。雪の中を、さと子、精一杯駆けぬけていく。

　富田は、あまりにも前のめりに芝居をしすぎたせいで、恋人石川義彦を雪の中で追って、走っていくシーンでは、足元をグギっとひねってしまったという。

富田は撮りなおしたほうがいいと思ったが、降旗も木村も「それでいいよ」とOKを出してくれた。

□

夜ふけの水田家の茶の間。しこたま呑んだ門倉と水田。二人の間にいるたみ。

「たみ、お前も――」

と、水田がたみにコップを持たす。

たみ、フッと微笑。

「あたし、呑むと足の裏かゆくなるから――」

「バカ、今夜は、呑め」

たみのコップに注ごうとする。

同時に、門倉もたみのコップに注ごうとする。

水田、引っこめる。

門倉も引っこめる。

たみ、自分で注ぐ。

三人、黙って呑む。

門倉が、ポツリと言う。

「あの男は、生きては帰れんな」

沈黙。

「特高ににらまれて出征した奴は、生きて帰れんらしい。そんな噂がある」

門倉が思い詰めたように言う。

「さと子ちゃんは、今夜一晩が一生だよ」

やがて酔いつぶれてひっくり返っている門倉と水田。たみ、二人に毛布をかける。ひとりごとを言いながら、水田に声をかける。

「ジャワへは、行きませんね、あなた……」

水田、スヤスヤと寝息。

「だって、門倉さんの行く場所がなくなっちまう……」

たみ、電灯を消して縁側に立つ。

門倉、フッと目をあける。暗闇を見つめる。その目に、光るものがある。

外の雷、いっそう激しくなる……。

□

富田は、たった一作しか高倉健主演、降旗監督の映画に関わっていない。それでも、当時を振り返ってみれば、今でも思い出は尽きない。

約三十年前、高倉に抱いていたライバル心むき出しの感情を思い出し、富田は懺悔したい気になる。

〈わたし、本当に若かったんだな。健さんのお芝居に負けるもんかだなんて……。「こんちくしょう、絶対負けないもんね！」って、そんな子供みたいなことを思って芝居してただなんてわかったら、健さんに怒られちゃう。どうして、そんなことを思ったんだろう〉

十代の富田にはわからなかったことが、今になってわかる。

〈健さん、降旗監督、お二人がどれだけエネルギーある方だったのか。どれだけ、すごい方だったのか。そんな二人との映画作りを十代で経験できたなんて、本当によかった〉

木村大作と大声は、切っても切れない関係だ。

富田は、大声を出さない木村なんて、想像がつかない。それほど、尋常じゃない大声を出すのが木村だった。

『あ・うん』から数年経ったとき、富田は木村と撮影所で再会した。

あいさつを交わした後、木村が富田にいった。

「俺はな、世界の中で、女優を一番美しく撮れるんだぞ！」

「はい。是非、よろしくお願いします」

木村の自信満々な姿を見て〈相変わらずだなぁ〉と思いながらも、確かに、木村の映像はすごいとも思っていた。

木村は男女問わず、愛情をこめて撮ってくれる。これほど、降旗監督が信頼して任せられるキャメラマンはいないことを、富田は知っている。

そして、降旗と木村のコンビは、史上最高のコンビだと富田は思っている。

〈何なんだろうな……。あのお二方の撮影現場で醸し出す雰囲気だったり、出来上がった作品の美しさだったり、感情の伝わり方だったり。最高としか表現できないな〉

『あ・うん』について降旗は語っている。

「基本的には、愛情の三角形の絵物語として見てもらえればうれしい。もうひとつ、核家族のような閉じた家族ではなく、広がりのある家族もいいものだと思ってもらえれば。子供丸出しの男の友情ですからね、総体に、ソフトなコメディーの感じが出せたらいいなと思っていました。原作は、反戦文学の一面もあるのですが、その点は、感じていただければという程度にとどめました。強調すると話自体が変わってしまうので」

『あ・うん』は、東京映画祭のオープニングで上演した。英語版を作った時のタイトルは『Ｂｕｄｄｙ（バディ）』。「戦友」という意味であった。

降旗は、このタイトルを見るや思った。

〈「戦友」か。合ってるタイトルといえよう〉

戦友というのは、要するに悪いこと、嫌なこともいっしょに経験し、決して仲良く好き合っているわけではない。複雑な関係だ。

このドラマは、男たちは男たち、女たちは女たちで、それぞれまさに戦友である。

# 第七章『鉄道員(ぽっぽや)』

坂上順が東映東京撮影所長を岡田裕介(おかだゆうすけ)から引き継いだ時のことである。

「撮影所長って、一体、何をすればいいいんだ」

岡田は言った。

「これからの撮影所は、東映の専属工場ではダメなんだ。スタジオ自体で営業利益を出していくんだ。岡田茂社長も同じ考えだよ」

坂上より一〇歳年下の岡田裕介は、いつのまにかステップアップし、坂上の上司になっていた。その岡田が、坂上を鼓舞(こぶ)した。五十八歳の坂上は、撮影所は、ヒット作を作るしかないと考えた。

〈わたしも六十歳の定年まで、あとわずか。次の作品は、わたしにとって東映で最後の映画になる。どうせ最後というのなら、健さんともう一度、映画を作りたい〉

その頃の東京撮影所には、昭和五十一年に東映を去った高倉健を慕うスタッフが大勢いた。日本映画全盛の頃の量産体制を支え、高倉とともに『網走番外地』シリーズ、『昭和残俠伝』シリーズを次々と生み出してきた活動屋たちだ。そして、定年を迎えようとしていた。

彼らも、坂上と気持ちは一緒だった。

「最後の記念写真を、高倉健と撮りたい」

映画界には、クランクアップすると必ず関係者全員が集まって、完成記念の写真を撮る習わしがある。スタッフたちには、その写真が各々の作品歴であり、思い出の詰まった人生を語るものとなる。その最後を飾る一枚を、高倉健と撮りたいと熱望していた。

「何か、健さんとできる企画はないか」

そんな時、坂上のところに、数人から同じ原作が持ち込まれた。

「浅田次郎（あさだじろう）さんの『鉄道員（ぽっぽや）』っていう話は、どうでしょう？　これ、映画になりませんか？」

直木賞をとったベストセラーである。スタッフの方から、企画を持ってくるということは、かつてなかったことである。

〈この原作は、すでにどこかが権利を買い取っているかもしれない〉

そこで、坂上は、出版社の集英社気付で浅田次郎宛てに手紙を書いた。

「この『鉄道員（ぽっぽや）』には、定年間近の撮影所で働く人間たちも感動しました。その中の一人であるわたしも、映画館でしみじみ観たい作品だと思います。映画化の申し込みは何社からもあると聞いておりますが、ぜひこの作品を大切になさってください」

小説『鉄道員（ぽっぽや）』と、原作者・浅田次郎に宛てたラブレターともいえる。

ひと月後、集英社から坂上のもとへ連絡が入った。

「もうちょっと、具体的な企画書を作ってくれませんか」

具体的な企画書と言われても、坂上には自信がない。

〈「高倉健でやります」と書きたいところだが、健さんが出てくれる保証など、これっぽっちもないしな……〉

坂上は、「大人の映画を観たい」というイメージを膨らませながら、試行錯誤を重ねた。

まず、浅田が描いた『鉄道員（ぽっぽや）』の世界には、アメリカの幻想文学の小説家であるレイ・ブラッドベリの短編小説に通じる味わいを感じることを伝えながら、坂上の夢想を綴（つづ）った。最後は「大人が観てくれる映画を、是非、作りたい」と結んだ。

しばらくして、集英社から坂上に嬉しい知らせが入った。

「東映に、権利を預（あず）けます」

坂上が予想したとおり、人気の作品のため、多くのプロデューサーが八作ある短編集の中の一本ごとで映像化権を申し込んでいた。のちに『ラブ・レター』『オリヲン座からの招待状』は映画になっている。

坂上の気持ちは高まるばかりだ。

〈こうなったら、健さんでやるしかない。自分の最後の作品として、健さんには泣いてすがってでも出てもらう〉

高倉に出演してもらえる確証など、皆無だった。

□

高倉と坂上は、昭和四十一年の降旗監督の『地獄の掟に明日はない』からはじまり、『網走番外地』シリーズで制作進行として関わり、『ゴルゴ13』からはプロデュースを担当、以後『新幹線大爆破』『野性の証明』『動乱』と、高倉主演のプロデュースをしてきた。

しかし、『動乱』の宣伝に関して、高倉の逆鱗に触れたことで絶縁状態となった。

何年か後、心配した降旗監督が間に入り、高倉の坂上に対する勘気は解かれたのだが、東映も坂上も作品での縁はなく、一九年の歳月が流れていた。

坂上は、高倉に『鉄道員』の原作本と手紙を送った。

「健さんと仕事をやってきた連中が言っています。〝若い時に、高倉健と映画をやっていたんだ〟と子供たちに言っても、誰も信用してくれないと。その連中が、もうじき定年を迎える歳になりました。完成記念写真というものは、活動屋の履歴書です。みんな、その

『鉄道員(ぽっぽや)』（平成11年）降旗康男監督／浅田次郎原作／岩間芳樹・降旗康男脚本／高倉健・大竹しのぶ／©1999「鉄道員(ぽっぽや)」製作委員会

ラストを飾る写真を、健さんと撮りたいと願っています」

映画については、「監督は降旗康男さんでお願いしたい」とだけ記し、どの役を演じてもらいたいなどといった細かい話は書かなかった。

『鉄道員(ぽっぽや)』の小説は素晴らしいし、降旗は、ホロリとさせられた。面白いものだということはわかっていた。が、短編小説だから、映画化するのには長さが足りるか、今時このような駅はどこにあるんだろうか、全部セットで作ると大変なお金がかかってどうか、そういうようなことを思った。

〈映画にするには、前途多難だな……〉

高倉への一通目の手紙の返事は、坂上には届かなかった。

高倉が返事を伝えたのは、降旗監督であった。

高倉は降旗に電話し、こう伝えていた。

「坂上にいっておいてよ。おれ、老人が死ぬ話なんか、やりたくない」

高倉の伝言を降旗監督から聞かされた坂上は、思った。

「とにかく、脚本(ホン)を創(つく)ることだ」

坂上には岩間芳樹(いわまよしき)の名が浮かんだ。岩間は、学生時代にNHKラジオドラマで脚本家としてデビューし、民放ラジオやテレビ放送が始まるに合わせ脚本家として活躍し、今や大御所である。坂上は、以前、NHKで放送した、岩間が書いた、北海道の廃線になる駅のドラマがずっと心に残っていた。

飛び込みで岩間のもとを訪ねた坂上を、岩間は喜んで迎え入れた。

「よくぞ、訪ねてきてくれました。北海道と鉄道と炭鉱に関しては、わたしより知ってる者はいないでしょう。是非、やりましょう」

そんな岩間に、坂上が「高倉健は仙次の役で行きたい」と話したところ、岩間は「ふーん」とだけ返した。

原作の乙松は、背中を丸めて座っている。だから、健さんのピシャッと立った印象と合わない、仙次のほうがいいんじゃないかとの意見があった。

しかし降旗は、一所懸命で頑固で押し通すという乙松の性格からいうと、健さんしかいないだろうと思っていた。

一週間後、坂上は岩間に呼び出された。

「乙松の役だけど、いくら考えても、高倉健以外では筆が動きません」

そう断言された坂上は、「わかりました」と言うしかなかった。岩間は、原作から高倉健演じる乙松の役を、どんどん膨らませていた。乙松の履歴書まで作り、坂上に聞かせた。

「乙松のお父さんは、満鉄で働いていた。特急『あじあ』を走らせていたお父さんが満州から日本に引きあげ、北海道へ帰ってきた。そこで結婚し、生まれた息子が乙松なんだ」

原作でも映画の中でも、乙松の父親などまったく関係のない話ではあるが、どんどん乙松という男の中身と人生が深まっていった。

二カ月後、脚本の初稿ができた。坂上は満足だった。

〈さすがだな、いい脚本(ホン)ができた〉

その本を持ち、坂上は喜び勇んで世田谷区下馬(せたがやくしもうま)にある降旗の自宅を訪ねた。

ところが、降旗にあっさり却下されてしまった。

焦った坂上は新宿にある京王(けいおう)プラザホテルの一室を借り、降旗、岩間、坂上の三人で会うことにした。

坂上は、降旗に聞いた。

「どこが違うんでしょうか」

降旗は、はっきり口にした。

「乙松というのは、しゃべっちゃダメなんだよ。乙松を主体で動かしちゃ、ダメなんだよ。乙松のまわりにいる人物たちが見た目で、客観で乙松を語ってゆく。そうして、乙松の人物像を作り上げていかないと。乙松がしゃべったり、考えたりするところを、見せないほうがいいんだよ」

天下の岩間の書いた脚本に対して、降旗はすっきりするほどの切れ味で、バシッとダメ出しをした。

降旗の一言で、部屋の空気は一瞬にして凍りつく。

言われた岩間は、「うーん……」と発したきり、何分もの間、沈黙している。岩間もNHKの代表的な脚本家である。坂上は、針のむしろに座る気持ちだ。

何本もの映画を高倉とともに作り上げてきた降旗は、高倉健という役者を最大限に生かす方法を百も承知している。高倉に演じてもらうのだから、高倉健というキャラクターを無駄にすることなど許されない。

ようやく、岩間が口を開いた。

「一〇日間ほど時間をください。もう一遍、考え直してみます」

約束の一〇日が経った。

岩間は、降旗が示した方向で構成をやり直し、脚本を作り上げてきた。

それでも、降旗はねばる。主人公の乙松は、アメリカのグローバリズムが日本にやって来た時代を生きてきた。それは、金をかき集める、お金の泥棒が公認された時代だ。それによって自分たちの生活は壊されてしまい、時代から置き去りにされた。『鉄道員（ぽっぽや）』はそれに対する主人公の怒りのドラマだと降旗は考えた。だから単なるメルヘンではなく、社会的背景を入れ込んだほうがいいと思った。

岩間芳樹が書いてきた脚本の第一稿は、北海道史の部分が強すぎて、歴史の教科書みたいな感じがあった。また、そこをちゃんと描いていくと二時間半の作品になってしまう。物語の本質は小さなメルヘンだから、その中に社会的なことを盛り込まなきゃいけないと思って、岩間と話し合った。が、なかなか埒が明かない。それで降旗が脚本を直すことになった。

原作は、すべて夜の話であった。その原作どおりにすべて夜景で撮るとなると大事になる。降旗は、原作のナイトシーンを、すべて昼のシーンに変えた。それに沿って脚本を書いて高倉に見せた。

しかし、高倉は乙松が最後に死ぬという役だということに抵抗があるという。高倉もすでに老いに入っているから死人役を嫌がったのであろう。

確かに、高倉に読んでもらったシナリオには、まだしょぼくれた印象が残っていた。

高倉は「キネマ旬報」平成十一年六月下旬号で金澤誠のインタビューに語っている。

「あの夫婦の感じというのは、監督が苦労されたところだと思うんです。岩間芳樹さんの書かれた骨っぽい脚本から、もう少し柔らかい夫婦の情愛がほしいと、僕はいろいろ言いましたからね。監督が脚本に自ら手をつけたというのは、この三十何年、初めてのことですし。そういう部分で、監督が苦労された箇所が、幾つかあると思います」

クランクインの日まで、脚本のブラッシュ・アップは続いた。坂上は、『鉄道員』という映画の成功を予感した。

〈一筋縄ではいかない作家同士が、真剣勝負でぶつかり合った時、その力が掛け算になる。ヒット作が生まれる〉。その予兆（よちょう）があったからだ。

□

高倉健主演を想定した『鉄道員（ぽっぽや）』の脚本が練り上げられていく中、出演を拒否した高倉への交渉を、坂上はねばり強く続けた。

思いが天に通じたのか、高倉が『鉄道員（ぽっぽや）』に出演するよう、周辺の人たちがサポートするような出来事もあった。小説『鉄道員（ぽっぽや）』を読んだ人たちが、高倉に言っていたらしい。

「これ、健さんにいいんじゃない」

坂上から出演依頼を受けながら、それを断ったことを知った高倉の知人が、坂上に連絡してくることもあった。

「坂上ちゃん、本当は健さん、『鉄道員（ぽっぽや）』やりたいみたいだから、うまく粘（ねば）ってよ」

小林稔侍も、報告していた。

「坂上ちゃん、健さん、いやだと言ってたくせに、ベンツの助手席に、あの本が置いてあるんだよ」

高倉の周囲の反応を見て、坂上は感じていた。

〈なんか、健さんの周りから波動が伝わって来る〉

高倉が、坂上によく言っていたことがある。

「役者が映画やるっていうことは、命を削るってことなんだよ。だからギャラ稼ぎだけでやってる奴見ると、おれは、腹が立つんだ」

スタッフたちにとっての映画は、第一に生活の糧(かて)である。自分たちの生活を守るために映画を作っていることをわかりつつも、高倉は、それにイラつくこともあった。

坂上も、高倉の映画に対する「命を削る」という覚悟をわかったからこそ、自分も命を削る覚悟で手紙を書いた。

高倉の誕生日だった。

『わたしも五十八歳。自分の映画人生もこれが最後。健さんも、東映を離れてから長い月日が経っている。そろそろ、古巣の東京撮影所で一本やって貰えないでしょうか。

平成十年二月二十一日』

高倉は、『鉄道員(ぽっぽや)』について、前述の金澤誠のインタビューに答えている。

「坂上ちゃんから来た手紙は、全部取ってあります。それをコピーして、ロケの間中も、自分を鞭打つ意味もあって、ずっと持って歩いていました」

「その話が、ボディに効いて、足が止まった感じでした。今回プロデューサーを務めて、坂上ちゃんのところに原作の小説を映画化したいと持っていった石川通生(いしかわみちお)ちゃん。彼は、僕が東映で仕事している頃には、照明部にいて、僕がよく催眠術をかけたりしてたんです。その彼がもう定年なのかと思ったら、簡単には、やらないと言いにくくなりましてね」

□

坂上が渾身の力を込めて高倉に出した手紙に、返事が来た。

四日後に、高輪プリンスホテルの貴賓館で会う約束をした。

さっそく、坂上は高倉に会うための準備にとりかかった。坂上には、高倉から忠告されていたことがあった。

「坂上、太っているということは、緊張感が足りないということなんだよ」

きつい口調でいうわけではなく、言い聞かせるように話す。それが、坂上の心にじわっと染みる。

それは、高倉が徹底して最善を尽くしている姿を見せていたからだ。肉体を鍛え、役者としてベストな状態を保つ。その精神力、意志の力は半端ではなかった。

かなり昔に言われていたことではあるが、いまだに坂上は太っている。わずか四日間で痩せることなど無理なことだが、一九年ぶりに高倉の前に立つ坂上なりの心構えを証明したかった。

〈せめて精一杯やっていることは伝えたい……。健さんには、完全に見透かされちゃうかな……〉

その日から、坂上は絶食することにした。

高倉も降旗も、まるでレントゲンのごとく人の心を見透かす。中途半端な態度で会えば、映画の話は本当になかったことになるだろう。そうなることを避けるためにも、坂上はできる限りのことをして四日間を過ごした。

二月二十五日、坂上は一九年ぶりにプロデューサーとして高倉の前に立った。

二時間におよぶ話し合いのほとんどは、かつての東映作品で高倉と苦楽をともにした仲間たちとの思い出話と彼らの近況報告だった。

「『動乱』の頃のスタッフも、みんなそろそろ定年で撮影所を辞めてしまうんです。最後の記念写真を健さんと撮りたいというのが、みんなの願いなんですよ」

「坂上、わかったよ。記念写真なら、中国飯店で飯でも食って撮ればいいじゃないか。いつでもいいよ」

記念写真の話は約束してくれた。

が、肝心の映画については素っ気ない。

「この作品は、今やらなくてもいいんじゃないの」

□

いっぽう、降旗も高倉を懸命に誘った。

「原作を読んだ読者は、主人公の乙松にしょぼくれた印象は持たなかったらしいですよ。しかも、原作のように夜ばっかりの話じゃないですから」

高倉は、「そうかな」と言い、訊いてきた。

「どこで、撮るんですか」

高倉に、北海道の撮影現場の「幾寅駅」を改造して原作の「幌舞駅」にすることを説明し、ロケハンの写真を見せた。

高倉はまだ首を傾げていたが、降旗は見切り発車をすることにした。高倉は、駄目な時にははっきり「ノー」と言う。今回、「ノー」とは言わない。

降旗は、一〇年ぶりの高倉健に対する印象は変わらなかったが、メンタル部分では変化があったという。

昔は、自分の背筋がゾクッとするような話ならやりたいというのが健さんにはあった。が、この頃になると、恥ずかしくない映画を作りたいという気持ちが強くなってきた気がする。それは、年齢とともにそういう気持ちになったんではないか。だから余計に、出演を決める時の選択の基準が高く、しかも難しくなってきたということがあるんじゃないかという。

□

それから七カ月半後、平成十年十月初旬、高倉と坂上は、東京・世田谷の下馬にある降旗の自宅を訪れていた。

『鉄道員(ぽっぽや)』の脚本も決定稿が上がり、北海道を一人でロケハンしていたキャメラの木村大作からの熱い側面攻撃が決まり、高倉への最終的な出演交渉のための話し合いの場がもたれた。前述の金澤誠のインタビューによると、高倉は、降旗に訊いた。

「降さん、本当にやるの」

「できればやりたい」

高倉が帰りに車に乗る時に降旗に訊いた。

「降さん、どういう映画になるんですか」

「五月の雨に濡れるような映画ですかね」

もうひとつ「キリスト昇天(しょうてん)」とも言った。

降旗の説明に、高倉は「うーん」とうなっていた。

「坂上ちゃん、五月の雨に濡れるって、あれ、どういう意味かな」

高倉と降旗、二人の会話は、まるで禅問答だ。

が、坂上は、自分なりに解釈してみた。

「僕、京都に長く住んでいたので、こう思いました。京都の嵐山に小倉山があるんですけど、五月の雨はね、新緑を濡らしているから雨上がりはすごくきれいなんです。だから、五月の雨っていうと、お天気雨のような感じで、すごくさわやかというイメージですかね。降さんらしいって、僕は、勝手にそう思いました」

この返事に、高倉はおとぼけで答えを返した。

「そうか、五月の雨に濡れるって、おれ、風邪ひくなよ、っていってるのかと思った」

降旗の人を煙に巻くような、呪文のような言葉を聞いて、高倉は帰りの車中、思ったという。

〈いや、東大出ているヤツはやっぱり洒落たことを言うな〉

が、その時、高倉はもう、『鉄道員』の世界に一歩足を踏み入れていたのかもしれないという。

□

『鉄道員(ぽっぽや)』のロケハンのため、木村大作キャメラマンは京都で仕事をしていたが、レンタカーで北海道に向かった。撮影場所にふさわしい駅を探すためだ。

ちょうどお盆の時期で、乗用車が出払っていた。仕方がないので、トラックで北海道中を走りまわった。

上砂川(かみすながわ)、増毛、留萌と見て回った。上砂川と増毛は条件にぴったりだが、廃線になっているので電車が来ない。駅しかない。それでは撮影にならない。

いろいろと探し回ったら、「幾寅駅」に行きついた。ここは根室(ねむろ)本線が走っている。ただし急行も走っているので、昼間の二時間しか撮影できない。

終点の想定だから、急行が通り過ぎたら雪で小山を作り終点のマークを立てて、終着駅を作った。

撮影に許された時間はわずか二時間。終わると山を崩し元に戻す。JRも全面協力だった。

コンクリートの頑丈な電柱が三本立っていたが、それは北海道電力に頼んで全部、木の電柱にしてもらった。一本二〇〇万円かかるらしい。費用がかかったが、そうしないと情感が出ない。雪の中をただ走っている電車だけで、一五〇カット撮り、機関車も晴れ、曇り、雪と三〇カットくらい撮った。

降旗は、クランクインは平成十一年の一月十五日だが、撮影現場である北海道の「幾寅

「駅」に「特報」を撮るからと、高倉を前年の十二月の二十日に早々とロケ地に連れて行った。

　演じる役を、その現場に立たせることで染みこませていく。ここに降旗の演技に対する独特のアプローチがある。

「やはり健さんのように〝気〟を感じる俳優の場合は、その場所へ行くことが大事なんだと思うんです」

　高倉は、その改造した「幌舞駅」のホームに立ち、ようやく胸にストンと落ちたようだった。

　高倉は金澤誠に語っている。

「僕はただ、衣裳をつけてその地に立ってみたい。それでお正月を迎えたいというのがあったんです。今までにも幾つも年を越す作品をやっています。『八甲田山』の時には、三年も年を越しましたしね。何か年を越す前にそういうことをやっておくと、役に馴染むというとおかしいんですけれど、気持ちが違うんです。別にお正月は東京で迎えてもいいんですよ。その前に一日でもいいから、乙松の扮装とメーキャップをして現場に立ちたかったんです」

　高倉は、今回は、役のために自分から髪を白くしたいと言ったという。

「それは脚本を読んだときに、自然にそう思いました。ただ原作の表紙のイラストにあるように、背中を丸めたようにはやるまいと思いましたね。やっぱり、旧国鉄やJRの人が観て、思わず拍手を送ってくれるような乙松でありたい。ですから、終わるまで、腰をかがめたり、しんどそうに歩いたりは絶対にしないぞというのは、ずっとどこかで思っていました。髪に関しては、白くすることで乙松の風に吹かれた歳月というのが出るのかなと思って、自然にそうしたんです」

□

北海道の幌舞線の終着駅幌舞の駅長、高倉演じる佐藤乙松は、鉄道員一筋に人生を送ってきた男だ。

幼い一人娘の雪子を亡くした日も、愛する妻の静枝を亡くした日も、彼はずっと駅に立ち続けてきた。だが、その幌舞線も今度の春で廃線になることが決まっていた。

その最後の正月、かつて乙松とともに機関車を走らせていた同僚で、今は美寄駅の駅長の小林稔侍演じる杉浦仙次が乙松を訪ねて、幌舞駅へやってきた。

彼は、今年で定年になる乙松に一緒にリゾートホテルへの再就職を勧めにやってきたのだ。しかし、鉄道員一筋の乙松はその申し出を受け入れようとしない。

終電が終わると、ふたりは酒を酌み交わし、懐かしい想い出話に花を咲かせた。

数々の出来事が、乙松の脳裡に蘇っていく……。

一人娘の雪子の誕生と死、炭坑の町として幌舞が賑わっていた頃のこと、機関士時代の苦労、愛妻・静枝の死……。

そんな雪の正月、乙松の前に、人形を持ったひとりの少女が現れる。正月の帰省で都会からやってきた子供らしい。乙松は、あどけない少女に優しく話しかけながら、その少女に亡き雪子の面影を重ねていた。

その夜、昼間の少女が忘れていった人形を取りに来たと言って中学生の姉が駅舎を訪れた。乙松は、彼女を歓待してやるが、彼女もまた人形を忘れて帰ってしまう。

翌日、杉浦が美寄に帰った後に、またしてもふたりの少女の姉と名乗る高校生がやってきた。十七歳の彼女は、鉄道が好きらしく、乙松の話を聞いたりして楽しい時間を過ごした。だが、実は、彼女は一七年前に死んだ乙松の子供の雪子だったのである。彼女は、自分が成長する姿を乙松に見せに現れてくれたのだ。

そのことを知った乙松は、死に目にも会ってやれなかった娘への後悔の気持ちが雪のように溶けていくのを心の中に感じる。

しかし翌朝、すっかり冷たくなった乙松の亡骸（なきがら）が、幌舞駅のホームで発見された……。

□

降旗は、キャスティングにかかった。高倉の妻静枝役の大竹しのぶは、降旗が決めていた。

『駅 STATION』の時、烏丸せつこの演じた役は、実は降旗は大竹しのぶに決めた。が、大竹が山本周五郎(やまもとしゅうごろう)原作のドラマで松竹大船で撮影に入るので出演できないとのことであった。そのため烏丸せつこになった。

降旗は、その時は縁がなかったが、今回は大竹でどうだろうか、と高倉に相談した。

高倉も、大竹しのぶを推(お)した。

□

乙松の同僚で互いに「乙さん」「仙ちゃん」と呼び合う杉浦仙次役の小林稔侍は、降旗が選んだ。

が、小林の古巣である東映には、小林は東映時代の若い頃高倉の送迎係をやっていたではないか、というイメージが残っている。それゆえ、高倉と張り合える俳優として渡哲也(わたりてつや)ではどうかという意見もあった。

が、今回の映画は東映の定年を迎えたスタッフの送別会の意味もある。降旗は、その点からも小林を推した。

小林は、昭和五十五年代前半までは脇役・悪役を演じてきたが、平成二年にはテレビドラマ『なんでも屋探偵帳』で初主演。同作はシリーズ化された。この他には、『ちょっと危ない園長さん』や『税務調査官・窓際太郎(まどぎわたろう)の事件簿』など二時間ドラマをメインに複数の主演ドラマがある。テレビの仕事が忙しい時である。

高倉の映画には、小林稔侍がほとんど出演している。

降旗は、小林について思いつづけていた。

〈熱心にやってれば、どこかで花咲く奴だ〉

小林は、高倉のことを「旦那」と呼んで慕っていた。高倉と共演するうち、しだいに度胸が据わってきた。小林の度胸が据わってくると、高倉のほうでも、相手役としてそれに応じて認めてくれるようになる。それが、小林の目標になっていく。

『鉄道員(ぽっぽや)』では、ついに「旦那」と呼んでいた高倉と渡り合えるまでに成長していた。

坂上は、高倉に相談した。

「仙次は、誰ですかね？」

「稔侍じゃないか」

そういう高倉に、坂上は内心で思った。

〈東映からすると、小林稔侍じゃ、内輪のキャストという感じになるな。それに、健さん

と稔侍さんは一〇歳違う。スクリーンでのイメージは、親分子分だ。設定上は、乙松を心配する役だから、どうだろう〉

小林稔侍の起用に疑問を感じていた坂上だったが、高倉がこう続けた。

「今の稔侍は、持ってると思うよ。あいつ、ずいぶんエネルギーを溜めてるから」

坂上も納得して、受け入れた。

降旗は、困った時には奈良岡朋子か大滝秀治だと思っていた。幌舞駅前で「だるま食堂」を長く営んでいた店主の加藤ムネには奈良岡朋子を想定していた。

高倉もすぐに賛同した。

加藤ムネは、乙松一家を長年見続けてきた女性。乙松とは恋愛関係にはないが、心の糸で結ばれている重要な役どころだ。

坂上にも、『夜叉』で奈良岡が演じた高倉の姐さん役が強く印象に残っていた。原作では、ほんの数行しか登場しないが、ひとりになった乙松がどこで飯を食っているんだろうと想像した坂上が、岩間に相談し、ムネ役を膨らませてもらっていた。

吉岡肇役には、志村(しむら)けんを起用した。閉山した福岡県の筑豊(ちくほう)の炭鉱から、石炭が掘れるからと幌舞へ移住してきた期間工の炭鉱夫である。酒癖が悪く、妻と別れており、息子の敏行を満足に育てられなかった。

降旗が後楽園のサウナでテレビを見ていた時、ＮＨＫの昼の番組に志村けんが出ていた。

「いま一番共演したい俳優は高倉健です」

降旗は、ただちにプロデューサーに伝えた。

プロデューサーが、志村に即電話をした。即決まった。

高倉も、志村けんを推した。

「この役、志村けんがいいんじゃない。監督も同じ意見だったよ」

高倉は、志村けんに対して共感を覚えていた。

「一所懸命、志村けんはそれこそ、命削ってバカやってるぞ」

高倉は、志村けんについて金澤誠に語っている。

「一昨年ぐらいから、すごい人だと思って、ずっと志村さんの出ている番組を観ているんですよ。いつか一緒にとは思いましたけれども、こんなに早くその機会が来るとは思いませんでした」

志村が撮影に来る前の日に、高倉は志村の留守電に「弟子にしてください」とメッセージを入れている。

「志村さんの携帯電話の番号を聞いてね。いや、本当にすごいと思うんですよ。何かあの方のコントとかを観ていると、ヨーロッパの人みたいですね。日本の人とは違いますよ。ああいう人が日本映画に加わってほしい。

今回はロケが二日で、セットが一日だけでしたから、馴れる暇もなかったでしょうけれども。もう少し、長い期間一緒にできる仕事があると、嬉しいですね」

誰もが、高倉健の前ではマリオネットの人形のように固く畏まってしまう。志村への電話は、そうならないための、高倉なりの気遣いだった。

□

高倉が、坂上に声を掛けた。

「駅のホームで何か歌いたいんだよ。何かないかな」

突然、そう言われても、坂上に思いつく歌は限られている。

「民謡ですか？　唱歌ですか？　演歌ですか？」

高倉には自分の気持ちを整理したいという思いが隠されていたようだ。

「ソニーの社長の出井（伸之）さんに、軽井沢の別荘に呼ばれて行ったんだ。そしたら、でっかいオーディオセットがあってな、〝健さん、これ聴いて〟って曲をかけた。その時、流れてきたのがさ、新しくアレンジされた『テネシーワルツ』でさ」

パティ・ペイジでもない、高倉のかつての妻の江利チエミでもない、新しい「テネシーワルツ」だ。

「出井さんがさ〝健さん、よかったらどうぞ〟って、それ、くれたんだよ」

その曲を、運転中に何度も聴いているらしい。

「おれ、それ聴いてると、やっぱりおかしくなるんだよね……」

話を聞きながら、坂上の脳内はベストな回答を求めて急速に回転していた。

〈健さんの身体には、「テネシーワルツ」が染みこんでいる。でも、なんで「テネシーワルツ」がここで出てくるんだ……〉

締めくくりに、高倉は言い放った。

「だけどさ、『テネシーワルツ』じゃ、おれ、芝居にならないもんな。芝居、やってられないじゃないか」

同意を求めているようにも聞こえる言葉だったが、真意はわからない。

高倉は坂上にボールを投げるが、坂上は演技のことは正確に打ち返せない。

〈それでいいのかもしれないな〉

坂上がやってはいけないことは、高倉の言葉に下手に同調したり否定したりすることだ。ただ、高倉の話を聞くしかない。やりとりをしながら、高倉は自分の気持ちを組み立てて、自分で答えを見つけていくのだ。

坂上は、降旗監督に助け船を求めた。

「健さんが、何か歌いたいって言ってるんですけど、どうしましょう。『テネシーワルツ』

じゃ芝居にならないって、言ってるんですよ」

「それ、『テネシーワルツ』で決めればいいんだよ」

原作は全部夜だ。しかし、ナイトシーンだけでは撮れない。デイシーンにして、どこでナイトシーンの感じを出そうか降旗が考えていた時、ロケセットの出来具合を見に行った。雪の中の駅に明かりが灯（とも）っているのを見て、あっ、この駅に「テネシーワルツ」が似合うと思っていた。

坂上は言った。

「いやね、それが歌えないって、健さんが……」

降旗は、笑っているだけで何も言わない。

「じゃあ、わかりました。一週間、考えてみてくださいよ」

それから、一週間。降旗が高倉と話している様子はない。

高倉から、坂上は聞かれる。

「監督、どう言ってる？」

一向に話が進むようには思えない。

駅のホームで撮影していた時だ。とうとう、待ち時間に、坂上は降旗に強く迫った。

「監督、今日は、健さんと話して歌を決めてきてくださいよ」

「わかった」

いつもと同じ調子で、返事をする。降旗は、高倉に言った。

「夫婦のシーンが回想でしか出てこないですから、印象づけるために、奥さんがいつも口ずさむ歌があったらいいね。かといって、日本の歌の中でさがそうと思っても、〝夕焼け小焼けの赤とんぼ〟とか〝カラスなぜ鳴くの〟とか考えたが、それはちょっと古い。健さんだったら、例えばどんな歌がいいですかね」

「僕だったら、『テネシーワルツ』だなあ……」

乙松とか仙次の世代というのは、戦争に負けた後、アメリカの占領軍が入ってきて、そこから青春が始まっている。だから、この人たちの人生には、やはりこの「テネシーワルツ」が大変合っている。降旗は、高倉に迫った。

「健さん、『テネシーワルツ』やはりお願いしますよ」

「そんな個人的なのは、まずいんじゃないんですか」

やはり江利チエミのことにこだわっている。

「もういいじゃないですか。先は短いし、死んじゃうんだから、個人的でいいじゃないですか」

「ええっ！」

その日、高倉が、坂上のところへやってきた。

「なんかさ、『テネシーワルツ』らしいんだよ。本当に、あの降旗は、狸（たぬき）なんだよな」

高倉は、まだ悩んでいた。

「監督さ、『テネシーワルツ』が一番いいっていうんだよ。坂上、どう思う?」

降旗からは「そんなの、『テネシーワルツ』で決めればいいんだよ」と、言われていた
坂上は、タイミングが来たことを悟った。

「そりゃ、健さん、僕らは、それ聴きたいですよ」

こうして、曲は「テネシーワルツ」で決着した。

ストレートに答えが出るよりも、高倉と降旗の間で坂上がウロウロすることでクッションとなり、時間をかけて答えを見つけていくことで、高倉の葛藤していた気持ちのたどりつく先が見つかる。

坂上は、降旗の「それ『テネシーワルツ』しかないんだよ」の一言に、何ですぐ解るのかと思うと同時に、つくづく感謝した。〈降旗監督は、わたしにとって、やっぱり困った時の救いの神様だ〉

降旗は、だんだんエスカレートさせた。高倉に言った。

「どうせ『テネシーワルツ』入れるなら、健さんの口笛でも聞きたいですね」。高倉は、ファーストシーンの列車が走る中で「テネシーワルツ」の口笛を吹く。

高倉が口ずさむ「テネシーワルツ」は、多くの人たちの涙を誘った。

高倉は、「テネシーワルツ」を入れたことについても金澤誠に語っている。

「あれもね、夫婦には何か〝ふたりの歌〟みたいなのが、皆それぞれの人生にあると思うんです。例えば乙松と静枝の中にそういうのがあって、乙松は静枝の前ではやらないんだけれども、本人のいないところでは口笛を吹いている。そういう歌を入れると情感が出やすいのかなと思って、僕の場合だと『テネシーワルツ』だと坂上ちゃんに言ったんですよ。それがそのまま監督に伝わって、ロケ地では、ハミングの音録りがしてあったんです。これをまた急に曲を変えたら、大竹さんは練習し直さなきゃならないですから、申し訳ないですしね。でもこの曲が出たら、何か言われるのは嫌だと思いました。確かに、言い出したのは僕が言い出しましたね」

□

大竹が「テネシーワルツ」を口ずさむことになった。大竹は、その指示を台本で読み、降旗監督に確認した。

「本当に、わたしが『テネシーワルツ』を?」

「健さんが、『テネシーワルツ』がいいっていうんだ」

しかし、大竹にはなおためらいがあった。

〈本当に、わたしが歌っていいんだろうか。健さんにとって、この曲には特別大事な何か

があるような気がするけれど……〉

そう思いながら、大竹は、何度も何度も江利チエミの歌う「テネシーワルツ」を聴いた。

北海道のロケ先で、自分の体の中に入っていくまで、ずっと聴いていた。

大竹は、自分で歌うために、この曲を改めて聴きなおして、実はとても寂しい内容の歌詞なのだということに気が付いた。

□

高倉は、彼の著書『旅の途中で』で『鉄道員(ぽっぽや)』について、語っている。

「今、走馬灯のように、映画が始まる前の自分の思いが、頭の中に甦ってきます。大泉の東映東京撮影所は『動乱』以来、一九年ぶりでした。

衣装合わせの日、久しぶりの東映なので早めに行ったんですが、昔、僕たちが撮影していたオープンセットにはスーパーができていたし、撮影所の入口の向きも変わっていたものですから、何となく一気に入れなくて、〝撮影所の周りを、このまま少し回ってください〟と頼んで、昔、通った大泉学園の駅から大泉の町、撮影所の裏のほうへとしばらく車で走ってから入りました。

撮影所に入ると、知った顔がずらっと並んでいてくれて、ちょっと参ったなと思いました。

僕がいた頃の部屋はもちろん、撮影所内の模様替えでなくなっていたんですが、二階に新しい僕の部屋を作っておいてくださって、その部屋へ入ると、自分が東京撮影所で仕事をしていた頃の神棚が、そのまま飾ってあったんです。これはかなりボディーにきましたね。こんな神棚がまだ取ってあったのかと思って。

あそこから『鉄道員（ぽっぽや）』が始まったと思います」

高倉健が、一九年前の『動乱』以来、東映映画に出演するということで、現場は沸き立った。

しかし、坂上には『動乱』で高倉の怒りを買った一件がある。そのため、半信半疑の者も多くいた。

疑念は、高倉がワンカット撮るまで、消えることがなかった。

『鉄道員（ぽっぽや）』は、本格的な意味での高倉の東映復帰作だ。東映は、高倉のために控室を新しくし、シャンプー台を設置した。撮影が終わると、やくざ映画のように東映スタッフがズラッと並び、「親分、お帰りです！」と言うかのごとく、あいさつをしていた。

大竹は、その様子を見て最初は驚いた。

〈健さんって、そこまで気を遣わないといけない人なのかな〉

しかし、だんだんスタッフがそうしてしまう気持ちがわかるようになっていった。高倉には、高倉健ブランドのようなものがあった。高倉自身は、その状態を希望しているわけでもないのに、周囲が高倉をありがたがって、雰囲気を作り出してしまう。ロケに行った時の控室も、二階は高倉専用といった状態になってしまった。大竹は、それでも関係なく、高倉のところを訪ねていた。が、周りが作り出した〝健さんは近寄り難い〟とする状態は、高倉にとっていいものなのかどうか、大竹には判断できなかった。

□

撮影期間は、平成十一年一月十五日から三月二十日までであった。ほぼ二カ月半。芝居の部分が五〇日ぐらいで、あとはＳＬとかキハ（気動車）とかで一週間余り実景ロケであった。

トップシーンに出てくるＳＬは、観光用で年に数回しか走らない。たまたま年末に試運転をするというので、それを撮りに行った。

雪は偶然であった。三日間試運転して、三日目にたまたま雪が降ったという幸運に恵まれた。そうでなければ、もう一回、実際に観光列車として走る時に撮りに行かなければならなかったかもしれない。

北海道ロケでも、雪が本当に降ったのは三週間いて、三日だけだ。

雪景色とか、ロケには本物のよさがあるが、どうしてもカットが細切れになってしまう。高倉も大竹も、長い芝居のほうが味が出る。だから、ロケだけにはせずに、融通がきくセットでの撮影もまじえた。

□

撮影中、坂上が脱帽したシーンがあった。

高倉健演じる佐藤乙松が小林稔侍演じる古い同僚・杉浦仙次と、大竹しのぶ演じる妻・静枝の墓参りへ行くシーンのことだ。

高倉は、リハーサルで、墓前でコートを脱がず帽子も目深（まぶか）にかぶったまま軍手だけ外し、それを口にくわえ、線香を立て、跪（ひざまず）いて手を合わせた。キャメラマンの木村は、墓前にいる高倉のアップを狙う。

その様子を見ていた坂上は、思った。

〈健さん、前が見えるか見えないかってくらい深く帽子をかぶっているから、表情を撮るなんて無理なんじゃないか。それに、健さんも、コートを着ているんだから、何も口に軍手をくわえないで、ポケットの中に入れればいいじゃない〉

ところが、高倉が演じるしぐさに対して、降旗も木村も、何一つ言わない。

それどころか、高倉の芝居を見て、木村は雪を掘りだしていた。高倉の表情を撮(うつ)すのにベストな位置まで、キャメラを下げるためだ。

普通なら、雪など掘らず、高倉に一言いえば済む。

「健さん、ちょっと帽子を上げてくれますか」

しかし、木村は、知らん顔して雪を掘っていた。そして、そんな木村の動きを降旗も見て黙っている。

そして、本番一発でＯＫが出る。

撮影が終わった後、坂上は木村にわざと聞いてみた。

「大ちゃん、あの時、なんで雪を掘ったの。他のキャメラマンなら、〝帽子、上げてください〟とかっていうじゃない」。そういう坂上を、木村はたしなめた。

「健さんが帽子をかぶって出てきたら、その時は、鏡の前でミリ単位で合わせて、かぶってきているんだぞ。とりあえず、現場に来て、ただ帽子をかぶってるわけじゃないんだ」

お互いのことをわかりあった上で、自分ができるベストの状態を提供しあう三人の姿に、坂上は驚くしかなかった。このシーンでは、木村に坂上はまだ驚かされることがあった。試写で映像を見ると、墓前で跪く高倉のバックに、現場では見ることのできなかった大雪の山並みが描き出されているではないか。

□

冬の夕方――。外出着の大竹しのぶ演じる静枝が、線路にくる。

見ると、乙松が保線（ほせん）のために線路を歩き、列車の正面についた雪をはらっている。

「あんた！」

はずんだ静枝の声に、乙松が振り返る。

静枝、小走りに乙松のもとへ。

「やっぱりだった」

「……？」

「赤ちゃん！　二カ月半だって！」

静枝は、突然少女のように乙松に飛びついて、屈託（くったく）なく笑う。

乙松、どういう顔をしていいのかわからずにいる。

「一七年目よ、あんた……あきらめていたのに」

と、嬉しく笑い続ける。

「誰かに、見られるぞ」

乙松は静枝を離そうとするが、静枝はしがみついて離れない。

「勤務中だべ」

「平気平気……恥ずかしくないもん、ゼンゼン！」

静枝は、いっそうしがみついて離れない。

「あんたっていう人がわからなくなるよ、もう……嬉しいんだったら、嬉しいって言ってちょうだい」

静枝、急にベソをかいていう。

「あんたに悪いと思って……子供ができないから、あんたに悪いと思いつづけて……一七年も……」

静枝はアーンアーンと子供のように泣きじゃくる。

大竹が高倉の胸に甘えてすがりつき、ふと眼をそらす。

大竹、「あっ、見てる」と照れる。

大竹がそう言う方向になんと、かわいい鹿が四匹、二人を見ている。なんとも心温まるシーンである。

このシーンは、奇跡的に生まれたといえよう。猟師に、あのあたりに鹿が出るという情報を聞いて、撮影別班が毎朝、鹿を撮りに出発した。

鹿が出るという場所にキャメラを据えて待ち続けた。ほとんど眠らないで張り込みつづけた。

しかし、三日目も四日目も「撮れなかった」と帰る日が続いた。すでに高倉と大竹が鹿を見るシーンは撮られている。それなのに、鹿のシーンが撮れなければ、「俺たちの名がすたる」と撮影班は鹿を探し続けた。

撮影部の実景班は、大竹のそのかわいらしいシーンの熱演を見て、言いあっていた。

「しのぶちゃんが、あんないい芝居をしているんだ。なんとしても鹿を見つけて撮ろう」

降旗は、撮影班に言っておいた。

「一匹でもいい、鹿が現れたらとにかく、キャメラを回してくれ」

撮影班は、一週間も、粘りに粘り、ついに鹿を撮った。

ラッシュを見ると、まるで一家族のように、四匹そろってこちらを見ている姿が撮れているではないか。奇跡的といえた。

このシーンで、大竹の芝居がいっそう活きた。観客にとっても実に印象深い味のあるシーンとなった。

この長いシーンだが、実は一回でOKだったという。

大竹は、降旗監督がちゃんと撮ってくれるという安心感があった。その一回にかける気持ちを降旗監督と木村キャメラマンが見てくれているという心地良さもあったという。降旗は言う。

「僕が思うに、大竹さんは本当の俳優だと思いますね。健さんや田中裕子さんは〝中途半端な俳優〟なんです。一緒にやる相手が熱くならないと、自分も熱くならない。大竹さんは、誰が相手であろうと、自分を確実に出してくる。だから本番で〝エッ〟と驚くようなことはしないんですけれど、そういう本当の俳優としてはナンバーワンなんじゃないですかね。僕自身は長く健さんや裕子さんのような役者さんと多く組んできたから、そっちのほうを面白がるところがありますけれど」

□

幌舞駅のホーム。ホームで乙松が旗をあげ、キハが滑り込む。

妻の静枝を支えながら階段を上っている乙松。静枝は綿入れをかけている。

発車を待っているキハにくると、乗客が誰もいない車内に静枝を乗せ、手伝って座らせる。顔に血の気がない静枝が、かけてきた綿入れを乙松に返す。

「仙ちゃんが待ってっから。病院もちゃんと開けさせておいたと。だから心配するな」

「あんた……」

「……？」

「鉄道員（ぽっぽや）しかできないあんたの面倒を見るのはわたしだと思っていたけど、反対になってしまったね」

「なに言ってんだ、ばか」

「それだけが気がかりで……」

「治る……絶対よくなっから……自分で信じねばどうもなんねえべ」

静枝、弱々しい笑みを返した。

運転士が顔を出す。

「駅長、もう出さねえと」

なお、この赤い電車も、二〇年前の電車を特別に走らせた。電照灯が今の物とは違う。それを変えるだけでも二〇〇万円かかった。

乙松、綿入れを抱えてホームに出る。

なにかもっと声をかけてやりたい気持ちだが、言葉が見つからずもたもたしている乙松。

窓越しに早く出すように手で促している静枝。

大竹しのぶは、本番直前までジョークを言っている。高倉も、本番前に打ち合わせやテストをほとんどしない。降旗も、特に演技への指示を出さない。

それが、本番になった途端、セリフでは表せない夫婦の感情が互いに通じ合い、病院に行くため列車に乗っている大竹しのぶに向けて、高倉が手袋を嵌めた手を窓ガラスに当てる。大竹しのぶが、とっさに列車の中からその手に応えて自分の手を合わせる演技へと繋がっていく。

　大竹は、多数の映画に出演し、たくさんの監督と付き合っている。その中でも降旗監督はあまり演技指導をしないタイプの監督だ。大竹に対する信頼からなのか、自由に演技をさせてもらったと大竹は感じている。

　この芝居は、大竹の記憶によると台本にはないものだ。

　降旗監督は、キャスティングの段階でそれぞれの俳優がどの程度の演技をしてくれるかだいたいの察しをつけるのだという。だから、演技指導はほとんどせず、役者たちの自主性に委ねる。降旗監督の演出法は、じわっと優しく包み込むような感じだと大竹は思っている。

　山田洋次監督の映画の現場とは、対極だ。

　大竹のようなレベルの女優に対しても、山田監督は具体的に細かい指示を出す。

「ここで一回よろけてから、鍵を持って」

「二回くらいため息をついてから、あがる」

　いっぽう、降旗監督の場合は、俳優にすべてを任せてくれるから、演技をしているうちに役と自分が一致してくる感覚がある。

　そして、それは大竹自身だけのことではなく、高倉の芝居に触れても、同じような思いを持った。

〈健さんがもともと持っているオーラだとか、優しさ、一途さみたいなものが、役柄・乙松と重なり合って見えてきてしまうな〉

高倉には、独自の美学があった。自分の考えに合わない役柄は断っていた。基本的に、年寄りの役を嫌っていたから、大竹が見ても、乙松も、背中を丸めず、老人風にならないように演じていた。

高倉は、大竹しのぶについて語っている。

「初めてですけれども、素晴らしいですね。強烈な人です。夫婦のシーンとか、ああいうのは僕得意じゃないですから、あそこは大竹さんの凄さですよね。僕は、自分の資質として、自分からジャブ打っていくというのは、一番不得手な方なんです。どちらかといえば、打たれっ放しで、それを見られて商売をしている。そういう俳優だと自分で思うんです。

その点、大竹さんは凄い。こっちが打たれてヨロヨロッとしちゃいますよ。乙松と静枝が、これが最後の別れになるとは知らずに駅のホームで列車の窓越しに別れるシーンがありますね。窓越しにふたりが手を合わせる。あの時に、何か電気が走ったような感じがしました。やはり〝気〟を発している人です」

大竹しのぶと高倉健との共演作は、この作品のみ。一本きりのことだ。大竹には、東京・自由が丘に行きつけの寿司屋がある。そこの店主夫妻が、高倉の大ファン。高倉の歌を聴いたり、映画のビデオを流したりしているから、自然と大竹も高倉の出演作品に触れてはいた。

高倉が主演するやくざ映画を観ると、気安く人を寄せ付けないオーラがある。大竹が、高倉に初めて会った時も、なんとなく近づき難い雰囲気があった。しかし、高倉との共演は、大竹にとってとても素敵な時間だった。

〈ずいぶん年下のわたしが言うのもおかしいけれど、健さんってすごくかわいい。そして、まるで大きな木、大木のような人。手を差し伸べてくれる時も、すごくゆっくり動いてくれる〉

宗教という言葉を使うと、誤解を招くかもしれない。しかし、高倉を崇拝(すうはい)している人たちがいて、高倉が歩いた道程をなぞるようにみんなが歩く。高倉は、一種、神がかり的な力を持っていた。

大竹は、長年の役者人生の中で、たくさんの俳優を見てきた。そのなかでも、高倉は飛びぬけてカリスマ性があった。周囲が求めるイメージを、高倉は忠実に守っていた。しかし、気心の知れた顔ぶれだけになると肩の力が抜けた会話を始める。大竹には、そのギャップが魅力的に思えた。

高倉は、大竹の前ではおしゃべりだった。面白いことやくだらないことも、たくさん言った。大竹は何度も笑ってしまった。

「本当に、楽しそうに笑ってくれるね」

高倉と過ごす時間は、不思議な時間だった。先輩という感じでもなく、先生という雰囲気でもない。特別な時間だったと、大竹は感じている。

ある日、何か真剣なシーンの時、スタジオ内から高倉の姿が見えなくなった。外へ行ったのかなと思いながら、大竹が探すと、健さんが鉄道員の制服を着て、東映のセットの外で、ひとり立っていた。

何をしているのだろうと、大竹が近づくと高倉は、自分の耳にはめていたイヤホンを片方外して手渡してきた。

「聴いてみて」

大竹が耳にイヤホンを入れると、クラシック系の女性歌手の歌声が聴こえた。

「これ聴いてると、落ち着くんだ」

高倉は、そうつぶやいた。

二人で、イヤホンを片方ずつ分け合って、一緒に音楽を聴いたことが、大竹にとってはとてもうれしい出来事となった。

〈こうやって、健さんは人が知らないところで心を落ち着けているんだな……〉

人前では、いつも〝高倉健〟でなければいけない。それって、たぶん、すごく大変なことなんだろう。待ち時間も、周りにいる人たちが気心の知れた顔ぶればかりだとリラックスしている。あまり親しくない人たちがいると、よそ行きの顔になる。

□

高倉は、撮影時の休憩時間、大竹、小林稔侍、気心の知れたスタッフといった身内的な面々の前では、江利チエミのことを話した。

高倉は、人前に出る時は世間が求めている〝健さん像〟を演じているようなところがあった。しかし、仲の良いメンバーだけになると、途端に冗談を言い出したりする。気さくな人だった。

大竹は臆することなく高倉に話しかけた。いろいろなことを語り合い、休憩時間も、ロケ先での食事も一緒にとるようになった。

ともに時間を過ごす中で、高倉は江利チエミについても話をしてくれた。

当時、高倉は日本に一、二台しかない高級車の助手席にチエミを乗せて環八（かんぱち）を走っていた。

「わたし、降りるわ」

高倉が、戸惑っていると、チエミは言った。

「あなたが走っているところを見たいの」

環八の隅にクルマを停めて、チエミを降ろした。チエミは、道路の脇に立ってうれしそうに高倉を見ていた。

「もう一回、もう一回」

手を叩きながら、チエミは何度も高倉に、走る姿を見せてくれとねだった。

その情景を、高倉は嬉しそうに大竹に話した。

〈高倉さんって、かわいい人だな〉

大竹は、そう感じながら高倉の語るチエミの思い出話を聞いていた。

□

二人は、昭和三十一年の映画『恐怖の空中殺人』で共演したことが縁だった。おそらく、高倉からのアプローチで交際はスタートしたはずだ。当時のチエミは大スターだ。結婚した時のマスコミの見出しは「江利チエミ結婚。相手は高倉健」だった。

そして、別れた時は、二人の立場は逆転していた。

田中壽一プロデューサーは、高倉とチエミの破局は、仕方のないことだったと見ている。

高倉は、仕事に忙殺されていた。撮影は朝早くから夜遅くまで。仕事が終われば、上野（かみの）

毛の自宅がオアシスとなって疲れを癒してくれる。そう思っていた。

現実には高倉が望むものとは別の世界が待っていた。チエミは、麻雀も酒も好きだ。そこに、『サザエさん』の母親役をやっていた清川虹子が、毎晩のように、若い女優たちを連れて高倉邸にチエミを訪ね、麻雀に興じ、食べたり飲んだり煙草を吸ったりと大騒ぎしている。

最初の一回、二回は我慢できただろう。しかし、それが連日となれば耐えられなくなってもしょうがない。

高倉は、帰っても休めない自宅に帰ることが嫌になっていた。

〈家に帰っても、しょうがない〉

次第に、高倉は自宅に帰らず、ホテルなど転々とするようになっていた。結局、昭和四十六年九月三日、チエミからの申し入れで二人は離婚した。

田中は、チエミ側から離婚を切り出すことになったわけは、チエミの異父姉で家政婦兼付き人となっていた吉田よし子にあると見た。彼女は、経理の一切も任され、江利チエミの印鑑も預かることになった。なんと、チエミの預金を二億円にものぼるほど使い込んでしまったのだ。

〈チエミちゃんの中に、「自分の姉がご迷惑をかけた」という思いがあったんだろうな〉

高倉のチエミに対する想いは失われてなかったが、周囲の人たちに振り回されていくうちに、様々なわだかまりが高倉のなかに積もっていたのだろう。

高倉は、そんな気持ちを口に出すことはしない。どんどん、自分の中に溜めてしまう。そんな姿にチエミは気づいていたはずだ。それに加え、上野毛の自宅が火事で全焼したことも高倉の心の中に大きな傷を作っていた。

高倉は、犬五匹を飼っていた。その犬五匹が火事に巻き込まれ、亡くなってしまった。のちに、高倉はこの時の悲しみを田中に吐露した。

「田中さん、犬たちが自分の部屋でわたしがいつも座る方向を見ている姿で、五匹の亡骸があったんです。それが、ものすごく辛かった。わたしは、犬たちさえも助けられないのかと……」

その約一年七カ月後のチエミとの離婚だった。

昭和四十六年九月十三日、高倉健は、無精ひげを生やし憔悴しきった表情で東映京都撮影所で記者会見し、離婚の胸中を語った。

「チエミは……彼女が至らなかったと言っていますが、至らなかったのは、僕のほうです」

「チエミは良い女房でした。僕は旅が好きで放浪ぐせがあったから、そんなところから、隙間風が入ったのかもしれません。一三年間の……」。

高倉は、最後までチエミをかばい男気を見せた。

高倉は、付き人ともボディガードともいえる西村泰治の京都の自宅に泊まっていくことも多かった。ある日、高倉が江利チエミと電話で話しているところを、西村は横で偶然にも聞いたことがある。

「健さん、もう許して。わたしが悪かったと思う。いろいろと反省したの……」

「そんなこと言ったたって、もう仕方がないんだよ。あれだけ大きく新聞に載ってしまったら、両方にとってマイナスになるだけだ。もう、おまえと会うことはできない。やっぱり別れるしかないよ……」

マスコミに対して離婚発表をした後のことだった。

高倉は、この騒動の後、ハワイへ出かけていった。少し時間を置いて、チエミも高倉を追ってハワイへ向かったらしかった。

西村が、帰国後の高倉から聞いた話によると、チエミはハワイでも謝りながら泣いていたという。

電話の時と同じように、高倉はチエミの謝罪を受け入れなかったのだそうだ。

降旗らが俊藤プロデューサーの青山の家で麻雀をしているところに高倉がやって来る。

高倉は、決まっていう。

「また、麻雀ですか。身体に悪いですよ」

降旗らは、高倉が顔を出すと、麻雀をしまっていた。

高倉には、江利チエミの麻雀の後遺症がある。本人はもちろん麻雀はしない。

高倉が、降旗らと麻雀をしているところに来て、俊藤の奥さんのところに行ってお茶でも飲んでいればよいのに、降旗らの横で黙ってジッと見ている。

「この辺で、そろそろ止めましょうか」

と誰か言わないかという表情でいる。

□

昭和五十七年二月十三日、江利チエミが亡くなった。

高倉は、西村泰治にこう命じた。

「泰治、ちょっとチエミの家のほうの様子を見に行ってくれ」

西村が、港区高輪にあったチエミのマンションに向かうと、テレビ局や週刊誌などのマスコミ陣、タレントが多数集まり、ごった返していた。

「どうだった？　泰治」

「報道の人らが、いっぱい来てましたわ」

「おれが今、チエミの家に行ったら、チエミの死んだことより、おれが来たということのほうが大きく報道されてしまう。弔いどころじゃなくなってしまうだろう。だから、葬儀には行かないでおこう」

高倉は、チエミの葬式に出ないことを決めた。

ただし、高倉は、マスコミの目を逃れるようにしてチエミの自宅の裏に回り、西村とともに線香をあげた。静かに両手を合わせ、チエミの冥福を祈っていた。

江利チエミの死からまもない二月十五日の朝十時に、田中壽一プロデューサー宅の電話が鳴った。

「もう、日本にいたくない。田中さん、悪いけど、ご一緒できませんか」

チエミの死に打ちひしがれている高倉を放っておくことなんかできない。品川プリンスホテルで高倉を車に乗せ、走り出そうとした時だった。

「田中さん、『南極物語』、やりましょうか」

高倉と田中はロスへ飛び立った。

高倉が『南極物語』への出演に踏み切ったのは、江利チエミの死と深い関係があったのだ。

チエミの死をきっかけに、高倉は比叡山随一の霊地であり、谷下を通して琵琶湖の風景を脱する幽玄境である飯室谷不動堂で滝行を始めた。チエミの急逝の他にも、高倉にとっては苦難の日々が続いていた。比叡山の僧侶に何か相談をしているらしかった。

「僕は、嫁さんが死んだり、不幸なことがいっぱいあります。苦労の連続です」

「高倉さん、あなたは芝居の中で、たくさん人を殺してきているでしょう。あなた、そのことについて懺悔したことはありますか？」

「いえ、そんなことを考えたこともありません」

「懺悔するべきなんですよ。劇中で人を一人殺したら、一回ここへ来るつもりで、ここで懺悔するといいですよ」

二月の本当に寒い日だった。西村も高倉とともにふんどし一丁になり、お経を唱えて滝に打たれた。高倉と西村は、滝に打たれながら、教わったお不動様のご真言を唱え続けた。

　高倉は、長い時間をかけながら、真言を二一回唱えた。

　西村はその後、忙しい高倉の代理として滝に打たれるため比叡山へ足を運んだ。一般の人は入れない特別な滝とのことだったが、高倉が僧侶に頼んでくれて、許可が下りた。

「今日は、高倉健さんの代理でお滝を受けに来ました。この恩恵は西村泰治ではなく、高倉健さんにこうむるようにひとつお願いします」。そう言って、滝にあたった。

　日中は、人がたくさん来る場所だったから、朝の六時頃から出かけて行った。早朝の水は、当然冷たかった。

ある時、滝行をしていたら西村の足が痺れてきた。よく見ると、足が血だらけになっている。水が凍り始め、足を動かすと氷の破片で皮膚がめくれて血が出たようだった。それでも、西村は滝行をやめなかった。何度も何度も高倉の代わりに滝にあたった。

高倉も、京都に来ると滝行をした。ただ、その事実がマスコミやファンに伝わってしまっては大変だからと、いつも隠れて滝に入るようにしていた。

滝行で体が冷えた後、僧侶から渡されるお茶の温かさが身に染みた。

『鉄道員』に、高倉が甘酒を飲むシーンがある。滝行終わりに飲んだお茶と、その甘酒のシーンに、何か重なるものがあるのではないかと、西村は感じている。

□

倉本聰は、昭和五十三年十二月、ドキュメンタリーNHK特集『高倉健・北紀行〜さらば道産馬』を制作した。

その時、高倉はすごく機嫌が良かった。釧路の場末に魅力的なマダムのいる喫茶店があった。撮影中、高倉は気に入って、毎日のように通いコーヒーを飲んでいた。倉本も付き合っていた。

ある日、マダムが高倉に言った。

「こんな話、しちゃっていいのかしら？」

「なんですか、マダム」

「以前見えたのよ」

「誰が？」

「前の奥様が」

マダムは、江利チエミのことを口にしたのである。

すると、それまで上機嫌だった高倉がピタッと黙ってしまった。

それから一切口をきかないで、倉本に言った。

「行きましょうか」

それから、高倉の運転する車に倉本は乗り、釧路から十勝（とかち）に向かった。

その間、高倉は、押し黙ったまま、まったく口をきかない。その間二時間近い。

鹿追（しかおい）のあたりに行って、突然高倉が口を開いた。

「なんで、あんなこと言うんですかね」

その沈黙は深いといえば深いし、恐ろしいといえば、恐ろしい。自分に踏み込んで来るな、という強い怒りなのであろう。

□

駅の宿所・居間の夜。もうかなり酔っている小林稔侍演じる仙次と乙松が呑んでいる。

「なあ、一体どうするつもりだ。なんぼ聞いたってあんたはパシパシ返事しねえ。あんたがひとり身だから心配してんだ。この駅だって、無くなってしまうんだからよ」

「第一、この官舎にもいられなくなんだぞ。だら、定年したらどこさ住むつもりか、それだけでも言ってみろ」

「……ユッコも静枝も、ここで死んだ」

仙次が這い寄って、乙松の肩を抱く。

「だからって、ここにはいられねえんだぞ。この町だってよ、五〇〇〇人からいた炭鉱町が、もう二〇〇人もいねえ。ここにいるって、なにして暮らすんだ。まだ六十やそこらで年金暮らしってわけにもいかねえべよ」

仙次、乙松の体を揺さぶっていう。

「つらいんだよお、おれはよお。おれだけ身のふりかたがついたって、お前の行く先がねえんでは気持ちがさっぱりしねえんだよお」

「いいから、もう寝ろ」

乙松は仙次をその場に押さえつけるように横たえた。

二人の顔がぶつかるほどだ。

「……おれを……もう一度助けるつもりで……乙さんずっとおれと一緒にいてくれ……な」

□

降旗も坂上も、高倉と小林の掛け合いは、大成功だったという。

プライベートを知っている小林は、高倉をからかうように演じ、それが、乙松と仙次の関係性をうまく表現するスパイスとなった。

高倉は、仙次役の小林稔侍について語っている。

「彼はとってもハイになっていましたね。自分の出番のない日も現場に来てました。〝お前、今日出てないじゃないか〟って言ってもウロウロして、飯の時だけしっかりといる（笑）。結局、最後まで来てたんじゃないですか。僕は、出番のない日はしっかり休みましたよ（笑）。でも、あの仙次というのは、本当にいい役ですよ。僕がやりたい役ですからね」

小林稔侍は、『キネマ旬報』の平成十一年六月下旬号で、金澤誠に『鉄道員（ぽっぽや）』について語っている。

「私には、乙松と仙次、それは〝待ってました、健さん!〟とスクリーンに向かって拍手喝采した『昭和残俠伝』シリーズ、やくざ映画のあの名場面が思い出されてなりません。主題歌『唐獅子牡丹』が流れ、花田秀次郎の健さんと風間重吉の池部良さんが、雪降る夜道を一つの傘の中に入って、ふところにはドスを呑んで、〝お前が死ぬなら、おれも死ぬぜ〟と敵陣に向かう。なんとこの男同士のホモチックさに(?)私たちは酔いしれました。『鉄道員(ぽっぽや)』は、私の心意気として、乙松・仙次の姿を借りた『昭和残俠伝』東映育ちの私です。笑ってやってください」

大竹が見ていても、高倉は、小林稔侍に絶対的な信頼感を抱いていた。ふたりは、いつも一緒にいた。高倉は小林のことが大好きだし、小林も高倉のことが大好きのようだった。小林は、山田洋次監督作品の撮影時も、休憩時間や撮影終了時に電話をしていた。大竹は、誰に電話をしているのだろう、好きな女性でもできたのだろうかと思いながら聞いてみた。

「誰に、電話してたの?」

すると、高倉だという答えが返ってきた。小林は、撮影時、映画の役柄について本気で悩んでいて、高倉に電話して励ましてもらっていたようだった。

〈健さんと稔侍さんって、まるで恋人同士みたいだな〉

大竹は、二人の関係をそばで観察しながら、そう思った。

小林稔侍は、『鉄道員(ぽっぽや)』の撮影後、マスコミに語っている。

「五十歳の時ふと思った。

〝もし健さんがいなくなったら、自分はどうなるんだろう。芸能界もやめようか〟

体にふるえがきた。

高校を卒業、新人俳優で東映に入社した時から、ずっと高倉についてきた。三九年になる。

〝清水の次郎長の後に喜んでついて行く森の石松、そんな感じですよ。あの人のそばにいると元気が出るんです。でも僕も人生を重ねて思うんですが、健さんもいろんな不安を抱えながら、それをおくびにも出さないでスターをしていたんだなあ、と〟

ごくたまに、高倉がこぼすこともあった。

〝稔侍、芝居がしんどいんじゃないんだ。この人間になっちゃうと、しんどいんだ。この役は、もう暗くて、嫌だ〟

〝映画だから芝居だけをすれば楽なのに、健さんはしない。役になりきろうとする。それが人の心をとらえてきたのだと思います〟」

□

仙次の息子でやはり鉄道員の吉岡秀隆演じる秀男から、乙松に電話が入る。

「知らせたいことがあったんだ。……あのね、幌舞線なんだけど、廃止が予定より早まったんだよ。今期一杯で、三月で終わりになるんだよ」

乙松からしばらく一言もない。

「……おじちゃん、聞いてる？　……そのことで、今週中にも会社から通知が行くと思うけど、その前に知らせておいたほうがいいと思って……」

幌舞駅の事務室で乙松、茫然としている。

秀男の詫びる声。

「……ごめん、こんな連絡したくなかったよ僕だって」

「……そうか、ありがとな、気ィ使わせたな」

秀男はなおも声をかけたかったが、言葉を呑んで電話を切る。

受話器に手をかけたままの乙松。

このシーンについて、高倉は金澤誠に語っている。

「あの時は、朝に五シーンぐらいを一気に撮ると言われたんです。自分としては、一気にやったほうが、気持ちの流れはいきやすいと思いました。それでリハーサルを一回やったら、スッといけちゃったんですね。もう一回リハーサルしたら逆におかしくなるぐらい、すんなりとやれた。

監督がリハーサルの後に僕のところに来たんですけれども、僕はその時〝気持ちとしては、吉岡君の電話を切った後に、土足で座敷に駆け上がりたい。降さん、何かそういう不思議なものが、僕の中によぎったんだけれども〟と言ったんですよ。駆け上がるのがマズかったら、机を蹴とばすとか電気スタンドをふっ飛ばす。もしくは、帽子を叩きつけるということを本番でやりたいと言ったんですが、監督は〝いや、テストのままでいいんじゃないか。帽子をそっと置いて、また被って外へ出ていく。乙松の哀しみは内に秘めたほうがいい〟と言いました。

僕は、何かもうチョイ、いきたかった。俳優って、どこかでハジケたいんですよ。今回は、一カ所もハジケていませんからね。大体、僕のやる役は、どこかでハジケることが多くて、そのほうが、自分でもやりやすいところがあるんです。それはやめてくれということが監督のほうから、あの時は要求としてあったんです」

□

奈良岡朋子と高倉は、最初は『夜叉』でほんの一日だけ、仕事を通しての出会いだったが、それから一四年後、この映画で再び共演することになった。

奈良岡朋子は、大竹に向かって高倉を絶賛していた。

「あんな素敵な方はいないわ」

高倉は、現場で奈良岡が近づいてくるとパッと、〝役者・高倉健〟モードに入った。大竹といる時とは、また違う顔を奈良岡に見せた。そばで眺めていた大竹は、また改めて高倉の〝かわいい一面〟を感じるのだった。

□

志村けんは、金澤誠にこの映画について語っている。

「北海道ロケの時に、初めてお会いしたんです。その時は、言葉で言い表せないぐらいに大きく感じました。

小林稔侍さんが言っていたんですけれども、僕がやった寿司屋のジジイのコントを、健さんが真似したりするらしいですね。それ、見てみたいですけれどね。健さんは、お笑いが好きらしいですよ。撮影現場では、いろいろ気を遣っていただいて、いろんなことをしゃべっていたんです。僕の中では健さんは、寡黙なイメージがあったんですが、映画やコントのことを、よくおしゃべりしました。冗談で今度いっしょにやる時には、僕と健さんが真面目にとんちんかんなことを言っていて、それを観ている観客が大笑いする、ブルース・ブラザースみたいなものをやろうとも言っていました」

□

亡くなった娘の雪子が、小学生、中学生、高校生の姿で現れる。そのシーンは、とくにファンタジー的な手法ではなくて、リアルな表現でおこなわれる。

降旗が語る。

「ファンタジーではあるけれども、主人公にとっては現実であると。ファンタジーを現実と取り違えたのでもないし、やっぱりそれは現実であるというのは、この物語のミソだというふうに僕はこの小説を読んだ時から思ってましたから。ゴーストには違いないんだけど、乙松にとっては現実であるということで、変に手を加えたらこの話はサマにならないと思ってましたね」

乙松は、事務室の小荷物の受け台から身をのりだして、戸口のほうを見た。戸口の隙間に人影がある。

「誰だ、こんな時間に」

目が慣れると、赤いマフラーを巻いた少女が、おずおずと待合室へ入ってくる。実は死んだ雪子の化身である。十二歳の中学生の少女が、ちょっと恥じらいながら近づく。赤いマフラーに白いコート、赤い毛糸の帽子。美しい少女だ。

「人形か……忘れものをとりにきたのか」

少女は、こっくりうなずく。

「あんた、あの子の姉ちゃんか。待ってろ、いま明かりつけっから」

実は、前日の昼に、六歳の小学生の少女が訪ねてきて持っていた人形を忘れて帰っていたのだ。

少女は、居間で眠っている仙次に気づき、人形を置いて戸口へ近づきのぞく。

と少女はなにを思ったか、乙松に歩み寄ると、袖を引いて目をつぶってと言う。

なんのことやらわからなかったが、少女がさらに袖を引くので、乙松は腰をかがめた。

そのとたん、少女はいきなり両手で乙松の顔をはさんで口づけした。
ウ、ウッ、と仰天して目を丸めた乙松。
少女は、乙松の出した温かいコーヒーを口移ししたのだ。

二人の口もとからコーヒーがこぼれた。

乙松は驚きのまま呪縛されたように受け入れていたが、次の瞬間、愕然（がくぜん）と少女を突き放し、自分は尻餅（しりもち）をついてしまい、ゴクリとコーヒーを飲みこんだ。

少女は数歩はじかれたが、赤い手袋で口を押さえて、心からおかしそうに笑った。

「なにすんだ……」

「キスしちゃった！」

と、爽(さわ)やかに笑って少女は戸口へ走った。

そして、戸をあけざま言い残した。

「あしたまたくるね、バイバイ」

□

三人目の高校生としてあらわれる雪子役の広末涼子(ひろすえりょうこ)は、この映画での高倉についてテレビで語っている。

「十九歳だった。まだ十代だったので、高倉さんがすごい人という感じがしない。プレッシャーは別にありませんでした。ところが、お会いして、すごいオーラを感じたのに驚いた。

撮影は、セットの四日間だけと決まっていて、シーン数も少ない。セットだけで完結している。しかし、初対面のあいさつの時に言われた。

〝北海道の現場においで〟

〝はい〟

と思わず挨拶していました。

あとで考えたら、どうして行かなければいけないのか。

その現場に行って思った。

〈あ、呼んでもらってよかったわ〉

セットだけだと、その情景も見ていないわけだし、この現場の寒さだったり、体感するものもわからない。そういう意味で呼んでくださったんだなと思いました。それを多く語るだけでなく、〝演じるには、こんなことがかかわるから、おいで〟ではなく〝現場においで〟。

いよいよセットでのいっしょしてもらったシーン、本当に素敵なシーンでした。高倉さんも、とっても役の魅力があふれてらっしゃって、あんまり演技を作ってでなく、組み立てていくのでなく、その役に飛びこんだ感じ。なりきっている、というとおこがましいけど、そのままを生きている。役づくりという感じでなく」

降旗は、広末涼子について語る。

「撮影の前に、広末さんがリハーサルで来た時に、健さんとふたりで自主トレーニングをしていましたね。我々は、このシーンをどう撮るかという話をしていたんですが、その間、二、三時間はふたりでトレーニングをしていた。あれは、セリフ合わせというよりも気持ち合わせでしょうね。その雰囲気を見ていて、気持ちの部分では、このシーンはうまくいくだろうと思ったんです」

「クライマックスの、広末さんと出会う場面は、四日間かけて撮りました。準備をしている間に、健さんと広末さんは二人だけでリハーサルをしていましたね。

最初は出演を渋っていましたが、現場に入ってからは一つ一つの場面に気持ちが入っていきました」

□

広末涼子演じる少女は、やはり赤いマフラーと赤い手袋をしていて、顔つきも前の二人とどこか似ていて美しい。

最初に現れた少女が、時を超えて六歳、十二歳、そして十七歳と成長したような……。成長した雪子の化身である。

少女は白いコートを脱いで、コート掛けにかけて振り返る。高校生の制服である。

乙松が見せたアルバムを見るうち、少女が声をあげる。

「あ、これ……」

そのページには、「52・11・20」の日付が印字された幌舞駅発行の『幸福行き』の切符が貼ってあり、それに美寄高校の女子生徒たちの寄せ書きがある。

その中に『佐藤良子』の名もある。

寄せ書きのタイトルにはこうある。

『ベビー誕生おめでとう！』

そして、隣のページには、おくるみの雪子を抱いた静枝の写真がある。

乙松、それを見て、茶を淹れながら言う。

「んだ……女の子が生まれてさ……良子ちゃんらもよく抱いてくれたもんだ……短いあいだだったけっとな」

手をとめて、

「……おれが殺したようなもんだ。隙間風(すきまかぜ)が吹き込むこんなとこに寝かせたから、風邪をひかせてしまったんだ」

その乙松を、少女は凝視している。

「病院に行かせた時には、もう手おくれでな……」

乙松は、それから茶を啜(すす)った。

見つめる少女の円(つぶ)らな瞳に、悲しげな色。ちゃぶ台をはさんだ乙松と少女。

「幌舞線がなくなるなんて……」

仙次が置いていったおせちが出ている。

「なくなるのさ」

「なくなるって、どうなるの？……駅や線路も？」

「なくなるさ」

「そうするとどうなるの？」

「あっという間に原野にもどるさ」

「……原野」

と、少女はすでに雪に覆われた窓に目を移した。

その雪の彼方の世界でも見るかのような瞳だった。

「自然は強いからな……鉄道ができる前の大地にもどってしまうのさ。そうなれば、ここに鉄道があったことなんてみんな忘れてしまうべな」

少女は、再び乙松を見た。

互いにしばらく無言だった。

「……さびしい？」

「後悔はしてねえさ」

「でも、思い出は残るよね？」

そうあってほしいという少女の思いが見える。

「……楽しい思い出ばかりでねえさ」

事務室で電話が鳴った。

「電話」

乙松、立っていく。

乙松、サンダルをつっかけて電話へ。

「もしもし幌舞駅……和尚さんかい……いやこっちこそ……おめでとうございます……孫娘さんすっかり引きとめてしまって、いやあめんこい子だなや、メシまで作って食わしてもらったとこだ。良子ちゃんに似てまあよく気がつく子だわ」

電話の和尚。

「なに言ってんだ乙さん、良子も孫娘も帰ってねえよ。なに勘ちがいしてんの、はは」

乙松、アレッというように受話器を見た。

「電話したのはよ、法事のことだわ。今年は雪がひどいから春になってからのほうがよくねえかと思ったもんで。一昨年もそうしたべ」

乙松、受話器から居間へ目を移した。

居間には、少女の姿はなかった。

「あんたさえよければ、ユッコちゃんの命日は寺で法要することにして、墓のほうは雪解けしてからにするべ、な？」

乙松、あわてて受話器を耳にして。

「んだね、和尚さんに任せっから」

「だら一度こっちさ来てくれや」

「あ、はい」

和尚の電話が切れた。

乙松は、居間への戸口へ行き、ちゃぶ台の鍋や、座布団の上にきちんと畳まれた綿入れを見た。

深い深い驚きが、乙松をじっくりと突き上げはじめる。

そして、デスクを振り返る。

そこに人形がある。

行って人形を手にする。

その時、人の気配を感じて、待合室の入口を見た。

すぐそばに立っている少女の顔があった。

「……ユッコ……ユッコか」

泣くような声だった。

少女の瞳は濡れていた。

乙松は人形を手に、待合室の入口をあけた。

「ユッコだべ」

「……なして嘘ついた」

少女、さらに悲しげな表情になる。

「……ごめん、おっかながると思って」

「……自分の娘をおっかながる親が……どこにいる」

突然、ボロボロボロとあふれ出た乙松の涙。

少女の瞳からゆっくりと悲しみの色がなくなり、柔和でますます美しさを増した面持ちが慈母のように乙松を見ている。

「……そうか、昨日から……あのちっちゃい子からずっと……お前が育っていく姿を、とうちゃんに見せてくれたのか。……一七年を……」

と、人形を胸に抱いた。

「この人形……思い出した……棺桶さ……お前に抱かせてやったもんだ」

少女はうなずいた。

「……な、なして……こんな……」

「おとうさん、なんもいいことなかったでしょ……なに一つ親孝行もできないで死んで……」

「とうちゃんのほうが……なにもしてやれなかった……お前が死んだ時も、とうちゃんはホーム雪バネしてた。……この机で、本日異常なしって、日報書いていたんだ」

「ポッポ屋だもの……」

にっこりと屈託ない笑顔になり、いつの間に持っていたのか、少女は乙松の制帽をかぶった。

そして、ゆっくりと敬礼した。
乙松、大きく口をあけて、少女を指さした。
少女は帽子をとり、乙松に差し出した。
乙松が吸い寄せられるように身を寄せると、少女は帽子をかぶせ、人形をとる。
そして、爽やかな笑みを残して待合室を出ていく。
「ユッ……」
乙松は、事務室を走り出て行く。
乙松、改札口で足をとめ待合室を見た。
戸口もあいていないのに少女の姿はない。事務室の時計が鳴るのが聞こえた。

□

高倉は、広末涼子についても金澤誠に語っている。

「やっぱり素晴らしい素質があると思いますね。あのシーンは、リハーサルを一日やって、四日間かけて撮ったんですが、現場は普段の状況じゃないですよね。皆が息をのんで見つめている中でやるわけですから。広末君は、彼女が持っている無垢なものが素直に出ればいいんだから、一番大事なことは緊張させないことだと思ったんです。監督はあまり何も言わない人ですから、リラックスさせるのは僕の役目かなと思って、彼女といろんな話をしました。それは、非常に何か残りましたね。

こういうのは、『野性の証明』の時の、薬師丸ひろ子君以来ですね。あの時の薬師丸君は、自分が殺した人の娘役だったんですけれども、今回は本当は親子役ですしね。薬師丸君とは、今でも後を引いて親子のような感じがするんですよ。俳優って不思議なんです。役でやっているんだけれども、何かね。きっとそういうのが、不器用ってことなのかなと思ったりしますけれどね」

広末涼子も前出の「映画人・高倉健」で高倉の素顔について語っている。

「高倉さんの素顔ですが、多くを語るでなく、その背中で語る。そういう方なんだな、かと思いきや、現場でおいしいコーヒーを自分の部屋に持ってきて淹れてくださったり。〝たけしが、公の場で「健さん現場で座らないんだ」と言ったもんだから、座れなくなっちゃったよ〟

ユーモアもあり、フレンドリーで、人に威圧をあたえない」

「現場で、ウイスキーの入る薄っぺらい入れ物を見て、わたし高倉さんに訊いた。

〝それって何ですか〟

〝これは、酒を入れて体を温めるんです〟

健さんは言った。

〝あげるよ〟

〝え⁉〟

わたしが持っててもおかしいけど、いただいたんです。

撮影が終わったあと、健さんの名前の入った時計をもらいました」

広末は、ラストの高倉の死のシーンの現場についても、語っている。

「キャストから、スタッフさんから、みんな泣いているんです。健さんが、この作品を最後にするんだ。健さん自身がおっしゃったのが、暗黙の了解なのか、この作品で最後にしようという空気でした。健さんの最後の映画に、という空気だったので、音声さんも、キャメラさんも、みんな泣いているんです。役者さんって、こんなに愛されて舞台に立っているんだなって、すごく体感したというか、初めて目の当たりにして、素敵な現場でした」

高倉は、ラストシーンのホームで死んでいるシーンについて金澤誠に語っている。

「今日初めて、そのあたりのシーンのロールを見せてもらったんですが、ベタついてないですね。重いというのと、堂々としていると思いました。田舎の、一日に何十人しか乗り降りしない、わびしい駅の駅長で、たったひとりでみじめに死んでいく。それをみじめに感じさせないというのがね、このスタッフの凄さだと改めて感じました。

僕は、そういうことでは、とっても納得しましたよ。堂々としているというのと、メソメソしていないというのがあって。おそらく、旧国鉄やJRの人、その身内の人とかがご覧になったら拍手を送っていただける作品になったのかなと、思いました」

□

録音技師の紅谷愃一が、『高倉健インタヴューズ』で、野地秩嘉に、語っている。

「役者で自分の声に神経を使う人は少ないです。カメラ映りを気にして撮影中に未編集の映像であるラッシュをチェックする人はたくさんいますが、声の調子を知ろうとするのは珍しい。健さんは撮影の合間に〝紅谷さん、頼む〟と私のほうにやって来て、レシーバーを耳にあてて自分のセリフを聴き直すことがあります。やっぱり他の役者さんとはひと味もふた味も違います。

私はいつも同録（同時録音）にこだわってやっているんです。画面を見ながら後でセリフだけを入れるアフレコじゃどうしても感情がこもらないでしょう。しかし、同録は撮影現場の環境に左右されるから音を録るのにどうしても苦労がつきまとう。

でも、あの人の声は録りやすい。健さんはぼそぼそしゃべるようでいて実はきちんと発声しているし、声の低音部に力があるんです。今の若い男性や女性には高い声の人が多いんですよ。キンキン声が多い。低い声で、言葉をしっかりとしゃべることのできる俳優さんは少ないと思います。

　皆さんが考えていらっしゃる以上に生活の雑音というのは多い。家庭には冷蔵庫や蛍光灯が出すような雑音があふれています。しかし、映画のなかではセリフを聴かすために余計な雑音のない状況を作り出さなくてはならない。ドラマに不必要な音を排除するには細かい気配りがいりますし、スタッフ全員の協力が不可欠になってきます。

　その点、健さんはまず気配りをしてから撮影に臨む人ですから。周囲もいつのまにか健さんを見習って神経を使うようになります。

『鉄道員（ぽっぽや）』のラストに『キハ（気動車）の笛は、聞いてて涙が出るんだわ！』というセリフが出てきます。そうなると機関車の単なるポーッという音を録っただけじゃドラマとして弱く、お客さんに感動を与えることができません。私は北海道の山のなかを駆けずり回って山と山の間の場所を見つけたんです。そこで聴いた警笛の音は一つの音が山肌に反響し、かぶさって聴こえます。ラストシーンにはその音をつけました」

□

　定年を間近に、坂上は『鉄道員（ぽっぽや）』で燃え尽きた。

〈健さんと最後に、東京撮影所のスタッフを集めて映画をやれれば、それだけで幸せだ〉。最後の映画という覚悟で挑んだ『鉄道員（ぽっぽや）』は、大ヒットした。

また、高倉と約束した東京撮影所のスタッフ（活動屋）との記念写真撮影も実現した。

「高倉健が『網走番外地』や『昭和残侠伝』のシリーズを撮った、当時の東映スタッフたちと記念写真を撮るらしい」

噂を聞きつけたある雑誌の編集長が、記事にしたいと言ってきた。

「キャメラマンに立木義浩（たつきよしひろ）を送るから、写真、撮らせろ」

高倉は、坂上によく言っていた。

「やっぱり、降旗が一番ワルなんだよな」

『鉄道員（ぽっぽや）』を編集ラッシュを観た高倉はそう言っていた。降旗を一番信頼しているからこそ、高倉は口にするのだ。

映画が封切られる日、高倉健は必ず東京から離れる。

高倉が主演した映画であっても舞台挨拶はしない。それが、東映との決まりだった。

「おれはスクリーンに映っている。そこで、おれの仕事は終わってるんだ」

□

平成十一年六月五日土曜日、『鉄道員（ぽっぽや）』の公開日を迎えた。

「劇場が沸いている」

自宅にいた東映の岡田茂社長が、急きょ、丸の内東映までやってきた。

「おい、よかったじゃないか。乾杯するぞ」

八階に、坂上、降旗、木村など撮影スタッフばかりではなく、岡田茂、高岩淡（たかいわたん）、岡田裕介、鈴木常承といった東映の経営陣までが集まり、封切り初日の打ち上げの席が用意された。もちろん、高倉健の姿はそこにない。

そのかわり、坂上が拝み倒して、各劇場で高倉のメッセージを音声テープで流させてもらった。客席からは健さんにありがとうを言われたと大好評であった。

乾杯のあと、高岩から坂上に声がかかった。

「坂上、おまえ、あいさつしろ」

これまでにも、数多くの映画作りにかかわり、そのたびに挨拶してきた。

が、『鉄道員（ぽっぽや）』は、いつもの映画と違った。

〈高倉健でヒットした〉

なかなか企んでできることではない。そのことの重さを感じていた坂上には、こみあげてくるものがあった。

「感謝の一言だけです」

壇上で、それだけ言って、黙って頭を下げた。顔を上げてしまえば、涙がこぼれてしまう。

会場に、拍手が沸いた。

映画界に就職し、それから三十数年。ここまでの成功を、それも高倉健主演の映画で映画人生の最後の最後に手にするとは夢にも思っていなかった。

岡田茂が、坂上に言った。

「天の時というのがあるんだよな」

『鉄道員（ぽっぽや）』は、興行収益二〇億五〇〇〇万円をあげた。平成十一年度の日本映画のランキングでは三位であった。観客動員も二九〇〇〇万人だった。

降旗はうれしかった。

東映が一番入っていた時は、入場料が安かった。入場料が千何百円になってから二〇億円を超える映画はなかった。東宝では、二〇億という映画はあるが、東映とすれば画期的であった。

高倉自身も二度目のキネマ旬報主演男優賞、四度目の日本アカデミー賞最優秀主演男優賞、ブルーリボン賞主演男優賞他、モントリオール世界映画祭でも最優秀男優賞を受賞した。

ただし、モントリオールには高倉は都合があって出席できなかった。

興行成績も良かったので、降旗らは、飛行機もファーストクラスであった。審査結果の発表はメイン会場のローズシアターでおこなわれ、「ケン・タカクラ」の名前が読みあげられた瞬間、会場を埋め尽くした観客から嵐のような拍手が沸き起こった。

審査委員長を務めたスウェーデンの女優ビビ・アンダーソンは「あれだけしゃべらないで、あれだけの演技ができて、人を感動させることのできる俳優は素晴らしい。皆の意見と一致してよかった」と満場一致だったことを公表した。

参加していた降旗や原作者の浅田次郎も感無量の様子であった。

試写が終わると、出て来た人が降旗に感激の余韻で言ってきた。

「わたしの家族も鉄道員だったんです」

さらに、降旗に握手を求めてきた。降旗には、それが一番うれしかった。

観た人に抱きつかれたり、すごく反応がよかった。こんなにお客さんからいい作品だったと言われたのは初めてであったという。

この会の終わり、降旗監督、のちに東映の社長になり現在会長を務める岡田裕介、木村大作キャメラマンがホテルに帰るためタクシーに乗り込んだ。が、ホテルの名前はわかるが、場所を運転手に伝えるのは難しかった。

まず、岡田が、英語で饒舌（じょうぜつ）に運転手に言った。

が、運転手に伝わらない。いや、実はその運転手にはわかっていたが、なにしろモントリオールは、カナダのケベック州最大の都市であり、フランス語圏なのである。フランス語で語りかけられなければ、あえて答えないという誇りがある。

そこで、降旗監督が、運転手にフランス語で語りかけた。運転手は、すぐに応じ、ホテルに無事着くことができた。

木村も岡田も、「さすが東大仏文科卒」と感心した。

降旗は、照れていた。

「簡単な日常会話ですよ」

木村は、長い付き合いの中で、降旗監督のフランス語を聞くのはこれが初めてであった。

このように降旗は、自分をひけらかすことをまったくといっていいほどすることはない。

降旗の中には、これが〝癒しの映画〟として受け取られたことに釈然としない思いが残った。

「この映画を観て慰められたといった手紙やメールをたくさんいただいたんです。でも僕は、乙松が怒って憤死する映画を作ったつもりでした。〝こんな癒しの映画は、今までになかった〟と言われると、〝そうじゃない。これは恨みつらみの映画なんだ〟と思いましたけれど、それはお客さんそれぞれの受け取り方で仕様がないことですね」

# 第八章　『ホタル』

『鉄道員(ぽっぽや)』の封切平成十一年の数日前から、高倉健は親しい友達らと沖縄県の石垣島(いしがきじま)に滞在していた。

　完成した映画への反応を気にする高倉は、東京にいて封切直後の評価を直接耳にしたくなかった。そして、そのプレッシャーを気にする自分自身のことも嫌だった。そこで、旅に出る。高倉は、石垣島から坂上に電話をしてきた。

「どうだ」

「順調です」

　そう答える坂上に、高倉が話しだした。

「ジョウジがさ、もう、海見て、泣くんだよ」

　ジョウジというのは、坂上より三つ年上で、高倉の旅行の手配をしている人物である。

「なんなんだ、って言ったら、自分の父親が輸送船で沖縄へ向かっている途中、この海で船が沈没して戦死したっていうんだよ。画家を志していたその親父さんが書き遺した絵が、長野の上田にある無言館っていうところに飾られてるんだって。そこに展示されている戦没画学生が描いた絵やスケッチ、手紙を読むと、みんな無言になってしまう。それで無言館っていうらしい」

その話を聞いた瞬間、坂上は朝日新聞の「天声人語」を思い出した。そのことが書かれてあったからだ。

本当に、偶然だった。天声人語を日頃読まない坂上が、たまたまその日だけ読んでいた。

急いで、ファクスで記事を送ったところ、読み終えた高倉から返事の電話が入った。

「こんな偶然、あるんだね。怖いね」

石垣島の高倉と東京の坂上が、その日に聞き、見たものが「無言館」だという符合に、高倉が驚愕していた。

「そうだ、今思い出したんだけど『知ってるつもり?!』観たか。特攻隊で戦死した十九歳の兵士が、蛍になって帰って来たという話」

平成十一年五月三十日夜、日本テレビ系列で放送された『知ってるつもり?!』で「特攻隊４３６人の母・鳥濱トメ」を取り上げていた。

鳥濱トメは、鹿児島県の川辺郡知覧町で富屋食堂を営み、多くの特攻隊員のめんどうを見、「特攻の母」と呼ばれていた。坂上は黙って、高倉の話を聞いた。

高倉はいつもより饒舌だった。

□

石垣島から帰ってきた高倉と、坂上は会った。

「この歳になって大ヒットさせてくれたのは、お客さんのおかげだ。観てくれたお客さんに、お礼したいよな。坂上、もう一本、作るべきじゃないか」

まさか、高倉の口から、「もう一本」という言葉が出るなどと想像もしていなかった坂上は、驚嘆(きょうたん)した。

「世紀が変わる節目の時期にやらなくてはならないものが、あるんじゃないかな」

さらに、高倉は続けた。

「特攻隊の実際というのは、ああいうものだったのか。これまで、東映で何度も特攻隊の映画に出演してきた。本当じゃない特攻隊をやった責任を取って、もう一遍、ちゃんとした特攻隊の話を映画にしなければ、死ぬに死ねない……。それが、せめてもの供養だ」

高倉は、過去に自分が出演してきた特攻隊映画と、現在観たドキュメント映画との落差が気になったのだろう。

高倉は、その映画の核になることまで伝えた。

「蛍になって帰ってきたって話、どうだ」

特攻隊の話を持ち出してきた高倉に、坂上は返した。

「いや、僕は昭和十四年生まれですし……。特攻隊の話は知りませんから。ちょっと荷が重いですよね」

特攻隊は身の丈以上のテーマだと思った。

が、高倉がアイデアまで出してきたのだから、無下に断ることもできない。

「知覧がどうなっているのか、僕は、正直知りません。なにがあるのかもわからない。だから、とにかく、知覧へ行ってきます」

「ひとりで行ったって、しょうがないだろう」

「下調べですから、一人で十分です」

「おれも、知覧に行くよ」

「えっ……、健さん、行くんですか」

高倉は坂上に同行するという。高倉の掛け声で、降旗康男監督、坂上の三人は鹿児島の知覧へ向かうことになった。

□

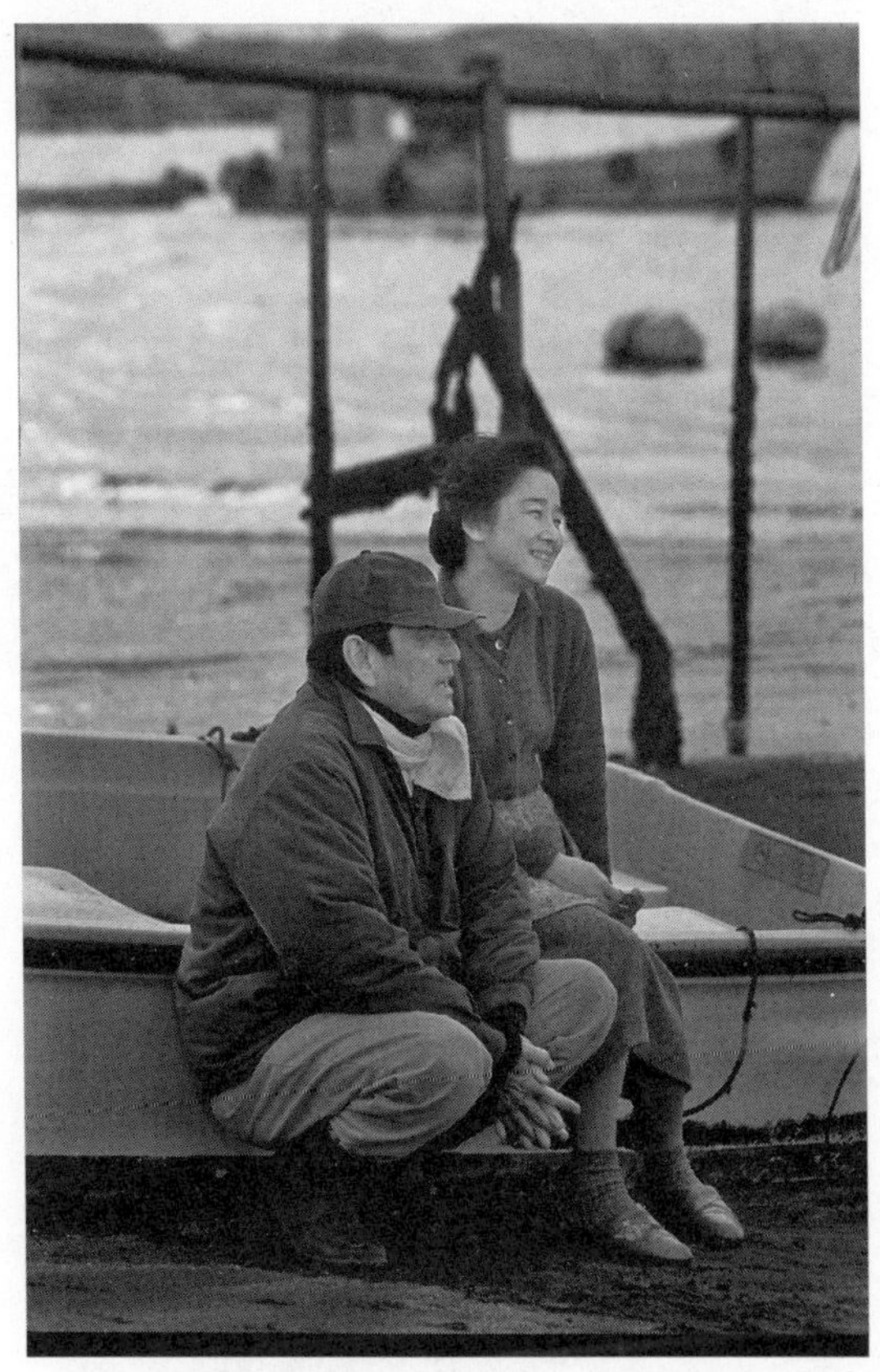

『ホタル』（平成13年）降旗康男監督／竹山洋・降旗康男脚本／高倉健・田中裕子／©2001「ホタル」製作委員会

知覧特攻平和会館の副館長が、たまたま降旗の少年時代の特攻隊との関わりを書いた文章を読んでいて言った。

「監督、浅間温泉に泊まった特攻隊の人たちの写真があります」

降旗は副館長に連れられて、その写真の前に行った。

写真は二枚あった。しかし、彼らに一度会っただけだから、顔は覚えていない。が、降旗は思った。

〈こんなところに連れて来られたら、やらなくてはしょうがない〉

展示物を見終わり、会館から出てきた高倉が言った。

「坂上ちゃん、無理だ。亡くなった一〇〇〇人以上の人たちの思い、おれ、背負えないよ」

高倉は、『動乱』を撮影した際も、坂上に吐露していた。

「しんどいよ。おれ、処刑された人たちの心を背負ってしまうんだよな」

無念の死を遂げた将校や特攻隊の思いは、高倉にも重すぎるという。坂上は、ほっとした。

〈ああ……、これで、もっと楽な気持ちでできる映画を考えられる〉

だが、安堵の気持ちは、長くは続かなかった。

車で鳥濱トメの食堂「富屋食堂」へ移動し、食事をしていた時、降旗が話し出した。

「おれ、あそこで、出会っちゃった」

降旗が続けた。

「松本の飛行場に訓練で来ていた特攻隊の人たちの遺影が、そこにあったんだ」

坂上も、降旗が幼少時代に出会った特攻隊の人たちとの交流話を、何度か聞いていた。

「坊や、間違っても少年航空兵なんかになるなよ。もう日本は負けるから、勉強して科学者か外交官になれ」

そう言われていた降旗は、懺悔するように言った。

「科学者や医者になって、日本の再建に努めろといわれていたのに、おれ、映画監督になってしまった。やっぱり、おれは、一回あの人たちと、ちゃんと向き合わないといけないんだ」

それを聞いた坂上は、正直思った。

〈偉いことに、はまってしまったな……〉

降旗の気持ちを聞いてしまった以上、後戻りはできない。

「じゃあ、とにかく、ホンを作りましょう」

知覧からの帰りの飛行機で、坂上は高倉に言った。

「戦争で死なずに、生き残った男。彼は戦後五十年、戦友たちのために石灯籠（いしどうろう）を作っている。そういう人がいてもいいんじゃないですか」

高倉は思ったという。

〈そういうやり方も、あるのか〉

高倉は漠然と、特攻の若々しい少年兵たちが主体となって、そこからフラッシュバックしていく話かなと思っていた。しかし、ずっと生きている人の話というのもあるなと気づいた。

高倉との次回作の話がスタートした。

とはいえ、坂上には特攻隊のことがわからない。まずは、当時のことを知っている人を探すことから始めた。

「特攻隊の生き残りが二人いる」

貴重な情報を得た坂上は、そのうちの一人、浜園重義（はまぞのしげよし）を鹿児島の喜入（きいれ）に訪ねた。

浜園は、海軍の飛行兵として数十回も出撃した。三機のグラマン相手にわずか一機で戦ったこともある。特攻兵としても三度出撃し、奇跡的に生還した。

戦後、戦死した仲間の無念を想い、戦闘の際、体に突き刺さったグラマンの破片を十四個も体内に残したまま摘出もせず生きた。体に痛みを感じることで、無残に散った仲間のことを忘れまいと想い続けた。

「あんな、バカな作戦はない。本当に、人間はおろかじゃ……戦争なんて……」

訥々（とつとつ）と語る姿が、特攻隊として亡くなった英霊たちの思いを、坂上に伝える。

〈これで、いいじゃないか。おれがやってもいいということだろうか〉

ちなみに、浜園は、ロンジン製の恩賜の銀時計を特攻出撃で壊れたまま大事に持っていた。その時計は、映画『ホタル』が完成した際、高倉が浜園から預かりスイスのロンジン社で修理してもらった。止まっていた六十年の時は動きだし、再び、浜園のもとへ帰って行った。

坂上は、脚本家の竹山洋に浜園を会わせ、ストーリーを組み立てていった。

降旗は竹山が特攻隊の生き残り浜園重義に取材した録音テープを聞いた。

降旗は、特攻の手紙は検閲を受けてみんな同じ文章ばかりだと思っていた。ところが『きけわだつみのこえ　日本戦没学生の手記』の上原良司の文章のようなことを、もっと荒っぽく赤裸々に言う浜園の大きな声が鳴り響いている。上原は、遺書に書いている。

「空の特攻隊のパイロットは一器械にすぎぬと一友人がいった事も確かです。操縦桿をとる器械、人格もなく感情もなくもちろん理性もなく、ただ敵の空母艦に向かって吸いつく磁石の中の鉄の一分子にすぎぬものです。理性をもって考えたなら実に考えられぬ事で、強いて考うれば彼らがいうごとく自殺者とでもいいましょうか。精神の国、日本においてのみ見られる事だと思います。一器械である吾人は何もいう権利はありませんが、ただ願わくば愛する日本を偉大ならしめられん事を国民の方々にお願いするのみです」

浜園は、さらに過激であった。

「天皇は責任を取っていない。一言も謝らなかった」

「おれたちは、アメリカの軍艦よりも、特攻の生みの親である大西瀧治郎（おおにしたきじろう）がいる司令部に突っ込んだほうがいい、と思っていた」

降旗は、この録音を聞き終えるや思った。

〈この人の話をドラマにすれば、何とかなる〉

降旗は、その方向で竹山にシナリオを書いてもらった。

シナリオができると、企画製作のスタッフに読んでもらい卓を囲んだ。あまりに天皇陛下の話が多すぎたのだ。

だが、みんなシーンとして誰も発言しない。

〈東映じゃあ、この方向ではできない〉

が、降旗は、あきらめなかった。

知覧特攻平和会館で見た朝鮮人の特攻兵を思い出した。実は、浅間温泉に泊まった特攻部隊の隊長が朝鮮人だったのである。その隊長の兄が、わざわざ朝鮮から日本にやってきて、弟を止めた。

「なにも、日本のために特攻に行く必要はないじゃないか」。しかし、隊長だから、十何人もの部下を連れて来ている。自分だけ止めるわけにはいかない。

その部隊は、満州の飛行場で結成され、そこから筑波（つくば）の飛行場に移り、さらに松本の飛行場に来て、一〇日くらい浅間温泉に泊まっていたのである。その部隊は、そこから知覧に行き、飛び立ち、全員死んだ。

その部隊に、日本人の女性と婚約した朝鮮人がいた。その話も加えることにした。

タイトルは『ホタル』しかないという降旗のひと言で決まり、ひとたび進むべき方向が照らされたとたん、みんなの知恵が集まってくる。

平成十二年夏、脚本が出来上がり、スタッフもキャメラマンの木村以下『鉄道員（ぽっぽや）』と同じメンバーが集結して、作業は順調に進んでいた。

八月十三日、高倉、降旗、坂上の三人で最終の打ち合わせをおこなった。

物語は戦後五〇年、生き残った日本人の特攻兵と若くして特攻に散華（さんげ）した朝鮮籍の特攻兵の話である。坂上は思想的には距離のある高倉と降旗両者の意思を慎重に確認していった。

「わかった。頑張ろう」

そういって、解散した。帰り際、降旗が坂上に伝えた。

「お盆休みに、ちょっと手を入れて、また、送りますから」

降旗が、二、三カ所だけ手を加えた脚本がお盆明けに届き、それを印刷して送った。

高倉のもとへは、八月十八日に届き、翌十九日、高倉プロモーションの日高康専務から坂上に連絡が入った。

「坂上さん、高倉が〝これは、もう縁がなかったと思う〟って言ってます」

坂上の頭から血の気が引いた。

高倉が、一度、「縁がない」と言えば、その作品は永久にお蔵入りという意味である。

そのことは、坂上も承知していたが、直感するものがあった。

〈この作品は、「それじゃあ、わかりました。やめましょう」といって引き下がれる企画じゃない〉

鹿児島の知覧で降旗が言った「あの人たちとちゃんと向き合わなければいけないんだ」という言葉が坂上の頭の中で繰り返された。

坂上は高倉との仕事の中でいつも感じていたことがある。東京タワーのてっぺんはいつも何メートルか風で揺れている。底辺で支えている我々は微動も感じないのだけれど、頂点にいる高倉の心はいつも揺れているんじゃないだろうか。

高倉には何かが引っかかっているんだ。監督の二、三カ所の直しだけの所為ではない。冒頭の戦争責任を問いかける元特攻兵のセリフが気になったのだろうか。

高倉自身が言い出した企画であることが、プレッシャーになっているのだろうか。何処に不安があるのだろうか？

坂上は、高倉プロの日高専務に食いついた。

「プロデューサーとして、もう一度ホンを練り直したい。一カ月の猶予が欲しい」

高倉からは何の返事もなかった。

『ホタル』のスタッフは、こんなに長くかかっては経費がかかるので、一度解散することになった。二〇人くらいで焼肉屋に集まり、内緒で解散パーティを開いた。監督を呼ぶとかわいそうだと降旗は呼ばれなかった。集めていたスタッフに、坂上は頭を下げた。

「みなさん、一カ月だけ、待ってください」

高倉の性格を熟知している木村大作キャメラマンは、坂上にいった。

「ひと月待てったって、健さんが、縁がないっていったら、絶対にないよ」

「いや、でも、健さんには不安みたいなものがあるんだと思う。そこを時間をかけて話せば解ってもらえるはずです」

「こっちは、ギャラさえ払ってくれればそれでいいよ。だけど、坂上、格好つけるな。そんな金、おまえ、ないじゃないか」

その言葉に、坂上も即答できずにいた。

「だから、おれが辞めるといったら、みんな退(ひ)くからさ。それで、もし、ひと月たって、健さんが〝うん〟といったら、呼べ。待ってるから」

坂上は、木村の言葉をありがたいと思った。

坂上が、まもなく木村に伝えてきた。

「スタッフもほとんど解散して、今残っているのは降旗監督と木村キャメラマンだけだ。

ここで木村キャメラマンまでいなくなると、健さんが〝カッ〟となるから、他の仕事を入れないで残っていてください」

そういわれてしまっては仕方がない。木村は、ほぼ一カ月、毎日平成十二年九月十五日から十月一日までの一七日間、オーストラリアで開催された「シドニーオリンピック」などテレビばかり見ていた。

解散パーティから一カ月くらいして、高倉が降旗の自宅に訪ねてきた。

「あれ、どうなってる？」

降旗は、さっそく坂上に会い、伝えた。

「おい、健さんが、特攻の話、どうなってるのか、と言ってきてるぞ」

「えッ？」

降旗は、その時、坂上から解散式までやっていたことを初めて知らされた。

竹山や撮影所のプロデューサーと相談した坂上は、監督が作品で語りたいメッセージはなるべく触らずに、戦後五〇年を生き抜いて来た高倉が演ずる山岡と田中裕子が演ずる知子の夫婦愛を、小林稔侍が演ずる漁業組合長の緒方のセリフを使って、より観客に解りやすくしていった。

それは、主人公にしゃべらせるのではなく周囲に語らせるという『鉄道員（ぽっぽや）』で降旗が教えてくれた手法である。

高倉は、坂上が約束した一カ月を忘れていなかった。

約束してから三〇日目の夜九時頃、東京撮影所の所長室にいる坂上に高倉から電話がかかってきた。

「坂上、なにやってるんだ、おまえは」

「一所懸命、やってるんですけど」

「だから、俺はやらない、っていってるんだぞ」

「健さん、僕には、向こう岸が見えてるんですけど、なかなかたどり着けないんです」

高倉は、無言だ。

「五〇年以上も前の、文字にも形にもなっていない兵士の想いが、なんで五〇年たった今も生きている二人の心を縛っているのか。そこが表現できたらと思うんですけど……」

「そうだよね。それなんだよね」

思いがけない返事が、高倉から返ってきた。

「頑張りますので、もうちょっと、待ってくれませんか」

ガチャンと電話が切れた。

その二〇分後、坂上にファクスが届いた。

「がんばれ、坂上」

高倉の筆跡だった。

坂上は短い文章を何度も読み返した。

一瞬、坂上にある疑問が湧いた。

〈健さん、もしや、わかってて、僕を操縦しているんじゃないか!〉

とにかく、最後までやるしかない。

高倉健は、「キネマ旬報」平成十三年六月上旬号で、『ホタル』についてインタビューに答えている。

「何か、この(東映東京)撮影所の人たちの、映画を作りたいという気持ち、それは『鉄道員(ぽっぽや)』の時にもありましたけど、今回はもっと鮮烈に。手紙やFAX、電話で連絡を取って、いろいろアイデアを出し合っているのを見ていて、これだけ皆が思いを込めているものがあるんなら、きっと観る人の心に何か届くものができるんじゃないか。どこかで、突然そう思い始めたんです。

この撮影所にそういう温度があるんでしょうね。何か気持ちが息ぶく芽みたいなものが、丁度今ここにはある」

改稿した脚本を、高倉に渡した。

約束した日から四〇日以上が過ぎていた。

「どこが変わったのか、わかんないけど、いいんじゃないの」

高倉がOKを出した。さっそく、坂上は降旗に会い、GOサインが出たことを報告した。

降旗は、ニヤッと笑っただけだった。

□

高倉は、「高倉健」というイメージを大事にしている。降旗は、高倉を大事にしながら作品への責任を担っている。その二人が話し合っても、完全に両者が理解できる着地点に到達することは難しい。

だが、お互いに尊敬し合っている。二人は、嘘でも方便でもいいから、着地できる互いの接点を求めている。

「坂上が泣いてきたから」でも何でもいい。

お互いが譲れない部分を何らかの形でつなぐことができれば、坂上の役割は十分果たせたことになる。

岡田茂、俊藤浩滋という大プロデューサーの姿を、坂上は見てきた。そんな力が自分にあるなんて、とうてい思っていない。いろんなところからど突かれる姿をさらけ出し、「もう、坂上があそこまで言われてるんだから、そろそろいいじゃないか」という着地点を見出してもらう。そんな方法論は、ある意味ずるい手法なのだろうが、坂上のようなプロデューサーは自然と身につけてしまうものだった。

〈自分なりの泥臭い足掻きを精一杯やるしかない〉

映画が完成してみれば、高倉は、感動してしまうのだが。

いっぽう、木村キャメラマンは記憶を呼び覚ました。

〈そうだ、シドニーオリンピックの時だ〉

「韓国と北朝鮮が、朝鮮半島の旗を持っていっしょに行進した。それを見て、健さんはやる気になったんじゃないか」

あくまで「俺の勘だけど」と言いながら、高倉健の気持ちを忖度する。

「分断国家がひとつになる。ここで自分が嫌だとか言ってられない」という気持ちが生まれたのではないか。

実際に、「高倉健がやろうと言い出した」という電話をもらったのは、オリンピックが終わった翌日の平成十二年十月二日のことだった。

解散していたスタッフが再結集した。しかし、メンバーは一度バラシてしまった。仕切り直しで、もう一度集めた。最初のメンバーの九〇パーセントが再結集できた。

脚本も、中断していたのを再び竹山洋と書き直し始めた。が、竹山洋も、他の仕事で忙しくなり、降旗が書く。坂上も書く。それを合わせて作っていった。

田中裕子と『ホタル』とのかかわりが芽吹いたのは、実は、かなり早い段階であったという。□

平成十一年のことだ。高倉が、あるラジオ番組に出演し鹿児島県知覧に伝わる「ホタルの物語」を紹介した。その際に、この物語を朗読したのが田中裕子だった。映画化も正式に決まっていない時期での〝偶然〟だった。

田中の語りは、静謐（せいひつ）の中に深い味わいがあった。女優という側面だけでなく、人間としての田中裕子が色濃くにじみ出た語りであったという。のち、田中は『ホタル』出演が決まって、製作発表の会見でこのように述べている。

「今回のお話を聞いたのは、一昨年の秋頃からです。高倉さんが〝うん〟という脚本なら出させていただきます」

「この夫婦には、透明感いっぱいの愛情が流れているように思います。背伸びしないで、高倉さんの顔を見て、体を見て、しっかりと向き合って一緒に作品を撮っていけたらいい。真っ向勝負です」□

舞台は、鹿児島県知覧。

カンパチの養殖を生業としている高倉演じる山岡秀治は、肝臓を患い透析を続けている田中裕子演じる妻・知子とふたり暮らし。子供がいない彼らは、漁船〝とも丸〟を我が子のように大切にしている。

平成の世が始まったある日、山岡の元に青森に暮らす井川比佐志演じる藤枝洋二が雪山で自殺したとの報せが届いた。

山岡と藤枝はともに特攻隊の生き残りだった。暫く後、山岡はかつて特攻隊員に〝知覧の母〟と呼ばれていた奈良岡朋子演じる富屋食堂の女主人・山本富子から、ある頼みを受ける。

体の自由が利かなくなった自分に代わって、南の海に散った小澤征悦演じる金山文隆少尉、本名、キム・ソンジェの遺品を、韓国の遺族に届けて欲しいというものだった。

実は、金山は知子の初恋の相手で、結婚を約束した男でもあった。複雑な心境の山岡は、しかし知子の余命が長くて一年半だと宣告されたのを機に、ふたりで韓国へ渡ることを決意する。

金山の生家の人たちは、山岡夫妻の訪問を決して快く迎えてはくれなかった。それでも、山岡は遺族に金山の遺品を渡し、彼が残した遺言を伝えた。

金山は日本の為に出撃したのではなく、祖国と知子の為に出撃したのだと。

やがて歳月は流れ、二十一世紀。太平洋に臨む海岸に、その役目を終えた愛船・とも丸が炎に包まれていくのを、ひとり見つめる山岡の姿があった。

□

降旗は、この映画のテーマについて語った。

「生き残ってしまった、という負い目が山岡らにはある。しかし、そういった負い目は元特攻隊員だけではなく、戦後のあらゆる事象に当てはまるような気がします。負い目に押しつぶされてしまう一方の極みを描くことで、その対極にいる、つまり、負い目を背負ったまま生きていこうとする男と女の姿が鮮明になるのではないかと思ったわけです。わたしは言葉で言うのがへただから映画を撮っているのですが、〝うろちょろ迷いながらも、一日一日を前に向かって進んでいく、そういうことが必要だ〟といったようなことが映画のテーマです」

降旗の頭の中に、遺影となった〝お兄さん〟たちの言葉がよみがえった。

「今の日本とは異なる国の礎となるべく死んでいく……」

「殉死というのでしょうか。お国のために死んでいった方ももちろんいたでしょう。でも、僕が会ったお兄さんたちは〝日本はやがて負ける、兵隊になったら許さん〟と言い残して旅立っていきました。自分たちは新しい国の礎となるために死んでいく。小さかった僕には、礎になるために生きろと言いたかったんだと思います」

降旗監督の頭の中にはもちろん「これを、高倉健でどのように表現しようか」という思いがあった。自身が遭遇した不思議な運命の糸を端緒にして、高倉をイメージした台本作りが紆余曲折を経ながらも進んでいったのである。

「生き残っておられる特攻隊の人たちが、その後どのように生きて、そして今なにを思うのか。そうしたものを背景に盛り込んで描いていけば、いまなぜ『ホタル』なのかという映画のテーマがお客さんにもわかっていただけるのではないかと信じてホンを作りました」

□

スポニチの『高倉健の世界』を連載した山口敬司によると、木村キャメラマンは、約一〇日間をかけて薩摩、大隅地方のすべての漁港を回った。四月七日、その中で注目したのが大隅半島にある垂水市の海潟漁港だった。

陸続きの桜島が目前に迫っている。木村は、このロケーションが気に入った。ふと周囲を見渡すと、映画に使いたくなるような格好の家も目に入った。家の前には、この地方特有の「のぼり」が桜島の風と降灰（こうはい）を浴びながら翻（ひるがえ）っている。

木村の足は、自然とその方向に向かい、しばし家の前にたたずんだ。折よく、主人の川畑興實が在宅であった。

「のぼり」の由来などをきっかけに木村は川畑に話しかけ、そして用件を切り出した。

「実は映画を撮影するために家を探している。おたくの家を映画の中で使わせてほしい」

海潟で手広く養殖をおこない「桜島水産」の代表取締役を務めている川畑だが、こうした依頼はもちろん初めてのことだった。戸惑いを覚えたのは当然だが、何気なく発した次の言葉が、さらに木村を刺激してしまった。

「この地方の漁師は、嫁の名前を船につけるんです」

川畑の夫人は「知子」さん。持ち船には「とも丸」という名前がついていた。この話にすっかり心奪われた木村は、降旗監督にこのエピソードを披露。

田中裕子扮するヒロインの名前を当初の「山岡映子」から「山岡知子」に変えてしまった。

□

知覧特攻平和会館の中の、特攻死した若者たちの遺影、遺影。

その一枚一枚を食い入るように見つめる井川比佐志演じる六十三歳の藤枝洋二。水橋貴己演じる藤枝洋二の孫娘真実も、圧倒されて藤枝に従っている。

大型モニターに映し出されている特攻作戦のドキュメントフィルム。弾幕の中を突進する特攻機。艦橋に激突。応戦するアメリカ兵。黒煙を吐いて海面に突っ込む特攻機。アナウンスが響く。

「昭和二十年、太平洋戦争は、最終段階を迎えていた。連合軍は一五〇〇隻の艦船と一八万の大兵力をそろえて沖縄への上陸作戦を開始した。これに対して、戦力も物資も劣る日本軍は、飛行機に二五〇キロ爆弾を抱え、機体ごと敵艦に突っ込むという特攻作戦を開始した。これは、人の命を兵器として使用するという、戦争史上例のないものであった」

藤枝、一枚の遺影の前で立ち止まる。

小澤征悦演じる金山文隆（本名キム・ソンジェ）少尉の遺影もある。

「ここ知覧は、陸軍特別攻撃隊の最前線基地であった。日本全土はもちろんのこと、朝鮮、台湾、中国戦線からも特別攻撃隊員が集まってきたが、その主力は学徒兵と少年飛行兵であった。最年少の隊員はわずか十七歳の若さであった。彼らは三角兵舎という粗末な小屋で、出撃を待っていたが、町の人や知覧高女の生徒たちが親身になって世話をした。町の食堂や旅館は軍用食堂、軍用旅館となり、隊員たちと家族との最後の別れの場となった」

盃を交わす特攻隊員。離陸する特攻機。アナウンスがつづく。

「特攻機の出撃は早朝が多かった。同時に出撃する隊員たちそれぞれ、別れの盃を交わし、黙って機上の人となった。整備兵とともに知覧高女の生徒たちも出撃を見送った」

手を振る地上員たち。

沖縄の海を埋め尽くす米艦隊。

「アメリカ兵にとって、捨て身の特攻作戦は初めは恐れであり驚きであったが、アメリカ軍の迎撃態勢が整うと特攻機の多くは目的の敵艦に到達する前に撃墜されてしまったのである。知覧から沖縄まで二時間半『我突入ス』の電文を残して彼らは南の海に散っていった」

展示場には、海岸に不時着した戦闘機を復元したものが展示されている。

藤枝が、万感を胸に立ち尽くしている。

真実が、藤枝に訊く。

「おじいちゃんは、出撃したの？」

藤枝、頷く。

「どうして、助かったの？」

「山岡さんという上官と出撃したんだ……」

□

かつて特攻隊基地のあった鹿児島の知覧で、この食堂から特攻兵を送った富屋旅館を経営している奈良岡朋子演じる山本富子が、そこを藤枝といっしょに訪ねてきた真実に語る。

「みなさん一点だけを思いつめて見つめていらっしゃった……その姿を見ると胸が潰れる思いがしたものよ。……今でもホタルが夢にあらわれてね、胸が押し潰されるようになって目が覚める……」

真実が訊く。

「ホタル？」

「宮川さんって軍曹さんはね、一度目の出撃で、機体の故障で引き返したのをえらい気にしなさってねえ、ようやく二度目の出撃が決まった前の晩にお見えになって、お給仕するわたしに〝今度こそ、どんなことがあっても敵艦を撃沈させて帰ってくるからね〟と言いなさったの。

不思議に思って〝どげんして帰ってくるね？〟と聞いたら、〝ホタルになって帰ってくる。だからホタルが来たら、僕だと思って追っ払わないで、よく帰ったと迎えてください〟と、言われるの」

「……」

「そしてね、次の夜じゃった。建替えてしもうたけど、ちょうどそこのとこ……」

昭和二十年六月。富屋食堂の回想。

手を打ちながら唄を唄う兵士たち。

そこへ、庭のほうから一匹の蛍が迷いこんでくる。

「出撃する兵隊さんたちがお酒飲んでいるところにホタルが飛んで来たの」

兵士たち、唄をやめて蛍を注視する。

「〝宮川さん！〟って叫んでしもうた。みんなも叫んだのよ、〝宮川！　宮川！〟って、他には言葉が出んかった」

富子、その光景を想い出しながら語る。

「ホタルは、しばらく部屋の中を飛んどった。そのホタルが飛び去って行くのを皆、黙ったまま見送ったの」

じっと聞き入っている真実。

「知覧からの特攻隊の出撃は、それから六日後には終わったんよ。もうちょっとで宮川さんも死なんですんだんよ」

富子の目に、涙が浮かぶ。

「ホタルになってまで帰ってくるなんて、言いたいことや、思い残したことがいっぱいあったんだと、この年になると余計心が痛むの……」

戦後、特攻隊の出発していった飛行場は潰されて、たばこ畑になっていた。『ホタル』のモデル鳥濱トメは、その飛行場の司令塔のあったところに毎日欠かさず線香を立てに行っている。

「わたしたちが戦地に送ったと思うしかないじゃないか」

そう思っているという。

□

『高倉健の世界』で、奈良岡朋子が語っている。

「『鉄道員（ぽっぽや）』以来、最近はやりたいと思う仕事があまりなかった。本当に、いい作品に出合ったと思う。自分で積極的にやってみたいと思った仕事です」

奈良岡のそんな思いは、やはり自らの体験に根ざしているようだ。

「わたしには東京大空襲が根底にあります。陸軍士官学校、海軍、予科練とあたら若い命を国にささげて飛び立っていった人を多く知っています。そうした現実とそのような人々の思いを、知らない世代に伝えたい。高倉さん、降旗監督も戦争の世代ですから、作品として統一されたものとなっていると思います。時には、重いテーマを伝えていくのが責任です。一人でも二人でも多くの人々に観てもらいたい」

□

富屋食堂の表の回想シーン。財布についている飾りのお面。それを床机(しょうぎ)にかけて、小澤征悦演じる金山文隆少尉が山岡と藤枝に示している。

「これは、俺の故郷の祭りのお面なんだ。洛東江(らくとうこう)がゆるいSの字を描いてゆっくりと流れているところだ。山岡曹長のハーモニカを聞くと、あの景色がはっきりと浮かんでくる」。初めて聞く話に、はっとする山岡と藤枝。

「俺の本当の名は、キム・ソンジェだ。戦争がなかったら、シャンな嫁さんを連れて帰って、母親を喜ばせようと思っていたんだ」

開聞岳(かいもんだけ)の見える海岸、残照の海。

回想。打ち寄せる波。

黙ったまま立っている山岡、藤枝と金山。

金山が言う。

「付き合ってくれてありがとう」

山岡が言う。

「最後の日をご一緒できること嬉しく思います」

藤枝も言う。

「自分らもすぐ後に続きます」

山岡が金山に訊く。

「少尉殿、日本に家族は」

「許婚(いいなずけ)がいる。自分を朝鮮人と知りながら愛してくれた。日本人だ」

「遺書は書かれましたか？」

「遺書に、本当の気持ちが書けるか」

「許婚の方に残す言葉はあるはずです」

「彼女のために、俺はもう何もしてやれない。俺のことを忘れたほうが幸せになれる」

「自分勝手な結論ではありませんか」

藤枝が言う。

「自分らが伝えます」

金山がやさしく言う。

「貴様らにもすぐ出撃命令が出る。特攻が特攻に言い残すのか」

と、言うと、ニコリと笑う金山。

金山が口ずさむ。

「トモさん。知子というんだ」

目に涙が浮かぶ。

「トモさん、わたしは明朝出撃します。ありがとう。わたしはトモさんのおかげで本当に幸せでした。わたしは必ずや敵艦を撃沈します。しかし、大日本帝国のために死ぬのではない。わたしは朝鮮民族の誇りをもって、朝鮮にいる家族のため、トモさんのために出撃します。朝鮮民族万歳。トモさん万歳。ありがとう。幸せに生きてください。勝手な自分を許してください」

山岡、手帳に書き留めている。

□

昭和二十年五月十八日。知覧基地・滑走路。早暁(そうぎょう)、朝もやの流れる滑走路に出撃態勢の特攻機が並んでいる。

知覧基地・司令室。窓外に特攻機の列が見える。

粗末なテーブルを間に、別れの盃を酌み交わす特攻出撃者たち。

藤枝が、高倉演じる山岡に言う。

「山岡曹長殿、いろいろありがとうございました。必ずや敵空母に体当たりしてみせます」

「藤枝、無理することはないんだぞ。今は完全な機体などないんだ。少しでも不調なら遠慮せんで引き返せ。死ぬことが目的じゃないんだ」

「ハイ」と応える藤枝の顔は緊張にこわばっている。

上空を通過する特攻機。

藤枝、必死に操縦桿を押さえるが、僚機と編隊を組めない。

藤枝機、ガソリンが漏れてエンジン部分から白煙が流れている。

接近する山岡機。

「引き返せ」の合図。

藤枝、必死に機体を立て直そうとするが、思うようにならない。

山岡の「帰れ」の合図。

必死の形相の藤枝。

「クソッ！　クソッ！」

半泣きである。

右旋回して引きあげる藤枝機。

□

昭和二十年五月十八日、知覧飛行場。

滑走路を走る知子のクローズ・アップ。

今、まさに滑走を始めようとする特攻機中の山岡。

必死に走る知子。整備兵たちに取り押さえられる。

特攻で散っていった金山の恋人である知子、叫ぶ。

「お願い！　わたしを乗せてって！　金山さんのところに、連れてって」

兵隊たちに抱きかかえられる知子。

「死なせて！　死なせて！」

風防を閉める山岡。滑走していく山岡機。

□

敗戦の日の昭和二十年八月十五日。知覧基地の滑走路。

藤枝は、滑走路に駐機している戦闘機に乗り込み、発進しようとしている。

山岡が藤枝に飛びつき、引き摺り下ろす。

「藤枝！　馬鹿なことするな！」

「戦友のあとを追います。皆にすまない」

山岡、藤枝を殴りつける。

号泣する藤枝。

鳴きしきる蝉の声がピタリと止み、怒りを押し殺した山岡の静かな声が響く。

「戦争は終わったんだ。何故、貴様が死ぬ。生きるんだ。青森へ帰って、お袋と一緒に林檎をつくれ」

□

昭和二十一年二月、滑走路。無造作に積み上げられた特攻機が、火に包まれている。

火炎放射器を手に見守る大勢のアメリカ兵たち。

富屋食堂の山本富子、原っぱにしゃがみこみ、棒きれを立てて合掌する。知子、泣き声とともにふらふらと炎のほうへ歩きだす。闖入(ちんにゅう)者に振り返るアメリカ兵。

吸い寄せられる様に炎に向かおうとする知子。恋人の金山を特攻で失い、自分も後を追って死のうとしている。

肩を強く抱きとめて知子を摑まえている山岡。

特攻機を包む炎は、黒々と天に昇る。

山岡、震える知子を固く抱きしめる。

□

昭和二十一年三月、富屋食堂。

富子が、知子に言う。

「あんた、何が不足ね」

「わたしは、金山さんの……」

その表情を見ている富子。

「自分で、断っておいで」

と、表のほうを指す。

横を流れる河原にしゃがんでいる山岡。

知子に気付いて直立する山岡を、じっと見る知子。

知子が言う。

「同情されるのが、一番好かん」

「俺は、決めたんじゃ」

立ち続ける山岡の一途な表情はあまりにも真剣で滑稽にすら見える。

山岡の表情に、真意を見る知子。

嬉しい。うっすらと微笑む知子。

□

それから四三年後の平成元年二月二十四日。

テレビに大喪の礼が映っている。みぞれまじりの底冷えする日である。天皇の葬儀の行列が行く。

藤枝の経営する藤旅館の内玄関。テレビ放送が流れている。藤枝、黙々とヤッケを羽織る。いっぽう山岡家。ここもテレビで大喪の礼の模様が流れている。

鏡の前で、髪を梳いている田中裕子演じる山岡の妻の知子。顔のやつれが気になり、じっと鏡を見ている。

山岡が、知子のオーバーをもってくる。知子が言う。

「みんな休みだっていうのに、透析には休みがないんだから……」

「病院の予約に遅れる、いくぞ」

山岡、自分もオーバーを羽織る。

□

昭和天皇の死の直後、藤枝家の墓地。井川比佐志演じる藤枝洋二が雪山でナゾめいた死を遂げる。伊藤洋三郎演じる息子の真一、真一の妻正子、そして、水橋貴己演じる真実が手水や花を用意して佇んでいる。

墓の前に立つ山岡秀治、山岡の妻の知子、藤枝の息子の真一夫妻、孫娘の真実。真一が言う。

「心臓が悪かったものですから病死ということで、父の望みもございましたので、身内の者だけで密葬にいたしました」

山岡と知子が、香華をたむけている。

山岡、つと墓の前に進み出る。

山岡、墓碑に話しかける。

「お前の好きだった焼酎を、持ってきた」

怒りと無念の想いの山岡。焼酎を墓石に掛ける。

墓碑に何か言おうとするが、言葉に詰まる山岡。

山岡、合掌する。知子も。

近くの峠の遠くに、雪を頂いている八甲田山が見える。真実が語る。

「おじいちゃんは、あの辺の雪の中で見つかりました。雪から掘り出されたおじいちゃんの顔はとても静かで幸せそうでした……知覧の平和会館で見た兵隊さんたちの写真を思い出しました」

はっとする山岡。

「おじいちゃんが遭難するはずはありません。おじいちゃんの気持ちを、お父さんもお母さんも解ってあげようとしないんです」

真一が言う。

「元特攻隊員ということで、マスコミでは天皇陛下の死と絡ませようという人もありました。しかし、今時(いまどき)殉死なぞとは……」

□

雪原・北海道。白一色の世界。旅支度の山岡と知子、広がる雪原に入っていく。山岡、知子を促して見させる。

知子、「何?」と視線をめぐらす、つがいの丹頂鶴(たんちょうづる)。求愛のダンスを舞っている。

「あれ!」

二人、寄り添って見る。

高倉が、それに刺激されてか、背広を脱ぎ、鶴の鳴き声を真似、踊ってみせる。

降旗は、そのシーンで細かい指示はしていないという。

台本にも、「舞う」とあるだけである。

高倉は、撮影前に降旗に言った。

「ただ踊るんじゃ、面白くないですよ」

「では、どうしますか」

「ちょっと、ストリップしましょうか」

高倉は、なんと、背広を脱いでシャツ姿になった。

田中裕子もはしゃいで、高倉をからかった。

高倉は、ついにシャツの胸まではだけて鶴の鳴き声を発し、手足をバタつかせた。

「やれ！　やれ！」

田中裕子も、ともに鳴き、舞った。二人とも、ともに調子を合わせ、実に楽しそうであった。

高倉は、「キネマ旬報」平成十三年六月上旬号で、金澤誠に、そのシーンについて語っている。

「本当はあそこ、雪の中でTシャツ一枚になりたかったんですよ。それも突然。監督とカメラの大ちゃんだけには言っておいて、知子役の田中裕子さんがびっくりしたらどういう表情をするのか見たかったんです。鶴の真似をするというのは、監督から言われて事前に鶴がダンスするのを収録したビデオをもらったんですよ。でもそんなことは一番苦手だし、これは裸踊りしかないなと。

昔『網走番外地』のロケなんかに行くと、照明部が宴会でいろんなことをするんです。裸になって歌を歌ったりね。そういうのを思い出しました。

鶴の真似をするのは山岡にとって、知子の笑顔が見たいということなんでしょうね。でも田中さんはすごい女優ですよ。こっちがああいうことをやっても、うろたえませんから。普通の人だと（相手が）脚本と違うことをやったら、（自分の演技が）止まっちゃいますよ」

高倉は、坂上に、撮影前に、口にした。

「女房の前で、女房を心の底から笑わせるため、徹底した〝乱れ〟を出したい。それをやらなければ、死ぬまで後悔するかもしれない……」

□

富屋旅館の食堂。『おかあさん、ありがとう』の看板。

奈良岡朋子演じる山本富子の八十六歳の誕生日のお祝いと送別会がおこなわれている。知覧の母といわれた富子の最後の会を取材しようと、テレビクルーと、何人かの記者や、キャメラマンが来ている。山岡知子もいる。

壇上で、杖をついた富子が、挨拶している。

司会者が言う。

「もう一つ、花束を、本日の出席者中、一番遠いところから来ている、そして最年少の、藤枝元伍長のお孫さん、真実さんから贈ります」

富子じっと真実を見つめて真実の手を握る。

「こんな素敵な若さから……楽しみも夢も奪って……がんばれ、がんばれって、日の丸を振って送り出したんだよ……殺したんだよ……」

山岡と知子も、富子の感情の昂ぶりに驚く。

「実の母なら、わが子に死ねとは言わない。どんなことをしてでも、自分が死んでも子供を守るでしょ」

奈良岡は、問題のセリフについて『高倉健メモリーズ』で金澤誠に語っている。

「『わたしたちが（特攻隊員たちを）殺したんだ』というセリフを入れさせてほしいと降旗康男監督に言いました。戦争というのはそれをやった人だけでなく、やらせた自分たちにも責任があるんだと。それは常日頃、私が感じている想いでもあるんです。監督や高倉さんには〝このセリフは、ちょっときつくないですか〟と言われましたが、〝いや、ここではそれぐらい言わなくては〟と私は言いました」

「私自身が戦争を経験していますから、自分が生き残ったという想いが強いんです。三月十日の東京大空襲で友人を亡くしていますし、身内の者を兵隊にとられて亡くしています。自分が生き残ったのは運が良かったとしか思えない。戦争によって命を失った人たちの礎の上に自分が生き残らされているのなら、戦争の悲劇を体験者として伝えていくというのは、やらなければいけないことだと思うんです。だからさほど歳が変わらない高倉さんがこの作品を企画したのは、ああそうかと思いました。また高倉さんの場合、何十年と高倉健という俳優としての人生を過ごされてきて、削り取られたもの、貪欲に身につけてきたものが沢山あって、それがひとつのマスになって、この『ホタル』という作品に行きついた気もしているんですよ」

□

朝日新聞の支所に勤務する社員が、鳥濱トメの娘・赤羽礼子の代理人のような立場にいた。その朝日新聞社員が「殺したんだよ」というセリフに気づき、富屋食堂の遺族と支援者が、その点を質しに坂上のもとを訪ねてきた。

「こんなこと、母さんは言ってない。このセリフ、外してください」

「いくら映画だといっても、ひどいですよ」

坂上プロデューサーは、この訴えを聞き入れた。

「わかりました」

降旗にも、お願いした。

「降旗さん、『殺したんだよ』のセリフ、ここだけ、言い換えてくれませんか」

「わかったよ」

降旗も、そういって頷いてくれた。

ところが、坂上が、フィルム・ラッシュを見たところ、そのセリフが丸々残っているではないか。

坂上は、降旗に抗議した。

「降さん、切ってくれるっていったじゃない」

降旗が嘯いた。

「ああ、忘れてたんだよ。奈良岡さんが芝居の勢いで言っちゃったからさ」

「殺したんだよ」のセリフの意味は重い。監督が忘れたとは思えない。監督の意を体した奈良岡の迫真の演技は、説得力のあるものだった。坂上は、朝日新聞の支援者と赤羽ら遺族への対応を考えた。

「東京まで来ていただけませんか。まだ編集中ですが一度見ていただきたいのです」

坂上からの申し出を受け入れてくれた赤羽ら遺族たちは上京した。観賞後、坂上は遺族たちに「約束したのに申し訳ありません」と、セリフが直されていないことを詫びるところから始めた。

「いかがでしたか」

編集ラッシュに力があったのだろう。

「感動しました。母も喜んでいると思います。ありがとうございました。監督の狙いが良く判りました」

遺族と支援者は、そう言って撮影所を後にした。

遺族の方は、のち映画の宣伝キャンペーンにも同行してくれた。後で高倉は、奈良岡に「あの子らを殺したんだよ」のセリフについて、「あの一言が入って、よかったですね」と言っている。

高倉は、金澤誠に、奈良岡朋子について語っている。

「奈良岡さんは、響きますね。やはりすごい女優さんですよ。この商売を四〇年以上やっていて、お芝居というのがますます判らなくなりました。奈良岡さんを見ていると、やはり、感じさせるということなのかなと。相手役の俳優さんやキャメラマン、ライトを当てている照明とか監督に、この芝居の場面は切りたくないと思わせる。それがどういうことなのかは判らないですけど。日本人が日本人の役をやるんですから、誰だってセリフを覚えて言うことぐらいはできる。でも奈良岡さんは、それだけじゃない。エネルギーというんですかね。感じますよ」

□

木村キャメラマンは、『高倉健の世界』で、海潟漁港でのロケについて語っている。

山口敬司によると、あかね色に染まった夕暮れをバックに「とも丸」船上で、高倉健がハーモニカを吹く。山岡が特攻隊の時代、金山を前に吹いたハーモニカと同じ曲だ。それを見つめるかつての金山の恋人田中裕子。この映画を象徴する情感あふれるシーンであるという。

背景にさざなみをとらえるため、木村のキャメラは多少下向き加減であった。高倉もうつむき気味。そのままでは、高倉の表情をはっきりとキャメラに収めることはできない。しかし、木村は「健さん、顔を少し上げてください」とは決して言わなかった。

「健さんは、自らの心情に忠実な人だから、あの時の健さんは芝居をやっていたんじゃないんだ。高倉健自身だったんだよ。もっとも健さん自身は〝芝居をやっている〟とは言いますが……」

木村は〝言えなかった〟理由をさらにこう続けた。

「他の俳優さんなら顔を上げてくださいといえば、上げてくれます。芝居をやっているんだと考えますからね。健さんは、そこがまったく違うんですよ。それぞれの現場の心情をうそ偽りなく表現するんですよ」

海潟漁港の目の前は錦江（きんこう）湾。湾のはるか向こうには「薩摩富士」の名で知られる開聞岳（かいもんだけ）を望むことができる。その開聞岳に、まさしく日が沈もうとする瞬間をとらえて、ハーモニカを吹く姿がキャメラに収められた。木村大作キャメラマンをはじめ撮影部にとっても緊張の時間が流れていった。午前の撮影を終えて待機していた高倉は、午後四時きっかり、田中とともに「とも丸」に乗り込んだ。ざわめきをシャットアウトするかのような木村の声が周辺にとどろく。

「夕焼けを待つ。最初の狙いは、四時三十分だ！」

その声が号令となって、今度はスタッフが海潟住民に声をかける。

「きょうだけは、家に入っていてください」

海岸線や家の軒先などで撮影風景を見物していた人々も、この時ばかりは、緊張感を帯びたスタッフの声に呼応して室内に消えていったという。

四時三十分までまだ少しの時間がある。開聞岳のほうへ傾いた夕日は、雲を多少あかね色に染め始めた。紫煙をくゆらせながら視線を送る木村の表情も次第に厳しさを帯びてきた。

ふたたび、木村の大声が飛ぶ。

「日没は、何時だっけ」

撮影部は即答。

「五時三十六分です」

船上の高倉と田中も、そうした張り詰めたやりとりの中で、徐々に気持ちを高めていく。高倉は両手を上げて肩の周囲でグルグルと回している。

やがて、四時三十分の最初のテストの時間がやって来た。

高倉がハーモニカを吹き、田中が見つめる。

撮影隊と夕焼けとの勝負の時間。何度かのテストが続いたあとの五時二十分。木村のOKサインを受けて、降旗監督の「本番！」の声。

きっちりと三分間を費やして、監督のOKが出た。

高倉、田中、そして夕焼けとの見事なハーモニー。海潟ロケにおける映像のクライマックスと言っていいかもしれない。

□

富屋旅館の食堂、夕べ。富子が、山岡に言う。

「あんたにも知ちゃんにも、金山さんのことは全部忘れてくれ言うて頼んだのは、わたしじゃ。あんたにだけはこのことは頼めんことはようわかっとるの。だけどあんたと知ちゃんにしか頼めんのも確かなの」

小林綾子(こばやしあやこ)演じる富子の孫の大塚久子が言う。

「ついこの前、韓国出身の特攻の方の遺骨を遺族の方にお返ししようとしたら、韓国側で、特攻であることが問題になって、受け取ってもらえんかったらしいんよ。東京の目黒の祐天寺(ゆうてんじ)には、朝鮮半島出身者の遺骨が、まだ一〇〇〇体以上も納められてるっていうの。直接手渡す他ないんですって」

富子、財布を手に取りながら、

「あんたに頼むしかないの、韓国に行ってこれを届けて欲しい。金山さんは遺骨さえないの」

言葉に詰まる富子。

「わがまま言ってるのは解ってるんだけど、年取って後いくばくかという時になると、思うんじゃ。金山さんのことを、わたしだって忘れられんのに、知ちゃんが初恋の人を忘れてしまうなんてことはできやしないと思うの。ごめんな、あんたらが、仲良うやっとるのはよう知っとる。じゃけん頼むんじゃ、わたしのためにも、知ちゃんのためにも、釜山(プサン)に行ってくれんかのう」

山岡、無言。

久子が言う。

「ばあちゃん、山岡さん困ってるじゃない、気持ちはわかってもらえたわよ」

言葉が途切れて無言の三人。

□

日本軍として戦った韓国の兵士の遺骨が、韓国に引き取られずに、まだ東京の寺にあるという。この話を入れたのは、高倉が進言したためだという。

「僕には、やはりショックだった。その遺骨も一〇〇〇体以上ですよ。日本のために死んだ人のお骨なんか、受け取らないと韓国の人は言っていると。こういうことは映画で言っておいたほうがいいんじゃないかとは、思ったんです。

そういうことというのは、僕の世代すら知らなかったんですから。この作品をやることになって、いろんなものを読んで、こんなこともあるのかと。若い人は、なおさらでしょう。

ですから、この映画に出てくる韓国人の金山少尉には、大日本帝国のために死ぬんじゃない、朝鮮民族の誇りを持って、朝鮮の家族のため、（初恋の相手）知子さんのために死にますと、降旗監督はちゃんと言わせています。ああいう部分は、監督の強い思いが表れているところじゃないですかね」

□

高倉、降旗、木村三人の阿吽（あうん）の呼吸に魅せられることもあったが、三人の間に立つことで、坂上に難題が持ち上がることも多々あった。

鹿児島の垂水ロケでのことである。

鹿児島湾。玄関からカバンと紙袋を手に、トラックに歩み寄る山岡。知子は岸辺で桜島を仰いでいる。

振り返って、言う。

「やっぱり手術は怖か」

「一人とちがう、俺と二人で手術されるんじゃ、心配なか」

山岡、知子に近寄り、肩に手をやる。

「俺の腎臓をやるんじゃ、すぐ元気になる」

「あんたの腎臓貰ってわたしのほうが長生きしたらどうするね」

「その時にゃ、お前の寿命分けてもらう。そんなことは一緒になった時から決まっとるんじゃ」

知子、ほんのりと笑う。

この場面も屋外で撮られた。午後三時に一テーク。スタッフには夫婦の愛情がにじみ出た場面に映った。

しかし、木村は夕景をバックにした芝居を望んだ。だがこの日も天候は不良。夕日を待っている間のことだった。先ほどの芝居を振り返っていたのか、高倉が坂上に言った。

「もっと乱れたほうが良かったのかもしれない。キャメラには背中になるけど、田中さんの前に回り込んで膝を抱いて言うべきだった」

そしてポツリと言った。

「こんな気持ちを墓場まで持って行きたかないよな」。悪天候の中でやっとOKが出た後の高倉の一言である。

特攻帰りの男のイメージを打開したい、人間らしい芝居をするべきだ……それは高倉自身の殻を破りたいということだった。その演技を思い切ってやれなかったと悔やんでいるのだった。

前半の場面でスタッフも驚いた、丹頂鶴を見て上衣を脱ぎ捨てて雪原で踊りだす芝居があった。その演技とリンクしている筈だ。

〈墓場まで……という言葉が出るほど、高倉は悔やんでいる。撮り直すしかない〉

だが、それが簡単にできないのがこの現場なのである。キャメラマンの木村は、天空や桜島の状態が悪くなっていて、撮り直しても意味がないという。

高倉は納得いかない表情をしていたが、降旗からは一言。「さっきのでいいと思いますよ」

それから五分ほどたった頃だ。高倉も言った。

「監督がいいって言ってるからいいか。やってみても頭で考えるようにはできないんだよね」

坂上は、空を見上げてうろうろする。

「大ちゃん、明日、もう一回チャレンジしてくれるかな」

「明日もスケジュールは目一杯だよ。さっきので監督もOK出したんだから、それに健さんの芝居も良かったと思うよ。十分だよ」

結局、この日の撮影は続行不可能。撮りなおしもしない。

坂上は、高倉の芝居に対する想いもわかるが、木村の背景の条件に対する想いもわかる。

二人の間で板挟みの坂上は、どうすることもできない。坂上にできることは、それぞれの立場を理解して、一所懸命、困ることだけだ。困り果てている坂上を見るに見かねてか、降旗が高倉に声をかける。

「考えたんだけど、健さん。その知子さんの膝を抱く芝居は、ここじゃなくて、明日の別のシーン。そこで使ってくれませんか」

降旗が、坂上には出せなかった答えを示してくれる。

この時、降旗の中では、高倉がそこまで言うのなら、明日のシーンでその芝居をやらせてやろうと降旗は思うのだった。

翌日撮影の開聞岳の見える海岸のシーン。金山の遺言を聞いた同じ場所に立つ山岡。金山が立っていた場所に立っている知子。

無言で開聞岳を見ている山岡。

「どうしたの、こんなところに来て」

「釜山の近くに金山少尉のご遺族がおられることが判った。お墓に一緒にお参りしたいんじゃ」

「……」

「お前の身体のこともよう判っとる」

「今度は肩の荷軽くして冥土へ行かせてくれるっちこと」

「金山少尉は最後の日、お前のその場所に立っとられた」

「……」

山岡が言う。

「勝手な自分を、許してください」

山岡は、知子に背中を向けて、開聞岳を見て立っている。

「……」

「儂（わし）らが黙っとったら、金山少尉はどこにも居（お）らんかったことになる……あの言葉も想いも。なんの形もない言葉だけど、それを遺族の方に伝えに行こう思うんじゃ」

山岡、知子のほうに向き直る。

「お前に、一緒に、行ってもらいたい」

知子、山岡の顔が段々ぼやけてくる。

そこで、高倉が知子の膝を抱きかかえるシーンになっていく。

□

『ホタル』の脚本がまだ完成していない時、降旗は高倉に言った。

「この映画、韓国か北朝鮮に行くかわかりませんが、どうですかね」。高倉は、ずーっと黙っていたが、しばらくすると、鋭い方なので訊いてきた。

えた。

『鉄道員（ぽっぽや）』の「テネシーワルツ」を歌うか、歌わないのか、の時と同じである。降旗は答
「アリラン、歌うんですかね」

「まだホンができていないので、どうなるかわかりません」

朝鮮人隊長を主人公にしたシナリオ案では、彼はアリランを歌って出征している。

降旗は、そこまでは考えていなかった。しかし、主演俳優の高倉としては、一番核心を突いたのである。アリランを歌うしかないじゃないか、と考えていたのであろう。

高倉は、撮影に入るまで言っていた。

「アリラン、歌うんですかね」

高倉は、韓国に行ってアリランを歌えば、観客の何パーセントかは反感を持つのではないか、という気持ちもあったかもしれない。

高倉は、坂上にも言った。

「坂上ちゃん、韓国行っても、アリランは、おれ、歌わないよ」

高倉は北九州出身だ。特に終戦直後の混乱期の北九州では、差別を受けていた朝鮮人と日本人の間にはデリケートな緊張関係があった。そのため、高倉の地元の人たちは、出演に反対だ。

もし、高倉が「アリラン」でも歌ったら、地元での戦中派の高倉ファンは納得しない。

そのことをわかっていたからこそ、坂上は同意した。

「健さん、わかりました」

高倉健の父親は、筑豊炭田遠賀川沿いの「川筋の親分」的存在の人だった。戦前、戦中は炭鉱で朝鮮人も雇っていた。木村は、その頃の「何か」が引っかかっているのではないだろうかと思っている。

韓国に一人の特攻隊員がいた、という話だ。当然、韓国ロケが必要になる。しかし、実は高倉健は韓国に絶対に行かない、とまで言っていた。

高倉健という人は、ロケに行くのでも「ここはイヤだ」という土地がある。昔なにがあったのかはわからないが、一度「いやだ」となればいつまでも続くのだ。

木村はそれを知っていたので、降旗監督に「行かないと言ってるから、ダメなんじゃないか」と言った。

すると、降旗監督は言う。

「今はそう言っているけど、心配しないで」

そしてその通り、企画が進むうちに、韓国ロケが決まってしまった。

降旗は高倉が置かれている状況を理解しながらも、「アリラン」を歌うことにこだわっていた。

〈文句を言ってる人間が、北九州の映画を作るわけじゃないんだから……〉

木村だったら、高倉健が「韓国には行きたくない」と言えば「わかりました」ということになるが、そこが降旗康男という人の不思議な力だ。

□

あらゆる資料に目を通した木村キャメラマンは「もう韓国ロケはこの地しかない」と思ったという。

そして平成十二年暮、ロケーションハンティングで訪れた際に目にしたのが伝統的な仮面劇だった。

撮影は平成十三年二月におこなわれたが、すでにロケハンの時にクライマックスの絵が木村の頭の中で出来上がっていた。

伝統的な家並みと民俗劇との融合、そしてその中に立つ高倉……。映画のクライマックスを飾る韓国のシーンは、確かに背景の映像にも深みを感じさせた。

降旗も、河回村（ハフエマウル）の印象は「本当に農村という感じがあって、自分の子供時代の信州の農村風景を思い出し、いいところだなあ〜」と感慨にふけったという。

『ホタル』での韓国ロケで、村の踊りがある。韓国へ行くと、飛行場でのお土産はあの踊りの面くらいしかない。

金山文隆の韓国の実家に使った邸宅は、村の元貴族の邸宅である。エリザベス女王が韓国に来た時、この邸宅で一泊している。

様々な思いを胸に韓国に入った高倉だが、河回村の歓迎は熱かった。二月二十二日のリハーサル日には、韓国側出演者から花束が贈呈された。

高倉は映画完成後に「韓国のロケは重かった」と言葉少なに語ったが、「高倉健の世界」のスタッフに「河回は自分が育った九州の土地と同じ空気だった」とも感慨を込めて振り返った。

高倉は金澤誠に語っている。

「韓国に行ってみたら、金山少尉の実家は昔の貴族の家なんですよ。山岡夫婦の暮らしぶりと比べたら、大きな差がある。もしかしたら知子は、ここに嫁いできたほうが幸せだったんじゃないか。彼女は村一番の旧家の嫁になって、腎臓だって悪くならなかったかもしれない。そう思ったら演じていてせつなくなりました」

「話も撮影のスケジュールも、そういうレールの敷き方でしたから。一番きついところは、最後に狙っているんだなと判りますしね。演じるほうとしては疲れます。韓国に行って、寝られなくなってくるしね。ロケに行って寝られないというのは、僕は珍しいですよ」

□

楽隊の物悲しいラッパの音が流れているその門の前に十数人の男女が待っている。通訳の李に案内されてくる山岡と知子。

山岡が挨拶する。

「山岡です。わたしの家内です。初めまして、宜しくお願いします」

ユンジュンが朝鮮語で話す。

「ここにいるみんなはどう思っているか知らんが、わたしはキム・ソンジャは死んではおらんと信じている。朝鮮民族が日本帝国のために、それも神風で死ぬなんてことはあり得ない。わざわざ訪ねて来てくれて申し訳ないが話すこともない」

山岡、胸のポケットから古びた小さな手帳を取り出してページを開くと、毅然（きぜん）として語りだす。

「金山少尉は、わたしが出撃する特攻隊であることを知りながら言葉を残されました。遺書は検閲があるので本心を伝えることができないと思われたのだと思います」

山岡、読み上げる。

「トモさん、わたしは明朝出撃します。ありがとう。わたしはトモさんのおかげで本当に幸せでした。わたしは必ずや敵艦を撃沈します。しかし、大日本帝国のために死ぬのではない。わたしは朝鮮民族の誇りをもって、朝鮮にいる家族のため、トモさんのために出撃します。朝鮮民族万歳。トモさん万歳。ありがとう。幸せに生きてください。勝手な自分を許してください」

通訳の言葉を聞き、泣いている人々。

山岡は続ける。

「そして金山少尉は翌朝の出撃を前にして富屋食堂におられました」

富屋旅館の食堂の回想。片隅の机に座った飛行服姿の金山少尉。広間には山岡と藤枝もいる。

山岡がその光景を語る。

「金山少尉はお別れに来る人を待っている様子でした。最後の別れに多くの家族がやってくるなか、金山少尉のところへはどなたも来ませんでした」

がらんとした広間にぽつんと残っている金山少尉。

片方の隅には、山岡たち、遠慮して金山の側に行くのを控えている。富子、お銚子を金山の前に置いて注ぐ。

「わたしが相手じゃ申し訳なかね、さあ」

金山、山岡たちへ声をかける。

「お前たちも聞いてくれるか」

山岡と藤枝、座りなおす。

「俺の故郷の歌です」

金山、次は朝鮮語で歌う。

「アーリランコゲロノモガンダ
ナルポリゴカシヌニムン
シムニドモッカソ
パルピョンナンダ」

歌う金山の頰を涙が落ちる。

富子たちも泣いている。

「アーリラン、アーリラン、アーラリヨ」

山岡が釜山の家族のいる門前で、突然、アリランを歌いはじめる。

「アーリラン、アーリラン、アーアリラン
アリラン峠を、越えてゆく、骨になったら、海を渡り」

必死に金山の心を伝えようとする山岡。知子が悲痛に見つめている。

歯をくいしばる山岡。

見物の村民も取材陣も「エッ?」と一様に驚きの声を上げる。何と、高倉がつぶやくようにアリランを歌い始めたのだった。まさしくハプニング的なものであった。

坂上は、高倉が歌った瞬間、マジックでも見せられたような気になった。坂上の心は、大きく揺れていた。

〈言葉がなくても響き合う信頼関係が、降旗、高倉にはあるんだ〉

韓国の俳優も、スタッフも、高倉のアリランに泣いていた。山岡が、語り続ける。

「許婚が知覧に着いたのは、出撃の直後でした」

知子の目から涙がこぼれる。

知子が打ち明ける。

「わたしはキム・ソンジェの許婚でした。今は、この山岡の妻です」

「これが金山少尉の遺品です」

山岡が富子から預かった財布を開いて差し出す。

みな心は動かされたものの誰もその遺品を受け取るものはいない。

それまで人々の後ろで隠れていた車椅子の老女が人々をかき分けて前へ出てくる。

老女、朝鮮語でみんなに向かって言う。

「あんたたち、この方たちのお気持ちを解ってあげなさい！」

知子と山岡へ、言う。

「ありがとう、わたしがいただきます」

と財布を受け取ろうとする。

山岡、老女に財布を渡す。

老女、朝鮮語で知子へ、

「こちらへ」

と言う。

旧家の客間。テーブルに置かれている一枚の写真。学生服の金山と知子が並んでいる。

通訳の李が説明する。

「卒業したら結婚するという手紙と一緒に、送られて来たものだそうです」

知子、白い顔で写真をじっと見つめる。

老女、朝鮮語で言う。

「わたしは、キム・ソンジェの母親の妹です。知子さん、ソンジャと貴方が揃って戻ってくるのを心待ちにしていました。日本のことを、皆悪くしか言わなかった時代に、うちの嫁は日本人だと隠しませんでした」

老女、財布と写真を傍らに置いて語る。

「わたしたち親族の大切な宝です」

今は、異を唱えるものもいない。

老女、続ける。

「ソンジェの墓はまだありません。日本から何の連絡もありませんでした。父母の墓に参ってくださったら……きっと喜ぶと思います」

場面としては、高倉が言ったことに対して、朝鮮人が日本の特攻隊員となったなんて信じられないと怒る遺族がいる。

韓国人の俳優は、韓国のプロデューサーの推奨(すいしょう)を経てキャスティングしたが、あの時怒った若い俳優は本当に迫力があった。後から聞いたら彼は、演技ではなくて本当にそう思って演じていたそうだ。

最後に出てくる老夫人役の人は、日本の植民地時代からそこに生きているから、いろんな感情があるにせよ、ある理解を示してくれたんだろうと降旗はいう。向こうの四十代より下の人たちは、おそらく許せないという感情のほうが強いだろう。実際、朝鮮人の特攻隊員の遺骨は、今も本国に引き取られないまま日本にある。

ロケ中は、韓国人のボディガードがふたり、ずっと高倉健に張り付いていた。いろいろあったのだ。

一〇分にも及ぶ長ゼリフ。リハーサルから少しのよどみもなく高倉はシーンをこなして、韓国側スタッフを驚かせた。坂上は言う。

「健さんは、現場に立った時に、もう山岡になってるんです。長いこと一緒に仕事をしているけど、台本見てセリフを覚えている姿なんか一度も見たことない。そばにいる人間にも、本当にそんな姿を見せないんですよ」

韓国での撮影シーンはキャメラ五台で、一〇分間のシーンを収めた。キャメラを五台も据えていたものの覗く人がいないので、小道具さんに覗いてもらったという。

高倉は、この時のセリフについて『高倉健インタヴューズ』で野地秩嘉に語っている。

「セリフのうまい下手よりも大切なことがあるんです。韓国の遺族と対面するシーンのリハーサルをした後、降旗監督から、〝健さん、やっぱり二分間オーバーでした〟と教えられたんです。映画のフィルムは一〇分が一ロール。それ以上、キャメラを回せません。そのシーンで、僕がなかなかセリフを話し出さなかったから、フィルムが足りなくなった。降旗監督も大ちゃんも撮ってる間じゅう、ハラハラしていて、終わったときに、〝やっぱり〟と苦笑したらしい」

高倉にOKが出たが、実は高倉健はセリフを一つ、飛ばしている。木村はそれを、高倉健が意図的に抜いたのだと思っている。「韓国に迷惑をかけた」というような意味のセリフだった。

降旗監督も気づいていただろうが、OKを出した。

ところが、スクリプターが「セリフが一つ抜けました」と言ってきた。言われてしまっては仕方がない。そのシーンだけ、別撮りした。

□

二人は、金山の父母の墓がある河回村を見下ろす墓地を訪ねる。合掌する知子。その少し後ろに山岡も。

小さな道を、すべてを噛み締めるように歩む、山岡と知子。知子、ふと振り返る。

明かりが舞っている。

知子、驚く。

「ホタル！」

山岡も立ち止まる。ホタルが飛んでいるのだ。

ホタルが二人に近づく。じっとそのホタルを見つめる知子。山岡も、ホタルを見る。

そして彫像のようになった知子の後ろ姿を見つめる山岡。

去ってゆくホタル。

知子、山岡を振り返る。そして、間近に立っている山岡の胸に額をつけて囁(ささや)く。

「来られて、よかった。ありがとう」

立ち尽くす二人を、黄昏(たそがれ)が包んでゆく。

□

高倉は、この映画に参加してよかったなと思うと金澤誠にしみじみと語っている。

「昨年はずっと、僕が〝やめる〟と言わなきゃいけないと思っていたんだけど。今日見て、本当に参加してよかった。間違いなく、あるメッセージは伝わるものになったと思いますね。

昔、『八甲田山』に出た時に〝健さんの肩の所に、兵隊さん（の霊）が寄りかかっている〟と言われたことがあるんです。〝本当かよ、気持ち悪いな〟と言ったら〝それを取り除くともっと幸せになれるよ〟って言われてゾッとしたんですけどね。

今回の場合は、そういう霊が〝自分たちのことをもっと語ってくれ〟と僕の肩に乗っかってくるんなら、いくら乗っかってくれても大丈夫だと思いますよ（笑）。

映画を観た人がそれぞれ何かを感じてくれたら、それで十分です。ただ、特攻の人たちがいた、こういう時代があったということは、忘れてはいけないと思うんですよ。僕は十九歳やそこらの子が自分の命を投げ出して〝死んでもホタルになって帰ってきます〟なんていうことを、どうして言えたのかなと。それがショックだったんです。明日をも知れない追いつめられた時期にね。普通なら、特攻機に乗らない。なんとか行かずに済む方法はないものかと、きっと考えると思うんですよ。今の時代ならそうでしょう。それが家族のこととか国のことを思って、たったひとつしかない命を捨てた人たちがいた。それはすごいことだと思うんです。

そんなことばかり言うとこの作品が特攻映画、戦争映画と言われちゃうんでしょうけど。ただどんなカップルにだって、心の傷はあると思うんです。それが山岡と知子にとっては戦争だった。彼らの中に傷を残した戦争について、何かを感じてくれる人がいたら嬉しいです」

降旗は、撮影では、高倉の年齢による肉体的な衰えはほとんど意識しなかったという。ちょうど七十歳を迎える頃だから驚くべきことであるという。

監督も含めて、作り手の様々な想いがこの映画には込められている。降旗は語る。

「僕には少年時代の思い出があるし、健さんにも自分の想いがあって。今振り返ってみると『ホタル』だけは、健さんがいなければ生まれ得なかった映画だと思うんです。他の映画は、どれもいろんなところから言われてやった仕事だけれど、これだけは健さんが作った映画だと思いますね」

奈良岡朋子が親しかったスターに、石原裕次郎がいる。彼女は、金澤誠に高倉健と石原裕次郎を陰と陽にたとえた。

「陰と言っても、高倉さんは別に暗いわけではないんです。ただどちらかといえば、ちゃんと影がある。対する裕次郎さんは、何を言っても憎めない、いつも太陽のような方でした。お二人に共通するのは人間的に素晴らしいということです。特に高倉さんの場合は、わたしから見て人柄的にパーフェクトな方でした。自分に恥じることのない濃縮した人生を送られた気がしますね。それもこれもあの方の人間性が源になっていると思うんです。本当に尊敬できる方でした」

高倉と降旗は、思想的には必ずしも同じではない。しかしながら、お互いはリスペクトしている。

〈あの高倉健を包み込めるのは、降旗監督しかいない〉

坂上は、二人の作り出した作品を観ていると、感じることがある。

〈高倉健という強い力があり、それと戦うように降旗康男が作品を作り上げる〉

高倉が全面的に降旗を受け入れるわけでもなければ、降旗が高倉をすべて受け入れることもない。そんな奇妙な両者が融合することで、掛け算となって作品が生まれることを、高倉は知っていたはずだ。

降旗は、振り返ってみた。

〈そういえば、生まれて以来、共産党以外投票したことがないな……〉。そういうことを口にすると、いつの間にか「共産党を支持している」ということになっていたという。

選挙となると、共産党の機関紙「赤旗」に共産党を支援しています、という人たちの一人として降旗の名が載っている。

五月二十六日の『ホタル』封切りの日、東京のメイン館「丸の内東映」にチマチョゴリに身を包んだ七十五歳の田淑（チョンスック）さんの姿があった。昭和三十一年に『不死鳥の丘』でデビユーして以来、「官女達」など二〇〇本を超える映画に出演している韓国の重鎮女優だ。『ホタル』には朝鮮半島出身の特攻隊員、金山少尉の叔母役で出演。品のあるベテランらしい存在感で魅了した。

スックは「尊敬している高倉健さんと一緒に仕事をできたことが本当にうれしかった」と感無量の表情。「巨人」という言葉を使って高倉に敬意を表したが、韓国ロケで実際に人柄に触れ、ますますあこがれを強めたという。

「同じ俳優という仕事をしているのが誇りに思えるくらい立派な方でした」

映画は夫婦愛を描く中で、戦争というテーマも盛り込んだ。スックは「両国がお互い理解しながら近づいていかなければいけない。こういう映画を通しての文化交流も大きな懸け橋になる」と、作品の意義を強調した。

『ホタル』は、平成十三年の邦画の興行成績第九位であった。

降旗は、『ホタル』は実に思い出深い作品で、高倉健主演の映画で一本を選べと言われたら、『ホタル』を挙げるという。

# 第九章　『あなたへ』

『あなたへ』は、『夜叉』『あ・うん』などをプロデュースし、平成二十年に亡くなった市古聖智が遺したシノプシスを、市古の関わった数々の作品でキャメラマンを務めた林　淳一郎が、まず東宝に持って行ったことから動き出した。

しかし、東宝は断った。

「そういう時間のかかる企画をやる余裕がない」

実際には、高倉が出演を承諾するまで東宝としてはゴーサインが出せないだけである。

したがって、東宝のプロデューサーが加わらないまま進行していった。

林、降旗、脚本家の青島武で、ストーリーも作っていった。

「健さんは、『駅　STATION』もそうだが、制服が良く似合う。まず刑務官の場面を作ろう」

「そこを引退して、木工所の指導員にしたらどうだろう」

「杉良太郎の刑務所訪問の番組で、富山の刑務所の木工所を映していたぞ。そこの木工所で、囚人たちが御神輿を造っている。全国の刑務所で御神輿を造っているのは富山の刑務所だけだそうです。法務省の方針で、閉鎖的にしないで公開しているそうです。刑務所の中が撮影できます」

「よし。主人公は、富山の刑務所の木工所の指導員という設定にしよう。富山の刑務所の御神輿は値段が安いので人気があるという」

「主人公は刑務官だから、法律という形式の中で暮らす人生を送ってきたわけです。そして、法律に順応できない人間、つまり刑務所に入っている人たちを管理する立場だった。ところが、奥さんが亡くなり、そのことで旅をしている中で、陰のある人たちと出会い、その真心に接する。言い換えれば、自然界でいえば地表に流れているきれいな水ではなく、地下水の部分に触れることができる。そのことにより、これまでの自分から解放されていくことにしよう」

降旗が思いついたことを口にした。

「亡くなった奥さんの遺言によって、主人公がお骨をふるさとの海に散骨するシーンを入れたらどうだろう。主人公が、奥さんのふるさとへ旅をするロードムービーにしよう」

実は、降旗は、この映画の少し前、家族に言った。

「俺が死んだら、散骨してよ」

ところが、家族の者が止めた。降旗は泳げないのだ。

「かなづちは、海はダメですよ。溺れてしまいますよ」

降旗は、自分ができなかった分、映画に活かすことにしたのである。

降旗は、言った。

高倉は、そのホンを読むや、世田谷区下馬の降旗の家に酒をぶら下げて訪ねて来た。

高倉は、その頃、コマーシャルの撮影でノルマンディーに行った。そこの醸造所で酒がおいしかったのではなく、雰囲気と匂いが良かったというのでリンゴのブランデーを買って来た。

『カサブランカ』で、ハンフリー・ボガートが凱旋門近くの酒場で愛しきイングリッド・バーグマンを見つめながら、「君の瞳に乾杯」と言ってグラスを重ね合う。この時グラスに注がれていた酒が、そのカルバトスの酒である。その酒にも、安酒の代表といわれる焼酎もあれば、長く醸成させていたものもある。高倉はその最高級のブランデーを持ってやって来たのである。

酒飲みの降旗は、高倉が酒を飲まないから、高倉の前では強い酒を飲むことはない。かといって、高倉にコーヒーは出さない。高倉は、コーヒー通である。従って、高倉には日本茶を出し、自分はカンパリソーダを飲む。

高倉はいつものように言った。

「一五分くらい話していきますから」

しかし、いつもそう言って話し始めるが、結局は三時間くらいになってしまう。降旗の家は、客間が和室なので三時間も話をしていると、帰る時には足がしびれて立てなくなってしまう。それで、『あなたへ』についての話し合いの時には、居間の椅子を持って来て、ゆっくり話した。高倉は常々言っている。

「読んでいるうちに一カ所、ああ、ここはいいなぁ、と背中がゾクッとすると引き受ける」

逆にゾクッと来ない場合は、丁寧な手紙を書いて断るという。高倉は、降旗には手紙でなく会って、「どうですかね」と言う。高倉の「どうですかね」は、だいたい駄目ということである。

さらに高倉が踏み込んで降旗に「ここがよかったですね」とか「ここはおかしいと思いましたけど、どうでしょうか」と語りはじめたら、OKということである。

高倉は、お茶を飲むと、『あなたへ』について言った。

「なんとかなりそうですかね」。高倉がそう言う時は、やりましょう、ということなのである。

「健さんも年をとってきたし、いままで、健さんのやってる役っていうのは、映画の終わりで一番重い荷物を背負って立ち上がるっていうような役だった。まあ、そこを、老いていくっていう観点から、それまで背負っていた荷物を一つ一つ放り投げて軽くなってい

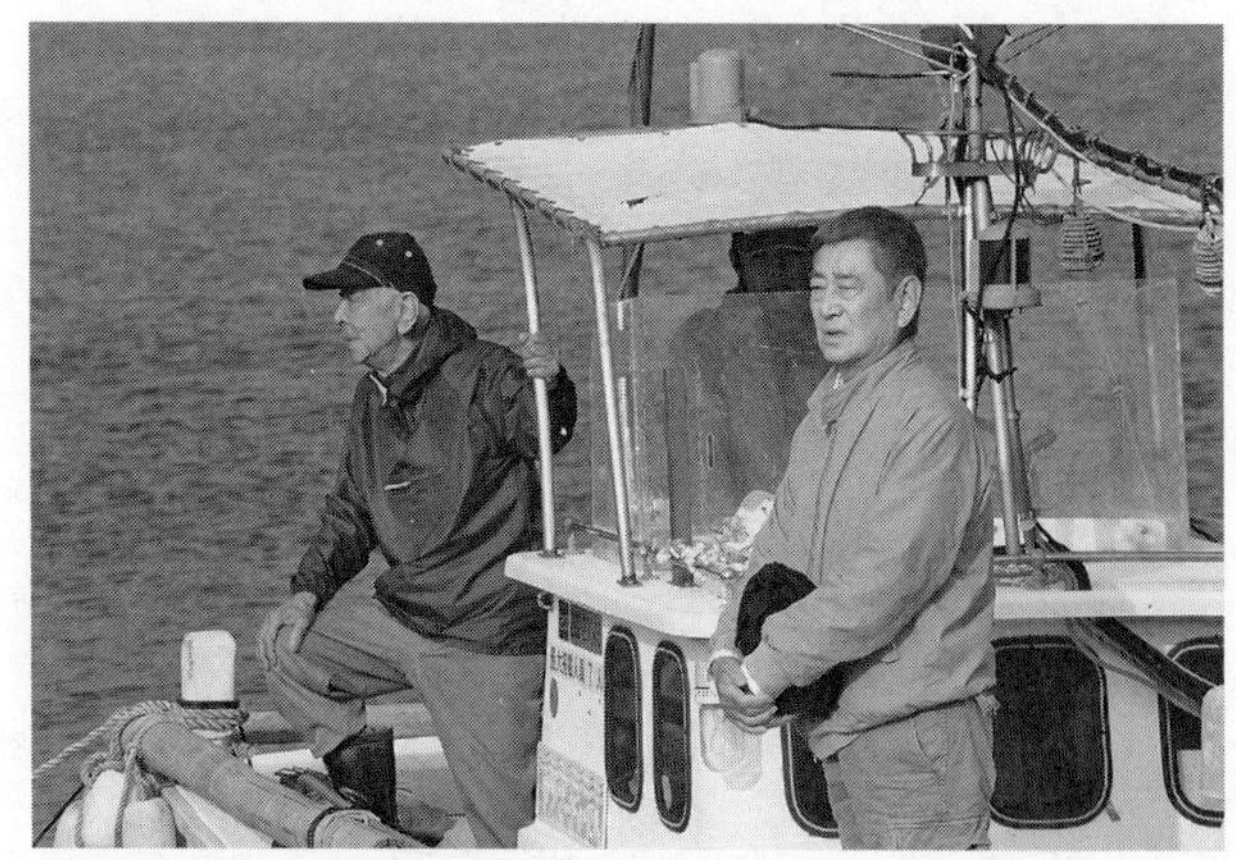

『あなたへ』（平成24年）降旗康男監督／青島武脚本／高倉健・田中裕子／©2012「あなたへ」製作委員会

く、それが、老いていくってことじゃないかなっていうような人物を演じてもらいたい」

富山刑務所を出て、さてどこへ向かうか、話し合われた。高倉は、しきりに言った。

「もう、あったかいところのほうがいいよね」

高倉といえば、『八甲田山』『駅 ＳＴＡＴＩＯＮ』『夜叉』『鉄道員（ぽっぽや）』と北国、雪と切っても切れないイメージがある。その高倉が、もう雪深い場所での撮影は嫌だよ、と言っているのだ。

では、それまでの作品の北海道や東北、北陸ではなく、九州か沖縄にしよう、ということになった。

高倉は、平成十八年一月二十八日公開の中国のチャン・イーモウ監督、日本版は降旗監督、木村キャメラマンの『単騎、千里を走る。』の撮影が終わり、思ったという。

〈もう映画を撮ることなく、このまま死んでしまうのかな……〉

しかし、長年いっしょに仕事をしてきた降旗監督ともう一本やっておきたかった。こんないい監督が日本にいる。それを知らせておきたかった。それと、呑んべえの降旗監督がこんな監督が酒を飲んで転んだという話も耳に入っていたので、早くやっておかなければという思いもあったという。

降旗は酒好きで、この映画に入るまでに二度ほど酔っ払って転び怪我をしている。

降旗は、六十歳になるまでは一晩でウイスキーを一本空けていた。若い時はそれで酔わなかった。

その後は、ビールを飲んで、日本酒の冷やを二、三杯飲み始める。それが五杯、六杯になっていい気持ちになると、その時の疲れ具合によって困ったことになる。

一回目は、外で飲んで酔っ払い、家に帰って、家の中で転んで怪我をした。何が起こったのかまったく記憶になかった。『単騎、千里を走る。』の日本の場面を監督している時のことである。

家で転んで脳波を調べるために、救急車で病院に運ばれた。気がついた時には病院のベッドに寝かされていた。

二回目は、それから三年後、やはり外で酔っ払って、家の玄関の前まで帰っていながら、道端で転んだ。唇の上を深く切った。女医に言われた。

「他の皮膚を持ってきて手術すれば、治りますよ」

しかし、手術してもうまくくっつかないこともあるという。

「そのままでも髭を生やしたら傷は誤魔化せますよ。髭がお似合いですから、髭をお生やしになってはどうですか」。降旗は、言われるようにした。その後は髭を生やしている。

キャメラマンは、今回は企画者でもあるので林淳一郎になった。『駅　STATION』以降、降旗は、高倉の映画はすべて木村大作と組んできた。やはりこれまでとは違う感じにはなる。林の画は、トーンとしてはやわらかい感じなので、今回の映画には合っていると思った。

降旗は、遣唐使が出発したという長崎県平戸(ひらど)市の平戸島北端の田ノ浦(たのうら)はどうかというので、その港を見に行った。が、大きすぎた。平戸の別の港を見てまわり、ようやく映画にふさわしい港を見つけた。

□

北陸の富山刑務所の指導技官・高倉演じる倉島英二のもとに、ある日、田中裕子演じる亡き妻・洋子が遺した絵手紙が届く。そこには今まで知らされることのなかった〝故郷の海を訪れ、散骨して欲しい〟との洋子の想いが記されていた。

英二は亡くなった洋子の真意を知るために、妻の故郷へ向けて自分で内装したワンボックスカーで一人旅を始める。

降旗は語る。

「なにしろ『単騎、千里を走る。』から六年も経っていましたからね。どんなにジムできたえていても、六年という年月と年齢を考えるとなかなか元気でいられるわけではなくて。たまたま、刑務所を出るシーンからクランクインしたものだから、歩くところばかりで、歩くのがおぼつかないなあと思いました。だから、全部撮り終えたらもう一度リテークしようと思ったんだけど、全部そろってみると、ちょっと弱った男が、最後のシーンでは昔の健さんみたいに歩いていたんですね。だから、そういうのもいいんじゃないかと勝手に善意に解釈しながら、時間的にも不可能なことがあったりして、リテークしなかったんですけどね。でも、久しぶりに撮影現場で出会った時は、ギクッとしましたね。六年の空白というのは重いなあと思いました」

高倉演じる倉島英二を訪ねてきた来客の笹岡という女性が、二通の手紙を彼の前のテーブルに置く。

「わたしどもが奥さまの倉島洋子様から託されましたのは、倉島英二様宛てのこの二通のお手紙です」

二通とも英二宛てだが、一通は宛名だけが書かれ、もう一通は長崎県平戸市鏡川町の薄香郵便局への〝局留郵便〟になっている。

笹岡は、宛名だけの封筒を差し出して言う。

「こちらは、ご本人様に直接、お渡しして欲しいとのことでした」。英二が受け取る。

「もう一通は、こちらの郵便局に、局留郵便で送って欲しいとのご希望でした」

英二、『局留倉島英二様』と書かれた封筒を見る。

「長崎の郵便局に？」

「はい」

「今、ここで受け取る訳には」

「故人のご希望ですので」

とすまなそうに頭を下げる。

「ご指示通りに本日発送させていただきます。局留郵便が受け取れる期限は一〇日間ですので」

「……妻は、何故こんなことを?」

「それは、わたしどもにも。こういうご依頼は初めてで、少し驚いております」

「そうですか。ありがとうございました」

笹岡が出て行く。

英二、封筒を開封する。絵が描かれたハガキ大のカードが一枚出て来る。〝灯台と雀〟が描かれた絵に「あなたへ」で始まる短文が添えられている絵手紙である。

「私の遺骨は故郷の海へ撒いてください」と書かれている。

倉島洋子役の田中裕子が、宮沢賢治(みやざわけんじ)の有名な「星めぐりの歌」を歌うシーンがある。

シナリオを担当した青島武が、田中にその歌を歌わせるという。

〈もっと、別のいい歌はないのか……〉

降旗は、青島に訊いた。

「田中裕子さんは、どう言っているの」

「もう練習を始めてます」

「それなら、いい」

降旗は、ロケに出て富山刑務所の講堂でこの「星めぐりの歌」を歌う二〇年前の回想シーンを撮影した。

♪あかいめだまの　さそり
ひろげた鷲の　つばさ
あをいめだまの　小いぬ

降旗は、田中の歌を耳にするや、感心した。

〈田中裕子さんが歌うせいか、いい歌だな……〉

英二が洋子と出会ったのは『富山刑務所矯正展』。家具や靴など多岐にわたる刑務所製品が展示され、一般に向けての即売会がおこなわれている。

客の中の洋子が、御神輿に手を合わせている。

係員の腕章をつけた英二が、会場を見回っている。英二、ふと視線が止まる。洋子の姿を見つけたのだ。

出口に向かう洋子を、英二が追う。

「あの……」

洋子、振り返る。

「失礼ですが、以前、慰問に来て下さった井手さんでいらっしゃいますね？」。洋子、狼狽した顔で頷く。

「最近、来てくださらないので、どうされたのかと思っておりました」

「……」

「……いつも最後に歌われる、『星めぐりの歌』を聴きながら、生まれた田舎の夜空を思い出していました」

洋子、困惑する。

「呼び止めてしまって、すみませんでした。今日は、来てくださってありがとうございました。そこまでお送りします」と誘う。

『富山刑務所西』のバス停。英二、先に来て時刻表と腕時計を見比べる。

「もうすぐ来ます。それじゃお気をつけて」

洋子、思わず走り出して英二を追う。気配に振り返る英二に、ぶつかるようにして追いつく洋子。

「ごめんなさい。慰問なんかじゃなかったんです。たった一人のために、歌っていたんです……でも、二年前に亡くなりました。わたし、皆さんを騙していたんです。すみませんでした。許してください」

さらに、竹田城址のシーン。山の上に天守台を始めとする幾層もの石垣が残されている。英二が、石垣に挟まれた道を登っていく。

洋子の「星めぐりの歌」の歌声が聞こえて来る。

降旗は、実は、この映画の最初のロケーションハンティングに行った時に、車に何日間か乗って行った。帰ってきたら、腰痛が起きてしまった。とまどいよりも、肉体的苦痛が大きかった。脊髄管狭窄症に悩まされていた。幸い痛みは少し和らいでいたが、足が痺れていた。このシーンの撮影は、痛みが一番ひどい時だった。

竹田城址がある山の標高は三五三・七メートルあるが、市役所の人が、山道で行ける最後のところまで車で行ってくれた。しかし、それから先は人力に頼らざるを得ない。降旗は、杖をついて登った。

天空の祭りで田中裕子が歌う姿を、組み立てクレーンを使い、上と横から撮った。

初めのスケジュールでは、田中裕子の歌うシーンを一日、虎臥陣太鼓を大勢で叩くシーンを一日と決めていた。

ところが、高倉も腰を痛めていたので、高倉が降旗に言った。

「二シーンとも同じ山の上でのシーンだから、一日で撮ってよ。山登りは、一回で済むんだから」。それで、一日プラス三分の一日分の撮影を一日で撮った。

高倉が天空の城の石垣の間をひとり登って行くところから、

「星めぐりの歌」のメロディーが、ハーモニカと楽器で低く流れ続け、田中裕子の歌と重なっていく。実はこの音楽はトゥーツ・シールマンスによるものである。シールマンスは、『夜叉』でも音楽に参加してもらっていた。彼が、この映画の準備中に偶然にも日本に来ているという情報が入った。

シールマンスは、よく演奏に来ていた東京・南青山のジャズクラブ「ブルーノート東京」で三日間演奏するという。『夜叉』の時にシールマンスに接して頼み成功した、東宝の音楽担当者で当時東宝音楽出版社長であった岩瀬政雄が、平成二十三年十月八日にシールマンスに接した。なんと翌日「ブルーノート東京」のスタッフから岩瀬に連絡があったという。

「明日十三時から二時間だけなら、空けられる」

岩瀬は、十月十日、築地オンキョースタジオでシールマンス一行六名を迎えた。

岩瀬は、「星めぐりの歌」のメロディーをほとんど口伝えで教えた。シールマンスがハーモニカを吹くと、いつの間にかシールマンスの曲になっていた。二時間は三時間となり、次の約束の時間ギリギリまでやってくれた。

シールマンスの「星めぐりの歌」は、高倉が天空の城に登るシーンに使われ、万感迫る良いシーンとなった。

映画が完成し、岩瀬が撮影所に行くと、高倉が言った。

「シールマンス、よかったよ。ブルーノートに来たんだって。今度来た時は、かならず連絡頼むよ。家直ぐそばだから」

高倉が登りきると、竹田城址の一角に仮設の舞台が設えられている。『天空の音楽祭』の看板。

洋子が「星めぐりの歌」を歌っている。

この直後、洋子が英二に言う。

「折角来ていただいたのに、上手く歌えませんでした。今日で、歌をやめようと思います……。歌うことに嘘をついてしまいましたから……本当は、みなさんの前で、もう一度歌わなければいけないんです。でも、その勇気がありません」

「……」

「……大切なものって、失くしてしまってから、その価値に気づくのですね」

「……あの中では、時間は流れているはずなのに止まっています」

「……」

「忘れてもいいんじゃないですか。そうしなければ、あなたの時間が止まってしまいます」

「……忘れるために、あの人のこと、聞いてくれませんか」

と縋るような眼で英二を見る。

しかし、彼女は、「あの人」がどういう人物で、何故富山刑務所に入っていたのか、いつ刑務所の中で死んだのかについては映画では謎のままになっている。

高倉は、天空の城での撮影について語っている。

「竹田城。しんどかったね。しんどいだけで、〝やめたほうがいいんじゃないですか〟って監督に言ったんだけど、監督がねばってね。それで撮ったら、すごい画になっていた。監督は腰を痛めて一番しんどかった時だったんだけど」

□

降旗監督が高倉健の演技に「ここはもう一回、撮りましょう」と三回、同じシーンをやったことがあった。

英二が洋子と結婚し、引っ越しの荷物を整理する短いシーンで、セリフを間違えたわけではない。それでも、降旗監督は「もう一度」と指示したのである。三度もテストしたのは、珍しいことだった。

監督は「強くなかった」とひとこと。

「健さんの気が立ちあがってくるのに時間がかかったんです、映画で大切なのは画面に役者さんの強さが表れること。特に健さんの場合はそれがないと魅力が出てこない」

そのシーンは格闘シーンでも何でもない。段ボール箱を持った主人公が部屋から外を眺めるだけの他愛ない場面だ。そんな日常の風景であっても、高倉健の演技には「強さ」を欠かすことができないのだろう。

英二の後輩役の塚本和夫役の長塚京三（ながつかきょうぞう）は、平成二十四年九月十日のＮＨＫ「プロフェッショナル　仕事の流儀」の「高倉健インタビュースペシャル」で高倉について語っている。

「一挙手一投足、拝見しているだけで、そばにその存在を感じるだけでもの凄く勉強になる」

降旗らスタッフは、キャスティングの段階で、車上荒らし犯役について意見を出しあった。

「この役だったら、ビートたけしにやってもらうのが一番面白いんじゃないか。たけしには『夜叉』のシャブ中毒の役より、この役のほうが余計ぴったりじゃないか。年齢的にもぴったりだ」

琵琶湖湖畔のオートキャンプ場。英二とビートたけし演じる杉野輝夫の車が停まっている。シーズンオフで利用者は疎（まば）らである。車外に置かれたテーブルで、英二がドリップ式のコーヒーを淹れている。杉野が、英二に訊く。

「種田山頭火です。ご存じですか？」

「耳学問で、放浪しながら句を詠んだとしか」

「興味がなければ、そんなものですよ。わたしは、三月まで国語の教師をしていましたから。女房に先立たれましてね」

「……」

「子供がいませんでしたから、退職したら二人で日本中を旅しようと話していました……」

「……」

「放浪と旅の違いは、何だと思いますか？」

「何ですか？」

「目的があるかないかです。芭蕉は旅で、山頭火は放浪ということになりますか。『分け入っても分け入っても青い山』。山頭火は己の思うままに放浪して、自然な思いを句にしたんです。だからでしょうね、今でも人を魅了するのは」

「……」

「すみません。教師だった性分か。つい理屈を言ってしまう。どちらまで？」

「長崎の平戸まで」

「そんなに遠くまで……わたしの考える旅の定義をもうひとつ。帰る場所があるということです」

このシーンは、飛騨高山にある飛行場にキャンプ場を作り撮影した。実は、主演の高倉は時間的に余裕があったが、たけしは忙しかった。夕陽を背景に撮る時間的余裕がなかった。背景は、合成するしかなかった。

そこで、二人が話し合う背後にブルーの幕を立てる。そのブルーの幕の部分は別の場所で撮った夕陽の落ちるシーンを流す。しかし、セットだと夕暮れの陰りをライティングでやれる。が、飛行場で撮影するわけだから、ライティングはできない。

忙しいたけしだが、夕方の四時から五時半頃の実際の夕陽が落ちかかる時間に撮影した。

その背景となる風景は、琵琶湖の近くのキャンプ場という設定にし、琵琶湖から比叡山も仰げる風景に夕陽の落ちる実景を撮って嵌め込んだ。

杉野輝夫役のたけしが、平成二十四年九月十日のNHK「プロフェッショナル　仕事の流儀」の「高倉健インタビュースペシャル」で高倉について語っている。

「椅子に座らないとか、雪降ってても絶対火に当たらないとか、全部それが有名になったから、当たれないよって、でも結局はそういうことはね、俺のせいに、照れで俺のせいにしているだけで、実はそれくらい気を遣う人で、食べ物もみんなで食う時はスタッフと一緒のものじゃなきゃ絶対手をつけないし、そういう実績というか、じゃんじゃんそれが、神話になってきて、今の高倉健さんを作っているから作り上げられたというよりも、自分も一緒になって、高倉健という大スターを作ったとは思うけどね。動物で例えるとシロナガスクジラみたいなものだね。だから、演技をしなくていい、でかい太平洋とかそういう海をただ泳いでいってくれればいい。サメなんか映すと、サメがエサを取っているところ映さないといけないじゃない。がってかじったり、そういうことしなくても、ただ泳ぐだけで、あの人は立派に絵になるなあという感じがするけれど」

たけしは、高倉について平成二十四年九月八日のＮＨＫ「プロフェッショナル　仕事の流儀」でアナウンサーのインタビューに答え、独特の見方もしている。

「変な言い方だけど、たたずまいっていうかね、ロケ現場でもホテルでも、ほっと高倉健さんが立っている時に、独特の孤独感があるんだよね、華やかさではないんだよね、スターではあるんだけど、健さんのたたずまいというのは、非常に日本人にとっては心地よいっていうか、でも俺はすごい孤独を感じるなあとは思う。おいらがしゃべると冗談は言ってるけども、ここ一番、健さんの考え方をどう考えているのかというようなことを、念頭に置いて、嫌われないように話してしまうというのがあるじゃん。高倉健さんに嫌われないように会話をしているということは、本人はじゃんじゃん孤独になるぞ、これって。健さんそれ違うよ、とは誰も言わない時代にきている。健さんは、じゃんじゃん孤独に見えるようになってきたなと思うね」

高倉は、この映画のたけしについて語っている。

「たけちゃんの映画は必ず観ている。ホテルで待ってられず、つい駅まで迎えに行きたくなる不思議な人」と〝出迎え〟の理由を説明した。

たけしの高山入りは、二日夜。林家三平と国分佐智子の結婚披露宴に出席し「黒い交際を断って出てきた」などと毒舌祝辞で沸かせた後に、新幹線に飛び乗った。

高倉は、その件も引き合いに出し「人の結婚式で自分が目立っちゃう人。今回の映画も出番が短くても全部（話題を）さらってしまう。足元にも及ばない」とたけしを持ち上げた。

出迎えを受けた当のたけしは「顔を隠してスーッと寄ってくるから〝地元の暴力団かな？　こんなところ写真を撮られるとまずい〟と思ったら……」と笑わせながら、「健さんは人間国宝も国民栄誉賞も全部あげてもいい人。いずれは健さん主演で映画を撮るのが夢だが、今回は脇役で迷惑をかけないようにしている。でもやっぱり目の前に立たれちゃうと（気おされて）セリフが止まっちゃう」と相当なプレッシャーがあることも打ち明けた。

高倉も、平成二十五年五月二十六日「日曜邦画劇場・高倉健スペシャル」で軽部真一のインタビューに答え、この映画のビートたけしについて語っている。

「お芝居してないように見えるっていう、それがやっぱり凄いですねえ。あの人のやっぱり持ってるものですよね。『夜叉』と比べられると、まったく違うキャラクターですから。でも、彼の影がちらっとあるっていう。やっぱり見事ですねえ。それで、いま一番いいんじゃないでしょうか。果物だったら、もう一番熟れている時じゃないですかねえ。適役にはまったらもう、えらいことになると思いますよ。へらへら笑っているようで、とってもせつない。でも、人に優しいんですよね。ただの悪党ではないんですよね。俳優だったら、あっちをやりたいですねえ。三日間ですから、三日間であれだけの存在価値ですもんねえ。それは効率的に時間を縛られないとか、そういうことは別にして。三日であの存在感ですから」

□

杉野が、次の日、英二に言う。

「独りになったんです。帰る場所なんて、これから探せばいいんですよ」

「……」

「残された者は、まだ生きて行かなきゃならないんですから……ひとり山越えてまた山」

と傍らにあった山頭火句集を手に取り、

「山頭火は」

と視線の先に何かを見つけて、黙る。

パトカーが停まり、警官ＡＢが素早く降りて来る。

警官Ｂが、ナンバーを確認して、

「手配車輌に間違いないです！」

警官Ａが、英二と杉野に訊く。

「そのキャンピングカーの持ち主は？」

杉野、観念して認める。

「わたしです」

警官Ａが言う。

「福岡県警から、車上荒らしの容疑で手配が出ている」

と杉野の腕を取って連行していく。

杉野、英二を振り返り、

「放浪するうちに、迷ってしまいました」

と自嘲気味に笑う。

警官Ｂが、英二に言う。

「念のため、あんたも一緒に来てもらうよ」

下関警察署のロビー。ソファに英二が座っている。

浅野忠信演じる警官が、英二に言う。

「富山刑務所の確認が取れました。総務部長の塚本さんがくれぐれも宜しくとのことでした。お手数をお掛けしました」

「……」

「しかし、とんでもない男とお知り合いになりましたね。全国を旅しながら、行く先々で車上荒らしを繰り返していたようです」

「……中学の教師だったというのは？」

「あいつ、そんな作り話をしていたんですか？」

と句集を差し出し、

「この本は、あなたの物だから返して欲しいと」

英二、句集を受け取る。

句集をくれた車上荒らしにありがとうという気持ちを高倉がどこで、どう表すのか、ということになった。

降旗が、高倉に訊いた。

「ここで、ありがとうと手を合わせる？」

「いや、それは、もう少し後の警察署を出たところでやりたいな」

やる場所は違うが、ありがとうと手を合わせたいという意見は二人で一致していた。両方が思っているんだから、それでいいや、と。そのように、降旗が高倉に振ると、高倉からすっと答えが返ってくる。その答えが、降旗とほとんど同じ考えである。

高倉は、警察署から出て、立ち止まり、警察署を振り返り、たけしの捕まっているであろう二階あたりを見上げ、手に持つ句集を少し持ち上げ、ありがとうという感じをあらわした。

英二は、北海道の物産展を出店するため、日本を回っている草彅剛演じる田宮裕司が車の故障で困っているところを助け、知り合う。その田宮の部下で、佐藤浩市演じる南原慎一が、ビジネスホテルの一室で英二に訊く。

「散骨する船の当てはあるんですか？」

「いえ、向こうに着いて探すつもりです」

南原、持っていたメモを差し出し、

「もし、船に困ったら、この人に相談してみてください」

英二、渡されたメモを見る。『大浦吾郎』と書かれている。

「行かれたことが？」

「昔、釣りに行ってお世話になりました。おやすみなさい」

と行く。

　佐藤浩市が、高倉について語っている。

「みんなの背筋をしゃんとさせるね、なんかそういう空気を持たれてる役者さんというのは、多分これからは出てこないだろうし、そういう意味でなんか、僕らもそうだけどスタッフ全員が記憶にとどめていかなきゃいけないお姿というか、そういう俳優さんは、多分健さんのあとにはもう、いらっしゃらないんじゃないのかなと」

□

　漁港近くの食堂。『濱崎食堂』の暖簾（のれん）が出ている。店内に客はなく、綾瀬（あやせ）はるか演じる濱崎奈緒子と余貴美子（よきみこ）演じる母親の濱崎多恵子がテレビの天気予報を見ている。

　奈緒子が言う。

「……父さんが遭難した時みたいな、大きな台風だって」

　英二が、入って来る。

「いらっしゃいませ」

　英二、南原の書いた『大浦吾郎』の名前のメモを取り出し、

「あの、大浦吾郎さんという方は、ご存じですか？」

　三浦貴大（みうらたかひろ）演じる大浦卓也が、言う。

「うちの爺ちゃんだけど？」

英二、驚く。

「ある方から、船に困ったら相談してみろと、お名前をお聞きしたものですから」

「何て人ですか？」

「南原さんという方です。釣りでお世話になったと」

奈緒子が、卓也に言う。

「紹介者もいるんだから、船を出してあげなさいよ」

卓也、迷う。

奈緒子が言う。

「組合長が、直に話も聞かないで断ったのよ。このままじゃ薄香の漁師は薄情だってことになるわよ！」

漁港近くの道。

英二、卓也に大浦吾郎の家に連れて行ってもらう。家の主で船頭である大滝秀治演じる大浦吾郎が、英二を迎える。

吾郎、じっと英二の顔を見る。

「……」

「申し訳ないが、他を当たってくれ」

「……」

「爺ちゃん、なぜだよ」

「俺の船だ。出すかどうかは、俺が決める。帰ってもらえ」

「この人、わざわざ富山から来たんだぞ。爺ちゃんの知り合いの南原さんって人の紹介だし。それじゃあ、薄香の漁師は薄情だって」

「そんな男は、知らん。薄情かどうかは、この人が判っているはずだ」

このシーンのテストをしている時、薄香港の漁師大浦吾郎役の大滝秀治が、降旗に訊いた。

「健さん演じる倉島英二が、わたしを訪ねてきて、散骨したいので船を出してほしいという。紹介者がいるというが、その男は、実は、濱崎多恵子の旦那で実は海で遭難して死んだことにして保険を受け取っている。が、実は生きている。保険金詐欺だ。その男が、わたしを紹介したにちがいない。それを知っていて、一度は断る。しかし、そこは密やかにおさめるしかないと、ついには船を出すことを引き受ける。そういう風に考えられませんか」

大滝は、そういう降旗とのやり取りを遠慮なく大きな声でする。スタッフもつい全員で降旗と大滝を取り囲んだ。高倉も、その輪の中にいた。

降旗は、俳優に細かく指示を出さない。俳優に考えさせる。しかし、この時、珍しく大滝にズバリ言った。

「そうです。良いことをするために、悪いことをするんです」

高倉は、降旗との長い付き合いの中でこれほど断定したのは初めてだったので印象に残ったという。

いっぽう、高倉は、別の取り方をしていた。大滝演じる大浦吾郎は、倉島英二も保険金詐欺グループの仲間ではないかと疑っている。大浦吾郎の孫の漁師卓也の婚約者は、濱崎多恵子の娘の奈緒子である。それゆえ、大浦吾郎は、散骨を頼んできた男の頼みを聞いてやることによって、孫の婚約者奈緒子の前途も丸く収めようと考える。

大滝と高倉は、それぞれそういう思いで演じた。

大滝の孫の大浦卓也役の三浦貴大は、この撮影中、すごく緊張していた。誰が見てもわかるほどであった。

そこへ高倉が来て、言った。

「緊張するのはいいけど、遠慮はするなよ」

芝居で高倉と同じ場所に立っているわけだから、好きなようにやったらいいよ、という雰囲気をずっと現場で出していた。高倉は寡黙のイメージがあるが、撮影の合間には、三浦に普通にしゃべってくれた。

撮影場所である長崎の平戸の港町で、高倉は休憩時間、そこの街の人たちと気軽に話していた。

□

濱崎食堂の中。英二が椅子を並べた上に寝袋を敷いて、横になっている。今夜はこの食堂に泊まることになった。

多恵子が、英二に訊く。

「大浦吾郎さんを紹介してくださった方とは、どういうご関係なんですか？」

「旅の途中で知り合いました。ご存じですか？」

「いえ……うちにも釣りのお客さんがお見えになるので、知っている方かと……明日、わたしからも頼んでみます」

「……大浦さんは、わたしに迷いがあるのに気づいたのだと思います」

「……」

「女房が死んだ後に、これを受け取りました」

と一通目の絵手紙を取り出す。

多恵子、受け取り見る。

「何故、生きているうちに言わなかったのだろう、女房にとって、自分は何だったのだろうと思いながら、ここまで来ました……」

「……夫婦だからって、相手のことがすべて判りはしませんよ。奥さんが言わなかった訳なんて、どうでもいいんじゃないですか。これを頼りにここまで来たってことで十分じゃないんですか？」

「……」

「ごめんなさい、勝手なこと言って」

「いえ」

「……風が少し弱くなったみたい……きっと、奥さんをこの海に還(かえ)してあげられますよ」

□

漁港近くの集落。英二が歩いている。ところどころに昔を思わせる路地がある。英二、路地を闇雲に歩いていく。

彷徨(さまよ)うように歩いて来た英二の足がある店の前で止まる。今は廃業している写真館である。

そのショーウィンドウに、英二の眼は釘づけになる。そこには、街の行事を記録した古いスナップや肖像写真が貼ったままになっている。

その中に、十二、三歳の少女の写真。学芸会のような行事で笑顔で歌っている姿である。洋子の写真に違いない。確信のようなものが浮かんで、呟く。

「洋子、ありがとう……」

写真館は、実際の写真館でなく、ある店にショーウィンドウを作って写真館とした。寂れた港の一角にある写真館の雰囲気が出た。

全盛期の映画界だと、写真館をそっくりセットで作った。が、現在は、このように半セットにするしかない。

写真館で子供の頃の洋子の写真に見入る高倉の横顔がいい。高倉の深めに被った帽子もいい、片足を立てているところもいい。一つ一つがいい。万感の想いをこめて「ありがとう」というのも素敵だ、と降旗は感じたという。

降旗は、高倉をその場所に連れて行っただけで、演技については何も言わず任せたという。

降旗は、美術部があういう写真館を作ったからこそ、健さんも自然に演技ができたのだろうという。

□

灯台。英二が断崖に佇んでいる。絵手紙を取り出すと、そっと手を離す。絵手紙、飛んでいく。

薄香港の一角。吾郎と卓也が船の手入れをしている。英二がやって来る。吾郎、英二に気づく。英二が、吾郎に言う。

「昨日は失礼しました。あらためて、お願いに参りました。妻の散骨のために、船を出していただけないでしょうか」

吾郎、じっと英二を見つめる。

英二も吾郎を見る。吾郎が言う。

「……明日には、海も静かになるだろう」

「宜しくお願いします」

と深々と頭を下げる。

英二、網の手入れをする卓也を手伝っている。吾郎の姿はない。卓也が英二に言う。

「奈緒子に船を出すって言ったら、自分のことのように喜んで、おかげで仲直りができそうです」

「こちらこそ、二人のおかげだ。ありがとう」

「俺ね、奈緒子を幸せにしてやりたいんです。七年前、あいつが高校三年の時に、父親が遭難したんです。遺体が上がらなくて、あいつ、毎日、港で捜索の船を待っていました。

その時の顔、今でも憶えています」

「……」

「それなのに、あいつはこの海が好きだと言います。漁師の俺と結婚してくれます」

「……優しい人といっしょになるんだね」

「はい」

と大きく頷く。英二、卓也を眩しそうに見る。

□

港の一角。夜。英二の車が停まっている。

リアハッチが開けられて、英二がキャビンの床に腰かけている。岡持ちを下げた多恵子がやって来る。

多恵子が、英二に言う。

「船、よかったですね」

「みなさんのおかげです」

「明日は、きっと静かな海ですよ……うちの人もこの海で漁師だけやってればよかったんです」

「……」

「妙な儲け話に乗って、借金作って、それを返そうと焦ったのがいけなかったんです……保険金で借金を返して、残ったお金であの食堂を始めました」

「……」

「バカな人です。命の代わりに残したのは、あんな小さな店なんですから……お願いがあります」

　真っ直ぐに英二を見る。

　実は、佐藤浩市演じる南原慎一は、多恵子の夫であるという。

　多恵子、写真を差し出す。英二、写真を見ると、ウエディングドレスを試着した奈緒子と卓也が映っている。

「あの人に見せたいんです……明日、海に流していただけませんか。そうすれば、あの人に届くかも知れませんから……」

「……」。二人、暫し、見つめ合う。

「……判りました」

「お願いします」と頭を下げると行く。

　英二、見送る。英二、南原の書いたメモと写真を並べて見ている。英二、南原と多恵子との関係はわかっている。多恵子は、英二に渡した写真を、南原と名乗っている夫に渡して欲しいと思っている。

□

高倉の付き人的存在であった西村泰治は、「旦那」と呼ぶ高倉のことが気になっていたので、この撮影現場をひそかに訪れていた。いよいよ、高倉が海への散骨のために船に乗るシーンの撮影が始まった。

高倉が船に乗る時、ふらっとした。

西村は見ていて、思った。

〈もう一回、撮りなおすんやろうな〉

ところが、降旗監督は、もう一回撮りなおすどころか、「ＯＫ！」と声を発した。西村はそれを見ていて思った。

〈降旗監督は、優しい人やな……〉

ただし、そのシーンは、映画ではカットされていた。

大海原を船がゆく。吾郎の命令で、卓也が停船する。

吾郎が言った。

「ここならば、誰の迷惑にもならん」

英二が骨壺から水溶紙に包まれた遺骨を取り出す。

散骨する時に、普通マニュアルだと、骨を袋に詰めて、海に放る。しかし、降旗はどうも放るというのは美しくないなあと思った。やはり、水の中に手で入れて欲しい。

ところが、船べりが短くないと、海に手が入らない。

そうすると、小さな船でないと、ダメだ。

いっぽう小さな船だと、外海の遠くまで出て行けないということになる。

「この船です」

スタッフが高倉に言ったら、高倉は、船にくわしいので、「え、こんな小さな船」とおどろいたらしい。

「ええ、監督がどうしても手で入れたいと言ってるんで、小さくなりました」

高倉も納得した。吾郎が言う。

「この海には、こいつの両親も眠っている……意地の悪いことを言って、すまなかった」

「いえ……」

英二、遺骨の包みを手に縁に立つ。

英二、遺骨を海へと還す。

散骨の時、黒いハンカチを口に咥（くわ）えるのは高倉のアイデアである。黒は喪を表しているのか。

散骨した骨が海に沈み落ちていくシーンは、水中キャメラで撮っている。水中キャメラマンが海に潜り、海の底から撮った。降旗とすれば、もうちょっと、もうちょっと……と粘ったが、一五秒が限界で、そこでカットとした。

ハイスピードで回転を上げて撮ると、骨がゆっくりスローモーションのように沈んでいくように撮れる。

英二、海中をじっと見つめる。吾郎が言う。

「今日の海は、優しいな。こんな海に還れて、仏さんも喜んでいるだろう」

と、奈緒子がくれた供花を英二に手渡す。

「ありがとうございます」

英二、受け取ると、海に投じる。吾郎と卓也が合掌する。

□

薄香港。夜。陽が落ちた港に、船が戻ってきている。

岸壁には出迎えに来た奈緒子の姿。

卓也が岸に上がり、舳ロープを引く。

英二が吾郎にお金の入った封筒を差し出す。

「お世話になりました」

吾郎、答えずに下船すると、卓也に言う。

「油代だけ、貰っておけ」。英二、言う。

「それでは……」。吾郎が言う。

「久しぶりに、綺麗な海ば見た」

吾郎そう言って。さっさと行く。

その後ろ姿に、英二、深く頭を垂れる。

高倉は、この大滝に感服したことを、「キネマ旬報」平成二十四年九月上旬号で、上杉真理子のインタビューで語っている。

「これにはまいったよ。大滝さんがパッと振り返って『久しぶりに綺麗な海ば見た』っていう芝居を間近で見て、あの芝居の相手でいられただけで、この映画に出てよかった、と思ったくらい僕はドキッとしたよ。あの大滝さんのセリフの中に、監督の想いも、ライターの想いも、みんな入ってるんですよね。ここは天草(あまくさ)の乱の時代からいじめられてきた大変なところで、決して美しい海じゃない。そういう何もかもが、大滝さんの芝居に入ってるんだよね。なんでこんな遠いところまでバンで走って来るんだよって、俺は思ってたんだけど。

大滝さんも、さらっと言っててらっしゃるから、わからない人にはわかりませんよ。監督の演出はそういうのばっかりだよね。ちりばめてあるんですよ、みんな」

高倉は、実は、この「久しぶりに綺麗な海ば見た」というセリフを台本で読んだ時、「つまんないセリフだな」と思ったという。

しかし、本番で大滝が言ったのを聞いて、言葉の深さに気づいた。彼が何十回台本を読んでも何も感じずにいたセリフを、大滝が話すと、一字も変えていないのに、深い意味が出てくる。そろそろ役者をやめなきゃいかんな、と考えていた時期だったが、まだまだ一生懸命やろうと思い直したという。

降旗は、高倉といっしょにそのシーンのラッシュを見た。大滝のセリフの音がちょっと小さかった。

高倉は、降旗に迫った。

「大滝さんのあのセリフ、もっとはっきり観客に聞こえるようにしてもらえませんかね」

降旗は、高倉の要望を受け入れ、おかしくならない範囲で声を大きくした。

門司港のイベント会場の付近の埠頭。鉤型に突き出た埠頭の一角にテーブルとイスが並べられている。そのひとつに、英二と南原。二人、イベント会場の賑わいとレトロエリアの遠望を背にしている。英二が南原に言う。

「大浦吾郎さんの船で、昨日無事に散骨を終えました。あなたのおかげです。ありがとうございました」

「それはよかったです……」

「最後の手紙には、さようならとしか書いてありませんでした」

「さようなら、だけ……」

「だから迷いました。そんな自分に、食堂の女性が、迷って当たり前なのだと言ってくれました」

「……」

「彼女のおかげで、妻の本当の遺言に気づきました」

「……」

「あなたにはあなたの時間が流れている。そう言いたかったのだと思います」

と多恵子から預かった写真を差し出す。

「その女性から、これを預かりました」

南原、受け取り見る。

英二が説明する。

「海に流して欲しい。そうすれば、届くかもしれないと」

南原、食い入るように写真を見ている。

ウエディングドレス姿の奈緒子——。南原、顔を上げて言う。

「薄香の港、小さな港だったでしょう」

「……」

　南原が、英二が自分の正体を知っているので打ち明ける。

「あの港に生まれ育って、あいつと結婚して、娘が生まれました。あの小さな港から海に出て漁をする。それで十分だったはずなのに、陸に上がろうなんて考えたのがいけなかったんです……」

「……」

「あの日、壊れた船で漂流しているうちに、思ってしまったんです。このまま、遭難したことにしたらと……」

「……」

「……南原という人間になって七年になります。あいつはまだあの港で暮らしているんです」

　と奈緒子の写真を握り締める。

　英二が立ち上がる。南原、縋るように見て、

「……倉島さん」。英二、遮り言う。

「昔、自分は刑務官をしていました。受刑者が他人を使って外に連絡をとることを、鳩を飛ばすといいます。これは処罰行為です」

「……」

「自分は、今日、鳩になったというだけです」

「……」

英二、踵（きびす）を返すと行く。

南原、黙って、その背中を見送る。やがて、英二の姿はイベント会場の賑わいの中に紛れて見えなくなる。

埠頭の別の一角。英二が歩いて来る。

イベント会場の草彅剛演じる田宮裕司の出店が見える。田宮がひとりで懸命にお客をさばいている。

英二、立ち止まる。田宮、英二が離れた場所から見ているのに気づく。二人の視線が合う。

英二、田宮に頭を下げると賑わいから離れるように埠頭沿いへと行く。歩いて行く英二。

英二の前には海峡沿いに何処までも続く道――その道は刑務所のあの〝長い廊下〟よりも遥かに長いが、そこには間違いなく英二の時間が流れている。

英二、どこまでも歩いて行く……。このラストシーンは、台本では高倉がさっと去って行く――となっていた。

降旗の脳裏にふと、降旗が初めて撮影で高倉と会った美空ひばり出演の「港町十三番地」で有名な歌謡映画『青い海原』のシーンが浮かんだ。船員の高倉が、ズダ袋を肩に担いでさすらいの船員にもどって歩き去って行く……。

降旗は、その若き高倉と八十一歳の高倉を重ね合わせ、高倉がバッグを肩に歩いて去るシーンに切り替えた。

そこに、山頭火の俳句を文字で流すことにした。降旗は、あまりにもみんなが口をそろえて山頭火、山頭火というので、正直なところ、ちょっと反感を抱いていた。

それゆえ、もてはやされている自由律俳句をあえて外した。山頭火の句の中から、五・七・五の俳句だけを選んで読み進め、ラストシーンに相応しい句を見つけた。ただし、自由律俳句ではないものの五・七・七ではあった。

このみちや
いくたりゆきし
われはけふゆく

降旗は、このラストシーンについて語っている。

「結局、『あなたへ』が最後の作品になりました。この映画のクランクアップは、健さんが門司港の岸壁を歩く長回しのラストシーンでした。今になって、健さんがどこか遠くへ去ってしまうように見えると言われますが、僕自身、あれが健さんの最後のシーンになってもいいように、との思いで撮ったんです。

道がもっと長かったら、まだまだ健さんをキャメラで追い続けていきたかった。終わってほしくなかった。健さんのラストショットにしては、決して一〇〇点じゃなく、八〇点でもないけれど、七二点くらいにはなったかなと、今は思っています」

降旗は、『鉄道員（ぽっぽや）』『ホタル』を東映で撮った後、東宝で『あなたへ』を撮った。東宝のプロデューサーは、降旗に何度も言う。

「希望の持てるラストに」

降旗は、東映で育った。東映には、そういう考えはない。降旗は、東宝のそういう考えと常にぶつかった。

降旗は、英二のその後の人生がどうなっていくかは、あまり限定しないほうがいいと思った。観客の想像に委ねたいと……。降旗は、高倉の最後の映画作品となった『あなたへ』について語る。

「わたしも七十八歳でしたから、老人用のスケジュールで六〇日の撮影期間をもらいました。富山で撮影をスタートした時、健さんの演技に少し肉体的な衰えを感じましたが、撮影が終わりに近づくにしたがって一〇歳ぐらい若返ったように思えました。それは年齢による衰えでなく、映画出演が『単騎、千里を走る。』から六年ぶりというブランクから来るものでした」

高倉の姿を一四年ほど間近で見てきた田中壽一プロデューサーは、平成二十四年九月八日、NHKで放送された『プロフェッショナル　仕事の流儀「高倉健スペシャル」』を観て、心底驚いたことがある。

映画『あなたへ』撮影現場への長期密着した内容だったが、その中で、高倉はサインをしたり、握手に応じていたからだ。

〈えっ……、嘘だろう。撮影現場でもファンからサインを求められても決してサインしなかった健さんが、一体どうしたんだ。健さん、変わったな〉

田中が高倉と一緒にいて、高倉がサインをした姿を見たのは、後にも先にも留萌の老人ホームを慰問した時しかない。それほど、俳優・高倉健像に徹し、それを守っていた。

高倉のサインする姿が信じられなかった田中だったが、のち高倉が亡くなった知らせを聞いたあと、思った。

〈本人は気づいていなかったかもしれないが、無意識の中で、なにかを本能的に感じ取っていたのかもしれない〉

□

高倉健と降旗康男が組んでの映画作りは『あなたへ』でピリオドが打たれた。

作品を観た『鉄道員（ぽっぽや）』『ホタル』のプロデューサーを務めた坂上順は、『あなたへ』を観て思った。

〈お互いが歳を重ね、相手を思いやってできた作品だな。降さんが健さんを、健さんが降さんを互いに思いやってしまった分、健さんファンには何かが欠けてしまったのかもしれない〉

『あなたへ』は、高倉が出演することで、その興行収入が二四億円を超えた。

□

実は、高倉の次回作『風に吹かれて』の計画が進められていた。

『風に吹かれて』は、元警察官で、今は熊本で増殖しすぎた獣を撃って暮らしているハンターが主人公の話である。制作部と助監督で一回、降旗と制作部で一回、木村キャメラマンと制作部で一回と、三回ほど阿蘇（あそ）や熊本周辺へロケハンに行った。

『あなたへ』が完成し試写が終わった時、高倉は、降旗にポツリと言った。

「やはり、大ちゃんってすごいですね」

『あなたへ』には、木村大作キャメラマンは様々な事情で参加していないが、高倉は、

『駅　STATION』以降の高倉作品のすべてのキャメラマンを務めた木村大作を評価していた。『風に吹かれて』のキャメラマンは、ふたたび木村がやることになっていたのである。

その代わり、高倉から木村に条件があった。

「タバコを吸うな」

「大きな声を出すな」

木村は即答した。

「タバコはやめない。大きな声を出す。それがだめならやらない」

高倉健は大笑いし、それでいいからやってくれとなった。

高倉も、この作品に乗っていた。主人公の男臭さは、『あなたへ』よりは高倉らしい。『風に吹かれて』の脚本も平成二十六年三月に完成していて、降旗は秋にクランクインしようかと思い、スタッフに言った。

「そろそろ、キャスティングを始めよう」

が、その時に、高倉から「ちょっと待ってくれ」という話があり、ストップがかかった。

しかし、八月には高倉は、「健康家族にんにく卵黄」のコマーシャルの撮影に入った。降旗は、体調が良くなったのだろうから、九月から撮影に入ろうと思っていた。ところが、高倉はその九月に体調が悪くなった。

〈では、来年二十七年の春スタートの阿蘇山ロケから始めよう……〉

入院の話を聞いた。降旗は、十月末に高倉から「病気がうまくいかない」という手紙をもらい、「回復するまで待っています」と返事をした。

それから間もなくであった。訃報が届いたのは。

平成二十六年十一月十八日、「高倉健が死去していた」と発表された。

田中壽一プロデューサーは、テレビを見て知った。

〈えっ……〉

とうてい、現実のことだとは思えなかった。

田中は、多くの人たちの高倉へのコメントを読んだが、誰よりも深く田中の心へ響いたのが降旗の一言だった。

「残念、の一言に尽きます……」

高倉と降旗の関係がわかるだけに、この言葉は田中に堪えた。その晩、田中は一人、酒を飲みながら、我慢できずにワンワンと泣いた。

翌日、降旗に電話を入れた。

「降さんの一言、堪えました。きつい言葉だ」

いろんな人がいろんな立派な言葉を並べても、降旗の「残念、の一言に尽きます……」

に敵う言葉は、どこにもなかった。

降旗とすれば、高倉ときちんとお別れを言えていれば、コメントできたのかもしれない。

降旗が、最後に高倉と会ったのは平成二十六年の五月三十一日だった。この時も高倉はお酒を持って世田谷区下馬の降旗の自宅に寄ってくれた。

が、玄関先で少し話して帰って行った。

ベンツのゲレンデワーゲンを自分で運転しながら手を振っていたのが、降旗が見た最後の高倉の姿であった。

「もうよくなったよ」と、元気な様子だったが……。

マスコミでは、平成二十六年十一月十二日に東京代々幡斎場で営まれた葬儀のその場に列席が許されたのは、降旗監督、島谷能成東宝社長、岡田裕介東映会長、田中節夫元警察庁長官、老川祥一読売新聞最高顧問の五名と書かれている。

降旗は、高倉の死をいつ知ったのか、火葬に行ったのかをはじめ、高倉の死については、公式には一切ノーコメントを貫いている。

□

『鉄道員（ぽっぽや）』で妻の役を演じた大竹しのぶは、〝高倉健〟を演じ続けた高倉に、拍手したいという気持ちになった。

「ありがとう。お逢いできて幸せでした」

そう伝えたかった。

高倉に生涯を捧げたような人がたくさんいるのだろうと、大竹は思った。やはり、高倉には教祖的な面があったと思う。似たようなタイプの俳優はいない。これからも、出てこないだろう。

高倉の周囲にいた人々、例えば降旗監督や木村キャメラマンも、高倉のカリスマ性を高める役割を果たしたと思う。しかも、そうした人間関係がごく自然で、本当に相性がいい関係だったのだなと、大竹は感じた。

高倉のすごいところは、そうした気遣いを共演者である大竹だけでなく、周囲の人、みんなにするところだ。大竹の友人のお寿司屋の大将とおかみさんにまで、丁寧に対応してくれた。

大竹は、もっと高倉と共演してみたかったと思う。だから、訃報を知った時は、本当に悲しく、残念だった。『鉄道員（ぽっぽや）』以降も、まだまだ映画に出演すると思っていた。

ただ、高倉は、すごく丁寧に、映画作りを考えていたから、大変だろうなとも大竹は感じていた。映画の作り方が、どんどん変わってきている。もう、高倉のような映画スターは出ないだろうとも思う。

降旗は、道がもっと長かったら、まだまだ健さんを追い続けたかったという。

思えばひばり御殿で二人が目で会話してから、五八年間の月日が流れている。映画人生をともに歩んできた高倉健とは、降旗監督にとって、どのような存在、どのような役者だったのだろう。

「僕にとって健さんは、永遠のアイドルです。そして、映画界に入って、初めて目配せで意思が通じ合えた人ですから。その後も言葉で受け答えをしていると面倒くさいと思ったので、いつも現場では〝健さんの思うようにしてください〟と言っていました。それでよければいいし、悪ければどうしようという感じでやっていましたから。あまり話し合いは成立しなかった気がするんです。いい感じの時には〝こんなものですかね〟って話すくらいで」

「また僕にとって健さんは、一番怖い評論家(クリティック)でしたよ。クリティックなことは何も言わないんですけれど、健さんがどう思っているのかな、と常に意識をしていました。今は、いつも健さんに見られているという、窮屈さからは解放されましたけれど、何か糸が切れた凧(たこ)のような感じです。

八〇年代からはずっと健さんの企画を中心に考えてきました。〝こういう映画はどうでしょうね〟と声を掛ける人がいなくなったことが、一番寂しいですね……」

# おわりに

本書を執筆するに際して、降旗康男監督に長時間にわたり複数回のインタビューにご協力いただきました。

また、いしだあゆみ、宇崎竜童、大竹しのぶ、加藤登紀子、木村大作、倉本聰、坂上順、宍戸錠、田中壽一、富田靖子、西村泰治の各氏（五十音順）の取材協力を得ました。お忙しい中、感謝いたします。

本文中の肩書きは、取材当時のもの、敬称は略させていただきました。

今回、祥伝社文庫本化のために協力してくださった坂口芳和氏、倉田明子氏に感謝いたします。

令和二年十月

大下英治

## 参考資料ほか

『あなたに褒められたくて』（高倉健著　集英社）
『映画人・高倉健』（「BSスカパー！」平成二十七年十一月一日放送）
『映画と映画の音楽』（元東宝ミュージック社長の岩瀬政雄氏のブログ）
「キネマ旬報」各誌（昭和五十三年五月下旬号の今野雄二氏のインタビュー、昭和五十六年十一月上旬号の植草信和・冷泉さとし両氏のインタビュー、品田雄吉との対談、昭和五十八年十一月上旬号、昭和六十年四月下旬号の植草信和の撮影ルポ、八森稔氏のインタビュー、平成元年九月上旬号の八森稔氏のインタビュー、平成十一年六月下旬号の金澤誠氏のインタビュー、平成十三年六月上旬号の金澤誠氏のインタビュー、平成十八年一月上旬号、平成二十四年九月上旬号の上杉真理子氏のインタビュー、平成二十七年一月下旬号、以上キネマ旬報社）
「月刊シナリオ」（平成十一年七月号、平成十三年六月号、以上シナリオ作家協会）
「ユリイカ」（平成二十七年二月号、青土社）
『佐高信の「一人一話」』（「ダイヤモンド・オンライン」第三十二回）
「週刊新潮」（平成二十七年八月十三日・二十日号、新潮社）
『高倉健インタヴューズ』（野地秩嘉文・構成　プレジデント社）
『高倉健と生きた時代』（平成二十七年十月二十五日、『第二十八回東京国際映画祭』の追悼特集）
『高倉健の世界』（「スポーツニッポン」平成十三年三月二十七日号～七月六日号掲載、聞き手・山口敬司）

『高倉健メモリーズ』（前野裕一編　キネマ旬報社）
『旅の途中で』（高倉健著　新潮社）
『日曜邦画劇場・高倉健スペシャル』（「日本映画専門チャンネル」平成二十五年五月二十六日放送）
『特集ワイド　消えゆく健さんの「駅」』（毎日新聞夕刊、平成二十八年五月十六日付）
『特ダネ人脈記者50年』（脇田巧彦著　埼玉新聞社）
『南極のペンギン』（高倉健著　集英社）
『任俠映画伝』（俊藤浩滋・山根貞男著　講談社）
『プロフェッショナル　仕事の流儀「高倉健インタビュースペシャル」』（NHK、平成二十四年九月十日放送）
『プロフェッショナル　仕事の流儀「高倉健スペシャル」』（NHK、平成二十四年九月八日放送）
『文春ムック　高倉健』（文藝春秋）
『新・真夜中の王国』（「NHK　BS2」平成十年四月十六日放送）
『私の半生・降旗康男』（信濃毎日新聞松本専売所発行『タウン情報』掲載、聞き書き・佐藤文子）
朝日新聞、産経新聞、毎日新聞、読売新聞、サンケイスポーツ、スポーツニッポン、スポーツ報知、日刊スポーツ本書は、平成二十九年一月、朝日新聞出版より刊行された同名単行本に加筆・修正を施したものです。

一〇〇字書評

高倉健の背中 監督・降旗康男に遺した男の立ち姿

切・り・取・り・線

| **購買動機**（新聞、雑誌名を記入するか、あるいは○をつけてください） | |
|---|---|
| □（　　　　　　　　　　）の広告を見て | |
| □（　　　　　　　　　　）の書評を見て | |
| □ 知人のすすめで | □ タイトルに惹かれて |
| □ カバーが良かったから | □ 内容が面白そうだから |
| □ 好きな作家だから | □ 好きな分野の本だから |

・最近、最も感銘を受けた作品名をお書き下さい

・あなたのお好きな作家名をお書き下さい

・その他、ご要望がありましたらお書き下さい

| 住所 | 〒 | | | | |
|---|---|---|---|---|---|
| 氏名 | | 職業 | | 年齢 | |
| Eメール | ※携帯には配信できません | 新刊情報等のメール配信を 希望する・しない | | | |

この本の感想を、編集部までお寄せいただけたらありがたく存じます。今後の企画の参考にさせていただきます。Eメールでも結構です。

いただいた「一〇〇字書評」は、新聞・雑誌等に紹介させていただくことがあります。その場合はお礼として特製図書カードを差し上げます。

前ページの原稿用紙に書評をお書きの上、切り取り、左記までお送り下さい。宛先の住所は不要です。

なお、ご記入いただいたお名前、ご住所等は、書評紹介の事前了解、謝礼のお届けのためだけに利用し、そのほかの目的のために利用することはありません。

〒一〇一－八七〇一
祥伝社文庫編集長　坂口芳和
電話　〇三（三二六五）二〇八〇

祥伝社ホームページの「ブックレビュー」からも、書き込めます。
www.shodensha.co.jp/bookreview

祥伝社文庫


高倉健(たかくらけん)の背中(せなか)　監督(かんとく)・降旗康男(ふるはたやすお)に遺(のこ)した男(おとこ)の立(た)ち姿(すがた)

令和 2 年11月20日　初版第 1 刷発行

著　者　大下英治(おおしたえいじ)

発行者　辻　浩明

発行所　祥伝社(しょうでんしゃ)

東京都千代田区神田神保町 3-3
〒101-8701
電話　03（3265）2081（販売部）
電話　03（3265）2080（編集部）
電話　03（3265）3622（業務部）
www.shodensha.co.jp

印刷所　堀内印刷
製本所　ナショナル製本
カバーフォーマットデザイン　芥 陽子





Printed in Japan ©2020, Eiji Ohshita　ISBN978-4-396-34688-1 C0193